Ralph Giordano

Israel, um Himmels willen, Israel

Kiepenheuer & Witsch

3. Auflage 2008

Umschlaggestaltung: Barbara Thoben, Köln
Umschlagfoto: © photonica / Jake Rajs
Gesamtherstellung: CPI – Clausen & Bosse, Leck
ISBN 978-3-462-03178-2

MITTELLÄNDISCHES
MEER
LIBANON
SYRIEN
2224
HERMON
Metulla
Qiryat Schmona
Hagoschrim
Mezudat Jescha
Kuneitra
TEL QEDESCH
HULA
JORDAN
GOLAN
Monfort
TEL HAZOR
U.N.
Naharya
Safed
GOLAN
AKKO
KAPERNAUM
HA GALIL
TABGHA
YAM KINNERET
Eilabun
-212
SEE GENEZARETH
HAIFA
Tiberias
Bet Netofa
En Gev
MT. CARMEL
SEPPHORIS
Kefar Arob
Poriyya
EMEK
Nazareth
588
BG. TABOR
Afiqim
YARMUK
Ha Sorea
Gescher
ISRAEL
Afula
Belvoir
ISRAEL
Megiddo
Irbid
MEKOROT
NATIONAL WATER
CARRIER
Bet Schean
JORDANIEN
Hadera
Jenin
En Ha'Horesch
NETANYA
Tulkarm
WESTBANK
Bet
Feldman
Tira
Kedumim
Nablus
Immanuel
Yaggir
SAMARIA
Ariel
TEL AVIV
Rosch Ha'Ayin
JORDAN
SCHILLO
AMMAN
Ateret
HOLON
Bir Zeit
Jifna
Lod
Bet El
Rehovot
Ramallah
LATRUN
Jericho
Givat Brenner
Mevasseret
Schoresch
Aschdod
Abu Gosch
JERUSALEM
Zora
QUMRAN
Bet Schemesch
Bet Sahour
Bethlehem
Aschkelon
Efrata
Qiryat Gat
Mezad Etzion
MOAB
Qiryat Arba
Hebron
-405
YAM HA-MELAH
TOTES MEER
Kefar Azza
EN GEDI
Sa'ad
Karmel

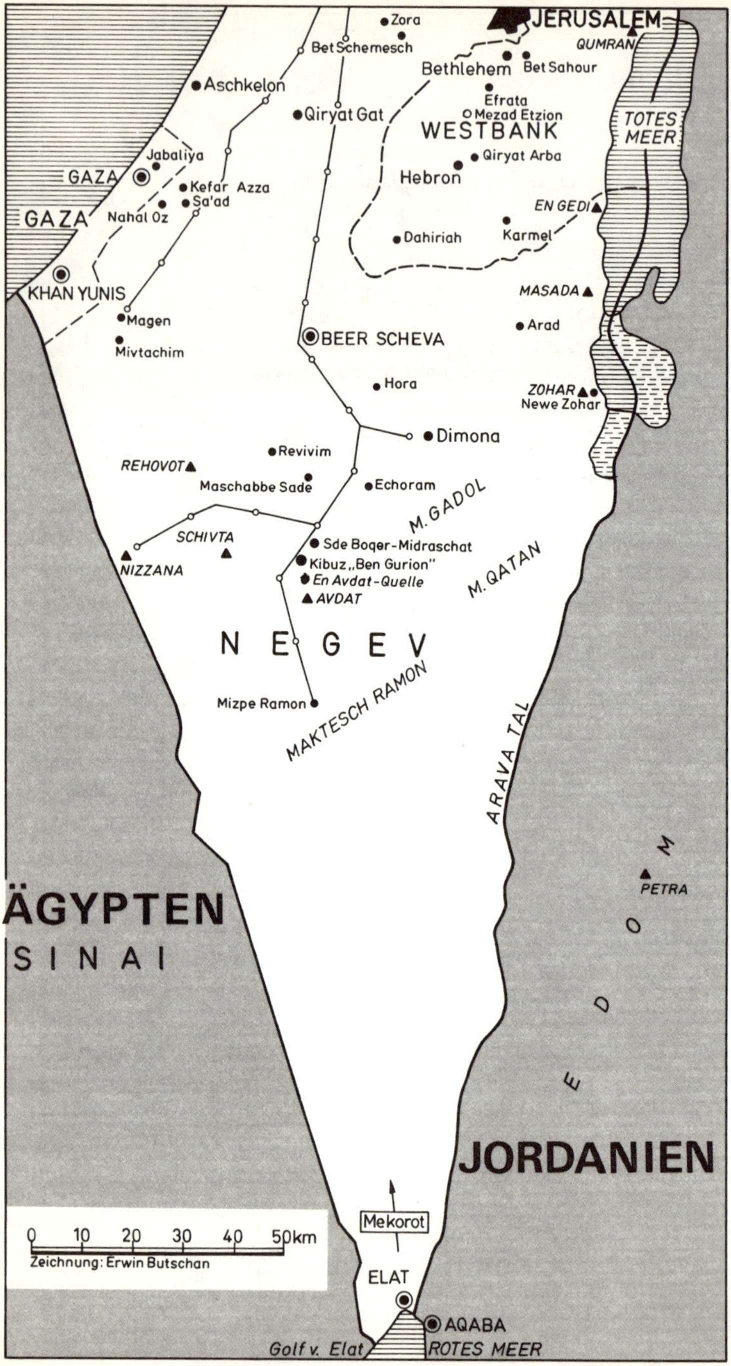

JERUSALEM
Zora
Bet Schemesch
QUMRAN
Bethlehem
Bet Sahour
Aschkelon
Efrata
Mezad Etzion
Qiryat Gat
WESTBANK
TOTES MEER
Jabaliya
Qiryat Arba
GAZA
Kefar Azza
Hebron
Sa'ad
GAZA
Nahal Oz
EN GEDI
Dahiriah
Karmel
KHAN YUNIS
MASADA
Magen
Arad
BEER SCHEVA
Mivtachim
Hora
ZOHAR
Newe Zohar
Dimona
Revivim
REHOVOT
Maschabbe Sade
Echoram
M. GADOL
SCHIVTA
Sde Boqer-Midraschat
NIZZANA
Kibuz „Ben Gurion"
M. QATAN
En Avdat-Quelle
AVDAT
N E G E V
MAKTESCH RAMON
Mizpe Ramon
ARAVA TAL
PETRA
E D O M
ÄGYPTEN
SINAI
JORDANIEN
Mekorot
0 10 20 30 40 50km
Zeichnung: Erwin Butschan
ELAT
AQABA
Golf v. Elat
ROTES MEER

Inhalt

Vorwort zur Taschenbuchausgabe 2002

Die Erstausgabe dieses Buches erschien im Herbst 1991, also vor elf Jahren. Aber die Aktualität des zentralen Themas – der Nahostkonflikt zwischen Arabern und Israelis – hat sich inzwischen angesichts seiner blutigen Eskalation eher noch erhöht. Was umso bestürzender ist, als die Verhandlungen von Madrid und Oslo 1991/92 sowie die Verleihung des Friedensnobelpreises an Jitzchak Rabin, Shimon Peres und Jassir Arafat 1994 eine Zwischenphase bescherten, die mit dem Codewort »*Friedensprozeß*« zu berechtigtem Aufatmen führte – inzwischen bis zur Unkenntlichkeit verflogene Hoffnungen.

Jitzchak Rabin, Israels Premier, wurde von einem Juden ermordet, der Palästinenserführer durch islamistische Fanatiker so gut wie entmachtet, während der Judenstaat seit der zweiten Intifada von einer ganz neuen Form kollektiver Furchtverbreitung heimgesucht wird – den islamistischen Selbstmordattentaten der »lebenden Bomben«.

Das Buch verteilt keine Lösungsrezepte, vielmehr war sein Autor bemüht, beiden Seiten zuzuhören – fußend auf der Unteilbarkeit der Menschenrechte, dem einzigen Standpunkt, der zu schließlichem Frieden führen kann. Das Werk definiert ein damals wie heute konstantes Verhältnis zu dem kleinen Mutterland: meine *Liebe* zu Israel, meine *Sorge* um Israel, meine *Kritik* an Israel. Ein Freibrief für falsche Bundesgenossen ist letztere nicht. Ich akzeptiere niemandes Kritik an Israel, der mir nicht nachgewiesen hat, was ihm die Menschenrechte und ihre Unteilbarkeit wert sind – Credo eines Rasters, durch das schon mancher Jude, Christ und Muslim gefallen ist.

Hinter allem aber hocken, heute wie damals, jene untrennbar miteinander verschweißte Angst und Hoffnung, deren Ungewißheiten mich, fürchte ich, bis an mein Ende begleiten werden, und die sich aufschreiartig in den fünf Worten des Buchtitels brechen:

»Israel, um Himmels Willen, Israel«

Köln, im Juli 2002 Ralph Giordano

Prolog

Das östliche Mittelmeer liegt flach wie ein Spiegel da. Nur der griechische Seelenverkäufer, die »Silver Paloma«, zu dessen Bug ich mich über allerlei Gerümpel vorgearbeitet habe, krängt deutlich nach Steuerbord.

Zyperns langgestreckte Silhouette ist längst am westlichen Horizont verschwunden. An Backbord, unsichtbar, irgendwo die Küste des Libanon. Im Osten nichts als Nacht über dem Wasser, das vom Bug rauschend zerteilt wird.

Ich warte an der Reling, viel zu früh, denn es wird noch Stunden dauern, bis die Dunkelheit weicht und das Land zu sehen sein wird. Aber um alles in der Welt will ich die Sekunde nicht versäumen, wenn es auftauchen wird, und deshalb stehe ich hier wie angenagelt.

Ein Newcomer kommt da nicht – als Fernsehautor war ich bereits fünfmal in Israel, mit Kameramann, Assistent und Toningenieur. Diesmal aber bin ich ganz auf mich gestellt, und so stehe ich denn mutterseelenallein an Deck des dreißigjährigen Mittelmeerveteranen, der schwerfällig und dröhnend dahinpflügt. Und während ich sonst jedesmal auf dem Luftweg gereist war, steht im Schiffsbauch, vollständig verdeckt von einer mammuthaften Phalanx zypriotischer Lastwagen, mein alter Ford Granada. Der Verlag hat mich zwar mit bemerkenswerten Konditionen bedacht, aber um in Israel über Monate hin einen Leihwagen zu mieten, müßte man über die Finanzkraft eines Ölpotentaten verfügen.

Wie seinerzeit im Jet am Himmel, so erwarte ich jetzt auf der »Silver Paloma« den Augenblick, an dem die Küste auftauchen wird, warte ich klopfenden Herzens, ob sich auch diesmal wieder meine Empfindungen in jenem inneren Aufschrei Luft machen würden, der sich seit der ersten Ankunft bisher jedesmal artikuliert hatte.

Alle Nachrichten auf der langen Anreise über Brindisi, Patras, Athen, Rhodos und Zypern waren schlecht: Die Gewalt im Zuge der Intifada, des Aufstands der Palästinenser, hatte sich auf beiden Seiten drastisch gesteigert – Bomben in der Altstadt und in Ostjerusalem; Tränengas auf der Westbank; Tote und Verwundete im Gazastreifen; Sprengsätze, Streiks, erschossene Kinder in Hebron; brennende Felder und Wälder im Galil; attackierte Kibbuzim; geschändete jüdische Gräber bei Haifa; von der Armee eingerissene Häuser in Nablus.

Inzwischen, sechs Uhr früh, ist es hell geworden, die See liegt ruhig da wie auf der ganzen zweieinhalbtägigen Fahrt von Piräus aus. Endlich, gegen sieben, verformt sich der Horizont, verliert sich allmählich seine Glattheit, schwindet sacht die dunstige Symmetrie im Osten, wachsen Küste, Bauten, Berge auf, kommen näher und verdichten sich zu den Konturen einer Stadt ganz in Weiß – Haifa.

Und da ist es wieder, das, wovor ich mich gefürchtet, was ich mit Beklemmung erwartet habe...

Als ich das erste Mal nach Israel kam, im Dezember 1967, konnte der Judenstaat drei Siege feiern – den im Unabhängigkeitskrieg von 1948 /49, den beim Sinaifeldzug von 1956 und den im Sechstagekrieg elf Jahre später. Bis zu meinem letzten Aufenthalt, 1976, war dann noch der Triumph im Jom-Kippur-Krieg dazugekommen.

Immer aber habe ich dieses Land betreten mit jener allgegenwärtigen, sengenden Frage, die sich wie von allein stellt und die längst zu meinem zentralen Daseinsproblem geworden ist, die Frage, die auch jetzt, bei dieser Ankunft, wieder da ist, genau wie früher, und die auch dieses Mal, wie eh und je, auf mich einhämmert: *Was wäre geschehen, wenn die Araber nur einmal, ein einziges Mal nur, gesiegt hätten? Was, wenn sie im nächsten Krieg siegen würden?*

Und wieder, wie schon fünfmal zuvor, höre ich, der nicht an ein höheres Wesen glaubt, weder an den Ewigen, Jahwe, noch an den Allgütigen und Allmächtigen der Christen, noch an irgendeine andere göttliche Projektion seiner selbst, die der Mensch ans Jenseits heftet, wieder höre ich jetzt meine Angst und meine Liebe gebündelt in dem tonlosen Aufschrei:

Israel, um Himmels willen, Israel!

Jeruschalajim

Zwischen Hurva und Damaskustor

Mischkenot Scha'ananim.

Vorgewarnt, daß dies die schönste Wohnstätte Israels sei, betrete ich mein Appartement im langgestreckten Gästehaus der Stadt, stoße die Tür zur Terrasse auf, nach Osten, und da liegt es vor mir – das alte Jerusalem! Goldene Vormittagssonne auf der ottomanischen Mauer, ein Ausschnitt wie aus einem Gemälde; links, die Straße von Hebron hoch, das Jaffator; rechts davor ragt der Turm der David-Zitadelle empor; vor mir Mount Zion; und südlich davon, mit unbeschränktem Blick hinweg über die Senke des Toten Meeres und Judäas Wüste, dolomitrötlich – die Berge Moabs, Jordanien schon, der Nachbar.

Welch eine Bleibe! Ich hatte Teddy Kollek, Jerusalems Bürgermeister, um Wohnung gebeten, hier, in seiner Stadt, und nicht in Tel Aviv, aus so mancher Erfahrung dort bei meinen fünf Aufenthalten in Israel als Fernsehmann zwischen 1967 und 1976, und Kollek schrieb mir rasch zurück. Wen immer ich in Deutschland über die Adresse informierte, die Folge war höchstes Entzücken: »Mischkenot Scha'ananim!«

Aber jetzt hält es mich nicht mehr, ich muß hier heraus und drüben durch die Tore hinein. Und so mache ich mich, Sir Moses Montefiores Windmühle im Rücken, auf und davon, die Treppen des gediegenen Künstlerviertels Yemin Moshe nebenan hinab, eile weiter durch das Hinnom-, das Teufelstal, vorbei an den Ruinen eines römischen Amphitheaters, und gelange auf die Hativat Jeruschalajim. Auf dieser großen Verkehrsader geht es hoch zum Jaffator.

Tauben fliegen in der Luft, über die Zinnen des Tors hinaus ragt eine Baumkrone, struppig und zerzaust. Ich kann die Mauer anfassen, tue es, drehe mich um. Drüben, im Westen, das neue Jerusalem, mit seinen Pylonen aus Beton, Stahl und Glas, endlos gedehnt, und doch an diesem Standort beherrscht vom nahen Hotel »King David« – sein mächtiges Rechteck erinnert mich unwillkürlich an den Alkazar von Toledo. Am 22. Juli 1946 war sein ganzer rechter Flügel in die Luft gesprengt worden – von Menachem Begin, damals Leiter der jüdischen Untergrundorganisation Irgun Zwai Leumi, später, zusammen mit Muhammad Anwar As Sadat, Friedensnobelpreisträger.

Die Luft des Märzmorgens ist aus Samt und Seide; drüben im Tal steigt ein Drachen hoch, wie ein Zitterrochen, der sich in ein fremdes Element verirrt hat; der Himmel ist blau, von verstreuten Wolkenfächern bedeckt, eine unwirkliche Atmosphäre. Aber gleich zu Beginn spüre ich wieder: In diesem Land hockt neben jeder Poesie – Hiob...

Durch das beleuchtete Tor auf die orientalische Suk-El-Bazaar Road. Arabische Mütter, die Hühner kaufen; Wassermelonen von erschreckender Größe; duftendes Sesambrot zuhauf. Jugendliche, die das abschüssige Terrain auf ihre Weise überlisten: An ihren hochbeladenen Karren haben sie einen Reifen gebunden, auf den sie treten, wenn das Tempo die abgewetzten Steine bergab zu schnell wird. Ein junger Moslem beugt sich über eine Hand und küßt sie – uralte Geste: Hat der Ahn sie überhaupt wahrgenommen? Vor tausend Jahren geboren und doch aufrecht, geht der Patriarch davon, eine einzige Hoheit und Würde.

Weiter in die El Wad Road. Blinde werden geführt oder ertasten sich mit einem Bambusstock selbst den Weg. Dauergeschrei, gellendes Anpreisen der Waren, und über allem der ständige Ruf: »Schekel, Schekel, Schekel!« Ein Schmied hämmert auf glühendes Eisen ein; Töpfe türmen sich; die blutige Demonstration orientalischer Fleischerläden; plötzlich der Ruf des Muezzins, scheppernd aus Lautsprechern. Das gebündelte Parfüm von Feigen, Datteln, Aprikosen und Gewürzpulvern, scharf abgelöst vom stechenden Geruch der Fischstände. Dahinter das grellbunte Potpourri gehäufter Süßigkeiten, bei deren Anblick auch das gesundeste Gebiß schmerzen muß.

In einer Seitenstraße des Muslimviertels finde ich eine Stelle, wo ich mich hinsetzen kann. Etwas erhöht, wird der Blick auf entfernter liegende Häuser frei – ein Wald von

Fernsehantennen, und überall auf den Dächern Tanks und Sonnenkollektoren, die das Wasser darin aufheizen.

Endlich am Damaskustor.

Dort greift mich ein Honighändler, erkennt mich an meinem europäischen Habitus, will mir jedoch nichts von seinem goldenen Seim andrehen, sondern mich zum Muslim bekehren. Er ist Vater von zwei Kindern, im Besitz der alleinseligmachenden Wahrheit (weshalb ich stumm zuzuhören habe) und heißt Mohammed. Er ist von Himmel und Hölle überzeugt, wie auch davon, daß jeder, der einen anderen tötet, kein wahrer Muslim sei und das Paradies nicht erleben werde. Mein schüchterner Hinweis auf den Dschihad, den Heiligen Krieg, kann Mohammed nicht wankend machen – inbrünstig wiederholt er das Tötungstabu. Seine Augen glühen, wenn er vom Koran und vom Islam spricht, blicken aber gleichzeitig freundlich. Berührungsängste hat er nicht, dauernd tatscht er mir mit den Händen gegen das Knie und wiederholt immer wieder: »I will tell you something...« Er möchte mir beweisen, daß das Leben in Europa und Amerika schlecht sei und daß man nur als Moslem gut leben könne in der Welt. Die Bibel sei unzählige Male umgeschrieben worden, im Gegensatz zum Koran, der unverändert geblieben sei – darauf kommt er mehrfach zurück.

Zwischendurch treten Leute heran, fragen nach dem Preis des Honigs, öffnen die Deckel, stecken ihre Finger ins Goldgelbe, lecken sie ab, mal nach dieser, mal nach jener Probe, und manche kaufen auch. Mohammed läßt sich nicht ablenken, wirft ein paar arabische Brocken hin, ohne unser Gespräch, besser seinen Monolog, wirklich zu unterbrechen. Bei aller Konzilianz, so kommt zum Vorschein, entbehrt seine missionarische Überzeugungswut nicht eines gewissen Fanatismus. Mein Geständnis, daß ich Jude sei, wenn auch kein religiöser, beeindruckt ihn nicht: So mancher Ungläubige, beharrt Mohammed, sei schon bekehrt worden. Mein Einwand, daß ich an keinen Gott glaube, weder an den der Christen noch an Jahwe, noch an Allah, geht über sein Begriffsvermögen – er lächelt verständnislos. Ich gebe ihm die Hand, entkomme, von Segenswünschen geleitet – und hatte, unerwartet, mein erstes Gespräch mit einem Palästinenser auf dieser Reise.

Auf dem Rückweg zum Jaffator sehe ich einen israelischen Soldaten, den einzigen bisher, mit Sonnenbrille, allein in einer Nische gegen die Mauer gelehnt, die Uzi-Maschinenpistole in der Hand.

In Mischkenot Scha'ananim zurück, nehme ich ein Päckchen aus Deutschland in Empfang. Darauf ein roter Zettel: »Be careful, dear citizen, for your security«. Aber es war keine Briefbombe darin.

In der Nacht grollt über Jerusalem ein ausgiebiges Gewitter. Der Regen platscht und klatscht auf das langgestreckte Terrassendach des Gästehauses. Aber das Trommeln wird noch übertönt von einem Geräusch, das zwar auch tagsüber unüberhörbar ist, das nun jedoch immer aufdringlicher wird – der Lärm von Motoren! Und der hält bis morgens an.

Zerschlagen erhebe ich mich, stoße die leicht klemmende Tür zur Terrasse auf und schaue auf das unbeschreibliche Panorama da drüben. Mischkenot Scha'ananim, es wird in Israel keinen schöneren Platz geben als dich! Aber wie nur soll ich die Nächte überleben?

Ich gehe durch das Ziontor, biege nach rechts ein in die Batei Mahasse Street und bin nach einigen hundert Metern in einer völlig anderen Welt als der muslimisch-orientalischen – ich bin im Jüdischen Viertel. Es erstreckt sich entlang der südlichen und dann der östlichen Mauer nach Norden hoch, gegen den Tempelberg.

Licht ist das Jewish Quarter, sehr licht, durch den hellen Stein, aus dem hier alles errichtet und der nach dieser Stadt benannt worden ist – Jerusalemstein, rosa, bernsteinfarben, changierend im Wechsel der Tageszeiten und des Sonnenstandes: auf uraltem Boden Neubauten, erst in den letzten Jahrzehnten, seit 1970, entstanden. Bis zum Sechstagekrieg im Juni 1967 war hier jordanisches Hoheitsgebiet gewesen.

Ich setze mich am Eingang der Ha Yehudim, der Jewish Quarter Road, auf die Treppe gegenüber einem Restaurant, neben dem ein Polizeiposten liegt: Uniformen, Waffenträger neben ungerührt eisschleckenden Menschen – an den Gegensatz muß ich mich erst gewöhnen. Links Palmen, ein Minarett und dahinter, von fast unirdischer Schönheit, an seinem Scheitel wohl zwanzig Meter hoch, ein steinerner Bogen – letzte Erinnerung an die Hurva-Synagoge. Ecksteinlegung 1856, Einweihung 1864. Hier hatten Juden, Gründer der Ramban-Synagoge, der ersten Jerusalems nach der Zerstörung des Zweiten Tempels durch die Römer, seit 1250 gelebt, vermehrt dann durch die im 16. Jahrhundert vor der Spanischen Inquisition geflüchteten Sephardim. Zwei Tage nach der Unabhängigkeitserklärung Israels, am 16. Mai 1948, war das Viertel mit seinen 1600 Einwohnern und 200 Kämpfern umzingelt und zwölf Tage später an die Arabische Legion übergeben worden. Einen Tag zuvor hatten die Eroberer die Synagoge, die keine militärische Bedeutung hatte, in die Luft gesprengt. Bis die Altstadt von Jerusalem am 7. Juni 1967 eingenommen worden war, durfte ihre Ruine von Juden nicht betreten werden.

Die Hurva war die erste Synagoge Jerusalems gewesen, die allein im Freien stand, ein kolossales Gebäude, gedrungen, klotzig, wie für die Ewigkeit hingestellt. Und nun nichts als die Ästhetik dieses gleichsam schwerelosen Bogens, dessen Anblick ans Herz greift.

Aus seiner Richtung kommen Stimmen, Gesang, Musik, Jubel – dort hat sich eine größere Menschenmenge angesammelt, Frauen und Männer, viele von ihnen in schwarzer Tracht und mit schwarzem Hut. Es wird in die Hände geklatscht – ein freudiges Ereignis scheint bevorzustehen. Das spielt sich auf zwei Ebenen ab: hier oben, auf der Höhe des Bogens, wo Tische mit Süßigkeiten, Früchten, Datteln und Feigen aufgebaut sind, und auf einem tiefer gelegenen Terrain daneben. In dessen Mitte eine Art Baldachin, graublauer Samt, oben der Davidstern; dazu ein Mann mit drei Fahnen.

Dort lassen sich jetzt Soldaten nieder, spielen Kinder unberührt von den Zeremonien, die Knaben mit der Kippa auf den Köpfchen. Eingekeilt von zuschauenden, mitsingenden Passanten, sitze ich auf einem schmalen Mauersims, von dem aus ich in beide Ebenen Einblick habe. Die Sonne steht halb zwischen Zenit und Horizont, der von den Häusern des Jüdischen Viertels gebildet wird. Es weht ein leichter Wind.

Hier oben spielt ein Gitarrist, lächelnd, hingerissen von den eigenen Klängen, diesen temperamentvollen, einschmeichelnden und doch dynamischen Melodien des modernen Israel – alle singen mit, getragen, rhythmisch, viele klatschen in die Hände. In der Menge, mir sehr nahe, eine junge Frau – das Gesicht verzückt, sich hin und her wiegend, singt sie die Texte mit. Und jetzt begreife ich: Es geht um eine Hochzeit! Neben dem Gitarristen hier oben der Bräutigam, in gesetztem Alter, um die Fünfzig, Charakterkopf, in ein offenbar kostbares Gewand gekleidet, lächelnd, von vornehmem Engagement. Jetzt steht er auf, verschwindet inmitten der Singenden und Klatschenden an einer Treppe. Während unten um den Baldachin getanzt wird in hektisch-fröhlicher Atmosphäre, erscheint der Bräutigam, hinter ihm der Gitarrist, schwarz, mit Bart – The Fiddler on the Roof in »Anatevka«!

Dann kommt die Braut, eine stattliche Frau, kein junges Mädchen mehr. Mit einem Blumenstrauß in der Hand, wird sie langsam geleitet zu den Stufen des kleinen Podests, geht mit ihren beiden Begleiterinnen um den Bräutigam herum, der auch groß ist, von ihr aber noch um Haupteslänge überragt wird. Wein wird in einen silbernen Kelch gegossen, er trinkt, steckt ihr den Ring an den Finger, zertritt das Glas unter dem Lächeln der Braut – hübsch, sehr hübsch sieht sie aus.

Rabbiner kommen hoch, greifen zum Mikrofon, der Verstärker dröhnt ihren Gesang heraus. Die Braut, den Schleier jetzt nach hinten, das Gesicht frei, bekommt eine zweireihige Kette um den Hals gelegt. Die Szene ist von feierlicher Unbefangenheit. Alle singen, klatschen und verlaufen sich nur langsam, wie widerwillig, nach dem Ende der Trauung.

Die Sonne steht dicht über den Dächern des Jüdischen Viertels, ich hocke auf der Mauer, kann mich an dem Bogen der Hurva nicht satt sehen und nicht daran, daß gleich daneben das Minarett aufragt, sehr nahe und so, als hätte es zwischen Juden und Moslems nie etwas anderes als Frieden gegeben.

Wer durch diese Straßen geht, der steigt hinab in 3000 Jahre geschriebene und von Menschenhand in Stein gehauene Geschichte. Ausgrabungen, versehen mit Schildern wie »Jerusalem in the first temple period«, womit man im Jahr 1000 vor unserer

Zeitrechnung (v. u. Z.) ist, während der jüdische Kalender bereits das Jahr 2761 zeigt. Schlünde tun sich auf hier in der Plugat Hakotel Road, von der aus man in die Zeit der ersten Tempelperiode hinunterschauen kann. Die damalige Straßenhöhe ist angezeigt, auch die geschätzte Höhe der Tempelmauer, acht Meter, die verschiedenen Stadien ihres Baus sind vermerkt, und daß sich Jerusalem am Ende des achten Jahrhunderts vor unserer Zeitrechnung über die Stadt Davids hinaus nach Westen ausdehnte. Während ich hier stehe und staune, rekapitulieren sich Geschichtsdaten wie von selbst: assyrische Truppen, die 721 v. u. Z. gegen Juda marschierten, Jerusalem eroberten und grausam wüteten, ihre Herrschaft jedoch nicht lange aufrechterhalten konnten. Zwanzig Jahre später dann, 701, der zweite Anlauf dieses ersten durch und durch militaristisch organisierten Staats. Aber der Sturm wird abgewehrt durch König Hezekias Wall, erbaut aus großen Feldsteinen, wie sie da unten sichtbar werden. Die ausgegrabene Sektion ist 65 Meter lang!

Dann Babylon, Nebukadnezar, 586 v. u. Z., nach jüdischer Zeitrechnung 3175 – das Jahr der Zerstörung des ersten Tempels. Die Reste eines Turms, der beim Fall Jerusalems niedergerissen wurde, stehen noch und sind zu besichtigen. Da muten römische Baurelikte fast wie Zeugen von gestern an, etwa die sorgfältig restaurierten Quader, Säulen und Kolonnaden des byzantinischen Geschäfts- und Ladenviertels Cardo aus dem sechsten Jahrhundert – vom Zeitalter der Kreuzfahrer zu Beginn unseres, des zweiten Jahrtausends gar nicht zu reden.

Ich kann mich nicht satt sehen an den behauenen und unbehauenen Felsbrocken, auf die die Sonne nach Äonen der Finsternis unter der Erde nun wieder brennt – die hasmonäische Mauer, weiß man heute, war 4,65 Meter dick.

Die Geschichte baut von unten nach oben, verplombt sich, wartet auf den Kuß der Wiedererweckung.

Ebenfalls von gestern, aber viel jünger, die Synagoge »Tiferet Israel« (»Ruhm Israels«), Zentrum »for most Chassidim who lived in the walled city«, wie dort angeschlagen steht. Ein Bau, der 5603 – das ist 1863 – errichtet und 1948 nach einer der schwersten Schlachten um Jerusalem von den Arabern in einen

Haufen Schutt verwandelt worden ist. Ein wunderschöner Bogen über dem Haupteingang und zwei Nebenbogen können für Sekunden einen Hauch von der einstigen Majestät des Orts hervorzaubern.

Als ich hochgucke von meinem Standort in der Plugat Hakotel Road, sehe ich drüben, über den archäologischen Abgrund hinweg, einen Jungen, etwa fünf Jahre alt, mit Peies, den geringelten Löckchen, an den Schläfen und einer Pistole in der Hand. Er zielt auf mich – und drückt ab. Aber der Wasserstrahl erreicht mich nicht.

Es gibt ganz versteckte, verschwiegene Winkel im Jüdischen Viertel von Jerusalem, eine Architektur, die mich an maurische Bauweisen erinnert. Schmale Gänge, Höfe, Treppen auf und ab, verschachtelte Quartiere, überall Vegetation, Bäume, aus denen zu Zeiten so lautes Vogelgezeter erschallt, daß man sich die Ohren zuhalten möchte; Büsche, auch Stacheliges, Kakteen; Blumen hinter schmiedeeisernen Gittern; Grün, das aus der Erde herauswächst und an den Mauern.

Ein Kinderspielplatz, kleine Mädchen und Jungen, die Kippa auf den Köpfchen. Ein Knabe läuft weg, sichtlich böse, wird aber zurückgeholt von dem jungen Mann, der die Aufsicht hat. Ein Kreis schließt sich um die beiden, der Fall wird besprochen. Dann stiebt die Schar wieder auseinander, springt über Taue, fegt Rutschen herab, hantelt an Balken – ein Bild des Friedens.

Die Sonne ist noch nicht untergegangen, aber die Laternen haben schon ihr Licht entzündet.

Ich stehe da und prügle innerlich auf mich ein, kann mich aber der Gedanken nicht erwehren, die mir stets bei solchem Anblick kommen: So haben jüdische Kinder überall gespielt, gelacht, gejubelt, sich gefreut – und am nächsten Tag schon waren sie und ihre Eltern nicht mehr am Leben.

»Schabbat Schalom«, begrüßen sich zwei Männer in dunklen Anzügen und schwarzen Hüten, gehen auf die tobende Schar zu und greifen sich ihre Sprößlinge heraus.

Aus dem moslemischen Viertel schallt die Stimme des Muezzins herüber, fliegt über die Dächer des Ha-Rova Ha-Yehudi, wie das Jüdische Viertel auf hebräisch heißt, und verliert sich über die Mauer nach Süden.

Am nächsten Tag vor der Hurva, im Angesicht ihres betörenden Bogens. Ein graumelierter Himmel – noch fünf Minuten bis Sabbatende. Kinder, überall Kinder, das Jüdische Viertel ist fruchtbar. Sie spielen auf der Ha-Mekubalim Road mit Bällen, springen über Taue, lärmen respektlos und jagen sich.

Alle Erwachsenen sind schwarz gekleidet und tragen schwarze Hüte. Ein dicker Vater trägt einen in Kissen gehüllten Säugling auf dem Arm, seine Frau schiebt einen Kinderwagen über den Platz, umtanzt von kleinen Jungen mit der Kippa. Es erscheinen drei Männer mit langen, ausgefransten Bärten, Bücher untergeklemmt, parlierend. Einer von ihnen bückt sich, reißt eine Pflanze aus dem Boden, sagt auf englisch: »Das wächst hier in der Stadt, ohne Wettbewerb – riech mal! Hast du so etwas schon je gerochen?« Mag sein, denke ich, daß es irgendwo in Israel oder sonstwo auf der Welt einen Platz gibt, der noch unverwechselbarer jüdisch ist als dieser – ich jedenfalls kenne keinen.

Vom Ziontor aus sind Moabs Berge im Abendsonnenschein so klar zu erkennen, als erhöben sie sich gleich hinter der Stadt. Dabei beträgt die Entfernung, über die gewaltige Senke des Toten Meeres hinweg, in Luftlinie mehr als dreißig Kilometer.

Ich schaue über das Hinnomtal zu der stummen, unbeweglichen Windmühle von Sir Moses Montefiore. Plötzlich hinter, neben mir Stimmen. Eine Schulklasse, Jungen, Sieben-, Achtjährige, lachend, scherzend, fluchend. Der Lehrer als letzter – mit Gewehr.

Als ich nach Mischkenot Scha'ananim zurückkehre, sitzen auf der Treppe dem Gästehaus gegenüber zwei zauberhafte Teenager, Schmelz der Jugend, ein Junge und ein Mädchen – malend: das alte Jerusalem, wie sie es von hier sehen. Sie kommen, wie ich auf meine Frage hin erfahre, aus der Sowjetunion und leben seit einem Jahr hier. Sie blicken auf, zurückhaltend und doch sprechbereit, tastend, witternd, schmetterlingshafte Erscheinungen. Ob sie glücklich seien? Da nicken sie beide heftig mit dem Kopf, sagen »Da! Da!« und verbessern das russische Ja dann schnell ins israelische »Ken! Ken!«

In Nablus wurden zwei junge Araber getötet, als sie israelische Soldaten mit Handgranaten anzugreifen versuchten. Am Damaskustor kam es zu Zusammenstößen mit steinewerfenden Jugendlichen. Die Polizei ging mit Tränengas und Gummiknüppeln gegen sie vor. Der irakische Präsident Saddam Hussein hat laut »Jerusalem Post« erklärt: »Sollte Israel irgend etwas gegen den Irak unternehmen, dann werden wir dafür sorgen, daß ein Feuer die Hälfte dieses Landes vernichtet. Wer uns mit der Atombombe bedroht, den rotten wir mit der chemischen Bombe aus.«

Über die Maalot Rabbi Yehuda Ha-Levy im Jüdischen Viertel hinunter zur Klagemauer.

Hier war ich zuletzt vor zwanzig Jahren gewesen, im Juni 1971, als ich einen Fernsehfilm über Soldaten in aller Welt drehte. Das Team hatte Quartier bezogen in Tel Aviv, und wir waren nach Jerusalem gefahren, weil an dieser symbolischen Stätte eine feierliche Vereidigung stattfinden sollte. Sie dauerte bis spät nach Mitternacht, und ich erinnere mich nicht, in meinem Leben je so gefroren zu haben wie damals vor der Klagemauer. In Tel Aviv hatte brütende Hitze geherrscht, und ich war im Hemd geblieben. Jerusalem aber liegt 800 Meter hoch, und nachts wird es, auch im Sommer, empfindlich kühl.

Die freie Fläche vor den rechteckigen Quadern, die sich übereinandertürmen: Teil der westlichen Grundmauer des Tempels, den König Herodes auf dem Berg Moriah hatte errichten lassen (deshalb auch *western wall* genannt). Nachdem Titus, später römischer Kaiser, im Jahr 70 das größte jüdische Heiligtum zerstört hatte, kamen die Besiegten zu den Trümmern, um ihr Schicksal zu beklagen. Und wenn es in den Jahrtausenden der Diaspora, der Zerstreuung der Juden über die ganze Erde, hieß: »Nächstes Jahr in Jerusalem!«, so war dabei vor allem an die Klagemauer gedacht. Bis zur Einnahme Ostjerusalems durch die israelische Armee 1967 ohne Zugang zu der heiligen Stätte, stürzten gleich hinter den Panzern Tausende von Juden hierher, Bilder von unvergeßlicher Inbrunst. An ihr hat sich nichts geändert.

Eingeteilt in zwei nach Geschlecht getrennten Sektoren, geht es links auf dem Platz vor der Mauer wild bewegt zu. Eine Gruppe schwarzberockter Männer tanzt ekstatisch – flatternde Hände, schwingende Arme, Trommelwirbel, ein brausender, anschwellender Rhythmus. Hinter ihr setzt sich eine Prozession in Gang, Orthodoxe, darunter sehr junge, in ihren Reihen ein Akkordeonspieler, der gegen das monotone Trommeln kaum ankommt. Ein Teenager – weiße Kopfbedeckung, weißes Hemd, schwarze Fliege – zieht, entrückt und isoliert, kleine Kreise. Ein Vater stemmt sein Kind gegen den Himmel hoch, als wollte er es fliegen lassen. Rechts erscheint eine Gruppe mit tremolierendem Gesang und jenen schrillen Rufen, wie man sie von Arabern kennt – orientalische Juden. Ein Bürschchen, vier Jahre alt, trägt einen Kampfanzug und hantiert mit einem Holzgewehr. Viele Soldaten vor und hinter der Barriere, die den heiligen Bereich nach außen abgrenzt – nur wer eine Kopfbedekkung hat, darf ihn betreten.

Ich setze die meine auf und nähere mich der Mauer – gewaltige Steine, an der Seitenfläche oft unbehauen, das Ganze porös, zernagt von Licht und Luft und von der Zeit, hoch aufragend, wie eine aufgeschnittene Geologie. Es ist genau erkennbar, wo eine neue Steinlage aufgesetzt wurde. Aber das geht nicht nur aufwärts, das steigt auch tief hinab in die Erde. Ich hatte da hineingeschaut, in die soeben aufgedeckten Eingeweide der Klagemauer, damals, im Dezember 1967, ein halbes Jahr nach der Einnahme Jerusalems, während meines ersten Aufenthalts in Israel. Nach 1900 Jahren fremder Verfügungsgewalt waren Archäologen noch in den Schwaden der Panzerabgase der Truppe auf dem Fuß gefolgt, hatten gegraben und bloßgelegt, und da hatte ich sie gesehen – die Tempelfundamente, die Wurzeln Israels, ungeheure Quader aus einem Felsstück, bei deren atemverschlagendem Anblick man sich fragt, wie ein nur auf Muskelkraft angewiesenes Zeitalter sie dorthin transportieren konnte!

Nun an der Mauer.

Ein Vater hebt sein Kind auf den Arm, drückt es sanft gegen den Stein, lange und mit geschlossenen Augen. Ein anderer Israeli, etwa dreißig Jahre alt, hat die Wange an die Wand gedrückt und eine Hand auf den Stein gelegt – so verharrt er bewegungslos. Es ist, als würde er von dem tosenden Lärm ringsum überhaupt nicht erreicht. Andere, lesend, murmelnd, haben Stühle mitgebracht, als wollten sie hier übernachten. Jemand stößt in ein Horn, den Schofar, singt, macht tanzende Bewegungen, legt Kindern und Erwachsenen die rechte Hand aufs Haupt.

Die Ritzen der Mauer sind vollgepropft, übersät mit kleinen Zetteln – Botschaften, Bittschriften, Hilfeschreie an Jahwe den Ewigen.

An der metallenen Scheidewand zwischen den Sektoren drängen sich Männer und Frauen, auf die Brüstung gelehnt, gestikulierend.

Ich verlasse den Platz, trete zurück. Tauben nisten in Lücken und kleinen Höhlen der Klagemauer, fliegen auf, kommen zurück, aufgeregt und doch vertrauensvoll – nie wurde ihnen hier auch nur eine Feder gekrümmt.

Darüber, auf dem Tempelberg, der Felsendom und die Al-Aksa-Moschee. Aber das Tor dahin, oben rechts, ist geschlossen.

Gerade als ich gehen will, zurück in die versteckten und verschwiegenen Winkel des Jüdischen Viertels, sehe ich die »Miami-Leute« auf die Klagemauer zukommen – und kehre um.

Ich war ihnen schon auf dem Weg hierher begegnet, auf dem Areal zwischen der Stadtmauer und der Batei Mahasse Street: etwa hundert Männer und Frauen mit Schildern und Transparenten, auf denen immer wieder das Wort »Miami« auftauchte und die Versicherung: »Israel, we are with you« – Juden aus den USA.

Die Menge war in Blau gekleidet, sie sang, klatschte in die Hände, wiegte sich rhythmisch, das Gesicht der Stadtmauer zugewandt. Dort standen, auf einem Podest erhöht, Soldaten, keine Bewacher, sondern Teilnehmer. Über allem ein Transparent: »One people – one desire« (»Ein Volk – ein Begehren«). Und dann erklang aus einer Musikbox, aber von allen mitgesungen, die wunderbare Melodie des Jeruschalajim-Lieds. Die

Stimmen schallten von der Stadtmauer zurück, hinein in das offene Jüdische Viertel. Kein Zweifel, es ging um die Stadt, das Herz der Judenheit, die Geliebte, die fast 2000 Jahre nur von fern Angerufene – es ging diesen amerikanischen Juden um Jerusalem.

Einer von ihnen sagte es: Hier hätten immer Juden gelebt, hier hätten sie gelitten, Sorgen gehabt und Tränen vergossen, des Leids und der Freude. Der Mann sprach ein gutturales Englisch, unbefangen und unprätentiös, auch wenn er von der Heiligkeit Jerusalems redete – da war kein falsches Timbre. Die Blauen hörten zu, man spürte ihre Ergriffenheit, sie hielten Schilder hoch – »Miami loves Israel« –, und einige weinten.

Dennoch wirkten die Amerikaner in ihrer lässigen Kleidung und in ihrem touristischen Habitus fast schmerzhaft unterschieden von den vielen Zuschauern, die sich aus dem Jewish Quarter eingefunden hatten – in Schwarz, mit Bärten, hochgeschlossen trotz der schon spürbaren Hitze, Pelzmützen oder Hüte auf dem Kopf, schweigend, ohne eine Empfindung zu äußern, fremdartig gegenüber den bunten, zwanglosen, leichtbekleideten Besuchern. Ich habe diesen Gegensatz ganz stark gespürt.

Nun kommen die Miami-Leute hier herunter, setzen die Kippa auf und gehen über den Platz zum *western wall*, dem Hakotel Hama'aravi. Einige von ihnen greifen in die Tasche, holen Zettel heraus, stopfen sie in die Ritzen zwischen den Riesenblöcken, Botschaften an den Ewigen, recken sich dabei hoch. Ihre blauen Jacken wehen. Vier von ihnen halten die israelische Fahne hoch, jeder mit einer Hand am Schaft. Dann gehen sie auf die Mauer zu. Einer von ihnen lehnt sich mit dem linken Arm gegen die Wand, neben ihm drückt ein Orthodoxer – schwarze Schuhe, weiße Strümpfe, schwarzer Mantel, Hut – seine Wange gegen die Wand, verbeugt sich unzählige Male und küßt die Mauer dann wieder und wieder. Da stellen die Blauen die Fahne ab und pressen ihre Lippen ebenfalls auf den Stein, wiegen sich, wie der Orthodoxe, murmeln, beten, werden Teil der Szene. Neben ihnen, die Augen geschlossen, ein Soldat mit herunterhängender Waffe. Plötzlich ist der Wall besetzt von blauen Tupfern, die Männer auf der linken, die Frauen auf der rechten Seite.

Es ist ein Wind aufgekommen, ich muß meine Kippa festhalten, daß sie mir nicht vom Kopf weht.

Die Männer aus Miami stehen jetzt zusammen, bilden einen Kreis, singen – viele, wie herauszuhören ist, auf iwrith, neuhebräisch –, schwenken die Fahne Israels, tanzen. Dann, auf einmal, sind ihre Reihen durchsetzt mit den Schwarzen, denen mit Bart und Pelzmützen, den Chassidim oder anderen Orthodoxen. Sie alle zusammen schaukeln hin und her, einmal in die Richtung, dann in die andere. Die Fahne Israels wird hochgehoben, mal von diesem, mal von jenem – ein ungeheurer Trubel an der heiligen Stätte, die seit einer Stunde von der Farbe Blau aus Amerika beherrscht wird.

Ich sitze, links vom Eingang, auf einem noch sonnenwarmen Stein und denke: Donnerwetter, bei diesem Anblick würde wohl so mancher daheim in Florida erstaunt gucken.

Die Klagemauer ist nur noch oben beschienen, am Rand, ein ungleichmäßiger Schatten. Über ihm auf dem Tempelberg, vom Standort des nahen israelischen Militärpostens klar zu erkennen, die glänzende Kuppel des Felsendoms und die Al-Aksa-Moschee.

Auf der Terrasse von Mischkenot Scha'ananim macht sich eine Katzensippe von furchterregender Fruchtbarkeit immer bemerkbarer. Die frei umherschweifenden Fellknäuel werden offenbar von niemandem versorgt, müssen sich also ihre Nahrung selbst suchen, und da sie sehr scheu sind, vermute ich, daß sie dabei mit Menschen keine guten Erfahrungen gemacht haben. Meine Einschmeichelungsversuche jedenfalls waren bisher vergeblich. Heute abend aber ist es mir durch sanftes Zureden immerhin gelungen, sie bei meinem Anblick von der bis dahin selbstverständlichen Flucht abzuhalten. Als es dunkel wird, öffne ich die Tür zur Terrasse, und nun sitzt eine der Katzen, offenbar die Mutter der zahlreichen Würfe, auf der Stufe vor dem Eingang, kneift mit den Augen, den Schwanz elegant um die Vorderpfoten gelegt, und harrt der Dinge, die da kommen. Aber bei der ersten Bewegung auf sie zu ist sie auf und davon.

»Interessieren Sie sich auch für die Palästinenser?«

»Natürlich!«

Das war, am Telephon, der erste Dialog zwischen Tsilli G. und mir. Dann lerne ich sie in der Abu Obeida, Ostjerusalem, persönlich kennen.

Tsilli G. ist 38, in Israel geboren und aufgewachsen, Mutter von zwei Kindern aus einer Ehe mit einem Österreicher (zweimal im Jahr fährt sie nach Wien) und Kopf und Herz von Hotline, einer Organisation mit dem Beinamen »For victims of violence« – »Für Opfer von Gewalt« –, und zwar ausschließlich israelischer Gewalt gegen Palästinenser. Tsilli G. ist groß, von kräftiger Statur und residiert hinter einer erbärmlichen Außenfassade in einem erbärmlichen Büro mit der Selbstverständlichkeit eines von der Situation aufgerufenen Gewissens. Das sechs Tage in der Woche und assistiert von Alica H., einer israelischen Rechtsanwältin, die aus den USA kam und blieb, und Ala K., einem Araber mit israelischer Staatsbürgerschaft, die beide, wie Tsilli G., ihre Arbeit hauptamtlich machen. Dazu kommen gegen dreißig israelische und zwanzig palästinensische Helfer, eine schwankende Zahl, aber kontinuierliche Unterstützung.

An der Wand des karg eingerichteten Büros hängt eine große Karte: »Die besetzten Gebiete«, sagt Tsilli G., »die Westbank mit den Distrikten Jenin, Tulkarm, Jericho, Nablus, Ramallah, Bethlehem. Dazu Ostjerusalem und, natürlich, Gaza.«

Ich will alles von Tsilli G. wissen. Sie spricht aus ihrer Wiener Zeit ein Deutsch, das bei komplizierteren Wendungen durch Englisch abgelöst werden muß, aber nur dann. Hotline ist im Juli 1988 von einer anderen Organisation gegründet worden, die ebenfalls gegen Gewalt auf beiden Seiten kämpft: Sovlanut (was auf hebräisch Toleranz heißt), machte sich dann aber 1989 selbständig.

Tsilli G. hat sich spezialisiert auf die Hilfe für Palästinenser, die ihrer Ansicht nach Opfer von Rechtsbrüchen durch Angehörige israelischer Behörden geworden sind – Polizei, Sicherheitskräfte, Armee und zivile Verwaltungen. Von jedem Fall wird eine Akte angelegt, der jeweiligen Behörde eingereicht und der Verlauf verfolgt. »Nach beträchtlichen Schwierigkeiten haben wir eine gewisse Anerkennung bei den Spitzen der Armee und der Polizei gefunden. Unsere Arbeit wird heute ernster genommen. Es gibt da zum Beispiel einen Mann von der *border police*, der nimmt jede Anklage auf und prüft und verhört gewissenhaft.« Dennoch dauert die Bearbeitung lange, sehr lange, wenn überhaupt etwas dabei herauskommt, da die Haltung jenes Grenzpolizisten nicht typisch ist. Es hat bisher nur eine Verhandlung gegeben, und bis dahin waren zwei Jahre vergangen.

Groß und stark sitzt Tsilli G. da, eine erklärte Linke, die keine eindeutige Antwort weiß auf die Frage, ob der Sechstagekrieg – »der uns das alles eingebrockt hat« – ein Präventivschlag war oder nicht; die sich und mir die Frage stellt, wie sich die Eroberungen von 1967 auf die Demokratie und die Gesetzgebung auswirken (eine rhetorische Frage, da für sie die Schlußfolgerung – »verheerend!« – nicht zur Debatte steht), und die einen ungeheuren Erinnerungsfundus der einzelnen Fälle hat: Tötungen, Verletzungen, Beschlagnahme von Eigentum, Zerstörung von Häusern, Verschwinden von Menschen – Hunderte und aber Hunderte sind registriert.

Unser Gespräch wird immer wieder unterbrochen, weil ein Palästinenser nach dem anderen hereinkommt, jetzt gerade ein alter Mann an der Hand seines etwa neunjährigen Enkels – der Großvater ist blind. Geduldig hört Tsilli G. seiner Geschichte zu.

Der Alte erklärt zunächst, daß er nicht ohne Augenlicht geboren wurde, sondern erst vor drei Jahren erblindet ist. Es habe angefangen mit Kopfschmerzen, derentwegen er ins Hospital gebracht und dort operiert worden sei. Danach habe er nichts mehr sehen können. Tsilli G. erfährt, daß der Mann dreizehn Söhne hat – die Aufzählung der Namen dauert eine Zeit – und daß einer davon im Gefängnis ist: Dieser Sohn habe einen Molotowcocktail geworfen und sei dafür zu drei Jahren verurteilt worden, von denen zwei um seien. Das Gericht habe außerdem verfügt, daß einer von den beiden Räumen des Hauses geschlossen werde, was üblich sei, jedoch nun die Familie bestrafe. Er bitte Hotline, dafür zu sorgen, daß der Raum wieder geöffnet werde, denn es sei in dem anderen, einzigen Zimmer unerträglich.

Der Alte hatte eineinhalb Stunden gebraucht, um von seinem Wohnort auf der Westbank hierherzukommen – der Busfahrer hatte kein Geld von ihm genommen. Während der langen Zeit, die der Großvater, ohne unterbrochen zu werden, spricht, steht der Enkel, auf einen Regenschirm gestützt, da, mit ernsten Mandelaugen und ohne jede mimische Bewegung. Erst als der Alte nach seiner Hand greift, lächelt er, strahlend und sanft.

Tsilli G. hat aufmerksam, gespannt zugehört und sich Notizen gemacht, obschon sie solche Klage nicht zum erstenmal vernimmt.

Es wird eine Akte angelegt.

Die Arbeit von Hotline ist wichtig, auch für das israelische Selbstverständnis, die Uneigennützigkeit Tsilli G.s und ihrer Mitarbeiter steht außer Zweifel. Dennoch stimme ich mit zweierlei nicht überein. Das eine ist, ganz spürbar, die Abwesenheit eines wirklich inneren Verhältnisses zu den jüdischen Betroffenen des Konflikts, ihren Opfern, ihren Verletzten und Toten – und wenn es keine Abwesenheit ist, so doch eine deutliche Ferne zu ihnen. Das andere ist das, was ich den Umarmungseffekt nenne, eine Art pauschaler Kritikabschirmung des Kreises von Betroffenen, dessen man sich angenommen hat. Dadurch wird nicht nur ihr Anteil am Konflikt tabuisiert, sondern dessen Zusammenhänge werden auch voneinander getrennt. Ich habe diesen Umarmungseffekt immer wieder feststellen können, in Deutschland und anderswo, ob es sich um feministische Organisationen handelt oder um solche, die sich gegen die Ausländerfeindlichkeit richten. Die liebevolle Vereinnahmung bewirkt Blindheit gegenüber den Ursachen, weil sie geneigt ist, die Welt in Gute und Böse einzuteilen – was zu reduzierter Wahrnehmung der Wirklichkeit führt. In dem konkreten Fall des israelisch-palästinensischen Konflikts erschwert oder verhindert die Umarmung greifbar die Auseinandersetzung mit den Gewalt- und Killertendenzen der PLO und ihrer Anhänger. Der Umarmungsmechanismus verschiebt die Verantwortungsgewichte einseitig zugunsten der Schützlinge und versetzt den Umarmer in eine Art Mutterrolle, die nur die Gefahr für den Umarmten sieht, aber nicht die Gefahr, die von ihm ausgeht.

Dazu schießt mir der Gedanke durch den Kopf: Hat eine israelische Organisation wie Hotline eigentlich ein Gegenstück auf der anderen Seite, ein Ebenbild in der palästinensischen Gesellschaft oder in den arabischen Staaten? Die Antwort ist eindeutig – man findet dort nichts Vergleichbares. Wohl existieren Palästinenser, die um Aussprache bemüht sind, aber keine oppositionellen Organisationen, die sich mit Hotline verständigen und die die komplexe Zweiseitigkeit des Konflikts behandeln könnten. Denn natürlich sind in ihn nicht nur Israelis und Palästinenser eingeschlossen, sondern auch die arabischen Staaten!

Und so taucht in dem schlichten Büro in der Abu Obeida, dessen Arbeit sich gegen die israelische Regierungspolitik richtet, das aber doch wirken kann, eine der großen Ursachen auf, die den Konflikt prägen: Israel ist die einzige Demokratie in der Region. Wäre es ein Streit zwischen Demokratien, trüge er einen vollständig anderen Charakter – wie das gewandelte Verhältnis zwischen Ost und West in Europa nach dem Untergang des Stalinismus zeigt. Nun hat es keinen Sinn, im Nahen Osten auf ähnliches zu warten, aber das besagt nichts anderes, als daß die Abwesenheit von Demokratie in der Region den Charakter der Auseinandersetzung entscheidend mitbestimmt. Handelt es sich bei Israels arabischen Nachbarn doch ausnahmslos um instabile, demokratisch nicht legitimierte und dazu oft noch von ethnischen Minderheiten bestimmte Gewaltregimes, die innenpolitisch in beständiger Sorge um die Erhaltung ihrer Macht schweben und deren einzige Gemeinsamkeit ihre Antiisraelpolitik ist.

Bei jedem Unrecht und jeder Untat, die von Israelis begangen wird, schlage ich mich auf die Seite der Betroffenen, aber ich verliere darüber die Zusammenhänge des Konfliktes nicht aus den Augen. Umarmung ist allemal die falsche Position – und auch die Tatsache, daß die Palästinenser die Schwächeren sind, kann mich an ihrer Fehlerhaftigkeit nicht irremachen.

Erkenntnisse in Jerusalem.

Am Nachmittag mache ich mich mit Ala K. von der Abu Obeida nach Ramallah auf. Er sucht dort einen Jungen, Achmed, hat aber die genaue Adresse nicht.

Der Gesuchte hatte einen Bus voll Soldaten mit Steinen beworfen. Darauf waren etliche der bewaffneten Insassen herausgesprungen und hatten sich einige Jugendliche gegriffen, darunter auch Achmed. Da er zu jung war, unter vierzehn, konnte er nicht eingesperrt werden, wurde aber verurteilt, tausend Schekel zu zahlen. Für die hatten laut Gesetz die Eltern zu haften – mit bis zu einem Jahr Gefängnis. Hotline hatte etwa zwanzig solcher Fälle registriert.

Jetzt lenkt Ala K. uns kundigen Steuers in seinem heruntergekommenen Peugeot aus Ostjerusalem heraus, in westlicher Richtung. Ich schätze ihn auf 25 Jahre, ein Mann mit angenehmen Gesichtszügen, von einem Flor unjugendlicher Traurigkeit bedeckt und nur verhalten auskunftswillig.

Ala K. ist israelischer Staatsbürger, gibt seine Identität aber mit palästinensisch an: »Diese Spaltung ist mein, ist unser Dilemma.« Er ist seit sieben Jahren in Jerusalem, studiert Biologie und will Genetiker werden. Das Studium, für das er zahlen muß, dauert sechs Jahre, von denen er die Hälfte hinter sich gebracht hat. Alle drei Brüder studieren, in Essen, Frankfurt am Main und Berlin. Der in Essen hat eine deutsche Frau geheiratet und ist Vater von zwei Kindern. Einer der Brüder ist nach Deutschland gegangen, weil er in Jerusalem nicht akzeptiert wurde. »Es gibt keine vollen Rechte für uns«, sagt Ala K., »und mir scheint, sie sind für einen palästinensischen Israeli viel schwerer zu bekommen, als einen palästinensischen Staat zu erkämpfen.« Schweigen, ein todtrauriges Schweigen. Wir fahren an einem israelischen Militärposten vorbei. Darauf Ala K.: »Es heißt immer, wenn wir die gleichen Rechte hätten, müßten wir dann nicht auch in die Armee – und gegebenenfalls gegen die eigenen Landsleute vorgehen? Gut zurechtgelegt!« Ala K. lacht bitter. »Ein schönes Argument ist das, um uns die vollen Rechte vorzuenthalten!«

In Ramallah.

Schwerbewaffnete Israelis, ein Armeelager, von dichtem Stacheldraht umgeben, davor viele Leute, vor allem Frauen. Ala K.

fährt ganz langsam. »Kann man so auf die Dauer leben? Kann das für die Ewigkeit sein? Die Leute warten hier, weil alles genehmigt werden muß. Jetzt ist wenigstens ein Gebäude errichtet worden, jahrelang aber haben die Leute hier unter freiem Himmel stehen müssen, auch wenn es regnete.« Und nach einer Weile: »Ich fühle mich wie im Krieg mit den Soldaten.«

Er fährt durch einen Ortsteil Ramallahs, sucht, steigt aus, fragt Passanten. Sie beäugen ihn, mißtrauisch, denn sein Wagen trägt ein israelisches Nummernschild – es ist gelb, während die Autos auf der Westbank blaue haben.

Dann scheint Ala K. das Haus gefunden zu haben. Aber es ist niemand da. Wir warten. Ich höre ihm zu, spüre, wie es ihn erleichtert zu sprechen. »Sehen Sie den Erdwall da hinten? Da sind Steine geworfen worden, und dann wird das ganze Viertel abgesperrt – ein großer Erdwall mit großen Steinen.« Er sieht mich dann an, sagt: »Würde es Sie überraschen, wenn ich feststelle: Die Araber sind nicht mein Volk? Ich bin Palästinenser! Die Araber haben uns verraten. Man kann als Palästinenser in arabischen Staaten kein Land kaufen. Wir haben von jedem mehr Unterstützung – von Deutschen, Amerikanern, Russen – als von Arabern. Die Führer der arabischen Staaten haben 1947/48, gegen den Teilungsplan der UNO, entschieden: Ganz Palästina solle arabisch werden – das ist unser Unglück gewesen, in diese Mühle sind wir geraten. Es wäre vielleicht längst Frieden, wenn die Araber den Teilungsplan akzeptiert hätten.«

Ein Mann kommt auf das Haus zu, Ala K. spricht mit ihm, kehrt zurück: »Es ist nicht das richtige Haus« und gibt auf. Wir steigen wieder in seinen Peugeot. »Das ist auch eines der Probleme von Hotline – diese kümmerliche Infrastruktur in den besetzten Gebieten, wenig Telephone, eine unzulängliche Postzustellung, es ist zum Verzweifeln. Wir kennen die Adresse der Familie nicht. Und wo könnten wir sie erfahren?«

Wieder in Jerusalem. Wir hatten nur noch wenig miteinander gesprochen. Die ganze Zeit dachte ich: Wie verlassen muß sich dieser Mann neben mir fühlen.

Und dann sagt Ala K., bevor er mich in Mischkenot Scha'ananim aussteigen läßt: »Ich brauche das Wort nicht gern - aber wir Palästinenser sind die Opfer von Israelis und Arabern.«

Ich sehe ihm nach, wie er mit seinem Vehikel davontuckert.

Heute hat sich wichtiges ereignet: Ich habe zum erstenmal auf dieser Reise mit einem Palästinenser israelischer Staatsbürgerschaft gesprochen – und ich war, wenn auch indirekt, mit der Intifada in Berührung gekommen.

Erkenntnisse in Jerusalem.

»Aber ich traue ihnen nicht«

In einem Bus auf der Fahrt nach Bet Schemesch, einem Ort südlich der Autobahn nach Tel Aviv, noch in der Nähe von Jerusalem, dort wo das Gebirge in die Ebene übergeht.

Ich bin unter lauter weiblichen Mitgliedern von Sovlanut, jener bereits erwähnten Organisation, die im Sinne ihres Namens – Toleranz – ausgleichend wirken will zwischen Juden und Arabern. Nun sind wir unterwegs zu einer Schule, wo über die Frage »Gespräche mit Arabern – ja oder nein?« diskutiert werden soll.

Neben mir sitzt eine ältere Frau, Michal D., Lehrerin für englische Literatur und, wie ich von ihr erfahre, vor fünf Jahren aus New York nach Israel gekommen. Als der Bus auf der abschüssigen Strecke an Wrackteilen von Lastwagen rechts der Straße vorbeifährt, sagt sie: »Eine jüdische Kolonne, die im Unabhängigkeitskrieg 1948 Medikamente in das eingeschlossene Jerusalem bringen wollte und in einen arabischen Hinterhalt geriet.«

35 Minuten Fahrt durch das wilde Gebirge bis Bet Schemesch, dann sind wir angekommen.

Zum Streitgespräch haben sich die Schülerinnen und Schüler, ausschließlich Israelis, in der riesigen Turnhalle eingefunden, etwa 150 Zuhörer auf ansteigenden Sitzreihen, davor die acht Diskutanten, je vier für und gegen Gespräche mit Arabern. An dem Pro-Tisch drei Mädchen, bei der Kontra-Gruppe nur eines. Für uns aus Jerusalem, die zwölf Frauen von Sovlanut und mich, sind die ersten Reihen freigehalten worden. Die Atmosphäre ist gespannt.

Die Gruppe gegen Gespräche eröffnet den Reigen. Ein Schüler liest aus Schriften der PLO vor, mit starker Stimme und sehr bestimmt: Sie wollen alles, nicht nur die Westbank und Gaza, sie wollen auch Jerusalem, die Golanhöhen, Tel Aviv und Jaffa. Der Schüler nennt Namen von Familien, deren Angehörige palästinensischen Anschlägen zum Opfer fielen.

Es wird still in der Turnhalle bei der Aufzählung.

Ein zweiter aus der Kontra-Gruppe entfaltet eine Landkarte: Guckt euch das an, wie gefährdet wir ohnehin sind – überall offene Grenzen. Was aber wäre erst, wenn es einen Palästinenserstaat gäbe? Das jedoch sei Sinn und Ziel von Gesprächen – was denn sonst? Gesprächen mit wem? Mit der PLO, die erklärt hat, daß die Juden an allem schuld seien, eingeschlossen die Französische Revolution, und daß die Zionisten die ganze Welt gekauft hätten? »Das haben sie geschrieben, hier steht es, oder glaubt ihr, ich denke mir solchen Wahnsinn aus?«

Jetzt das einzige Mädchen aus der Gruppe, dunkelhäutig, temperamentvoll, Kind orientalischer Juden, wie manches andere hier ringsum: »Erinnert ihr euch an den Anschlag auf den Touristenbus zwischen Ismailijja und Kairo? Und an all die anderen Überfälle? An die Getöteten und Verwundeten? Mit diesen Mördern soll ich sprechen? Ich will auch Frieden – aber mit denen sprechen? Niemals!«

Die Unruhe im Auditorium wächst. Zwischenrufe, Applaus, Widerspruch.

Der vierte sagt: »Habt ihr mal an das demographische Problem gedacht – auch ohne die Gebiete, die 1967 dazugekommen sind? Die Araber mit israelischer Staatsbürgerschaft, fast 800 000 heute, vermehren sich viel schneller als wir. Eines Tages können sie uns über die Wahlurne aushebeln, nicht heute, nicht morgen, aber irgendwann könnten sie zahlreicher sein – was dann?«

Da springt ein Mädchen aus der Gegengruppe auf: »Das ist doch ein entscheidendes Argument für Gespräche! Was können wir denn dagegen tun, daß ihre Bevölkerung sich rascher vermehrt als unsere? Wollen wir sie umbringen? Wir müssen Frieden machen, weil die Zeit nicht für, sondern gegen uns arbeitet. Und da wir mit dieser Zeitbombe leben, müssen wir mit ihnen sprechen. Ich wäre stolz darauf, wenn wir es täten, denn es ist besser, für unser Land zu leben als zu sterben.« Die Stimme kippt über, schlägt dann noch höher: »In den besetzten Gebieten sind wir Eroberer und benehmen uns auch so – Juden als Eroberer!« Einen Moment sieht es aus, als könnte sie nicht mehr weitersprechen. Dann fügt die Schülerin an: »Möglich, daß es leichter wäre, wenn unsere Gesprächspartner Europäer wären – aber es sind nun einmal Araber.«

Beifall, der bisher stärkste.

Der einzige Schüler der Pro-Gruppe: »Die Intifada hört nur auf, wenn wir Gespräche führen, sonst nicht. Golda Meir und die anderen Staatsgründer hatten das Palästinenserproblem überhaupt nicht gesehen, es existierte für sie gar nicht. Und wo sind wir heute? Wenn wir nicht mit dem gemäßigten Flügel der PLO sprechen, dann überlassen wir den Radikalen das Feld.«

Es soll nach dem Streitgespräch abgestimmt werden, die Schule hat Übung darin. Es ist bereits der vierte Disput über kontroverse Zeitthemen hier. Nach den äußeren Reaktionen ist schwer auszumachen, für welche der beiden Gruppen sich die Mehrheit entscheiden wird. Ich fühle nur, daß ich inständig hoffe: für die Pro-Gruppe.

Einer der Kontra-Gruppe: »Ben Gurion wollte mit den Terroristen nicht sprechen, stimmt. Aber der Mufti von Jerusalem, der zuvor mit Hitler geredet hatte, auch nicht mit Ben Gurion. Sie waren immer Terroristen, und sie sind es noch.«

Widerspruch von der Gegenseite: Die Situation schafft den Terror. Auch Schamir und Begin waren Angehörige einer Terroristengruppe, einer rechten, vor Gründung des Staates Israel. »Manche Palästinenser haben sich im Lauf der Auseinandersetzung geändert, und ein unabhängiger Staat würde solche Leute fördern.«

Wieder eine Gegenstimme: »Wenn wir Gespräche mit ihnen anfingen, so wäre das das Ende. Wir würden nicht nur unser Territorium, wir würden auch unsere Existenz aufs Spiel setzen.«

Michal D. neben mir, die Lehrerin aus New York, bemerkt, daß die Rechten immer und überall auf der Welt »aus dem

Bauch« dächten und daß in dieser Turnhalle die Gegenseite über die höhere Intellektualität und Moral verfüge. Ich denke, und das schon eine ganze Weile: In welchem arabischen Land könnte eine solche Diskussion stattfinden, öffentlich und mit Auffassungen, die der Regierungspolitik so diametral entgegengesetzt sind? In keinem, auch in Ägypten nicht.

Der Gesprächsleiter, der sich kaum eingemischt hat, macht ein Zeichen, das auf das Ende der Debatte schließen läßt. Da hebt einer aus der Kontra-Gruppe noch einmal die Hand, sagt, er möchte auch Frieden haben, und fügt dann, unpolemisch, wie ratsuchend, hinzu: »Aber ich traue ihnen nicht!«

Der Satz haftet in meinem Ohr, weil ich ihn nicht zum erstenmal höre. Ich muß seinem Inhalt nachgehen.

Die Abstimmung ergibt: 69 Jungen und Mädchen dieser Schule in Bet Schemesch sind für Gespräche mit Arabern, 34 dagegen.

Danach kommen die Kontrahenten noch einmal zusammen, vorn, sprechen mit den Frauen von Sovlanut und sitzen dabei friedlich nebeneinander, der Hauptsprecher der Kontra-Gruppe neben einer Dunklen mit mächtiger Mähne, die seine vehementeste Gegnerin gewesen war. Es sind Sechzehn- bis Achtzehnjährige, jede und jeder von ihnen war von bestechender Beredsamkeit – und sie können zuhören. Was die Sovlanut-Frauen ihnen mitgeben, kann in einen Satz gefaßt werden: »Präparieren Sie sich nicht nur auf das, was Sie sagen wollen, sondern antworten Sie vor allem auch auf das, was von der anderen Seite kommt.«

Schließlich geben beide Seiten unaufgefordert zu, daß sie Zweifel an der eigenen Meinung hätten. Alles in allem, so finde ich, ein Lehrstück für Demokratie in einer Situation äußerster Gefährdung.

Auf der Rückfahrt nach Jerusalem, nun bergauf, sitze ich in dem Bus wieder neben Michal D., vormals Brooklyn, und komme mit ihr ins Gespräch. Das heißt, es wird bald ein Monolog daraus, denn ich werde zum Zuhörer einer jener unerhörten Geschichten, wie die Menschen keines anderen Landes sie in solcher Dichte erzählen können.

Großvater und Großmutter väterlicherseits waren im zaristischen Rußland von Kosaken getötet worden. Die Kinder konnten in den Wald entkommen, kehrten zurück und begruben ihre Eltern. Nach dem Sturz des Zarismus emigrierte der Vater mit seiner Frau, Michal D.s Mutter, und wenig Verwandtschaft nach Deutschland, blieb dort bis 1927 und wanderte dann in die USA aus.

Das Gros der Sippe, Onkel, Tanten, Nichten und Neffen, war in der Sowjetunion geblieben. Etliche Angehörige wurden Kommunisten, wähnten ihr Heil in der KPdSU und kannten fortan weder den Sabbat noch andere jüdische Fest- und Feiertage. Erst 1971 hörten Michal D. und ihr Mann über Auswanderer wieder von den Verwandten, daß sie und ihre Nachkommen lebten unter den jämmerlichen Bedingungen des Systems und in völliger Desillusionierung hinsichtlich ihrer einstigen Ideale. 1976 flog Michal D. mit ihrem Mann nach Moskau, von wo aus sie versuchten, zu den Verwandten nach Minsk zu gelangen, in der Sowjetunion Leonid Breschnews jedoch ein vergebliches Unterfangen – die Genehmigung war nicht zu erhalten. Es bedurfte erst der Perestroika des Michail Gorbatschow, um die Briefverbindung herzustellen, 1988. »Und jetzt«, sagte Michal D. im Bus neben mir mit einer Mischung aus unirdischer Verzückung und sachlicher Genugtuung, »jetzt kommen sie in den nächsten Wochen alle nach Israel – drei Generationen, von einem Neunjährigen bis zu den Siebzigjährigen, mehr als sechzig Menschen.«

Der Bus prescht die breite Autobahn Tel Aviv-Jerusalem hoch.

In welchem Volk, welchem Staat sonst könnte sich dergleichen ereignen? denke ich. Hier bist du in einem Land, wo du sofort in der Weltgeschichte steckst, wenn du dich mit einem Nachbarn, mit Bekannten, Freunden, Fremden unterhältst, und zwar bist du an den Punkten unseres Jahrhunderts, an denen die ganze Menschheit durchgeschüttelt wurde, niemand sonst aber so wie die Juden.

Die Einwanderungswelle von Juden aus der Sowjetunion nach Israel hat allerdings einen Januskopf, ein Doppelgesicht.

Sie ist das Gesprächsthema der Nation, in der Öffentlichkeit und privat, meist zustimmend, jedoch auch kontrovers. Der ohnehin herrschende Wohnungsmangel in Israel wird durch die Immigranten noch brisanter. Vor allem junge Paare, die schon lange warten, sehen sich durch die Bevorzugung der Juden aus der Sowjetunion geprellt.

Sie hat Folgen. Unterhalb des Israel-Museums in Jerusalem sind Zelte aufgeschlagen, von Menschen, jungen und alten, verheirateten und unverheirateten, mit und ohne Kinder, für die die gestiegenen Mieten unerschwinglich geworden sind.

Als ich dorthin komme, brummt ein großer Generator, und die Versammlung unter offenem Himmel, auf der gerade die Wohnungsnot besprochen wird, hat Mühe, gegen den Lärm anzukommen. Nackte Glühbirnen leuchten in der Dunkelheit. Sie erhellen eine trostlose Atmosphäre, die unter dem wie immer sterneprangenden Himmel nur um so dumpfer erscheint. Bei Tageslicht kann man von hier auf Luxusblöcke schauen mit den teuersten Wohnungen, die es in Jerusalem, ja im ganzen Land gibt. Sie sind nur als Eigentum zu erwerben. Jetzt, bei der großen Immigration von Juden aus der Sowjetunion, rächt sich, daß in Israel fast nur Eigentumswohnungen gebaut worden sind, von Anfang an, und es vergleichsweise wenige Mietwohnungen gibt. Klar, daß es bei der ungeheuer gewachsenen Nachfrage teurer wird, darin zu leben, und die Hausbesitzer die Gelegenheit beim Schopfe packen, die Mieten kräftig zu erhöhen. Das führt zu Spannungen zwischen denen, die bei der allgemeinen Wohnungsnot schon lange auf eine menschenwürdige Unterkunft warten, und denen, die nun kommen und sofort von den großzügigen Einwanderungsbestimmungen profitieren.

Dennoch stehen die öffentliche und die veröffentlichte Meinung Israels hinter den Juden aus der Sowjetunion.

Ich bin ein halbes dutzend Mal bei ihrer Ankunft auf dem Ben-Gurion-Flughafen in Lod dabeigewesen, ein Anblick, Gesichter, die ich nie vergessen werde: ekstatisch und hilflos, verstört und mühsam gefaßt, Gesichter, die wie ein Aufschrei des Glücks waren, und andere, in denen nichts als Angst und Ungewißheit vor dem Kommenden geschrieben standen. Ich habe auf diesem schrecklich nüchternen Gelände Menschen gesehen, die wie im Traum einherwandelten, und andere, die den Eindruck machten, als wollten sie auf dem Fuße umkehren und wieder zurückfliegen. Aber ich habe nicht gehört, daß das geschehen sei.

Aus den sogenannten *Absorption Centers* wird über die Juden aus der Sowjetunion Gutes berichtet. Das sind Stätten, in denen die Einwanderer aus allen Ländern, woher auch immer, an ihre neue Heimat gewöhnt werden, Israels Sprache erlernen und auf ihre Neigungen und Begabungen geprüft werden sollen, und wo ihnen, jedenfalls für eine gewisse Zeit, die Sorgen um die elementarsten Lebensbedingungen wie Wohnung und Nahrung abgenommen sind. Viele haben keine Ahnung von Dingen, die den Israelis selbstverständlich sind, und sei es, wie ein Bankkonto zu eröffnen oder ein Führerschein zu erwerben ist.

In einem dieser Zentren, Mevasseret Zion bei Jerusalem, berichtet mir der Leiter, daß die Juden aus der Sowjetunion die gelehrigsten Schüler und Schülerinnen unter allen Immigranten seien, am willigsten zu arbeiten und auch sprachbegabter als Einwanderer aus anderen Ländern.

Dennoch gibt es bei ihnen Schwierigkeiten besonderer Art. Die meisten kommen aus qualifizierten Berufen, sind Ärzte, Physiker, Chemiker, aber aufgrund der Rückständigkeit in der Sowjetunion nicht auf der Höhe des israelischen, des westlichen Know-how und Know-where. Die Anforderungen hier sind viel größer, und so finden diese Leute zunächst einmal keine Arbeit in ihrem gewohnten und erlernten Beruf und müssen umsatteln. Das kollidiert mit den Erwartungen, die sie ihrer neuen Heimat entgegenbringen, und führt zu vielen Enttäuschungen und innerfamiliärem Streit.

Dazu kommt das Motiv, das die Juden aus der Sowjetunion hierhergetrieben hat: Verfolgung, Angst, physische Bedrohung und alltägliche Diskriminierung. Sie wandern als Flüchtlinge ein, nicht als Zionisten, jedenfalls die meisten von ihnen.

Aber wie gesagt, die allgemeine Haltung in Israel ihnen gegenüber ist außerordentlich positiv, und der Leiter des *Absorption Center* Mevasseret Zion ist nur eine exemplarische Stimme, wenn er mir gegenüber versichert, er verspreche sich von der großen Immigrationswelle aus der Sowjetunion nach Überwindung der Anfangsschwierigkeiten Prosperität für Israel.

Die Leute in den Zelten vor dem Israel-Museum sehen das anders. Ihr Disput unter freiem Abendhimmel ergibt, daß sie, bei allem Verständnis für die Not der Juden in der Sowjetunion, auf die Einwanderer von dort nicht gut zu sprechen sind. Einige weisen auch auf die künftige politische Belastung hin, da es heißt, ein Teil von ihnen werde auf der Westbank angesiedelt werden. »Und dann kriegen wir noch mehr Kummer ihretwegen«, sagt ein Hüne von Israeli, stehend, ein kleines Kind auf dem Arm und neben sich seine winzige Frau.

Teddy Kollek hat mehr Zelte versprochen und einen besseren Wasseranschluß als bisher – Maßnahmen, die auf einen längeren Aufenthalt schließen lassen. Heute morgen habe ich erfahren, daß auch vor der Knesset, Israels Parlament, Zelte aufgebaut worden sind.

Die Immigration von Juden aus der Sowjetunion, es wird von einer Million Menschen gesprochen, wird das Land noch lange beschäftigen.

Der Raw von Mea Schearim

Der erste Anlauf wird scheitern, um das vorwegzunehmen.

Es ist Sabbat, Sonnabendmorgen, und ich lasse mich in einem Taxi bis an den Rand von Mea Schearim fahren, Jerusalems orthodoxem Viertel. Seit gestern abend sind stählerne Barrieren aufgestellt worden, damit es niemandem einfalle, hier hineinzufahren. Denn alles, was wie Arbeit aussehen könnte, ist am Sabbat streng verboten. Wenn sich auch weite Teile des modernen Israel darum so wenig scheren wie die übrige Welt – in diesem selbstgewählten Getto sind die Frommen überaus wachsam. Ich kriege das sogleich zu spüren.

Eben bin ich zu Fuß hinter der Absperrung, habe ich auch schon Begleitung neben mir – einen alten Mann, sehr nahe, mit bösem Glitzern in den Augen und auf gleicher Höhe, trotz wechselndem Tempo, das ich nun einschlage, um zu sehen, ob die Aufmerksamkeit wirklich mir gilt. Sie gilt mir, denn nun stößt der Alte mit dem grauen Bart Laute aus, an deren feindseligem Charakter kein Zweifel mehr herrschen kann, und dabei zeigt er auf mich – nein, vielmehr auf meine Tasche, die ich umgehängt habe. In der gleichen Sekunde begreife ich - eine Tasche zu tragen fällt hier unter das Arbeitsverbot am Sabbat. Bilder steigen auf, Photos vor noch gar nicht so langer Zeit in irgendeinem Blatt, von Straßenschlachten, knüppelschwingenden Rabbinern, demolierten Autos und blutenden Menschen – die Religiösen hier machen ernst. In der Tasche ist das Sprechgerät, in das ich alle meine Eindrücke auf dieser Israelreise diktiere, sind Kassetten und Batterien, ohne deren Benutzung das Gesehene und Erlebte verlorenginge. Eine alte Frau ist dazugekommen, offenbar das Ehegespons, und beschimpft mich, wobei sie unmißverständlich auf meine Schulter zeigt.

Ich kehre um.

Am nächsten Tag komme ich zurück, dringe unbehindert ein – und befinde mich in einer anderen Welt. »Belz, mein Schtetele Belz...«, an dieses Lied werde ich spontan erinnert bei dem Anblick, der sich mir gleich zu Beginn der Rehov Mea Schearim bietet, der Hauptstraße durch dieses anachronistische Viertel. Männer in farbigen und schwarzen Kaftanen oder Mänteln, auf dem Kopf Hüte oder die Pelzmütze mit dem Fuchsschwanz – den Streimel; Kinder mit weit auf die Wangen hinunterreichenden Peies, die ihnen ein seltsam unjugendliches Aussehen verleihen; Frauen, die über den abrasierten Haaren eine Perücke tragen oder ein Tuch um den Kopf geschlungen haben. In den Nebenstraßen kleine Handwerksbetriebe, Talmud-Thora-Schulen, ein Markt, auf den Balkons trocknende Wäsche. Verfall, Abbruch, Abstützung von Verrottetem, geborstene Stahlträger. Zwei alte Rabbiner, entrückt ins Gespräch vertieft, gehen eine Treppe hoch – schwarze Mäntel, wuchtige Streimel, schwarze Strümpfe, leichte Schuhe, der eine hat ein Brot in der Hand. So bleiben sie, welch ein Bild, stehen: Czernowitz, Krakau, Lublin 1890!

Es ist das Schtetel, die Keimzelle des großen aschkenasischen Lebensgebiets im Osten Europas, unwiederbringlich verloren durch den Völkermord an den Juden des deutsch besetzten

Kontinents, aber hier wie wiederhergestellt in allen seinen Elementen – ausgenommen die orientalische Sonne, der glühende Hauch aus der nahen Wüste schon im Frühjahr.

Wo die Rehov Mea Schearim in die Maichal Israel mündet, übt sich ein Passant in Zivil überflüssigerweise als Verkehrspolizist. Zwischen zwei Häusern ein riesiger Stahlmast, ausrangiertes Elektrogerät, mit abgeschnittenen Kabeln und zu nichts mehr nutze. Ein Hochzeitskleid hoch droben vor einem blinden Fenster.

Um mich herum wimmelt eines der großen Probleme des modernen Israel – die religiöse Orthodoxie.

Im parlamentarischen System ist sie das Zünglein an der Waage zwischen dem konservativen Likud, der seit 1977 dominierenden vereinten Rechten, und dem Maarach, der Arbeiterpartei. Diese war bis zu Menachem Begins Premierschaft die vorherrschende Kraft gewesen, personifiziert in so bedeutenden Persönlichkeiten wie Ben Gurion und Golda Meir. Die waren, wie ihre Väter und Mütter, nicht unreligiös, aber doch den Orthodoxen ein Greuel – als Staatsgründer. Denn nach dem Glauben der Orthodoxen kann Erez Israel nur durch die Ankunft des Messias, durch einen göttlichen Akt also, wiederauferstehen, nicht durch zionistische Pioniere, die sich noch dazu sozialistisch nannten und ein weltliches Staatswesen errichteten.

Die Bewohner von Mea Schearim streben ein Gemeinwesen nach den Gesetzen Mose an. Hinter ihnen stehen die religiösen Parteien, wie Agudat-Israel, Degel Ha-Thora, Schass, und natürlich das Oberrabbinat. Der öffentliche Konflikt entzündet sich besonders an dem Widerspruch, daß die Orthodoxen zwar gegen den Staat sind, nicht aber gegen die ungeheuren finanziellen Zuwendungen, die sie und ihre Institutionen von ihm bekommen – Hunderte von Millionen Schekel, zum großen Teil für ein Erziehungswesen, das der Kontrolle des Staats entzogen ist. Das heißt, achtzig Prozent der israelischen Steuerzahler kommen auf für die Institutionen einer kaum fünfzehnprozentigen Minderheit, deren Anschauungen die Mehrheit nicht teilt, während Geld für minderbemittelte Schichten an allen Ecken und Enden fehlt. Kein Wunder, daß die Kluft zwischen den Orthodoxen und Ultraorthodoxen einerseits und den weltlich gesinnten Israelis andererseits immer größer geworden ist.

Durch diesen Gegensatz wird auch der parlamentarische Gedanke geschädigt, denn die Zuwendungen erhält die Orthodoxie vor allem aus Gründen der politischen Opportunität. Angesichts der quantitativ nahezu ausgeglichenen Parteiblöcke Likud und Maarach geben die politischen Organisationen der Religiösen den Ausschlag, wofür sie sich bezahlen lassen – und zwar schamlos, wie ein erheblicher Teil der Israelis findet. Ob es nicht genüge, daß sie für sich rabbinisches Recht und rabbinische Gerichte durchgesetzt hätten, kostenlose Schulbildung und koschere Küche in Ministeriumskantinen und Militärküchen, ganz abgesehen davon, daß der Staat auch für die Gehälter der Rabbiner aufkommt und viele Söhne und Töchter der Religiösen vom Militärdienst befreit sind? So fragen viele.

Die Bevorzugung der antizionistischen Orthodoxie durch die herrschende Rechte führt immer wieder zu schweren öffentlichen Eklats, etwa wenn, wie gerade jetzt, herauskommt, daß die religiösen Schulen in diesem Jahr dreimal soviel Subventionen kriegen werden wie im vergangenen, ohne daß sie über deren Verwendung Rechenschaft ablegen müßten. Nirgendwo sonst, so lassen sich immer wieder Stimmen in der veröffentlichten Meinung des Landes vernehmen, leisteten aufgeklärte Regierungen dem religiösen Obskurantismus derart katastrophalen Vorschub wie die israelische. Wobei nicht vergessen wird, darauf hinzuweisen, daß beide, Likud und Maarach, um die Gunst der Orthodoxen buhlen. Daß die Religiösen unter sich völlig zerstritten sind, und zwar seit Jahrhunderten, kommt noch dazu – etwa uralte Konflikte zwischen verfeindeten Rabbinaten aus Litauen, Anachronismen, von deren Repräsentanten die israelische Politik wesentlich mitbestimmt wird – die eigentliche Zumutung.

Wie zur Illustration ereignete sich dieser Tage eine gespenstische Szene, an der die ganze Nation teilhatte, natürlich über das Fernsehen: der Auftritt des Raw Eliezer Schach!

Hintergrund war, im Zusammenhang mit einer Regierungsumbildung, die Frage, ob sich die Religiösen dem Likud oder der Maarach zuwenden sollten. Der Streit ging hoch her, und das seit längerem schon – von Raw Eliezer Schach wurde ein klärendes Wort erwartet.

Es kam nicht.

Auf dem Bildschirm tauchte eine Erscheinung jenseits von Methusalem auf, ein 96 jähriger, der wirres Zeug redete, stellenweise auf jiddisch, was die meisten Israelis nicht verstehen, von ekstatischen Gebärden begleitet, mit dem Hauptstoß gegen das Kibbuzsystem und der resümierenden Erleuchtung: Nur wer glaube, werde selig, alle anderen aber liefen in ihr Unglück. Zur Sache selbst, der Entscheidung zwischen Likud und Arbeiterpartei, sagte der Raw nichts Eindeutiges – was einem Votum für den Likud gleichkam.

Nicht weniger gespenstisch als der Auftritt war das Ambiente. Der Thoragelehrte hielt seine Rede im städtischen Basketballstadion von Tel Aviv, Yad Eliyahu, vor 11 000 ultraorthodoxen Anhängern – ausschließlich Männer. Ihre Frauen, Mütter und Töchter hatten sich in einem anderen Saal eingefunden, was sie aber nicht als Diskriminierung empfanden. Die Haltung wird erklärlicher, wenn man erfährt, daß viele dieser Frauen noch niemals einen Kinofilm oder auch nur ein Video gesehen hatten. Für den Auftritt des verzückt Verehrten hatten sie sich schön gemacht, die Verheirateten unter ihnen trugen ihre besten Perücken und Kleider, und übereinstimmend erklärten sie ihre sichtbare Aufregung damit, daß sie Raw Eliezer Schach erleben würden, ihren Vater.

Der hatte mit seinem antizionistischen Angriff auf die Kibbuzim, die kollektiven ländlichen Siedlungen, einen schweren Fehler begangen, hatte sich sozusagen einen Rohrkrepierer geleistet, der das Bild der Religiösen in der Öffentlichkeit noch dubioser machte. Die Presse, nicht nur die linke, schoß scharf zurück, nannte die Gründer der Kibbuzim die Väter von Erez Israel, die Standarte unseres Stolzes, berichtete von den Wundern und Leistungen dieser weltberühmten Siedlungsform und wies darauf hin, daß die Söhne aus den Kibbuzim in allen Kriegen gekämpft und viele mit dem höchsten Preis, ihrem Leben, gezahlt hatten. Die deutschsprachigen »Israel-Nachrichten« aus

Tel Aviv, sonst alles andere als ein Kampfblatt, kommentierten empört: Die Kibbuzbewegung sei ein Symbol des Zionismus, und wer gegen sie auftrete, erhebe seine Hand gegen den Zionismus. Der Raw habe dem Staat Israel einen schweren Schlag versetzt, indem er die Saat der Spaltung gesät habe im jüdischen Volk, »in dem es ohnehin keinen Überfluß an gegenseitiger Liebe, Verständnis und Einigkeit gibt«. Man muß den gemäßigten Tenor dieser kleinen Tageszeitung kennen, um das Maß der Aufgebrachtheit zu begreifen.

Der Raw zeigte sich unbeeindruckt von jeder Gegenreaktion, die Öffentlichkeit aber hin und her gerissen zwischen dem makaberen Spektakel und der dumpfen Ahnung, daß hier einer aufgetreten war, der sich dem Staat, der Demokratie, der Wirklichkeit verweigert, jedoch den Religiösen in der Knesset seine anachronistischen Weisungen gibt.

Auf der Kreuzung Rehov Mea Schearim und Maichal Israel operiert der Napoleon des Verkehrs immer noch. An der Ecke zur Nathan Strauss Road steht ein Kaftanträger und redet auf drei Touristen ein, zwei Frauen und ein Mann, offenbar Amerikaner, deren Geduld unendlich ist; denn als ich nach zehn Minuten zurückkehre, stehen alle vier noch in der gleichen Pose da – die drei stumm nickenden Zuhörer und der gestenreiche Erzähler ohne jede Sensibilität gegenüber der eigenen penetranten Monologisiererei.

Kindergeschrei aus offenen Fenstern, murmelnde Passanten, Betende mit geschlossenen Augen, aber dennoch beschleunigten Schrittes. Überhaupt ist hier niemand zu sehen, der langsam geht, normal, wie sonst überall – alle eilen, laufen, rennen, viele mit Büchern unter den Arm geklemmt. Da wirkt Statisches überraschend, wie das festlich gekleidete Mädchen dort auf dem Balkon, in der Sonne lesend.

Ein Großvater mit zwei Enkeln, einen an der Hand; dahinter drei Chassidim, ungestüm aufeinander einredend, auch sie ältere Männer, jedoch von ungeheurer Gelenkigkeit; neben einem Toreingang eine Schwangere, vor ihr zwei Knaben, der eine bucklig, der andere mit einer fuchsschwanzbesetzten Mütze auf dem kleinen Kopf, dem Streimel en miniature.

Ein Blick in die Runde – Erzväter überall. Es ist wie ein Gang auf einem anderen Planeten. Der alte Fernsehmann kommt in mir hoch, wie schon oft seit meiner Ankunft in Israel, aber hier für mein bildgewohntes Auge besonders drängend – wo, wo nur ist die Kamera?

In Mea Schearim fällt mir auf: Viele Bewohner sehen ungesund aus, blaß, fahl, kränklich. Die Frauen scheinen sich bewußt zu verhäßlichen, mit ihrer perückenverhüllten Tonsur, ihren langen, schweren Röcken, ihrer demonstrativen Modelosigkeit. Auch die Inflation von Kindern wirkt seltsam unkindlich. Sie sind scheuer als andere Kinder. Wenn man ihren Blick fängt, verharren sie sofort, bleiben stehen, weichen zurück – um ihre Unbefangenheit wiederherzustellen, muß man sie lassen.

Über dem ganzen Viertel liegt ein seltsamer Geruch, nicht aufdringlich und keineswegs unangenehm, aber doch spürbar. Wie der verwehte Gesang, der über den Dächern schwebt und der noch deutlich zu vernehmen ist, wenn man längst schon aus den Straßenschluchten des Viertels heraus ist.

Es wird viele Israelis geben, auf die Mea Schearim gerade so exotisch wirkt wie auf Europäer oder Amerikaner, auch auf mich. Ich verlasse es mit Gefühlen, bei denen die Ablehnung deutlich überwiegt. Einerseits manifestiert sich hier die Kraft eines Glaubens, der den Juden über die Jahrtausende hin ihre Identität erhalten hat, andererseits werden Intoleranz, Fanatismus, Engstirnigkeit sichtbar, und die Unfähigkeit, liberale Meinungen und Überzeugungen zu respektieren. Alles in allem ein mühsam gedämpftes und jederzeit mobilisierbares klerikales Aggressionspotential, das das Verhältnis zwischen dem Staat Israel und der Religion noch prekärer macht, als es ohnehin schon ist, und ein vielfach gespaltenes Volk noch tiefer untereinander verfehdet.

Zu Beginn des muslimischen Ramadan-Festes hat die israelische Armee den gesamten Gazastreifen unter Ausgangssperre gestellt. Auf der Westbank sind die Bezirke Nablus, Ramallah, Tulkarm und Kalkilia zu militärischen Sperrgebieten erklärt worden. Bei Jenin wurde ein Palästinenser erschossen, während in Ostjerusalem ein 35 jähriger Israeli durch einen Messerstich in den Rücken schwer verletzt wurde.

Jeder Mensch hier, jeder Stein...

Lehrstunde bei Teddy Kollek, Jerusalems Bürgermeister seit über 25 Jahren.

Zum erstenmal gesehen hatte ich ihn Anfang der achtziger Jahre, als ihm in der Frankfurter Paulskirche der Friedenspreis des Deutschen Buchhandels überreicht wurde. Er hatte mir seine Autobiographie nach Köln, ich ihm meine Hamburger Familiensaga »Die Bertinis« nach Jerusalem geschickt, und so waren wir miteinander bekannt geworden.

Jetzt warte ich im oberen Stockwerk des Jerusalemer Rathauses gegenüber der alten Mauer auf der Höhe des Neuen Tors. Es ist ein schmuckloses Gebäude, von einer Art Wachtturm gekrönt und immer noch gezeichnet von den Narben der Granateinschläge aus dem Unabhängigkeitskrieg. Es heißt, Teddy Kollek sei dagegen, die Einschläge zu tilgen – sie sollen als Mahnung erhalten bleiben.

Gegenübergetreten war ich ihm zum erstenmal vor einigen Tagen, auf einer Konferenz von Bürgermeistern aus aller Welt, die zum zehntenmal stattfand, also schon eine kleine Tradition hat – und die vollständig vom ersten Mann Jerusalems beherrscht wurde. Das beschwört Teddy Kollek nicht durch Gehabe herauf, im Gegenteil, der Mann wirkt unambitiös, eher unauffällig, von seinem Äußeren her würde niemand zweimal hingucken, wenn man ihm auf der Straße begegnete. Doch wo er als der auftritt, der er ist, wo man ihn kennt, ist er sofort Sonderperson, wenngleich nicht durch eigenes Zutun. Es ist das Verhalten der anderen, ihr Respekt, ihr Abstand, die die Aura schaffen, auch wenn Teddy Kollek einfach dasitzt als einer von vielen.

Wir hatten auf der Bürgermeistertagung eine Stunde abgemacht, und nun warte ich, denn es heißt, Teddy Kollek verspäte sich etwas. Also schaue ich mich um im Vorraum des ersten

Mannes einer unvergleichlichen Stadt und entdecke mich förmlich umzingelt von den Insignien seiner internationalen Berühmtheit: vielerlei Glocken, dem Bürgermeister gewidmete Teller, Gemälde, Vitrinen, Plaketten, Münzen, Löwen mancherlei Gestalt, auch eine Miniatur des Kölner Doms. Am eindrucksvollsten jedoch in diesem Antichambre – ein alter, offenbar nie benutzter Garderobenständer.

Teddy Kollek kommt, und innerhalb von fünf Minuten habe ich die wichtigsten Statistika erhalten: daß es in Jerusalem 103 Gruppen von Juden gibt, die in 93 Sprachen reden; daß siebzig Prozent von ihnen aus orientalischen Ländern stammen, von Marokko bis Afghanistan; daß die meisten während der fünfziger Jahre gekommen seien und nichts von Israel gekannt hätten, wohl aber von Jerusalem, das in jedes ihrer Gebete eingeschlossen war. Dazu gebe es vierzig verschiedene christliche Gruppen, die sich keineswegs untereinander liebten, die älteste davon die Armenier – sie seien schon seit eineinhalb Jahrtausenden in Jerusalem, aber immer noch so armenisch wie die ersten Pilger im vierten Jahrhundert – in Tracht, Nahrung, Kultur, Gewohnheiten. Und Mohammedaner? Es lebten heute noch Nachfahren der Familien, die vor 1200 Jahren nach Jerusalem gekommen seien, andere nach den Kreuzzügen, vor 800 Jahren. Aber die große Mehrheit von heute erst in den letzten 30, 40 Jahren.

Nach dieser Ouvertüre klagt Teddy Kollek: »Es gibt ein grundsätzliches Problem – Jerusalem ist die ärmste aller israelischen Städte! Wir haben nur die Hälfte der Einnahmen von Tel Aviv, dafür aber 2000 Gotteshäuser – Synagogen, Kirchen, Klöster, Moscheen – mit viel Grundbesitz, für den keine Steuern bezahlt zu werden brauchen. Ein großer Teil der Bevölkerung besteht aus Regierungsangestellten – alles arme Leute.« Er läßt die Hände in komischer, aber gefaßter Verzweiflung fallen und schlußfolgert: »Das bringt es mit sich, daß wir von 24 Städten des Landes die Nummer 22 sind« – also doch nicht ganz die letzte, wie gerade behauptet.

»Gibt es nur Betrübliches zu berichten?«

Da wird mein Interviewpartner wach: »Aber nein! Vor zwanzig Jahren hat es in dieser Stadt kein Theater gegeben, kein

Museum, keine Cafés, wo man draußen sitzen konnte – auch vor zehn Jahren noch nicht. Es gab keine Gärten, keine Parks, keine Bäume, Jerusalem war eine trockene Stadt und ist jetzt eine grüne. Noch nicht so, wie ich es gern sehen würde, aber immerhin«; er stockt, als überlegte er sich, ob das folgende gesagt werden sollte, sagt es dann aber doch: »Vieles von dem mußte in schwerem Kampf gegen die Orthodoxen errungen werden, und an manches haben sie sich gewöhnt. Zum Beispiel an die Skulpturen im Garten des Israel-Museums, Monumente, die von großen Künstlern geschaffen worden sind. Der Aufstand! Nach der Bibel sei das nicht erlaubt. Bis sie begriffen hatten, daß das keine Götzen sind, vor denen man sich verbeugt. Ursprünglich glaubten wir, daß vor jeder Skulptur ein Polizist aufgestellt werden müßte – unnütze Sorgen. Bei uns dauert eben manches ein bißchen länger, wie das Fußballstadion – fünfzehn Jahre! Aber jetzt ist es bald fertig.«

Ohne daß ich ihn dazu veranlaßt hätte, wie durch inneren Zwang, kommt Teddy Kollek von sich aus auf die Frage, die er wohl gewohnt ist und wie selbstverständlich zu erwarten scheint: »Ich werde oft gefragt, ob die Revolte der Araber, die palästinensische Intifada, mein Lebenswerk zerstört hat. Ich glaube, daß sich der Konflikt lösen wird, über einen langen, langen Zeitraum, aber er wird sich lösen lassen. Man verlangt zuviel von uns. Bereitschaft ist da, auf beiden Seiten. Wir haben 1500 arabische Angestellte in den Stadtbehörden. Ihnen und unseren Leuten hatte ich vorgeschlagen, am 1. Mai zu arbeiten und das Geld für soziale Fürsorge zu nutzen. Alle haben mitgetan, Juden und Araber. Von den 500 000 Schekel sind 350 000 in die Drogenbekämpfung gegangen, 150 000 für die Eingliederung von Neueinwanderern verwendet worden. Aber natürlich, die Araber in unserer Nachbarschaft haben es nicht leicht.«

Nachbarschaft? Hier wird der Ausdruck »besetzte Gebiete« vermieden. Ich schaue mir den Mann hinter dem Schreibtisch an und denke, daß die Intifada und ihre Folgen sehr wohl eine furchtbare Enttäuschung für diesen auf Ausgleich, auf Frieden, auf Entspannung fixierten Israeli sein müssen und daß alle Mühe, das zu verbergen, vergebens ist.

Teddy Kollek sitzt da, angespannt, erschöpft. Das scheint sein Normalzustand zu sein, nicht nur weil er an die Achtzig ist, sondern auch weil er sich ständig überfordert und die Welt ihn. Sein Sekretär, aus Wien wie er, hat mir Einblick in den Terminkalender gegeben...

Ich habe keine Lust, Teddy Kollek harte Fragen zu stellen, auf die er schon tausendmal geantwortet hat. Ich wollte mir ein persönliches Bild des Bürgermeisters von Jerusalem machen, nicht seine bewegte Biographie seit seiner Ankunft im britisch beherrschten Mandatspalästina des Jahres 1934 bis heute in die Nußschale eines Interviews pressen. Und habe den Eindruck, daß Teddy Kollek die gelassene Atmosphäre honoriert.

»Ist es Ihnen schwergefallen, Hebräisch zu lernen?«

»Ich spreche kein gutes Hebräisch, immer noch nicht, und komme kaum zum Lesen. Am leichtesten lese ich in Englisch.«

Dies dann doch noch: »Ein Wort zur *schoah*, zum Holocaust, ein persönliches?«

»Ich habe Onkel, Tanten, Cousins und Cousinen verloren, aber weder meine Eltern noch meinen Bruder – wir hatten Österreich rechtzeitig verlassen. In dem Sinne bin ich also nicht so direkt betroffen. Trotzdem«, er fährt sich mit der Hand übers Gesicht, »ich kann mich einem Gedanken nicht entziehen, und der kommt mir mehrere Male am Tag, immer wenn ich Kinder sehe. Dann muß ich, ich muß an die Millionen jüdischer Kinder denken, die umgekommen sind.«

Ich erschrecke, weil es auch mein Reflex ist.

Ohne Frage fügt er an: »Ich bin kein Flüchtling aus Europa, ich bin hierhergekommen und habe Erfüllung gefunden – Jerusalem. Das ist meine Identität. Jeder Mensch hier bedeutet mir viel, jeder Stein bedeutet mir viel.«

Es gibt niemanden, der Teddy Kollek das nicht glauben würde.

Auf dem Schreibtisch, vor ihm, steht ein Schild mit der Aufschrift: »A cluttered desk is a sign of genius« (»Ein unaufgeräumter Tisch ist ein Zeichen von Genie«). Teddy Kollek grinst: »Sieht doch ziemlich ordentlich aus, nicht wahr?«

Zurück in Mischkenot Scha'ananim, öffne ich die Tür zur Terrasse – und pralle zurück. Davor sitzt eine Schar junger Katzen, maunzend und greinend und ganz offensichtlich hungrig, während die Mutter auf dem steinernen Sims liegt und mich keine Sekunde aus den Augen läßt – welch erwartungsvolle Idylle. Was tun? Aus begreiflichen Gründen wird es von der Hausleitung nicht gern gesehen, wenn man die Katzen füttert. Doch wer könnte dieser grünäugigen Massenforderung widerstehen? Also schleiche ich mich, wenn auch schlechten Gewissens, zum Kühlschrank.

Was für ein Platz, was für eine Wohnung! Drüben Suleimans Mauer, prächtig restauriert, ehern, mit ihren Zinnen, Türmen, Toren, goldbeschienen von der späten Abendsonne, ein Anblick, an den ich mich nie gewöhnen werde: Jerusalem, ach Jerusalem, ich kann nicht aufhören, dich zu preisen. Aber die Nächte in Mischkenot Scha'ananim überlebe ich nur mit Ohrenpfropfen!

Denn direkt vorbei an dem lieblich in Grün eingebetteten Gästehaus führt, unsichtbar von hier oben, doch nur wenige Schritte entfernt, die tosende Hauptstraße von Hebron hoch zum Jaffator und weiter über die Jaffa Road in das Herz von West- und Ostjerusalem. Das brüllt und rollt und jagt nicht nur tagsüber, sondern auch nachts ohne Unterbrechung hinein und hinaus. Den Höhepunkt erreicht der Lärm hier gerade in jenen Stunden, in denen nach meinen Erfahrungen in vielen überseeischen und europäischen Großstädten, deutschen eingeschlossen, der Verkehrsstrom höchst ausgedünnt ist, also etwa zwischen drei und fünf Uhr früh.

Vor Mischkenot Scha'ananim aber steigert sich, wenn überhaupt noch möglich, das gewohnte Brausen, Rauschen und Knattern geradezu ins Infernalische: durch jene Riesenlastwagen, die Obst und Gemüse aus der Westbank für die Märkte Jerusalems herankarren, ungeheure Trucks, die auf der abschüssigen Straße in die niedrigen Gänge schalten, um dann, wenn sie das Hinnomtal durchquert haben, auf der anderen Seite im ersten Gang hochzuröhren, ehe sie in Richtung Jaffa Road verschwinden, gefolgt von weiteren endlosen Kolonnen. Muß ich anfügen, daß diese moderne Karawane wenige Stunden später, so zwischen sieben und acht Uhr, auf demselben Weg zurückkehrt? Dann übrigens eingebettet in den Mahlstrom des morgendlichen Berufsverkehrs, auf daß der Lärmpegel niemals auf ein erträgliches Maß sinke.

Zum Abschied im Rathaus hatte Teddy Kollek, dem ich ja Mischkenot Scha'ananim verdanke, gefragt: »Wohnen Sie da nicht schön? Ist das nicht ein herrlicher Platz?«

Ich habe ihm in sein tief zersorgtes Gesicht ohne Bedenken und Zögern mit »Ja!« geantwortet.

Altstadt, christliches Viertel, Ostern – der Platz vor der Heiligen Grabeskirche ist ein kochender Menschensee.

Dennoch wird nachgedrängt durch die schmale Pforte, die von der Christian Street über eine Treppe zu erreichen ist, werden die Gläubigen aus aller Welt vor dem Portal ihres höchsten Heiligtums noch mehr zusammengepreßt – lateinische Katholiken, orthodoxe Griechen, Kopten und die Anhänger zahlreicher protestantischer Denominationen. Wildes Geschrei läßt die Luft erbeben, schlägt an der gewaltigen Fassade der Grabeskirche hoch, verschluckt alle Einzellaute. Aber schon schwillt von der Christian Street her ein noch stärkeres Geräusch an, ein skandierender Rhythmus, der sich entpuppt als Gottes kollektive Vorhut aus Griechenland – eine Kolonne schwarzhaariger junger Männer, die sich, mit einem Vorrufer auf den Schultern, in militärischer Ordnung rücksichtslos durch die Menge keilt und der Szene das wichtigtuerische Gehabe von Fußballfans aufdrückt. Sie rufen Jesus und Maria an, schreien »Frieden! Frieden!«, mit beifallheischender Gestik zu den vielen Zuschauern hoch, und applaudieren sich selbst heftig. Dann fegen sie die eiserne Barriere beiseite, die auf dem Vorplatz den Zutritt zum Eingang der Grabeskirche freihalten soll, und verschwinden grölend in ihr.

Auf dem Platz unzählige Griechinnen, alte und ältere Frauen, von denen ganz Jerusalem in diesen Tagen nur so zu wimmeln scheint, alle in Schwarz, keine von ihnen größer als ein Meter fünfzig. Wo immer man sie antrifft, haben sie einen Klappstuhl bei sich, das notwendige Utensilium ihrer unerschöpflichen Geduld. Nun warten sie hier, in der prallen Sonne, bis die Reihe an ihnen ist.

Ringsum, überall, wo es nur möglich ist, stehen und sitzen Menschen, auf dem Dach des Gebäudes, das dem Eingang gegenüberliegt, sogar mit den Beinen über dem Sims, ein beklemmendes, absturzträchtiges Bild. In den Nebenstraßen, ohne die gewohnte Mobilität, eher unauffällig, israelische Soldaten.

Auch in der Kirche zunächst der gleiche Eindruck wie draußen – alte, kleine, schwarzgekleidete Frauen überwiegen – der Salbungsstein gleich vorn ist von ihnen dicht umlagert. Die Weiblein bekreuzigen sich, knien nieder und besprengen aus mitgebrachten Fläschchen die rötlich schimmernde Platte, an der nach griechisch-orthodoxer Überlieferung der Leichnam Jesu vom Kreuz genommen worden sein soll (während es für Katholiken der Platz ist, an dem der Leichnam einbalsamiert wurde). Dann wischen sie mit Tüchern auf dem Stein herum, küssen ihn, legen die Stirn darauf, beten, weinen, umarmen und winden sich.

Rechts die Treppe hoch – Adamskapelle, Golgatha. Trauben von Menschen, flackernde Lichter, der Altar, Kandelaber, rote Laternen mit Kerzen. Viele Frauen und Männer haben Tränen in den Augen, fallen sich in die Arme, schluchzen – religiöse Inbrunst, zum Schneiden dick. In einer kleinen halbrunden Nische legen die Gläubigen das Ohr auf eine Platte, horchen, bekreuzigen sich, machen anderen Platz. In einer Mauerspalte eine dünne Kerze.

Auch in den Nischen der Rotunde werden Ohren an Stein gepreßt, wird gelauscht und beglückt genickt. Überall sind Kerzen aufgestellt, sitzen, stehen, beten Menschen unter uralten Gewölben. Ein Priester geht mit Stab und Schwert vorbei. Babylonisches Sprachgewirr, hoher Lautpegel, Marmorklötze ringsumher, bearbeiteter Stein, wie abgegriffen von Millionen von Händen, die ihn im Lauf der Jahrtausende gestreift haben. Säulen, eingefaßt in Stahlbänder, wie überdimensionale Prothesen; ungeheure Standkandelaber, Stützgerüste hoch hinauf, als sollte die bröckelnde Ewigkeit bewahrt werden.

In der Rotunde. Der »Nabel der Welt«, und der »Chor der Griechen« ist abgesperrt. Die Menschen fassen die Wände an, das Glas, hinter dem die Heiligen sind, drücken Küsse darauf. Sie liegen vor den Treppenstufen, verbeugen sich wieder und wieder. Vor der Engelskapelle und Jesu Grab eine lange Reihe Wartender. Eine uralte Frau, auf einen Stock mit vier Füßen gestützt, ganz in Schwarz, starrt unbeweglich in Richtung des Grabes.

Durch Zufall kriege ich mit, daß der Steinklotz hinter der Rotunde aus dem Jahr 326 ist, also aus der Zeit, da auf Befehl des ersten römischen Christenkaisers Konstantin mit dem Bau der Grabeskirche begonnen worden war.

Ich kehre zurück und setze mich auf die kleine Treppe mit den hohen Stufen, die zu Golgatha führt. Ganz junge Leute, Männer und Frauen, knien nieder, vergießen Öl, bekreuzigen sich, berühren den Stein, streichen sich danach mit der Hand über den Kopf. Einer, mitteleuropäisch gekleidet, legt die Stirn auf die Platte, verharrt lange in der Stellung. Dann verabschiedet er sich mit einem brennenden Kuß, reibt die Stelle mit einem Lappen nach und drückt die Flüssigkeit in eine Flasche aus, der er sie entnommen hatte. Daß hier die allerschlimmste Unhygiene waltet, scheint niemanden zu bewegen.

Ein kleines Mädchen hat eine winzige Kerze angezündet. Weiße Schleife im Haar, dunkler Rock, rote Strümpfe, schwarze Schühchen, sieben, acht Jahre alt, sinnt es vor sich hin – an was mag es denken? Eine Frau, schwarz wie Ebenholz und ganz in Weiß gekleidet, Äthiopierin, geht auf zwei Europäer zu und betupft sie mit Flüssigkeit. Die beiden stocken, weichen zurück, lächeln dann, verbeugen sich. Das kleine Mädchen, rührender Anblick, sitzt immer noch da. Bis die Großmutter kommt, ganz in Dunkel, höchstens einen Meter fünfzig, und das Kind von der Treppe hoch auf einen winzigen Klappstuhl setzt.

Vom Kopf einer jungen Frau vor dem Stein sehe ich von meinem Winkel aus nur eine wunderbar geschwungene Braue.

Aber jetzt weg von hier.

Draußen noch ein Blick auf die Grabeskirche, eigentlich eine ästhetische Zumutung, ein architektonisches Sammelsurium, verschandelt durch alle möglichen Anbauten, den zwei Kuppeln, dem von Eisenbändern eingefaßten dräuenden Turm. Da hat, nach der Grundsteinlegung durch Konstantin, Kaiser Monomachos gewerkelt, dann haben die Kreuzritter Hand angelegt, während die lange muslimische Herrschaft die Kirche verfallen ließ und 1808 ein Brand ihr den Rest gab. So sieht sie auch aus, schrotschief, eklektisch – und mit Recht längst immun gegenüber jeder Art von Kritik.

Die Altstadt ist ein Hexenkessel, am Jaffator ist die Taxihölle los. Wie völlig unberührt davon bringt ein vielleicht zehnjähriger Araber ein riesiges Kamel an der Mauer zum Liegen, steigt ab, begrüßt Spielgefährten seines Alters und spricht mit ihnen, unaufgeregt, sparsam in den Bewegungen. Ich stehe gegenüber, an den hüfthohen Wall gelehnt, der den tiefen Graben der David-Zitadelle zur Straße hin abschirmt. Das Kamel drüben mahlt gemächlich vor sich hin. Aber dann, plötzlich, wird die Szene zerschmettert, verliert sie ihre bisherige Abgeschirmtheit und verwandelt sich in schlimmsten Rummel: Von vier Amerikanern will jeder als erster auf dem Kamel reiten. Da changiert der Zehnjährige, ohne eine Sekunde zu zögern, wird ganz Profi, angelt sich einen heraus, den dünnsten, und verfrachtet ihn auf das Tier, das sich erst mit den Hinter-, dann mit den Vorderläufen erhebt und schaukelnd und weiter mahlend davonschreitet.

Ich mache mich auf den Rückweg auf dem inzwischen gefundenen Trampelpfad, der kürzer ist als die Straße vom Jaffator nach Mischkenot Scha'ananim, bleibe auf halber Höhe stehen und schaue auf das Panorama drüben, auf die Ostkante Westjerusalems: der Turm des YMCA-Gebäudes, daneben der Würfel des King-David-Hotels, Montefiores Windmühle von Yemin Moshe, die Phalanx der Hochhäuser, links die St. Andrew's Church, rechts das Rathaus. Um wieviel besser ich mich jetzt schon in der Geographie dieser Stadt auskenne.

Nachts liege ich da, wachgehalten nicht nur durch den Verkehrslärm.

Glaubenslos und nach Auschwitz religionsunfähig, habe ich doch Stunde um Stunde in der Heiligen Grabeskirche zugebracht. Mir hat geschaudert bei dem Gedanken, daß all diese Inbrunst um mich herum, alle diese heißen Gebete ans Nichts adressiert sind und nie einen Empfänger hatten noch haben werden, weil eben nicht Gott den Menschen, sondern der Mensch Gott nach seinem Ebenbild schuf. Gleichzeitig aber entdeckte ich in mir wieder die Gewißheit, daß Religion zur

Verfassung des Menschen gehört und daß mein Respekt und meine Achtung vor dem Glauben gewachsen sind – wenn er den Menschen nicht versehrt. Das Unglück sind die Fundamentalisten jeder Couleur, auch die atheistischen.

Mein Judesein, meine Beziehung, meine innige Verbundenheit mit dem geliebten Land jedoch – sie haben keinerlei religiöse Wurzeln. Ich bin Israel einfach verfallen, es ist ein Teil meines Ichs.

Doch blind machen wird mich diese Liebe nicht.

Noch einmal: »Aber ich traue ihnen nicht«

Über dem Sacherpark im Herzen Westjerusalems, entlang dem Ben-Zwi-Boulevard, liegt ein undefinierbares Gemisch aus Bratenduft, Musiklärm, anpreisenden Ausrufen, Kindergeschrei und rhythmischem Trommeln. Auf der großen Grünfläche nördlich der Knesset laufen, gehen, lagern Tausende von Israelis, viele davon mit dunkler Hautfarbe – Juden aus dem Ursprungsland Marokko!

Zelte sind aufgebaut, Männer und Frauen liegen auf dem Rasen, viele im Schatten, andere in der Sonne. Sie scheint, wie jeden Tag jetzt, aus einem wolkenlos blauen Himmel herab, hat aber am Vormittag noch nicht ihre gnadenlose Wüstenkraft. Im Hintergrund das Hilton-Hotel, hier vorn Büsche, die aussehen wie blühender Flieder, üppige Gewächse der Subtropen, und auf dem Boulevard, eine der großen Ausfallstraßen nach Tel Aviv, berittene Polizei.

Es werden Kleider verkauft, Fleisch am Spieß, Schallplatten, ein bunter Markt – und alles überdröhnt von einem Lautsprecher über einer großen Bühne, auf der eine Aufführung vorbereitet wird. Beherrscht wird das ganze Bild jedoch von Kindern, Kindern, Kindern. Während Eltern und Großeltern ihre Reviere gegen andere Familien deutlich abgesteckt haben (was mich ein bißchen an die Sandburgmentalität an deutschen Nord- und Ostseestränden erinnert), wirbeln und wimmeln die kleinen Jungen und Mädchen, alle in Festtagskleidung, auf dem freien Gelände herum, verzaubert von einer Attraktion nach der anderen.

Einmal im Jahr, das hat sich so eingebürgert, kommen die Juden aus Marokko hier im Sacherpark zur »Mimuna« zusammen, um zu feiern: Israel, die gemeinsame Herkunft, aber auch ihr Selbstbewußtsein, ihre Identität. Das war über lange Strekken der jungen Geschichte Israels so selbstverständlich nicht gewesen, denn hier handelt es sich um orientalische Juden, also aus den Ländern des Maghreb zwischen Atlantik und Nil, aber auch um Einwanderer aus dem Maschrik, dem arabischen Osten, aus Syrien, dem Irak, der arabischen Halbinsel, aus Persien und Afghanistan.

Auf dem Rasen des Sacherparks tummelt sich eines der großen Probleme Israels, wenngleich es vielleicht so brennend wie vor zehn, fünfzehn Jahren nicht mehr ist.

Die Rede ist vom Gegensatz zwischen den Juden, die aus Europa, vor allem Osteuropa, gekommen sind – den Aschkenasim -, und jenen, die aus dem Orient eingewandert sind – den Sephardim. Strenggenommen ist die Bezeichnung der letzteren historisch und ethnisch nicht zutreffend, denn mit Sephardim waren eigentlich nur die Nachkommen der 1492 aus Portugal und Spanien vertriebenen Juden gemeint. Viele von ihnen siedelten sich zwar im 15. und 16. Jahrhundert in Nordafrika und im Nahen Osten an, aber fälschlicherweise wurde später der Begriff Sephardim auf alle orientalischen Juden ausgedehnt. Da er sich jedoch im öffentlichen Bewußtsein und Sprachgebrauch eingenistet hat, soll er auch hier benutzt werden.

Natürlich müssen Riten, religiöse Auffassungen und Bräuche von Gruppen so unterschiedlicher Herkunft grundverschieden sein, und die Folgen haben nach der Staatsgründung vor allem die Sephardim zu spüren bekommen. Ihr Massenexodus aus den arabischen Ländern fand Anfang der fünfziger Jahre statt, und sie kamen in einen Staat, der vor allem von Aschkenasim erbaut und erkämpft worden war. Die ersten Pioniere des Zionismus stammen aus Europa, vornehmlich Osteuropa, und ihre großen Repräsentanten, wie Golda Meir und Ben Gurion, verkörperten das aschkenasische Übergewicht in diesem Land. Schlüsselpositionen in Politik und Wirtschaft waren ganz selbstverständlich von Aschkenasim besetzt, Lebensstandard und Einkommen zwischen den europäischen und den orientalischen Einwanderern ungerecht verteilt. Das moderne Israel war drauf und dran, die aus den arabischen Ländern kommenden Einwanderer kulturell und sozial zu zermalmen. Inzwischen aber hat sich eine nicht unbeträchtliche Wandlung vollzogen, und das Fest der marokkanischen Juden im Sacherpark ist ein beredtes Indiz dafür: Die Parteien, für die die Mehrheit der orientalischen Juden votieren, bestimmen heute und länger schon die Geschicke des Landes. Wobei ironischerweise der Mann, der den Umbruch verkörperte, europäischer Herkunft ist: Menachem Begin. Er und sein rechter Likud-Parteienblock waren die Antwort auf die jahrzehntelange Vernachlässigung der orientalischen Juden.

Ganz offensichtlich wurde die alleinherrschende aschkenasische Politikerklasse unter Führung der Arbeiterpartei von dem Erdrutsch überrascht, der Begin 1977 zum Premier machte und damit eine Ära israelischer Geschichte beendete – die parlamentarische Vorherrschaft der europäischen, der westlichen Juden, die das Gesicht des Staates geprägt hatten und immer noch prägen. Aber die Demographie spricht bereits ihr gewichtiges Wort. Die Sephardim, inzwischen die Mehrheit der Bevölkerung, fordern ihren Anteil an der Entwicklung und am Wohlstand einer Gesellschaft, deren Dynamik so lange an ihnen vorbeigegangen war. Abgeschlossen ist der Prozeß nicht, wohl aber unumkehrbar eingeleitet. Es ist anzunehmen, daß daraus ein Israel entsteht, daß sich von dem der Gründer- und der ersten Aufbau- und Kampfjahrzehnte unterscheiden wird.

Jaakov Jemini ist der erste Sepharde, mit dem ich auf dieser Reise näher zusammenkomme. Ich besuche ihn in einer Villengegend, einem gediegenen Haus aus hellem Stein, das Wohlstand ausstrahlt. Die Jeminis sind Kunsthandwerker aus dem Jemen und leben schon in der vierten Generation in Jerusalem, aber Jaakov Jemini ist so unverwechselbar orientalischer Jude, wie dies einer äußerlich nur sein kann. Er ist 1929 auf diesem Grund geboren, im Haus seines Vaters Jichjeh Jemini, Sproß einer Sippe von Silberschmieden aus dem jemenitischen San'a, die schon vor dem Ersten Weltkrieg in das türkisch regierte Palästina gekommen war. Natürlich ist das Haus inzwischen renoviert worden, modernisiert, erweitert – der ehemalige Arbeitsraum von Jichjeh Jemini, ein kleines Geviert, beherbergt heute die Heizung. Angestellte gibt es nicht, der einzige Mitarbeiter ist Boas Jemini, 34, der in der großen lichten Werkstatt mit dem Teilstück eines Thoraschranks beschäftigt ist. Er lacht, als ich ihn frage, ob die Tätigkeit seinen Wünschen entspreche oder von ihm notgedrungen übernommen worden sei: »Es war selbstverständlich, sie liegt mir im Blut.«

Die Arbeiten der Jeminis, ausschließlich Einzelstücke, gehen in alle Welt, an das britische Königshaus, an Synagogen und Galerien Europas und Amerikas, in Gold, Silber, Platin. Die Gegenstände sind überwältigend schön: Leuchter für Chanukka, das Lichterfest, in archaischen und modernen Formen; Trinkkelche für den Sabbat, innen goldbeschichtet, außen mit roten und blauen Steinen besetzt; silberne Halsketten mit Rubinen; Anstecknadeln mit biblischen Ornamenten und Abbildungen der Heroinnen der jüdischen Antike – Rachel, Rebekka, Ruth, Esther; filigrane Kerzenhalter von betörender Eleganz; emaillierte Fruchtschalen; Schriftrollen mit dem Buch Esther für Purim, das Fest, das die Befreiung der persischen Juden aus der Gewalt des Königsgünstlings und Judenfeindes Haman feiert; *Thora pointers*, silberne Stelen, juwelenbestückt und in eine winzige Hand mit gestrecktem Zeigefinger auslaufend, der der gerade gelesenen Thorazeile folgen soll. Es sind Kunstwerke, an denen nichts dem Zufall überlassen ist. Sie widerspiegeln eine uralte Kultur und geheiligte Traditionen, die in starkem Gegensatz zum Rationalismus des modernen Israel zu stehen scheinen. Wie finden sich die Jeminis in ihm zurecht?

Gut, wie es aussieht, fast problemlos. Sohn Boas hat auf amerikanischen Kunstakademien studiert, dort eine Jüdin kennengelernt und geheiratet – sie hat sich hier eingelebt. Die Kinder, die sie haben wollen, werden sich von Eltern und Großeltern unterscheiden – die Ursprünge treten zurück. Aber das geht langsam, sehr langsam. Übrigens lerne ich keine der Frauen kennen, obwohl ich nicht im Haus eines Muslims bin.

Auch Jaakov Jemini ist glücklich, und der Mann mit dem starken Schnauzer, den pechdunklen Augen und der Stirnglatze teilt das ebenso schlicht wie überzeugend mit. »Hier sind meine

Wurzeln, hier habe ich Leben und Material gefunden, das ich brauche.«

Wie reagiert er, dessen Vorfahren jahrhundertelang mit Arabern zusammengelebt haben, auf den großen Konflikt?

In der Politik fühlt Jaakov Jemini sich sichtlich unsicher, aber er hat Sorgen und ist für Gespräche mit den Palästinensern, wenngleich mit der Einschränkung: »Vorsicht!« Dann erzählt er eine Geschichte von seinem Vater, der 1915 in der türkischen Armee diente, in Beer Scheva desertierte und sich mit einem Araber zu Fuß nach Jerusalem aufmachte, nachts marschierend, tagsüber in Höhlen versteckt. »Und in einer von ihnen, als mein Vater schlief, wollte der Araber ihm die Uhr stehlen. Mein Vater hat sich darauf von ihm getrennt, mir aber eingebleut: Bleib bei Arabern wach und stark. Wenn du schläfst, ist es aus.« Ohne Nachfragen fährt er fort: »Unser Land muß verkleinert, die Gebiete müssen zurückgegeben werden. Man kann Juden und Araber nicht vereinen. Wenn mein Sohn eine Araberin geheiratet hätte, wäre ich nicht glücklich gewesen.« Er stockt, setzt nach: »Wir müssen mit ihnen sprechen« und endet mit den Worten: »Aber ich traue ihnen nicht.«

Da war es wieder.

Ich gewinne den Eindruck, daß sephardische Juden, speziell jene aus orientalischen Ländern, noch mehr Vorbehalte gegen Araber haben als Israelis aus Europa oder anderen Teilen der Welt.

Wenig später lerne ich Awiwah M. kennen, sephardische Frau des aschkenasischen Amir M.

Er hatte mich in Mischkenot ohne Vorankündigung besucht, um zu fragen, ob ich ihm bei einem Film über Joseph Schmidt helfen könne, den jüdischen Tenor rumänischer Herkunft, Jahrgang 1904. Der Konzertsänger gelangte wegen seiner kleinen Statur nicht auf die Opernbühne, war aber dennoch im Deutschland der zwanziger Jahre beliebt. 1933 flüchtete er vor Hitler in die Schweiz und starb dort 1942, gefährdet und verarmt. Amir M. ist fasziniert von diesem Leben.

Der Vierzigjährige, der als Autor und Regisseur in Film und Fernsehen Israels arbeitet, hatte sich mit einer Einladung in sein Haus an der »ehemaligen Grenze« von mir verabschiedet.

Als ich dort eintreffe, führt Amir M. mich sofort aufs Dach: »Da drüben liegt das Damaskustor, sehen Sie? Aber hier, gleich vorn, gerade über die Straße, verlief bis zum Sechstagekrieg 1967 die Grenze zwischen Israel und Jordanien, also auch zwischen Ost- und Westjerusalem. Damals wäre es gefährlich gewesen, hier zu wohnen. Auf dem Balkon da vorn soll immer ein jordanischer Posten gehockt haben.«

Man kann von hier oben fast die ganze Altstadt überblicken und weiter bis zum östlichen Horizont sehen – Mount Scopus, die Kuppel des Felsendoms, die Spitze der Augusta Victoria und die Russische Kirche, den Ölberg, und rechts ein Anblick, an dessen Pracht und Mystik ich mich nie gewöhnen werde – die rötlich schimmernden Berge Moabs.

»Wenn die Sonne aufgeht über dem Mount Scopus«, sagt Amir M., »dann ist es, als stächen die Kirchtürme direkt hinein in den glühenden Ball.«

Das Haus stammt aus der Türkenära und steht in einem Viertel, das gegen Ende des 19. Jahrhunderts von reichen Arabern errichtet worden ist – feste Bauten, die im Lauf der Zeit Bewohner und Eigentümer wechselten und allmählich verkamen. Bis das Viertel vor wenigen Jahren mit Geld aus Los Angeles restauriert, die Häuser in Eigentumswohnungen parzelliert und neuen Besitzern übergeben wurden.

Neben uns ein von Sonnenkollektoren geheizter Wassertank: »150 Liter.« Amir M. führt mich hinunter in die Wohnung. »Wir wohnen hier erst seit fünf Monaten.«

Wir – das sind ein Mädchen und zwei Jungen, fünf, zwölf, fünfzehn, und Awiwah, siebenunddreißig: bei fülliger Figur von schlanker Taille, schwarze Mähne, ein weiches, angenehmes, dunkles Gesicht, aus dem warme und kritische Augen blicken. Nähe ohne Vorverständigung.

Biographisch-familiäre Stichworte: Amirs Eltern kamen 1934 aus Polen nach Palästina, seine Großeltern aber wollten das Land nicht verlassen. »Sie sind umgekommen.« Der Holocaust – wie beiläufig, selbstverständlich dazugehörig.

Amir, 1951 in Haifa geboren, hatte nie anderes als den Film im Kopf. Studium des Fachs in England, Rückkehr nach Israel. »Die Berufssituation hier ist nicht gut. Es fehlt an Geld.«

Awiwah M. – Mutter aus Bagdad, Irak, Vater aus Aleppo, Syrien – ist äußerlich eine Sephardin wie aus dem Bilderbuch. Aufgewachsen in Holon bei Tel Aviv, »unter ausschließlich orientalischen Juden«, war sie mit achtzehn zur Armee gekommen, hatte ihren Dienst von 1971 bis 1973 im Sinai absolviert, dann auf dem Flughafen Lod gearbeitet und dort Amir getroffen. Seit vielen Jahren ist sie in Israels Zentrum für Internationale Filmbeziehungen beschäftigt, der Cinemathek von Jerusalem. »The very whole day«, sagt sie, es klingt stolz und resignativ zugleich: »Zuviel Arbeit mit zuwenig Personal.«

Die Rede kommt rasch auf das Thema Aschkenasim-Sephardim.

»Als ich das letzte Mal hier war, 1976 «, erinnere ich mich, »schien mir der Gegensatz bedrohlich zu eskalieren.«

»Das ist nicht eingetreten, der Gegensatz hat sich verringert«, sagt Awiwah, »das Land hat andere, viel größere Schwierigkeiten.«

Amir widerspricht: »Es ist immer noch ein großes Problem. Schauen Sie, unsere Nachbarn sind Juden aus Marokko. Die haben Sitten, die mich manchmal ganz verrückt machen. Und vielleicht denken die über Aschkenasim ebenso. Kochen können sie wundervoll, aber das ist keine Frage von Nahrungskultur. Die Mentalitätsunterschiede sind offensichtlich, das Benehmen, die ganze Daseinsweise. Die Familie nebenan gibt viel mehr für Lebensmittel aus als für die Erziehung ihrer Kinder – was denen an Schokolade in den Mund gestopft wird!«

Awiwah dagegen, bestimmt: »Und ich sage Ihnen – die Juden aus Marokko sind viel zivilisierter als die meisten, die nicht aus dem Orient stammen. Ganz allgemein ist der Durchschnittsisraeli gezeichnet von einem völligen Mangel an Kultur, oder genauer: davon, daß er seine originale Kultur verloren hat. In den fünfziger und sechziger Jahren haben die Aschkenasim den Sephardim diktiert, wie sie zu sein hätten, ganz selbstverständlich. Meine Großmutter konnte nicht lesen und nicht schreiben und war trotzdem eine hochkultivierte Frau. Zu ihr, wie zu den anderen gerade eingewanderten Sephardim, kamen die Aschkenasim und bestimmten, hinter wessen Namen sie bei Wahlen ihr Kreuz zu setzen hatte. Und als meine Großmutter fragte, wer das sei, antworteten sie: ›Ben Gurion‹. Das ist vorbei, diese Bevormundung, das geht nicht mehr, das hat sich geändert. Aber vergessen ist es nicht.«

Es erscheint die marokkanische Nachbarin, eine ungewöhnlich große Frau, Mutter von vier Kindern, 1962 nach Israel gekommen. Sie hört Awiwah eine Weile zu und mischt sich dann ein. »Es hat sich gebessert, aber es gibt immer noch eine starke Diskriminierung, auch im Erziehungssystem. Ich weiß das von meinen Kindern. Das zeigt sich nicht nur an der Qualität der Schule, wo die einen und wo die anderen hingehen. Das zeigt sich zum Beispiel auch daran, daß in der Klasse meines Jüngsten der Lehrer die Schüler mit aschkenasischen Namen den anderen vorzieht. Sie könnten besser Englisch sprechen, sagt er.«

Nebenan, aus der Wohnung der Marokkanerin, über den Flur, dringt ein ohrenbetäubender Lärm. Amirs freundliches Gesicht verzieht sich schmerzhaft.

»Was ist Ihr Mann von Beruf?« frage ich die Frau.

Sie lacht. »Trinker. Er ist immer noch nicht richtig zurechtgekommen hier. Andere nehmen Drogen. Aber er ist dabei, trocken zu werden. Ein Rabbi führt ihn vom Suff weg, das hat meinen Mann religiöser gemacht, als er war. Er wählt den Likud, weil der, sagt er, die Juden aus dem Orient besser versteht. Ich bin mir da nicht so sicher.«

Eine ihrer Töchter taucht auf, ein Mädchen mit blauen Augen, die voller Tränen sind. Die Mutter nimmt es auf den Arm, schaukelt die Kleine, drückt sie und fährt fort: »Die Aschkenasim beherrschen immer noch das Land, auch ohne Mehrheit in der Knesset, keine Mißverständnisse! Wenn ein Sepharde tatsächlich mal eine höhere Position erklimmt, dann benimmt er sich wie ein Sklave oder wie ein Kind – angeborene Minderwertigkeitskomplexe, die von den Zuständen in diesem Land gefördert werden. Die Juden aus dem Orient bevölkern Israels Gefängnisse viel mehr als Juden aus Europa. Meinen Sie, daß das ein Zufall ist?«

Aus der Wohnung nebenan dringt ein markerschütternder Schrei. Die Nachbarin springt auf, verdreht die Augen und entschwindet mit entschuldigenden Gesten.

»Na?« fragt Amir mit einer Grimasse in meine Richtung.

Darauf Awiwah: »Glauben Sie, daß diese Frau vor zehn Jahren so hätte reden, sich so hätte ausdrücken können? Und dann noch auf englisch? Die merken gar nicht, wie sehr sie sich im Lauf der Zeit verändert haben. Aber sie haben es, genau wie ich.«

Von nebenan stürmt ein Junge herein, ungebärdig, ohne angeklopft zu haben. Da wird Awiwah böse, fährt ihn an und führt ihn an der Hand hinaus. »Das ist etwas, was auch mir an ihnen nicht gefällt«, sagt sie mit einer steilen Falte in dem weichen Gesicht, »diese Hemmungslosigkeit kann ich nicht ausstehen. Oder nicht mehr«, korrigiert sie sich.

Die Angehörigen der großen jüdischen Einwandererwelle aus dem Orient in den fünfziger Jahren gehörten saturierten Familien an, Sippen von großem kommerziellem Einfluß in den afrikanischen und asiatischen Herkunftsländern, Fachleute von hohem Ausbildungsstand auf ihren Gebieten und mit einer weitentwickelten Kultur. »Alle Juden, die aus Aleppo kamen, wie mein Vater, waren dort erfolgreich gewesen«, hat Awiwah, wie nebenbei, in ein Gespräch eingestreut.

Unvernarbtes wird sichtbar. Im aschkenasisch beherrschten Israel wußte man über lange Zeit wenig mit den Sephardim und ihren Kenntnissen anzufangen, stopfte sie irgendwohin und sorgte für ein hochexplosives soziales Potential. Noch an Awiwah, der zweiten Generation, einer Sabre, also in Israel Geborenen, ist abzulesen, wie sehr der einstige, der vorisraelische Standard den Stolz dieser Immigranten bestimmt hat. Wie tief muß für viele von ihnen der Fall im »Land ihrer Väter« gewesen sein, wie unvermeidlich die Deformierung.

Das entblößt sich in unseren Gesprächen eher unfreiwillig und unbeabsichtigt: Awiwahs Vater, ihrer Schilderung nach das Urbild eines selbstbewußten Sepharden, der seine Wurzeln auf die ausgewiesenen spanischen Juden des 16. Jahrhunderts zurückführte, war dann doch stolz gewesen, daß seine Tochter einen Aschkenasen geheiratet hatte.

Ich muß mehr davon wissen, mehr von dem Verhältnis dieser Menschen zu den Palästinensern, zu den Arabern überhaupt, unter denen sie oder ihre Vorfahren jahrhundertelang gelebt haben.

Die Cinemathek, Awiwahs Arbeitsplatz, liegt unterhalb von Mischkenot Scha'ananim an der tosenden Straße von und nach Hebron, aber so tief, daß der Lärm nicht eindringt in den Bau.

Ich sitze mit Awiwah auf der Restaurantterrasse, vor uns das volle Panorama der südwestlichen Altstadt: Mount Zion, Dormition Church, dahinter der Pylon des Holocaust Cellar. Ihr Gesicht ist abgespannt, es wird ein internationales Filmfestival vorbereitet, zwölf Arbeitsstunden sind hier nicht ungewöhnlich – Bertolucci, Faye Dunaway und andere Stars sind angekündigt. Ich habe ein schlechtes Gewissen, aber Awiwah winkt ab.

»Die Palästinenser? Sie hätten nur eine Chance, ihren Staat zu kriegen, wenn Israel am Leben bliebe. Die arabischen Staaten haben überhaupt kein Interesse an einem Palästinenserstaat. Die haben soviel Geld und lassen die Menschen in den Lagern verkommen, haben sie ja auch bis 1967 nicht integrieren wollen. Glauben Sie, daß Juden die eigenen Leute so verkommen ließen? Die Palästinenser sind für die arabischen Regierungen nie etwas anderes als Manövriermasse für ihre Antiisraelpolitik gewesen. Aufgeklärte Leute, wie Faisal el Husseini, wissen das genau, auch wenn sie es nicht zugeben. Aber ich bin gegen einen Palästinenserstaat! Schauen Sie sich doch an, wie sie die eigenen Leute behandeln, wie sie Kollaborateure abschlachten – nicht töten, abschlachten. Die hängen sie an den Füßen auf, killen sie Glied um Glied, erschlagen sie mit Äxten. Was würden sie erst mit uns tun, wenn sie die Oberhand bekämen?«

Ein furchtbarer Knall erschüttert die Luft über dem Hinnomtal, aber keiner hier auf der Terrasse schaut auch nur auf oder zuckt gar zusammen wie ich noch – ein israelisches Kampfflugzeug hat die Schallgrenze durchbrochen und verschwindet wie ein Punkt nach Süden in Richtung Negev.

»Vor kurzem haben ein paar Araber einen arabischen Jungen vergewaltigt und dann auf furchtbare Weise umgebracht. Bei der Gerichtsverhandlung war auch die Familie des ermordeten Jungen da wie die der Täter. Und was tun die? Sie lachen und scherzen und heben, als die Angeklagten abgeführt werden, die Hand zum Siegeszeichen – in Gegenwart der anderen Familie. Was sind das für Menschen?«

»Könnte das nicht ähnlich auch anderswo geschehen sein?«

»Richtig«, sagt Awiwah, »aber das sind diejenigen, mit denen wir es hier zu tun haben.«

Über uns hinweg ein zweiter Jäger, und ein dritter gleich hinterher.

»Für einen großen Teil der Weltpresse und der Weltmeinung sind wir Israelis die Monster und die Palästinenser die Engel. Sie haben sich völlig einseitig auf uns eingeschossen. Im syrischen Hama hat Präsident Assad die Sekte der Muslimbrüder umbringen lassen, man spricht von 20 000 bis 30 000 Ermordeten. Was haben Sie davon in der Weltpresse gelesen außer einer Fünfzeileninformation? Und so geht es immer weiter. Einzig Juden, die in die Gaskammer kommen, sind gute Juden. Kämpfen sie aber um ihre Existenz, sind sie schlechte Juden.«

»Die Intifada?« fragt Awiwah M. nach. »Ich denke manchmal: Wie würden eigentlich Deutsche, Amerikaner, Franzosen reagieren, wenn sie jahrelang mit Steinen beworfen würden? Unter den Immigranten, die kürzlich aus der Sowjetunion nach Israel kamen, waren auch ehemalige Rotarmisten. Die haben uns erzählt, daß bei den Unruhen in der armenischen und der aserbeidschanischen Sowjetrepublik Leute gleich erschossen wurden, wenn sie nur die Nase aus der Tür oder dem Fenster gesteckt hatten. Und danach sind die Soldaten auch noch in das betreffende Haus eingedrungen und haben die Familien gleich mit hingemetzelt.«

Awiwah M. erhebt sich. »Dieses Festival! Alles ächzt darunter, aber keiner von uns könnte ohne diese Verbindungen zur Welt leben«, und sie lächelt, einen Moment hellt sich ihre Miene auf, verdüstert sich aber gleich wieder. Dann beim Abschied: »Ich bin für Gespräche mit Palästinensern, einfach weil es so nicht weitergehen kann. Aber selbst, wenn dabei etwas herauskäme – ich traue ihnen nicht!«

Da war es wieder.

Freitagabend, Sabbat, bei Awiwah und Amir M. Mit dabei ist eine amerikanische Kollegin von Amir M. Sie will einen Film machen über Jüdinnen, die mit Moslems verheiratet sind.

Wir haben ohne jede religiöse Zeremonie gegessen und sitzen nun auf dem Balkon. Ein ungeheurer Vollmond schwebt wie eine dicke gelbe Kugel über Jerusalem. Die Luft ist wie Samt.

Aus der kleinen Synagoge gegenüber kommen Männer und Frauen. »Marokkanische Juden.« Weiter hinten, vor der beleuchteten Altstadtmauer, ein langer Zug, einer hinter dem anderen. »Die kommen von der Klagemauer und ziehen zurück nach Mea Schearim. Das geht bis zwei Uhr morgens.«

»Haben sie keine Angst?« frage ich. »Sie müssen doch durch Ostjerusalem.«

»Bis jetzt ist nichts passiert.«

Von der äußersten linken Ecke des Balkons aus ist die beleuchtete Kuppel des Felsendoms zu sehen.

Da sagt Amir M.: »Mein Grundgefühl ist dieses: Im Rücken haben wir nichts als die See. Wenn wir fliehen müßten – wohin? Wir könnten nirgendwohin fliehen, und das gilt gleichermaßen für Aschkenasim wie für Sephardim. Das ist mein Grundgefühl. Wenn es schiefgeht mit Israel, bleibt nur das Nirgendwo. Denn die See ist das Nirgendwo.«

Die armenische Frage existiert nicht mehr?

Auf der Armenian Orthodox Patriarchate Road, Hauptstraße des armenischen Viertels im Südwesten der Altstadt, ein Gang durch aufgeblätterte fünfzehn Jahrhunderte – so lange schon leben Armenier hier zwischen der David-Zitadelle und dem Ziontor.

Armenien, zu Beginn des vierten Jahrhunderts erster christlicher Staat der Geschichte geworden, entsandte seine frommen Pilger bereits ein Jahrhundert später nach Jerusalem. Hinter dem Eingang des armenischen Klosters St. Jacques stehen noch Gebäude aus dieser Zeit neben anderen aus dem 12. Jahrhundert. In der Erzengelkirche wird gehämmert und gemeißelt, an riesigen Steinblöcken, vor 800 Jahren hier eingebaut und nun von arabischen Spezialisten sorgsam restauriert.

Die frühesten Verbindungen zwischen Armenien und Palästina gehen viel weiter zurück, bis in die Tage der assyrischen und babylonischen Herrschaft am Ende des zweiten Jahrtausends v. u. Z., mit stolzen Erinnerungen an ein großes, durch Strabon und Plutarch beglaubigtes Reich vom Kaspischen bis zum Mittelmeer im ersten Jahrhundert v. u. Z.

Die Mauern, die die Armenian Orthodox Patriarchate Road säumen, könnten erzählen von römischen und byzantinischen Eroberern; von ihren Nachfolgern, den omaijadischen und abbasidischen Kalifen, und den ägyptischen Fatimiden; von dem kurzen Zwischenspiel der fränkischen Kreuzfahrer und ihrem Bezwinger Saladin; von den 400 Jahren türkisch-osmanischer Herrschaft, einer Periode des Verfalls und der Korruption, die bis in unser Jahrhundert hineinreichte. Immer aber, die Äonen hindurch, hat es in diesem Viertel Jerusalems Armenier gegeben.

Wie aus Urmaterie scheint der Wall längs der Straße zu sein, wie die Vision einer fortzeugenden, unzerstörbaren Lebenskraft – mit den Baumgiganten, die hinter der Mauer hochschießen und vielleicht schon Richard Löwenherz Schatten gespendet haben, Kiefernartige mit ausgreifenden, scharf gegen den grellen Himmel abstechenden Ästen; mit dem Geflecht eines hängenden, fallenden Grüns, das gierig die Flächen bedeckt und sich in jede Ritze klammert; mit den Zypressen, die steil aufschießen aus dem Blattgewirr, todesalt und jung zugleich, wie das Moos, das sich überall gesetzt hat, stumme, unverwüstliche Vegetation durch alle Brände, Kriege und Herrschaftswechsel hindurch.

Heute wohnen etwa 3000 Armenier in Jerusalem, eine Gemeinschaft, die so lebendig ist wie eh und je. Hier ist der Sitz des Patriarchen; hier werden Priester ausgebildet in dem neuen, 1974 eingerichteten Seminar, auf dessen steinernem Campus die Statue des Mönches Maschtoz Mesrop steht, der den Armeniern ein eigenes Alphabet schuf; hier ist ein Museum, die Bibliothek des Patriarchats, eine moderne Druckerei und die Jakobskathedrale, eine der schönsten Kirchen der Heiligen Stadt – und »Tresor« eines wunderbaren Schatzes von goldenen Lampen und Leuchtern.

Aus dem Eingang heraus treten zwei Männer in Uniform, den roten Fes auf dem Kopf, den Säbel umgeschnallt und in der

Rechten einen Stock mit eiserner Spitze, die bei jedem zweiten Schritt auf den Boden gestoßen wird, beibehaltenes Ritual aus der Zeit der Türkenherrschaft. Die beiden Paladine bilden die Vorhut einer armenischen Prozession zur Heiligen Grabeskirche. Ihnen folgen, vorweg ein Kreuz, Priester in ihren schwarzen Kutten mit der malerisch spitzen Kapuze, dahinter in Zivil Männer, Frauen und Kinder, alle Armenier, in deren Reihen ich mich eingliedere.

An der David-Zitadelle vorbei schwenkt die Prozession in die Suk-el-Bazaar Road ein, deren Läden nach zwölf Uhr mittags geschlossen sind – wie alle Muslimgeschäfte seit dem Ausbruch der Intifada am 9. Dezember 1987. Unter Gesang und dem hellen »Klick! Klick!« der fesbehüteten Uniformierten geht es von der Christian Quarter Road über die St. Helena Road zur Grabeskirche.

Vor dem Eingang drängt es sich, aber die Paladine mit den respekteinflößenden Stöcken haben leichtes Spiel, die lange Reihe hinter ihnen in das Gewölbe zu führen. Noch ehe die letzten verschwunden sind, erschallt laut und elektronisch die Stimme des Muezzins aus der El-Omariye-Moschee gegenüber. Drinnen Mädchen mit hellen Gewändern, überall Betende in den Nischen, die spitzen Kapuzen der Mönche scharf abgehoben gegen Licht aus dem Hintergrund. Gewaltige Kandelaber, einige mit elektrischen Kerzen, andere mit Naturflamme, ölgespeist, kein Wachs. Gesang ohne Unterbrechung, die Prozession vor dem Grab Jesu, aber hinein gehen nur einige Priester. Dann wird die Rotunde umrundet, ehe die Armenier die Treppe hinab in die Krypta der Heiligen Helena steigen zu einem langen Gottesdienst. Um mich herum armenische Gesichter, wie ich sie kenne, wie sie mir vertraut sind, wie ich mich an sie gewöhnt habe. Ich fühle mich wohl und dazugehörig.

Längst habe ich die armenische Sache zu der meinen gemacht. Begonnen hatte es mit meiner Fernsehsendung im April 1986 über den Untergang der Armenier während des Ersten Weltkriegs im türkisch-osmanischen Reich, dem Bundesgenossen des kaiserlichen Deutschland. Das Stichdatum war der 24. April 1915 gewesen. An diesem Tag ließ Innenminister Talaat Bey in

Konstantinopel Hunderte von armenischen Notabeln verhaften, die nie wiederkehrten. Am 27. Mai 1915 wurde der Befehl gegeben, die etwa zwei Millionen Armenier zu deportieren. Begründung: Abwehr drohenden Verrats, Vorbeugung gegen Aufstände, Hilfe für den Feind – vor allem den russischen. Dieser Befehl setzte in Ostanatolien, in der Schwarzmeerregion und in Kilikien viele Hunderttausende von Armeniern beiderlei Geschlechts und jeden Alters in Bewegung, Auslösung einer der größten Katastrophen, die je über Menschen hereingebrochen sind, und der erste Völkermord unseres Jahrhunderts. In endlosen Elendskolonnen wurden die Deportierten aus ihren Wohnsitzen mit meist nichts als ihren Kleidern auf dem Leib über Gebirge und Ströme den Wüsten Syriens und Mesopotamiens zugetrieben. Aber dort traf nur ein Rest ein. Die anderen wurden unterwegs von Räubern, Soldaten, Gendarmen und eigens zu diesem Zweck freigelassenen Schwerverbrechern angefallen, geschunden, ausgeraubt, vergewaltigt, gekreuzigt und auf andere phantasievolle Weise getötet.

Die Chronik dieses Grauens zwischen Trapezunt und Aleppo, Erserum und Kesaria haben Deutsche verfaßt, in Hunderten und aber Hunderten von Schreiben von Konsularbeamten aus der osmanischen Provinz an die kaiserlich-deutsche Botschaft in Konstantinopel-Pera und ihren Generalkonsul, der sie unverzüglich an Reichskanzler von Bethmann Hollweg weiterleitete. Diese Dokumente befinden sich wohlsortiert im Politischen Archiv des Auswärtigen Amtes in Bonn, Akte Türkei 183, Band 36 bis 46 : Universum und Details eines kollektiven Schreckens, der sich in zahlreichen Einzelschicksalen dokumentiert, eine nahezu lückenlose Darstellung des Massakers an den Armeniern unter dem Regime des jungtürkischen Triumvirats Enver Pascha, Talaat Bey und Dschemal Pascha.

Die deutsche Reichsregierung schwieg, obwohl ihr der Völkermord nicht nur schriftlich zur Kenntnis gebracht worden war durch den unentwegten Anwalt der Armenier, Johannes Lepsius, sondern auch photographisch von Armin T. Wegner. Dieser deutsche Sanitätsgefreite war im Stab des Feldmarschalls von der Goltz auf dem Marsch von Konstantinopel nach Bagdad quer durch das Deportationsgebiet gezogen und hatte trotz strikten Verbots und unter Lebensgefahr Hunderte von Aufnahmen gemacht, darunter Bilder, die an die Schreckensszenen nach der Befreiung deutscher Konzentrations- und Vernichtungslager durch die alliierten Armeen 1944/45 erinnern. Die Originale liegen im Deutschen Literatur-Archiv in Marbach am Neckar.

Auf sie und auf die Akte Türkei 183, Band 36 bis 46, stützte sich mein Film. Er wurde zum Prisma für eine türkische Verdrängung, die nun seit über 75 Jahren andauert und zur Staatsphilosophie geworden ist – die absolute, bodenlose Leugnung.

Die Arbeit an dem Film beim Westdeutschen Rundfunk und seine Ausstrahlung wurden türkischerseits begleitet von großem diplomatischem Druck, von schweren Demonstrationen gegen den Sender und zahlreichen brieflichen und telephonischen Morddrohungen gegen den Autor. Sie bestärkten mich darin, die armenische Sache zu der meinen zu machen, gerade als Überlebender des Holocaust.

Am 22. August 1939, also wenige Tage vor Ausbruch des Zweiten Weltkriegs, hatte Hitler in der Reichskanzlei hohen Militärs und den Kommandeuren der SS-Todesschwadronen erklärt: Dies werde kein Krieg wie andere vorher, dies werde ein gnadenloser Kampf gegen Männer, Frauen und Kinder – um dann zu schließen: »Wer redet heute noch von der Vernichtung der Armenier?«

Ja, wer? Wer hat nach 1918 von dem blutigen Drama »dort hinten weit in der Türkei« geredet? Und was wäre geschehen, wenn der Völkermord an vielen Hunderttausenden von Armeniern nach dem Ersten Weltkrieg solch weltweite Publizität erhalten hätte wie der jüdische Holocaust nach dem Ende des Zweiten Weltkriegs?

Juden sind die Berufenen, dieses Wissen herzustellen.

Heute sind die Armenier in alle Welt zerstreut und haben bis auf die schwergefährdete sowjetische Kleinrepublik kein staatliches Territorium. Die türkische Weigerung, den Völkermord einzugestehen, gekoppelt mit der strikten Ablehnung der Rückkehr von Armeniern in die angestammte Heimat, stellt die Verstreuten vor schwerste Probleme der Identitätsbewahrung, falls die Diaspora noch über Generationen andauern wird, wie zu befürchten ist.

In diesem Kampf habe ich mich an die Seite der Armenier gestellt, deshalb hatte mich einer meiner ersten Wege in Jerusalem zu ihnen geführt und deshalb stehe ich hier in der Krypta der Heiligen Helena in der Grabeskirche mitten unter ihnen.

Wie überall von den Armeniern in der ganzen Welt, wurde gestern, am 24. April, auch hier in Jerusalem des Völkermordes gedacht. Der große Saal im Souterrain des Seminarkomplexes war voll, als Patriarch Torkom Manoogian die Gedenkfeier eröffnete. Dann wurde, auf eine Leinwand geworfen, eine Videokopie meiner Fernsehsendung über die Tragödie vorgeführt und danach ein weiterer Film gleichen Themas von einem schwedischen Kollegen. Er hatte unter Verheimlichung seiner wahren Absicht in der Türkei gefilmt, ein gewagtes, aber lohnendes Unternehmen. Weil ich sicher war, daß mir ein Visum für die Dreharbeiten verweigert würde, hatte ich auf die amtlichen Dokumente des kaiserlich-deutschen Bundesgenossen und die schrecklichen Photos Armin T. Wegners gesetzt.

Jetzt erhielten der schwedische Kollege und ich, eine bewegende Stunde, aus der Hand des Patriarchen ein wertvolles Geschenk.

In den Tagen davor war hier ein Kreis exzellenter Wissenschaftler zusammengekommen, um über den Völkermord von 1915 /16 und seine Folgen bis in die Gegenwart zu sprechen – Armenier aus Israel, der Sowjetunion, Europa und den USA, in der Lingua franca Englisch: Systematik der Ausrottung und ihre Etappen; der armenische Widerstand in Urfa und Van; religiöse Ursachen der Verfolgung armenischer Christen in muslimischer Umgebung.

Es ging äußerst lebendig zu in dieser Jerusalemer Fachrunde, scharf pointierend und aus einem riesigen Wissensreservoir schöpfend. Ich fand meinen schon in Europa gewonnenen Eindruck bestätigt, daß die Nabelschnur zur armenischen Geschichte und ihren Wurzeln nicht durchschnitten ist und bleiben wird.

»Bringen wir die Geduld auf zu warten«, sagte Torkom Manoogian zum Abschluß.

Ende 1915 hatte Innenminister Talaat Bey, der Motor der großen Deportation, einem deutschen Diplomaten programmatisch erklärt: »La question arménienne n'existe plus.« (»Die armenische Frage existiert nicht mehr.«)

Er irrte.

Jeruschalajim! Jeruschalajim!

Auf der Haaspromenade, dem großen Flanier- und Panoramakorso im Süden, breit angelegt, pompöses Steinwerk, von der Stadt getrennt durch das Hinnomtal, das steil hinab durchsät ist von arabischen Häusern, die gegen den grauen Untergrund kaum zu erkennen sind.

Menschenmassen hier oben, entspannt, gleichsam wie in Zeitlupe. Eine israelische Mutter holt ihr Kind aus dem Wagen, hebt es unter einem Baum hoch, damit es die Blätter und Zweige anfassen kann. An ihnen vorbei schreitet ein junger Palästinenser, auf dem Kopf ein Tablett mit Sesambroten, so verwegen hoch gestapelt, daß man seinen Augen nicht trauen will – bei fünfzig stelle ich das Zählen ein. Einige Schritte tiefer, über eine Treppe, ein Café, auf dem Rasen davor Paare. Ein Drachen steigt auf, blau, rot und weiß, driftet er nach rechts ab, nach Osten, dort, wo die Wüste sichtbar wird, Sand- und Geröllbukkel, Tells, die Senke des Toten Meeres mit den Bergzügen Jordaniens dahinter – im Dunst verschwimmend, eine mystische, schweigende Welt.

Auf der Haaspromenade liegt dir, wie auf einem Balkon, ganz Jerusalem zu Füßen: geradeaus, nach Norden und hinweg über das Tal, die ummauerte Altstadt und ihre Wahrzeichen – Kirchtürme, Minarette, Zinnen; der Tempelbezirk mit der Al-Aksa-Moschee und dem Felsendom; das Dächergewirr der vier Viertel, wie winzig von hier! Aber nicht nur der Entfernung, sondern des Vergleichs wegen, der von der Haaspromenade aus mit dem ungeheuren Leib des neuen Jerusalem möglich wird, dieser lastenden, weißen Manhattanphalanx mit ihren ragenden Stacheln aus Beton. Stahl und Glas: Westjerusalem!

Von Mischkenot Scha'ananim mit dem Wagen die Keren Hayesod hoch, in die Ramban und über den Ben-Zwi-Boulevard und die Derech Yafo auf die große Ausfallstraße nach Tel Aviv, umtost, umzingelt von lauter rücksichtslosen, hakenschlagenden, aufs eigene Ziel erpichten Autofahrern, deren Fahrstil du annehmen mußt, willst du in Israels Straßenverkehr nicht hoffnungslos untergehen.

Auf der Ben Yehuda, der Einkaufs- und Bummelstraße im Stadtherzen, Fußgängerzone, ewig wimmelnd, schlaflos. Läden mit Trödel und Markenartikel; Hunderte von Caféstühlen draußen, immer besetzt und nachts ein Logenplatz für einen Blick in den phantastischsten Sternenhimmel über dem Erdball. Die drei argentinischen Musiker am oberen Ende der Ben Yehuda – geschüttelt von Rhythmen und Melodien ihrer Heimat, mehr bejubelt aber noch, wenn sie auf israelische Lieder überwechseln, umstanden von männlichen und weiblichen Sabres, hingerissen lauschender Jugend, die Mädchen mit verräterischem Glitzern in den Augen.

Jeruschalajim! Jeruschalajim!

Vom Turm des Monastery of the cross, eines alten Klosters – die Kaskade des Israel-Museums, das gefächerte Weiß seiner Hallenfronten; die Knesset, Israels tempelähnlich erbautes Parlament; die Öde der Ministerien längs der Kaplan; im Südosten das Massiv des Großen Krankenhauses, der Hadassah, Medical Center, Medical School, Jerusalems heimlicher Stolz, schloßhoch über Ein Karem.

Die Schlagader der Hamelech-David-Straße – King David Street. An ihrer rechten Flanke, von Mischkenot kommend, das berühmt-berüchtigte Hotel gleichen Namens aus der Mandatszeit, außen mit hektischer Auffahrt, hinter der Drehtür pazifiziert von der unausrottbaren Erblast britischer Kolonialatmosphäre; links die Oase des YMCA-Gebäudes mit seinen kühlen Vorbauten.

Und die vornehmere King George V. Street! Gesäumt von der Großen Synagoge, dem Sheraton, den Skulpturen des Sherman Garden, bis die Straße an ihrem unteren Ende, von Pizzerias und Tourist Informations profaniert, schmucklos in die Nathan Strauss Road mündet.

Die platzende Fülle Mahane Yehudas, des Jüdischen Markts an der Jaffa Road Ostjerusalems. Schwarze Kaftane, Peies, Palästinenser mit dem rotwollenen Tarbusch auf dem Kopf, Israelis und Fremde – diese noch besser erkennbar als sonst, weil sie sich seltsam abheben vor der orientalischen Kulisse. Das Rot der aufgeschnittenen Wassermelonen; die offenen Säcke mit Mandeln, Pistazien, Rosinen, getrockneten Aprikosen. Das Meer der Süßigkeiten; Fische auf Eis; Karpfen in fließendem Wasser, auf Käuferwunsch herausgeholt, begutachtet und mit dem Hackmesser bearbeitet – erst die Flossen ab, dann der Schädel eingeschlagen. Schaschlikstände, ein Lottobüro mit Begin-Photo, Zwiebeln zum Küssen, Radieschen von unerhörter Größe, die rote Pracht der Tomatenpyramiden. Hochinteressantes Terrain für Hunde, die überall unbelästigt schnüffeln können.

Der feste Körper der Marktstände zerfranst sich über Nebenstraßen ins Ambulante. Gebrauchtwaren auf Autohecks und Motorhauben: alte Kleider, Fernstecher, Leuchter, Schlösser, Zangen, Sonnenbrillen, Betagtes wie aus der Zeit der Ägyptischen Expedition Napoleons 1798. Aus irgendeinem Winkel ein Hauch Europa – »Michelle« von den Beatles, anheimelnd und doch hier deplaciert.

Der Kranz der *suburbs* rings um Jerusalem, Satelliten, Metastasen der Unvergleichlichen, wie Zwingburgen auf die Hügelkuppen gesetzt, zivilen Forts ähnlich, die sich, so scheint's, gleichwohl in schießende Igel verwandeln könnten.

Also auf und hin zu einer dieser Zitadellen, nahebei und lange schon ausgespäht von der Autobahn nach Tel Aviv aus, weil es sich dort drüben besonders dramatisch türmt. Je näher man kommt, desto dichter wird die Häuserplantage, auf erhöhtem Plateau, gestützt auf mächtige Quader und quasi umwallt von ihnen – Ramot Alon! Eine Stadtungeheuerlichkeit, die Schilderungen der überwältigenden Isthmusmauer des alten Karthago heraufbeschwört. Hausung an Hausung, zahllose vertikale und horizontale Reihen, fast alle aus dem gleichen Material, dem hellen Jerusalemstein. Und doch kann keine Rede sein von Uniformität, von architektonischer Monotonie. Auf den Straßen alles blitzsauber, aber heute – Freitagnachmittag – menschenleer, Kinder bis zur Stunde noch ausgenommen. Eine Inflation an

Kindern, deren Köpfe ausnahmslos mit der Kippa bedeckt sind – religiöses Pflaster.

Parken kann ich nicht, kein Platz ist frei, auch an den Bordkanten der Straßen nicht. (Die liebenswürdige Jackie von der Mischkenot-Rezeption vor einigen Tagen: »Israel = vier Millionen Einwohner = fünf Millionen Autos.«)

Vom Rand Ramot Alons – andere *suburbs*, Konglomerate weißer Häuser und roter Dächer, wie ein Ring um die Stadtmutter, die da drüben liegt.

Gestern ist auf dem jüdischen Markt Mahane Yehuda eine Bombe der Gruppe Islamisch-heiliger Krieg hochgegangen. Es gab einen Toten und neun Verwundete. Der Tote, Schimon S., war 72 Jahre alt und hinterläßt Frau, fünf Kinder, fünfzehn Enkel und Urenkel. Seine Sippe lebt seit acht Generationen in Jerusalem. Schimon S. war bekannt für seine gemäßigte Haltung im palästinensisch-israelischen Konflikt und plädierte für jüdisch-arabische Koexistenz.

In Gaza starb ein 67jähriger Blinder an Herzschlag, als israelische Soldaten in das Haus eindrangen, um einen seiner Enkel zu verhaften.

Die Spannungen am Golf haben sich verschärft. Zwischen dem Irak und Kuwait ist es zu einem Streit um Grenzen und Geld gekommen. Präsident Saddam Hussein hat vom Emir Dschabr el-Sabbah den Erlaß von dreißig Milliarden Dollar Schulden gefordert und dazu einen neuen Kredit von zehn Milliarden Dollar. Der Emir hat abgelehnt. Israel befürchtet angesichts der wiederholten Drohungen des irakischen Präsidenten, im Fall einer bewaffneten Auseinandersetzung am Golf in den Konflikt hineingezogen zu werden.

Begegnungen in Jerusalem.

Eine führt mich noch einmal nach Ramot, um Ila kennenzulernen, zwölf Jahre alt, Tochter eines Polizisten. Die Bekanntschaft ist zufällig. Es hieß, Ila singe, tanze, komponiere. Sie sieht reizend aus, und man findet an ihr keine Übereinstimmung mit ihrem Vornamen: Heiligenschein.

Die Wohnung ist klein, eine Wabe wie die ganze Vorstadt. Ilas Eltern kommen aus Polen. Die gewohnte Schicksalsdichte, schon nach den ersten Sätzen: Ilas Großvater väterlicherseits diente in der polnischen, dann in der Roten Armee – das rettete ihn. Bis auf einen Bruder sind sonst alle Familienmitglieder in Auschwitz umgekommen. Die Mitteilung bleibt im Raum stehen, niemand kommentiert sie. Anwesend, außer Ila und dem Vater, die Mutter und der siebzehnjährige Sohn. Er muß nächstes Jahr zur Armee. »Wir haben das nötig«, sagt er, mehr nicht.

Hier herrscht keine Traurigkeit, wohl aber eine Art Gedämpftheit. Ila macht sich an Geräten zu schaffen, Boxen, Lautsprechern, Bändern. Das Bar-Mizwa-Geschenk ihrer Eltern war eine Reise mit ihr nach Europa, Deutschland, Frankreich, die Schweiz.

Von der Technik begleitet, singt Ila ein Lied über Träume, auf hebräisch, dann anderes, ohne Titel zu nennen. Ihre Stimme ist klar, zuweilen, sehr selten, noch schwankend. Ein Naturtalent, mittelgroß für das Alter und angeboren graziös – in der unsäglich lieblichen Periode zwischen Kind und Frau. Ila nimmt Klavierstunden, will auf die Schauspielschule, Ballett lernen und komponieren – sie glüht. Die Eltern sitzen da, sichtlich stolz, aber unaufgeregt. Von ihnen kommt offenbar kein Druck, eher förderndes Gewährenlassen.

Gespräch mit dem Vater und dem Sohn während Ilas neuer Vorbereitungen. Der Vater ist für Verhandlungen mit den Palästinensern, »aber nicht mit der PLO«. Der Sohn ergänzt, ohne zu spüren, daß die Wiederholung mich zusammenfahren läßt: »Du kannst ihnen nicht trauen – das ist es.«

Ein letztes Lied, eine getragene Melodie mit dramatischen Klangfarben. Es ist klar, worum es geht, um den Holocaust, und es muß von jemandem komponiert sein, der ihm entkommen ist. Ich merke, wie sich mir die Kehle zuschnürt.

Als sie geendet hat, sagt Ila: »Ich habe das voriges Jahr komponiert – es heißt ›Weg nach Auschwitz‹.«

Sie war zu der Zeit elf Jahre alt.

Ein gutes, breites Gesicht, bescheidenes, aber bestimmtes Auftreten, der ganze Mann schätzungsweise fünfzig – ich mochte Omar Otman sofort, als ich ihn kennenlernte in der Jerusalem Foundation: einer Organisation, die sich in enger Zusammenarbeit mit Teddy Kollek um das Wohl der Stadt kümmert und deren Angestellter Omar Otman ist. Wie Ala K. ist er einer der rund 800 000 Araber mit israelischer Staatsbürgerschaft.

Jetzt bin ich mit ihm am Stadtrand von Jerusalem, in Bet Safafa, wo er mir sein Haus zeigen will, das er baut. Noch wohnt die Familie, Frau, Sohn und Tochter, anderswo. Wir stehen auf einem Hügel, Baugelände voller halbfertiger Häuser. »Je 500 Quadratmeter Grund, das Haus 120 Quadratmeter – kommen Sie.« Omar Otman führt mich auf den höchsten Punkt, faßt mich an der Hand und zieht mich, vorbei an Baumaschinen und hinweg über Zementsäcke, auf das Dach seines Hauses. Treppen fehlen noch. »Wann werden Sie einziehen?« Er lacht: »Wenn Geld da ist.«

Bis 1967 durchschnitt die israelisch-jordanische Grenze Bet Safafa, keine Mauer, kein Zaun, sondern Maschendraht. Der ist seither beseitigt, aber die Scheidung in zwei Hälften ist geblieben, sichtbarer denn je – moderne Viertel, Hochhäuser bis zu zehn Stockwerken, Fabriken auf der einen Seite, auf der anderen das monotone Bild der Stagnation.

»Hier könnte es genauso aussehen oder doch sehr ähnlich, wenn man uns ließe«, sagt Omar Otman auf dem Dach seines unfertigen Hauses.

Unten, im palästinensischen Teil, sind an den Wänden Graffiti der Intifada zu erkennen. »Weg mit der Okkupation!« übersetzt er mir die arabischen Schriftzeichen.

Der Blick von hier oben geht weit in die Runde. Omar Otman streckt den Arm aus: »Gilo.«

Sie sehen sich irgendwie alle ähnlich, diese israelischen *settlements* – hoch oben, für die Dauer errichtet und wehrhaft. Gilo liegt schon auf der Westbank, die von manchen Israelis »besetzte Gebiete«, von anderen »territories«, von dritten »unser Samaria und Judäa« genannt wird. Ich bin allen drei Variationen begegnet.

»Was geschieht mit den Siedlern, falls es einen Palästinenserstaat geben wird?«

Omar Otman ohne Zögern: »Wenn sie bleiben wollen, können sie bleiben – welcome! Aber sie werden behandelt wie alle Palästinenser, keine Privilegien. Wenn sie nicht bleiben wollen, sollen sie zurückkehren nach Israel.« Er bemüht sich, ruhig zu bleiben, aber die Stimme vibriert doch. »Warum sollen die Siedler auf der Westbank in schönen Häusern mit allen modernen Installationen wohnen, während Palästinenser in Lagern leben, in einem Raum mit vielen, bis zu sechzehn Personen? Ich kenne die Lager!«

»Verstehen Sie das israelische Sicherheitsbedürfnis?«

Omar Otman guckt mich erstaunt an: »Natürlich, nach allem, was war. Aber sagen Sie: Könnte es für die Israelis eine unsicherere Situation geben als die gegenwärtige?«

»Und was wären die Sicherheiten?«

»Ein demokratischer Palästinenserstaat. Israelische Soldaten am Jordan, für zehn Jahre, und nur dort. Keine palästinensische Armee, nur Polizei. Internationale Garantien und Kontrollen. Wie könnten wir Israel angreifen? Nur diese Entwicklung macht die Extremisten unschädlich. Sie sind das Übel, auf beiden Seiten, sie sind es, die das Land zerstören.«

Wir steigen wieder hinunter. Dabei faßt Omar Otman mich abermals an der Hand. »Ich bin die Abhänge hier gewohnt.«

Auf der Fahrt zurück nach Jerusalem sagt er: »Ich träume von Generationen, die unfähig sind, einander zu töten, die keine Waffen, keinen Krieg kennen, die zusammenleben können, davon träume ich.«

»Und Jerusalem? Was wird mit Jerusalem? Wird es wieder geteilt?«

Omar Otman schweigt einen Augenblick. Dann sagt er: »Das weiß ich nicht. Ich weiß nur eines – so, wie es ist, ungeteilt unter israelischer Oberhoheit, wird es nicht bleiben.« Und als ich aussteige, ihm die Hand gebe und er sie in der seinen festhält, fügt er, das gute breite Gesicht ein einziger Schatten, an: »Wir müssen einen neuen Krieg verhindern, denn der wird anders sein als die vorangegangenen. Der nächste Krieg wird ein Krieg der Raketen. Und die können auch Tel Aviv erreichen.«

Ich kaufe am Ende des sogenannten deutschen Viertels ein, wo im vorigen Jahrhundert die Templer gewirkt haben. Nach Süden geht es rechts ab von der Bethlehem Road in Richtung Talpiot, mit dem Wagen keine fünf Minuten von Mischkenot entfernt. Dort gibt es alles, was man braucht, vom Supermarkt bis zum Tante-Emma-Laden israelischer Prägung. Einen davon hat mein Obst- und Gemüsehändler.

Er kam aus Ungarn vor vierzig Jahren und ist, als er von meiner Herkunft aus Deutschland erfährt, von unerschöpflichem Mitteilungsdrang. Schon von weitem und im Stil hoffnungslos Verliebter, die für nichts anderes Sinn haben als für ihre Passion, pflegt er mich mit dem Aufschrei »Jerusal-ä-äm! Jerusal-ä-äm!« zu begrüßen. Dabei reißt er stets seine Brille herunter, als fürchte er, sie durch die Gewalt der inneren Bewegung zu verlieren. Er spricht ein mit Jiddisch durchsetztes Deutsch, eindringlich, aber schwer verständlich. An Ungarn hat er keine guten Erinnerungen – da sollte er, als Soldat, 1936 mal in der Zeitung erwähnt werden, doch als sie erfuhren, daß er Jude war, »haben sie mich wieder rausgenom-män«. Sein Ausdruck wird verächtlich. Immer aber, wenn er auf Jerusalem und Israel kommt, und das geschieht ganz schnell, leuchten seine Augen auf. »Jedder Tag hier war scheen, ein jedder, sage ich Ihnen«, und dabei legt er mir die Hand auf den Arm und drückt ihn, damit ich auch verspüre, wie glücklich er ist. Lächelnd steht er da in seinem kleinen Laden, inmitten all der Melonen, Trauben, Granatäpfel, Kohlköpfe und Orangen, und breitet die Arme aus, als wollte er die duftende, frische Pracht umarmen. Dann ruft er, ein Ritual: »Das alles wächst hier, alles!«, um gleich darauf zu schlußfolgern: »Zähn Mil-lio-nen Mänschen könnten in Israel leben – zähn Mil-lio-nen!« Worauf er voller Begeisterung meinen Arm drückt, mir – höchstes Zeichen von Verbundenheit – etliche seiner teuren Kirschen in den Mund zwingt und selig endet: »Jerusal-ä-äm! Jerusal-ä-äm!«

Am letzten Wochenende, Freitagvormittag, habe ich ihn gefragt: »Könnten Sie sich Jerusalem wieder geteilt vorstellen, wie damals vor dem Sechstagekrieg?«

Da war mein Obst- und Gemüsehändler zurückgefahren, als hätte ihn eine Tarantel gestochen, mit irren Augen hinter den

Brillengläsern, die er sofort herunterriß, um im Brustton höchster Ablehnung hervorzustoßen: »Getailt? Wieder getailt? Unsere Stadt? Niemals – Jerusalä-äm! Jerusal-ä-äm!«

Hundert Meter weiter ist das Geschäft eines Israeli, ohne den ich hier verloren wäre – ein wildbebarteter Fachmann für Sprechgeräte (ich halte alles, was ich hier in Israel erfahre, auf Band fest). Mit Kennermiene stellt er seine Diagnosen, bevor er sich an den Eingeweiden der Apparatur zu schaffen macht – und noch jedesmal fanden sie sich bestätigt.

Er ist in Jerusalem geboren, dreißig, ein Sabre also, und dafür von erstaunlich poetischer Artikulation – sage ich nach vielen gegenteiligen Erfahrungen, die ich mit Sabres seit meinem ersten Besuch in Israel 1967 gemacht habe. Wenn er auf Jerusalem kommt, legt er das Gerät aus der Hand, kommt ins Schwärmen, preist das Licht der Stadt, ihre Gärten, den Gesang der Vögel, die Farben des Himmels und die Menschen – erstaunlich und höchst ungewöhnlich anzusehen und anzuhören. Mag es viele geben, die das gleiche fühlen, so beschwören wie er könnten sie es nicht.

Seine Eltern kamen aus Deutschland, und er selbst war oft dort. Dennoch sprechen wir stets Englisch miteinander. Doch als ich auch ihm die Frage nach einer eventuellen Teilung Jerusalems im Rahmen eines Friedensprozesses im Nahen Osten stelle, vergißt er sein Englisch und antwortet, geschockt über das Unausdenkbare, auf deutsch:

»Sind Sie verrückt geworden!?«

»Heute bin ich kurz vor Sonnenaufgang auf meine Dachterrasse gestiegen und habe auf Jerusalem herabgeschaut. Da lag es in dem perlgrauen Licht und der regungslosen Stille, die der Schöpfung vorangehen – aus den Hügeln, dem Stein, den Farben, dem Mysterium der Landschaft gewachsen. Noch nie hatte ich sie so schön gesehen, so unantastbar, erhaben über den Menschen, seine Kriege und Gebete, eins mit jener höheren Macht, die sich in der Natur offenbart. Eine Flamme ungeheuren Glücks loderte in mir auf. ›Jerusalem‹, dachte ich, ›eine Stadt, anders als alle Städte.‹«

Die Frau, die diese Liebeserklärung in einem »Merian«-Heft über Israel abgegeben hat, möchte ich kennenlernen. Zwar habe ich ihren Namen, Angelika Schrobsdorff, als Adresse jedoch nichts als einen Vorort nahe bei Mischkenot. Eine erste Suche in seinen Gassen führte zu nichts.

Aus ihrem Artikel »Mein Jerusalem« erfährt der Leser, daß die Autorin, Urenkelin frommer, gesetzestreuer Juden, in Deutschland geboren wurde, 1939 nach Sofia auswanderte, dort überlebte und 1961 zum erstenmal nach Jerusalem kam – es hat sie nie wieder losgelassen. Immer wieder kam sie hierher zurück, in die sich rasch wandelnde, nach Aufhebung der Trennung in West- und Ostjerusalem 1967 förmlich explodierende Stadt, mit immer staunenderer Verbundenheit, die schließlich in eine Verwandtschaft umschlug, aus der es kein Entkommen mehr geben konnte. So entschloß sich Angelika Schrobsdorff, hoffnungslos hingerissen und ausgeliefert, hier eine Wohnung, ein Zuhause zu suchen – ihr ganzes schriftliches Bekenntnis zu Jerusalem bereitet diese Pointe vor.

Sie fand es nach langem, fast schon aufgegebenem Suchen in Abu Tor. Aber wie das geschah (»Über eine kleingedruckte, knappe Annonce«), wo sie es suchte (»In einem ländlichen Paradies, keine fünf Kilometer vom Stadtzentrum entfernt«) und was sie fand (»Eine Wirklichkeit, die den unbescheidensten meiner Träume übertraf«) – niemals und nirgendwo ist Suche nach Heimat und Heimstatt poetischer geschildert worden.

Die »Merian«-Lektüre machte mich neugierig auf das Haus mit den hohen, lichtdurchfluteten Räumen, dem klösterlichen Innenhof, der Dachterrasse, von der aus man die Kuppel des Felsendoms, die Grabsteine des Ölbergs und die arabischen Dörfer ganz in der Nähe sehen kann:

»Eine Fata Morgana, ein Haus mit dem Gesicht nach Osten, mit der Landschaft verschmelzend, der Inbegriff des Friedens und der Harmonie. (...) Mein erstes wahrhaftiges Zuhause, seit ich als neunjähriges Kind Berlin hatte verlassen müssen.«

Die Idylle wird jäh zerstört im Dezember 1987, von der

Intifada! Das Traumhaus der Angelika Schrobsdorff befindet sich keine zehn Meter von der Grünen Linie entfernt, der ehemaligen Grenze zwischen Jordanien und Israel bis zum Sechstagekrieg. Ein Schock, ein böses Erwachen:

»Heute hat man wieder geschossen, heftiger als seit langem. Es war gegen halb sechs Uhr abends und immer noch heiß. Ich saß an meiner Schreibmaschine, als es losging. Wenn man auf der Grünen Grenze lebt, springt man nicht bei jedem Schuß auf. Erst bei der dritten Salve, die klang, als würde sie unter meinem Fenster abgefeuert, unterbrach ich meine Arbeit und ging auf die Terrasse hinaus.«

Aber die Gefährdung vertieft die Zugehörigkeit zu Jerusalem nur noch.

Nach abermaliger vergeblicher Suche komme ich auf den Gedanken, mir Adresse und Telephonnummer bei »Merian« zu beschaffen. Das klappt auch prompt über Telefax. Also mit einem Taxi in die Avigail von Abu Tor.

Die Hausherrin – aristokratische Erscheinung, grazil, nervös und völlig verbandelt mit ihren Katzen, die in gefährlicher Feindschaft den Innenhof zum Schauplatz fellgesträubten Imponiergehabes machen.

Die Wohnung – so licht und großzügig wie geschildert. Tee, leise Atmosphäre, und dennoch immer der Eindruck, als herrschte Ruhe vor dem Sturm. Ich lerne in Angelika Schrobsdorff eine leidenschaftliche Verfechterin der palästinensischen Sache kennen, strikte Parteinahme für sie bis zur Atemnot. Mir werden Verbindungen zur anderen Seite versprochen.

Dann auf der Dachterrasse – Blick bis hin zum Mount Scopus, zum Ölberg, zu den malvenfarbenen, zerklüfteten Bergen Moabs (so Angelika Schrobsdorff in »Merian«), über die Kuppen und Hänge der biblischen Landschaft und, ganz nahe, über die Dächer des alten, des arabischen Abu Tor. Droben, am Himmel, Wolkengebirge, wahre Feuerstürme, wie von einem riesigen Blasebalg angefacht – rötlich schimmernd, von überwältigender kosmischer Schönheit. Unten, auf der Erde Judäas, nach Norden zu und gegen die Südflanke der Altstadt, die weißen Häusertupfen zu beiden Sei-

ten der längst zaunlosen *green line* - das Bild eines unbeschreiblichen Friedens. Könnte es eine fürchterlichere Täuschung geben?
Israel, um Himmels willen, Israel!

Intifada

Hakam oder Der Widerstand hält die Hoffnung jung

Treffpunkt: American Colony Hotel, Ostjerusalem, Rehov Louis Vincent. Dort erwarte ich den Palästinenser Hakam Fahoum.

Von amerikanischen Protestanten im vorigen Jahrhundert errichtet, ist das Haus mit seinem Arkadenhof, dem Brunnen darin und den gastlichen Tischen und Stühlen inmitten von Grün noch romantischer, als die zahlreichen Schilderungen, die ich bisher gelesen habe, vermuten ließen. Eher ein Palast als ein Hotel, erinnert es mich mit seinen hohen Decken und dem himmlischen Patio an die britischen Kolonialbauten in Ostafrika.

Der Zweck meines Besuches ist allerdings alles andere als romantisch. Hakam Fahoum soll mir Verbindungen schaffen, die nur von Palästinensern hergestellt werden können. Denn natürlich will ich auf die andere Seite, jenseits der *green line*, und das nicht nur im geographischen Sinn.

Es erscheint, auf die Minute pünktlich, ein mittelgroßer Mann, kluge, lächelnde Augen, ein offenes junges Gesicht – meine Schätzung auf ein Alter von dreißig Jahren erweist sich als genau. Sympathie auf den ersten Blick, beiderseitige, wie sich herausstellt, also gute Voraussetzungen für eine Zusammenarbeit. Eine Stelle, die sein Vertrauen hat, machte Hakam Fahoum mit meiner Biographie bekannt, und mit meiner Absicht, ein Buch über das Israel von heute zu schreiben.

Von ihm weiß ich bisher nichts, außer daß er für das Jerusalem Media and Communication Center ausländische Journalisten, Funk- und Fernsehleute begleitet, die über den großen Konflikt und dessen Prisma, die Intifada, berichten wollen. Natürlich geht er der Aufgabe, die er übernommen hat, in propalästinensischem Sinn nach. Über den künftigen Charakter unserer Beziehung und ihre Entwicklung bin ich mir im unklaren. Von seinen Gewährsmännern weiß er, daß ich Jude bin und Israel als meine Heimat betrachte, wie Deutschland, nur ganz anders.

Wir fahren mit meinem Wagen und verlassen Jerusalem auf der breiten Nordroute. Ziel ist ein Flüchtlingslager auf der Westbank, in der Nähe von Ramallah. Am Steuer Hakam Fahoum – er hat sich ganz selbstverständlich dahinter gesetzt. Bald biegt er ab, fährt Schotterwege – es heißt, vor Ramallah seien »wieder einmal« israelische Sperren errichtet. Er hat jetzt von drinnen hinter das Wagenfenster das rotweißgewürfelte Palästinensertuch gelegt, die *kefiyah*. Wenn wir durch Ortschaften fahren, hupt er wie nach einer Art Morsesystem, besonders, wenn er Kinder sieht.

Dann erzählt er freimütig von sich und seiner Familie. Die Mutter ist im vorigen Jahr gestorben, der Vater lebt in Nazareth, nach einer langen Flüchtlingsodyssee seit 1948 und, noch einmal, nach 1967. »Wir werden hinfahren, später einmal, und ihn besuchen.« Hakam ist in Ostjerusalem geboren, dort die ersten Jahre zur Schule gegangen und später auf die American Baptist School in Nazareth. Auf ihr hat er Hebräisch gelernt – perfekt, wie sein Englisch auch. Er lacht: »Schlimm, aber ich war ein guter Schüler.« Und ein glänzender Autofahrer dazu, denke ich.

Weiter in seiner Biographie. 1976 in die USA – Rock 'n' Roll, Tom Jones, Elvis Presley, Mädchen. »Schöne Jahre, aber da fehlte etwas.« 1983 Rückkehr, Universität Ramallah und dann das Massaker in den palästinensischen Flüchtlingslagern Sabra und Schatila im Libanon. »Ja, die Mörder waren christliche Milizen, aber die israelische Armee hat daneben Gewehr bei Fuß gestanden. Ich unterscheide nicht zwischen denen, die schießen, und denen, die ihnen zuschauen. Die Israelis hätten den Massenmord verhindern können. Sabra und Schatila – das war der Wendepunkt in meinem Leben. Damals habe ich meine palästinensische Identität gefunden, und seither...«

Er unterbricht sich, rafft schnell die *kefiyah* weg vom Wagenfenster und flucht unterdrückt auf arabisch – vor uns eine israelische Patrouille. Wohl in der Annahme, daß die Gefahr vorbei sei, war Hakam wieder auf die große Straße gefahren, aber nur, um prompt den Soldaten in die Arme zu laufen. Sie kommen mit scheuchenden Bewegungen auf uns zu, brüllen, daß wir umkehren sollen und nehmen eine drohende Haltung ein. Hakam hält ihnen einen Ausweis entgegen, spricht mit ihnen, auf hebräisch. Aber alles, was er erreicht, ist, daß der Soldat noch wilder wird und mit seinem Schießprügel fuchtelt. Ich beobachte Hakam Fahoum, er wird weiß wie eine gekalkte Wand, seine Kiefern mahlen, seine Hände klammern sich um das Steuer, als wollte er es zerdrücken. Er dreht ab, fährt zurück und schlägt rechts ein, sichtlich erregt, mühsam beherrscht, ohne daß seine Fahrweise unsicher wird. Dann vollendet er, wo er vorhin aufgehört hatte: »... und seither kämpfe ich für die palästinensische Sache – gewaltlos.«

Hinter dieser Verkrampfung steckt etwas, die läßt sich nicht erklären aus dem pauschalen Konflikt, da ist Persönliches im Spiel. Ich frage direkt: »Bist du mal in Armeehaft gewesen?« Er zögert, nickt, schweigt. Der Punkt ist noch nicht reif zwischen uns.

Das Flüchtlingslager Kalazoon, fünf Kilometer von Ramallah entfernt, ist mit Draht umzäunt und von einem erhöhten Militärposten mit israelischer Flagge leicht einzusehen. Von Kinderscharen begleitet, fahren wir langsam ins Innere, die *kefiyah* am Wagenfenster. Die Behausungen sind baufällig, provisorisch, und sehen so aus, als sei hier seit 1948 nichts erneuert worden. Wo eine Wand es zuläßt, ist sie von politischen Graffiti bedeckt: große arabische Schriftzeichen, grellfarben, aggressiv, wie Aufschreie einer kollektiven Ohnmacht. Überall auf den Dächern Fernsehantennen, Kollektoren, um Sonnenenergie einzufangen, Wäsche. Ein Haus, erst eingerissen, dann plattgewalzt. Kalazoon ist bekannt als Synonym für Unruhen und Zusammenstöße, jüngst sind hier zwei Männer getötet worden.

Nun ständig begleitet von einer Schar junger Palästinenser, suchen und finden wir den Lagerleiter in einem besonders schäbigen Haus mitten im Zentrum – Masmoud S. Er ist sechzig Jahre alt, Flüchtling seit 1948, grauhaarig, gedrungen und von jener Auskunftsbereitschaft gegenüber Fremden, die ich inzwischen als typisch für Offizielle empfinde: das Tatsachengerüst knapp mitgeteilt, persönlich tief eingebunden in den Konflikt, aber im Ausdruck stark zurückhaltend. Nichts da von der heftigen Emotionalität der Araber und der ihnen sonst zugeschriebenen verbalen Blumigkeit.

An Lagerfakten erfahre ich von Masmoud S., daß hier 6500 Menschen in 1300 Familien leben, von denen aber nur 300 monatliche Zuteilungen von Lebensmitteln durch die UNRWA erhalten, eine Hilfsorganisation der UNO für Flüchtlinge und Verschleppte. Es gibt keine Arbeit, wenig Einkommen, oft Ausgehverbot. Schulen, eine Klinik, eine Schneiderwerkstatt, Kindergärten können nur weitergeführt werden durch die UNO, die eigenen Mittel würden es nicht erlauben – ein Zustand, der hier seit über vierzig Jahren andauert.

Es ist ziemlich dunkel in dem Raum. Außer einem Tisch und den Stühlen, auf denen wir sitzen, gibt es kein Mobiliar. In der nächsten Stunde spricht niemand außer dem Lagerleiter von Kalazoon, kaum moduliert, in dürren Worten, leise und fest.

Von den sechs Söhnen, die seine Frau geboren hat, wurde einer getötet. »1983, im Kampf gegen Soldaten. Sie griffen ihn, schlugen ihn, und dabei haben sie ihm das Rückgrat gebrochen.« Von den anderen fünf Söhnen ist gegenwärtig nur der 28 jährige Älteste frei, die anderen vier, zwischen 18 und 23 Jahren alt, sitzen im Gefängnis – drei in Untersuchungshaft, einer zu sieben Jahren verurteilt. Das Haus der Familie wurde zerstört. »Sie rissen es einfach ein mit Bulldozern, und wir standen daneben.«

Im März 1988 wurde Masmoud S. verhaftet – *administrative custody* –, gemeinsam mit fünfzig anderen Männern von Kalazoon. »Sie versammelten uns in der Schule und brachten uns dann in ein *detention camp* im Negev. Wir nennen es Lager des langsamen Todes. Es waren zuwenig Decken da, und nachts wird es kalt in der Wüste. Das Essen war schlecht. Für 2500 Gefangene gab es nur einen Arzt. Diabetiker, Leute mit hohem Blutdruck und sonstigen Krankheiten bekamen alle die gleiche Medizin: Aspirin.«

Gelegentlich wird die Tür geöffnet. Jemand steckt seinen Kopf herein, um den Manager der UNRWA zu sprechen. Aber der macht nur eine kurze Bewegung, und wir sind wieder allein.

Masmoud S. bekam neun Monate Gefängnis. »Wegen Aufhetzung – danach konnte ich hier wieder meinen Dienst antreten.«

Ich muß erst meine Stimme wiederfinden, dann sage ich:

»Danke für Ihr Vertrauen. Aber ich kann nichts von dem, was Sie berichteten, selbst nachprüfen. Wie immer, hört sich alles an, als seien die Palästinenser überhaupt nicht beteiligt gewesen an dem, was den Reaktionen der israelischen Polizei oder der Armee vorausgegangen war...«

Masmoud S. unterbricht mich, in einer um Nuancen höheren Tonlage. »Natürlich waren wir aktiv für unsere gerechte Sache - das war vorausgegangen.«

»Und was ist die gerechte Sache?«

»Ein Palästinenserstaat, neben Israel. Das ist es, was alle Palästinenser wollen.«

»Mit der PLO?«

»Sie ist unsere legitime Vertretung, unsere Repräsentation, vom Kind bis zum Greis, für uns alle.«

»Hassen Sie die Israelis?«

»Nein, nicht die Israelis, den Zionismus, den hasse ich.«

»Kann man da nicht allmählich müde werden?«

»Ja, die Söhne tot oder in Haft, das Haus demoliert, keine Arbeit, kein Geld, keine Entwicklungsmöglichkeit, nichts als Elend ringsum. Aber das ist der Preis für unsere Unabhängigkeit, das müssen wir durchstehen.«

»Die Hoffnung ist also nicht erloschen in der langen Zeit?«

»Nein«, sagt Masmoud S., »der Widerstand hält die Hoffnung jung.«

Wir verlassen das Lager, fahren im Sonnenschein zurück nach Jerusalem, Hakam am Steuer – das ist nun also ausgemacht, wenn wir gemeinsam unterwegs sind, und mir sehr lieb. Er hantiert mit der *kefiyah*, hupt, wenn er Kinder und Jugendliche sieht, kennt die Wege, Straßen, Ortschaften und fährt überdies wie ein junger Gott. Jetzt sind seine Züge angespannt, Spuren der letzten Stunde. »Und du?« frage ich ihn. »Du bist doch ständig damit beschäftigt. Wirst du nicht manchmal müde von allem?«

»Schau mal, Lager werden angegriffen, Häuser zerstört, Ausgehverbote verhängt, Schulen und Universitäten geschlossen, Kollektivstrafen ausgesprochen – die Israelis selbst sind es, die uns immer wieder wachstoßen, wenn wir müde werden.«

So eindeutig sollen Gut und Böse verteilt sein? Wo bleibt die

Bedrohung Israels durch seine Nachbarn und deren Rolle in der Auseinandersetzung? Ich wehre mich entschieden gegen die Verengung des Nahostkonflikts auf Israelis und Palästinenser, also gegen die Abkoppelung dieser Auseinandersetzung von den instabilen, antidemokratischen, durch verunsicherte Herrscher gelenkten und fundamentalistisch gezeichneten arabischen Staaten! Schuld und Verantwortung sind nicht so schwarzweiß aufgeteilt, wie die Kontrahenten es hinzustellen pflegen, und zwar sowohl von der palästinensischen wie auch von der israelischen Seite.

Gleichzeitig bin ich mir bewußt, daß ich hier oft zwischen den Fronten stehe. Der befürchtete innere Konflikt zwischen dem Menschenrechtler in mir und meiner Bindung an Israel ist in vollem Gang. Deshalb wird es auch ein Wechselbad widerstreitender Empfindungen geben, abhängig davon, wessen Gewalt das Recht, den Körper und die Seele der anderen verletzt – ich werde immer Partei für den Verletzten ergreifen.

Ich spüre diese Ambivalenz schon heute, und zwar gegenüber der israelischen Armee. Wenn ich mit meinem Wagen den kürzeren, aber gefährlichen Weg durch die *territories* der Westbank nach Beer Scheva im Süden oder nach Haifa im Norden nehme, entdecke ich jedesmal ein Gefühl deutlicher Erleichterung beim Anblick von Soldaten. Ganz andere Empfindungen jedoch habe ich ihnen gegenüber, wenn ich ihrer ansichtig werde nach Gewalttätigkeiten der Armee, die mir unverhältnismäßig oder gar überflüssig erscheinen. Das ist ein furchtbares Gefühl, das meiner Liebe zu Israel immer wieder Stiche versetzt.

Die gleiche Ambivalenz aber verspüre ich auch gegenüber Hakam Fahoum. Vermehrte Hinwendung zu ihm bei Nachrichten von Menschenrechtsverletzungen und Schlimmerem an Palästinensern, jedoch merkbare, wenn auch verborgen gehaltene Distanz ihm gegenüber nach Gewalttaten und Morden an Israelis. Ob er, mit umgekehrten Vorzeichen, die gleichen widerstreitenden Empfindungen hat?

Dieser Wechsel von heiß und kalt, auf und ab, hoch und tief ist ein innerer Aggregatzustand, dessen Spannungen nur schwer zu ertragen sind, aber andauern werden – strapaziöse Aussichten.

Eine Frage beschäftigt mich immer wieder und immer drängender: Was hat Hakam Fahoum in israelischer Militärhaft erlebt? Bevor wir uns nach dem Besuch des Flüchtlingslagers verabschiedeten, hatte ich noch einmal nachgesetzt: »Wirst du mir davon erzählen? Es ist wichtig für mich, ich muß es wissen.«

Seine Züge hatten sich verdüstert. »Später, vielleicht.«

Auf der Fahrt nach Bet Sahour, gleich hinter Bethlehem, öffnet sich die ganze Ungeheuerlichkeit der Wüste Judäas – wie eine Vorahnung des Negev liegt sie da. Hier vorn, zwischen den beiden nahe beieinander gelegenen Ortschaften, noch gesäumt von menschlicher Zivilisation, von Häusern, Gärten, Blumen, bebauten Feldern, verliert sich der Blick nach Süden in den dunstigen Weiten der Tells, der Hügel, der lastenden Öde, des fernen Schweigens, der gebirgigen Einsamkeit auf das Tote Meer zu.

Bet Sahour ist mit dem Wagen bald erreicht, äußerlich ein Ort wie hundert andere auf der Westbank und dennoch eine Besonderheit: Seine Einwohner verweigern seit Ausbruch der Intifada dem Staat Israel die Steuern. Das geschah auch anderswo, aber nirgends so organisiert, so kollektiv und so dauerhaft wie hier. Es ist anzunehmen, daß dieser von der Bevölkerung strikt befolgte Steuerstreik von der PLO angeordnet worden ist, um einen kollektiven Fall passiven Widerstands zu schaffen. Israel schlägt zurück, und ich bin hier, um zu sehen, wie das geschieht – natürlich mit Hakam, ohne dessen Vorarbeit und Begleitung nichts zu erreichen wäre.

Er hält am Rand von Bet Sahour vor einem Haus, das ziemlich neu aussieht, geht hinein und holt mich dann nach. »Die Familie ist zu Auskünften bereit, besteht aber darauf, daß weder Vornamen noch Familiennamen in deinem Buch erwähnt werden, auch nicht in Abkürzungen.«

Auf einem Sofa sitzt eine etwa fünzigjährige Frau in rotem Kleid – intelligentes Gesicht, schmaler Kopf, schöne Augen, Ohrringe, auf dem Schoß ein kleines Mädchen, das sich still verhält. Sie ist Christin, wie drei Viertel der Einwohner von Bet

Sahour, verheiratet – ihr abwesender Mann arbeitet auf dem Bau in Jerusalem –, Mutter von zwei Töchtern und drei Söhnen. Einer befindet sich in dem spärlich möblierten großen Wohnraum und schweigt, während die Mutter spricht, mit ausdrucksvollen Gesten und völlig unfähig, die innere Erregung zu verbergen.

Dies ist ihre Geschichte: Als einer der Söhne, Besitzer eines Videoshops in der Stadt, die veranschlagte Steuer von umgerechnet 1300 Mark nicht bezahlte, erschienen eines Morgens Soldaten, umzingelten das Haus und forderten die Männer auf herauszukommen. Darin befanden sich zu diesem Zeitpunkt die Frau mit ihrem Mann, zwei Töchtern und einem der Söhne, dem Ladenbesitzer. Ihn fragten die Soldaten, die ein hochmütiges Gebaren an den Tag legten, wovon er lebe und was für ein Geschäft er führe. Er erwiderte, sie wüßten genau, daß er einen Videoladen habe, weshalb sie ihn also danach fragten? Da fesselten sie ihm die Hände auf dem Rücken, verbanden ihm die Augen und schlugen ihn. Dann begannen sie das Inventar auszuräumen, wobei sie zuerst den Fernsehapparat nahmen, dann alle anderen Elektrogeräte. Als die Frau sie daran hindern wollte, sprühte einer der Soldaten ihr den Inhalt einer Spraydose ins Gesicht. Auf ihre Schreie rief eine Stimme von unten: »Was tut ihr da? Kommt sofort herunter!« Das war ein Israeli, der Odi gerufen wurde (ein Berater des Militärgouverneurs für palästinensische Angelegenheiten, wie ich später erfuhr; R. G.). Er bestand darauf, daß nichts aus dem Haus entfernt werde, sondern daß die Soldaten sich auf das Inventar des Videoladens beschränkten. Darauf packten diese ihn, brüllten, solche zivilisierten Leute brauchten sie hier nicht, und zwangen ihn zur Abfahrt, wobei sein Fuß in der Autotür eingeklemmt wurde und er vor Schmerz aufschrie. Die Soldaten räumten alles aus, in beiden Stockwerken, und als die Frau ihnen wieder in den Arm fallen wollte, sprühten sie ihr Gas ins Gesicht. Einer der Soldaten rief nach einem Doktor, woraufhin eine Ambulanz kam, aber sie wurde von anderen Soldaten daran gehindert, die Frau mitzunehmen. Währenddessen schlugen sie im Flur ihren Mann und ihren gefesselten Sohn, den sie schließlich in ein Auto stießen. Dann verschwanden die Eindringlinge und hinterließen ein Haus, das so gut wie leer war.

Alles, was es heute hier an Einrichtung gibt, ist neu angeschafft – Second hand. Auch der Videoladen wurde völlig ausgeräumt, die ganze Einrichtung beschlagnahmt, alle Kassetten, und Filme. Von dem konfiszierten Gut, das einen viel höheren Wert hatte als die Steuerschuld, hat die Familie nichts zurückbekommen.

Soweit der Bericht der Frau im roten Kleid.

Ein Photo des verhafteten Sohnes, drei Tage nach seiner Entlassung aufgenommen. Es zeigt den Ladenbesitzer mit farbigen Beulen unter den Augen und stark angeschwollenem Gesicht. Eine ärztliche Untersuchung in einem Jerusalemer Krankenhaus ergab, daß er mehr als ein Drittel seiner Sehfähigkeit eingebüßt hatte – mir wird das Dokument gezeigt.

Ich erfahre ferner, daß das Haus der Familie 1981 in die Luft gesprengt wurde, nachdem die palästinensische Fahne auf dem Dach gehißt worden war. Zwei anderen Familien in Bet Sahour erging es ebenso, aus dem gleichen Anlaß. Wessen Haus zerstört wird, der verliert seinen Grund und Boden an den Staat. Da aber diesmal eine internationale Affäre daraus geworden war, deren Wellen bis in die USA schlugen, behielt die Familie ihr Eigentum und konnte das Haus neu errichten.

Während die Frau erzählt hatte, waren zwei Töchter mit ihren Kindern, Mädchen, dazu gekommen, hatten sich hingesetzt und zugehört.

Ich frage den anwesenden Sohn: »Was sind die Motive für die Steuerverweigerung?«

»Nach der Genfer Konvention von 1949 und in Übereinstimmung mit internationalen Gesetzen muß in einem besetzten Gebiet die Steuer in der Gemeinde ausgegeben werden, wo sie erhoben wird. Israel aber hat seit 1967 niemals Rechenschaft abgelegt über die eingetriebenen Steuern, sondern damit unsere Unterdrückung finanziert, Patronen, Knüppel, Tränengas. Deshalb verweigern wir die Steuern. Viele Leute sitzen dafür im Gefängnis, doch der Streik wird fortgesetzt.«

»Welche Gefühle haben Sie gegenüber den Israelis?« frage ich die Frau.

»Die Söhne geschlagen, das Haus ausgeplündert, die Privatsphäre verletzt – ich empfinde die Besetzung schlimmer denn je. Aber ich weiß, daß es zwei Arten von Israelis gibt: die Okkupanten und andere, die Frieden mit uns wollen. Das wissen wir sehr wohl. Ich hasse nicht die Juden, ich hasse den Zionismus. Es wird noch lange dauern, bis wir unseren eigenen Staat haben.«

»Mit der PLO?«

»Natürlich, sie ist unsere Vertretung, es gibt keine andere.«

»Und wie lange kann man diese Situation aushalten?« frage ich den Sohn.

»Wir haben einen langen, langen Atem – und wenn wir Gras fressen müßten!«

Ich will Gewißheit, ich will eine zweite Familie sehen.

Wir finden sie am anderen Ende von Bet Sahour. Hanna Bischara D. lebt in einem großen Haus, an dessen Inventar ich sofort erkenne, was hier vorgegangen ist – es trägt den gleichen Second-hand-Charakter des Provisorischen, Zusammengestükkelten.

Hanna Bischara D., ein kleinwüchsiger Mann von 54 Jahren, empfängt Hakam und mich im Kreis seiner Familie am hellen Tag in einer Art Pyjama – wie eine Demonstration, das hier nicht gearbeitet wird. Die Aufnahme ist herzlich, der Tisch gedeckt, anwesend sind die Ehefrau, die den Eindruck macht, als könnte sie nicht lächeln, zwei Töchter, schöne, scheue Teenager, ein neunjähriger Sohn mit Mandelaugen, Freunde, Nachbarn – eine große Runde.

Ich schaue aus dem geöffneten Fenster einen Hang hoch – Haus an Haus, ein jedes auf dem Dach den sonnenbeheizten Wassertank und die Fernsehantenne.

Bis auf die Ehefrau ist die Runde fröhlich, es wird gelacht und gescherzt. Eine Tochter, die jüngste, soll bei Nachbarn sein und bald kommen. Es sind christliche Araber.

Mit Material aus Japan und Deutschland waren im Souterrain des Hauses, einer kleinen Fabrik, Rosenkränze hergestellt worden, Ketten, christliche Insignien – bis vor drei Jahren. Wie alle anderen Bewohner von Bet Sahour hatte auch Hanna Bischara D. die Abgaben verweigert.

In einer plötzlich verwandelten, viel vertrauteren Atmosphäre erfahre ich nach dem Essen – und es ist die Frau, Miriam D., die berichtet-: »Ich kann mich an alles genau erinnern, an jede Minute, jede Sekunde. Sie kamen mit Gewehren und donnerten gegen die Tür, acht Soldaten in Begleitung von vier Beamten der Steuerbehörde. Ich hatte gerade das Abendbrot vorbereitet. Einer der Soldaten muß menschlich berührt gewesen sein, als er den gedeckten Tisch und die Kinder sah, denn er wandte sich ab und blieb dann ziemlich passiv. Die anderen stießen mich zurück, durchsuchten das Haus von oben bis unten nach Geld und Gold. Dann fanden sie eine Kassette, die wie ein Juwelenkasten aussah, und glaubten wohl, darin Wertvolles gefunden zu haben. Es war aber nur Talmi für die Kinder. Darüber wurden die Soldaten und die Steuerleute sehr wütend. Sie haben alles mitgenommen, nichts hiergelassen außer Betten, Wäsche und persönlichen Sachen. Es ist furchtbar, feindliche Soldaten im Haus zu wissen. Man wird das nie vergessen.«

Einen Tag später wurde Hanna Bischara D. verhaftet. »Sie kamen wieder abends, sagten: ›Zieh dich an!‹ und nahmen mich mit. Dann fuhren sie mit mir durch Bet Sahour, wo sie noch fünfzehn andere von uns aufgriffen. Das dauerte viereinhalb Stunden. Ich bin ein kranker Mann mit einem gefährlichen Blutdruck, und das sagte ich ihnen. Aber sie inhaftierten mich trotzdem. Der Gefängnisarzt untersuchte mich schließlich, gab mir aber keine Medikamente, nur Aspirin. Können Sie verstehen, warum ein kranker Mann in meinem Alter so behandelt wird?«

Nach einigen Tagen war Hanna Bischara D. entlassen worden. Vor zwei Wochen hat die Steuerbehörde ihn schriftlich aufgefordert, 2799 Schekel zu zahlen – die Differenz zwischen der geschuldeten Summe und dem Erlös aus dem Verkauf des ausgeräumten Inventars. Er zeigt mir das Papier, es ist von der Civil administration of Judea and Samaria income tax. Die Familie lebt, unterstützt von Freunden, mit einer angehäuften Schuldenlast von umgerechnet 60 000 Mark. Hanna Bischara D. will alles zurückzahlen. Aber wie? »Ich überlege, ob ich das Haus verkaufe.«

An der Wand, hoch droben und hinter Glas, ein koloriertes Photo: ein alter Mann und eine alte Frau, stolze, gutgeschnittene Gesichter. »Meine verstorbenen Eltern«, sagt Hanna Bischara D.

»Werden Sie nachgeben oder durchhalten?«

»Ich habe schon während der jordanischen Herrschaft zehn Jahre im Gefängnis gesessen – das erzähle ich Ihnen ein anderes Mal – und habe durchgehalten. Ich halte auch diesmal durch. Wir wollen unseren eigenen Staat: die Westbank, Gaza und Ostjerusalem. Dafür sind wir bereit, alles aufzugeben, unsere Häuser, unser Leben.«

»Mit der PLO?«

»Mit der PLO! Sie ist unsere Vertretung, wie die aller Palästinenser.«

»Und Ihr Verhältnis zu Israel?«

Es ist Miriam D., die antwortet : »Wir strecken den Israelis die Hand entgegen, wir hassen nicht sie, wir hassen den Zionismus.«

»Heißt das, daß Sie die Existenzberechtigung Israels in Frage stellen?«

»Nein«, sagt Miriam D., »das heißt es nicht. Es heißt die Aufhebung der Okkupation, es heißt unser Palästinenserstaat, es heißt die Teilung.«

Und plötzlich lächelt sie, streckt die Arme aus und zieht ein Mädchen an sich, das leise eingetreten war, eine dunkle, zierliche Schönheit, ernst, mißtrauisch gegenüber dem Fremden. Ihr Anblick versetzt mich in eine andere Zeit – Rachel, um die Jakob zweimal sieben Jahre wirbt, »die Nacht ihrer Augen...«, Thomas Mann, die Joseph-Legende. Es ist, von meiner Seite aus, Liebe auf den ersten Blick. Alter Knabe, denke ich, das kann doch nicht wahr sein!

»Samar«, sagt die Mutter, »sie heißt Samar.«

Hakam und ich gehen mit dem Versprechen wiederzukommen.

In Jerusalem fährt Hakam nicht gleich zum American Colony Hotel, wo wir uns stets treffen und auch verabschieden. Er lenkt den Wagen über die Haaspromenade auf eine abschüssige Straße, ruft »Paß auf!« schaltet den Gang in den Leerlauf, hält an – und da passiert es. Mein Ford, eine Tonne schwer, fährt bergauf, eine ganze Strecke, ohne Motor und gegen alle Gesetze der Schwerkraft! Hakam lacht über meine Verblüffung: »Da drunten muß irgendein Magnetismus sein, Hexerei ist das nicht.«

Vor Mischkenot sagt er: »War kein leichter Tag für dich, isn't it?« Er sieht mich an, freundlich, forschend. Ich entdecke in seiner Miene nichts, was auf einen versteckten Vorwurf, auf eine Anklage, ein Ressentiment mir gegenüber, dem Juden, hinweisen könnte. Träte ich ihm innerlich genauso offen, so unverdeckt gegenüber, wenn wir heute nicht palästinensischen, sondern jüdischen Opfern der Intifada begegnet wären?

Beim Abschied umarme ich Hakam spontan.

Warum werden eigentlich nur unsere Busse gebombt?

Dr. Menachem Sch., den ich in der Jerusalemer Aza Street aufsuche, ist ein freundlicher Mann von achtzig Jahren, Arzt für Innere Medizin, im galizischen Buczacz geboren und noch im Besitz von Photos, die den Vater 1916 in der Uniform der österreichisch-ungarischen k. u. k. Armee zeigen.

Nachdem seine Frau 1942 in Warschau umgekommen war, gelang Dr. Sch. 1942 die Flucht, auf einer abenteuerlichen Irrfahrt über die Sowjetunion, Indien, Hongkong und Ägypten erreichte er schließlich Palästina.

Ein Jahr nach Gründung des Staates Israel heiratete Dr. Menachem Sch. zum zweitenmal, eine Ehe, der eine Tochter und zwei Söhne entsprangen. Diese Frau und Mutter war am 4. Februar 1990 bei einem Angriff auf einen mit Israelis besetzten Bus vor Kairo umgekommen.

Dr. Sch. in mein Aufnahmegerät: »Nicht weit von Ismailijja haben arabische Terroristen den Bus angehalten, dann haben sie ihn beschossen und mit Handgranaten beworfen. Ich hörte davon im Radio, dachte aber, es wäre ein Überfall in Israel gewesen, nicht in Ägypten. Als ich das erfuhr, war ich besorgt und rief im Außenministerium an, wo man jedoch auch nicht mehr wußte. Ich blieb die ganze Nacht wach und habe Nachrichten gehört. Namen wurden nicht genannt, nur daß es viele Verwundete gegeben hatte und neun Tote. Am nächsten Tag erfuhr ich, daß unter ihnen meine Frau war. Meine Kinder und ich, wir waren außer uns, sind es noch und werden es bleiben. Im August 1989 hatten wir unseren vierzigsten Hochzeitstag gehabt. Meine Frau war von ihrer Familie die einzige Überlebende des Holocaust, sie konnte sich verborgen halten. Und hier wurde sie von Arabern ermordet, nur weil sie Jüdin war.«

Dr. Menachem Sch. sammelt die Photographien ein, die er mir gezeigt hat. »Eine Freundin meiner Frau hat schwerverwundet überlebt. Sie wohnt nicht weit von hier und wäre bereit, mit Ihnen zu sprechen.«

Die Frau heißt Nahadi G. und wurde 1928 in der Bukowina geboren, auch sie einzig Überlebende. Als sie mich in ihre Wohnung einläßt, sehe ich, daß Nahadi G. stark hinkt. Sie setzt sich schwer in einen Rollstuhl, lächelt angestrengt, berichtet.

»Wir hatten gesungen, als es passierte, eines unserer optimistischen israelischen Lieder. Dann stoppte der Bus plötzlich, und ich hörte Schüsse, Explosionen, einen Schrei: ›Meine Hand! meine Hand!‹ Die Granaten zündeten unter dem Bus, und ich sah, daß mein Bein getroffen war, bis zum Knie, alles ganz gebrochen. Da dachte ich: Es wäre gar nicht so schlimm, wenn ich hier enden würde. Ich war auch am Bauch verwundet, aber das spürte ich nicht. Da ich fürchtete, daß der Bus in Flammen aufgehen würde, wie man es schon vorher gesehen hatte, versuchte ich herauszukommen, konnte aber nicht gehen. Deshalb mußte ich rückwärts kriechen und mich zum Ausgang schleppen, über die Toten hinweg. Dann habe ich die Frau von Dr. Menachem Sch. gesehen – es war, als schliefe sie. Ich erblickte keine Verwundung, aber ihr Gesicht war wie eine Totenmaske. Es waren viele Leute vor dem Bus, und ich schrie: ›Ich kann nicht gehen, nehmt mich weg von hier!‹ Eine Ambulanz kam, und dann verlor ich mein Bewußtsein. Ich drohte zu verbluten. In Kairo bin ich mit den anderen Verwundeten provisorisch versorgt worden, von jungen Israelis, die mit dem Helikopter gekommen waren. Das war beruhigend. Ihnen habe ich es zu verdanken, daß der Fuß nicht amputiert worden ist. Dann ging es mit einer Hercules-Maschine nach Tel Aviv und dort ins Hospital.«

Als ich eine Pause machen will, weil Nahadi G. sichtlich mitgenommen wirkt, winkt sie ab.

»Mein Bein ist um acht Zentimeter verkürzt worden. Sie haben es so gut gemacht, wie es ging. Ich werde hinken für lange Zeit. Jetzt kann ich schon auftreten, dadurch heilt es schneller, aber ich werde immer einen entsprechenden Schuh tragen müssen. Da das Kniegelenk außer Funktion gesetzt ist, bleibt das Bein steif. Der Bauch ist von einem Splitter getroffen worden. Das sah schlimm aus, aber ich habe keine Beschwerden.«

»Wie werden Sie mit dem Erlebnis fertig?«

»Man sagt, ich schaffe es, aber ich weiß nicht... Ich war schon so gut wie tot, und war es dann doch nicht. Müßte ich nicht eigentlich glücklich sein, daß ich gerettet wurde? Ich werde wieder gehen können, wenn auch anders als vorher, und nicht mehr so schnell. Ich kann bereits die Treppen heruntergehen, die Muskeln arbeiten gut. Aber am Tag bin ich optimistischer als nachts – da habe ich es schwer.«

Lange Pause.

»Ich habe Angst, mit einem Wagen zu fahren, Angst vor Unfällen und Angriffen – die Furcht, daß etwas passiert, ist geblieben. Jetzt weniger als am Anfang, aber immer noch.«

»Hat das Erlebnis Ihre Haltung gegenüber den Palästinensern verändert?«

»Ich habe seither oft gedacht: Die werfen Bomben, schießen, nehmen anderen so leicht das Leben, können so leicht töten, haben eine Mentalität, die ihnen das gestattet. Was sind das für Menschen? Aber ich muß Ihnen sagen, daß ich mich nicht nur als Opfer der Terroristen fühle, sondern auch als Opfer unserer eigenen Regierung und ihrer Politik! Ich glaube, daß die Palästinenser ein Recht auf ein eigenes Leben haben, daß man Frieden machen muß mit ihnen und das schon lange hätte tun sollen. Es tut mir weh, daß das bei uns so schwer geht. Wenn den Palästinensern ihr Recht gegeben worden wäre und sie machten weiter Terror, dann könnten wir zurückschlagen und hätten das Recht dazu. Aber so? Ich kann ihre Verzweiflung verstehen.«

Jerusalem, Freitag, 13 Uhr, Kings Hotel.

Gegenüber, auf der King Georg V., steht eine lange Reihe von Frauen, Transparente vor sich oder an hölzernen Stielen in die Höhe gereckt: Women in black. Wie an 21 anderen Orten Israels auch, stehen sie jeden Freitag um diese Zeit hier, ganz in Schwarz, als Zeichen der Trauer, und demonstrieren gegen die israelische Besetzung – deshalb auch Women against occupation genannt. Ihre Bekundungen sind unmißverständlich: Frieden – Sicherheit – Wir wollen eine Friedensregierung – Raus aus den besetzten Gebieten – Stoppt die Besetzung.

Die Beteiligung schwankt von Woche zu Woche, manchmal finden sich hundert Frauen ein, manchmal weniger – heute zähle ich etwa sechzig. Sie stehen an der Bordsteinkante in einer langen Linie ruhig da, eine neben der anderen, und halten ihre Parolen hoch. Eigentlich hätte der Standort der Women in black, wie gewöhnlich, auf dem großen Platz vor dem Kings Hotel sein sollen, doch da hatte sich schon eine andere Gruppe aufgestellt, nicht so stark, aber von sichtlich aggressivem Verhalten, Frauen und Männer – eine Gegendemonstration. Auf ihren Transparenten steht: Schmeißt die Araber raus – Das Heilige Land ist unteilbar – Die Frauen in Schwarz sind Verräterinnen, sperrt sie in Kriegszeiten ein – Die Linken sind Arafats beste Freunde. Neben mir sagt einer von ihnen, mit reinstem amerikanischem Akzent: »Die Frauen in Schwarz sind schmutziges Vieh.« Das ist programmatisch.

Die rechten Gegendemonstranten bleiben nicht ruhig an ihrem Platz, sie kommen herüber zu den Frauen, streifen nahe und in herausfordernder Haltung an ihnen vorbei, beschimpfen sie und machen obszöne Bewegungen. Einer von ihnen tut sich besonders hervor, rempelt eine der Frauen an und will mit seinem Transparent zuschlagen. Die Atmosphäre ist aufs äußerste gespannt, der Verkehrslärm ringsum höllisch, die Haltung der Autofahrer meist feindlich gegenüber den Frauen in Schwarz. Ich stelle fest, daß die Taxichauffeure sich dabei besonders hervortun.

Unter den Gegendemonstranten fällt diese Rolle einer schlanken, in einen weißen Hosenanzug gepreßten Frau zu, die eine riesige Sonnenbrille trägt. Mit ihrem Schild »Die Linken sind das Unglück Israels« streift sie provokativ nahe an den Schwarzen vorbei und ruft dabei mit dem amerikanischsten aller amerikanischen Dialekte: »I love my country! I love my country!« Die Ruhe und Würde, mit der die Frauen in Schwarz den Provokationen begegnen, ist bewunderungswürdig.

Ich kriege ein Flugblatt der Gegendemonstranten in die Hand gedrückt, in dem auf englisch steht: »Wir haben genug von der Rebellion der Araber, genug von der Tötung von Juden, genug von einer verfehlten Regierung. Nehmt euer Schicksal in die eigene Hand. Das Volk will einen starken Mann!« Das ist deutlich.

Die Weißgekleidete hat ein Handgemenge verursacht; Autofahrer hupen; ein Jüngling auf knatterndem Moped zielt mit ausgestrecktem Zeigefinger und aufwärts gekrümmtem Daumen in die dunkle Reihe am Straßenrand; der Gegendemonstrant, der gesagt hatte: »Die Frauen in Schwarz sind schmutziges Vieh«, macht eine Handbewegung, als wollte er jemandem die Kehle durchschneiden. Auf der anderen Straßenseite hält ein gelber Wagen, ein Soldat springt heraus und entfernt das Flugblatt, das ihm von den Gegendemonstranten unter einen Scheibenwischer geklemmt worden war. Darauf nehmen die eine bedrohliche Haltung gegen den Uniformierten ein, der jedoch nicht nachgibt, sondern zurückbrüllt. Polizei kommt, treibt die Gegendemonstranten von der Fahrbahn, beschwichtigt. Alles ist in Aufruhr – bis auf die Frauen in Schwarz, die nur eine unsichtbare dünne Wand vor körperlicher Versehrung schützt und die dennoch, trotz der Spannung, schweigend und gefaßt dastehen.

Ich stelle mich zu ihnen, obschon ich ihren Forderungen nicht so bedingungslos zustimme, wie sie hier, ohne den Konfliktzusammenhang zu erörtern, gestellt werden. Am Charakter der Gegner jedoch kann es keinen Zweifel geben: rechte Fanatiker, Extremisten, Gewalttäter. Und die gleichen sich nach meinen gründlichen Beobachtungen überall auf der Welt durch ein und dasselbe Stigma: Haß, Haß und noch mal Haß! Nur – hier, an der Kreuzung Keren Hayesod, King George V. und Agron, gegenüber dem Kings Hotel, begegne ich dieser Internationale zum erstenmal in Gestalt von Juden, und das ist, wie ich mir nun eingestehen muß, ein schwerer Schock.

Als die Women in black, wie üblich, gegen vierzehn Uhr den Schauplatz verlassen, komme ich mit einer von ihnen ins Gespräch – Daphna A. In ihr personifiziert sich für mich eine Frage, von der Israel heute tief gespalten wird: Rückzug aus den besetzten Gebieten oder nicht? Palästinenserstaat – ja oder nein?

Daphna A., Kind österreichischer Juden, in Haifa geboren und selbst Mutter einer neunzehnjährigen Tochter, ist eine leidenschaftliche Verfechterin des Rückzugs aus den besetzten Gebieten und der Errichtung eines selbständigen Palästinenserstaats. Das erweisen lange Gespräche zwischen uns, von denen ich ein Resümee zu geben versuche – Antworten auf Fragen, die ich ihr stellte.

Als 1967 der Sechstagekrieg ausbrach, diente die Zwanzigjährige gerade in der Armee. Nach seinem Ende mit ihrer Einheit auf die Westbank geführt, meinte Daphna A., das geschehe, weil sich die Truppe bald wieder auf Israels Vorkriegsgrenzen zurückziehe und man das noch einmal gesehen haben müsse. Niemals hatte sie geglaubt, daß die Soldaten bis zum heutigen Tag dort bleiben würden.

Daphna A.s Position: Die Palästinenser haben keinerlei Rechte, Tausende von ihnen werden nach Sondergesetzen eingesperrt, viele in den geschlossenen Gefängnissen des Negev, wo kein Hund leben möchte. Außer dem Irak ist kein arabischer Staat für Israel wirklich gefährlich, auch Syrien nicht. Die Palästinenser wissen, daß sie nur Manövriermasse in den Händen der arabischen Staaten sind, Spielzeug für Eigeninteressen, und könnten schon aus diesem Grund gut mit den Israelis leben – sie brauchten Israel. Es würde ein demokratischer Staat sein. Die Welt würde internationale Garantien übernehmen, die UNO, Amerika, Europa, die Sowjetunion. Diese Garantien würde Israel verlangen. Die Siedler müßten Bürger des palästinensischen Staats werden – oder gehen. Fast 25 Jahre Besetzung bedeuteten Herrschaft über Millionen von Arabern, die von Israel nicht beherrscht werden wollen. Wie lange könne das ausgehalten werden? Sie will Frieden, sie hat genug von Mord und Totschlag. Der Krieg deformiere die Israelis – sie vor allem seien die Opfer des Konflikts. Die Soldaten, die in den besetzten Gebieten auf anderen Leuten herumhackten, die kämen nach Hause und würden auf ihren Frauen und Kindern herumhacken. Seit der Intifada seien die Israelis viel aggressiver geworden, auch in den Familien, die Statistik beweise es. Junge Männer, die mit Stöcken auf die Angehörigen eines anderen Volkes einschlügen, verdröschen auch die eigenen Leute.

Daphna A. kennt Amerika, England, Frankreich, die Schweiz, aber ihre Heimat ist Israel, nirgendwo anders ist sie zu Hause. Doch soll es ein Land werden, das ihren Idealen nähersteht als das Israel von heute. Verbindungen mit Palästinensern und der Kampf für ihre Rechte seien deshalb auch der Kampf für ein besseres Israel.

So das Credo der Daphna A. In mir Zustimmung und Ablehnung zugleich, vorherrschender Eindruck aber: Umarmungseffekt.

Fragen und Antworten: »Vieles von Ihrer Position beruht auf Unwägbarem. Sie sagen: Es könnte sein, es könnte nicht sein... Israel hat fünf Kriege gewonnen, aber es kann nur einen verlieren.«

»Das kann man so sagen, es kann nur nicht bedeuten, noch fünfzig Jahre weiter Krieg zu führen.«

»Muß Israel im Fall eines Palästinenserstaats nicht mit dem wachsenden Einfluß des islamischen Fundamentalismus rechnen?« »Den empfinde ich als eine schwere Bedrohung. Ich weiß aber, daß sich davor auch die Palästinenser fürchten.«

»Was halten Sie von der Art und Weise, wie die Palästinenser ihre Kollaborateure, angebliche oder tatsächliche, töten – nein, abschlachten? Die Zeugnisse sind unwiderlegbar.«

»Das ist etwas, was ich auch nicht ganz verstehen kann. Wir hatten palästinensische Freunde eingeladen, die uns das erklären sollten. Sie versuchten es, aber sie haben uns nicht überzeugt. Es ist mir unverständlich, wie man so etwas machen kann.«

»Wenn Sie zu dem Schluß kommen, daß da etwas Grausiges

geschieht, was Ihre palästinensischen Freunde zu erklären und damit letztlich zu verteidigen suchen, ohne daß Sie das verstehen können – müssen Sie diesen Schluß dann nicht auch in Ihre Überlegungen einbringen?«

»Ich kann nicht verstehen, wie Menschen überhaupt Menschen töten können.«

»Wir sprechen von konkreten Fällen im Rahmen einer konkreten Sache, zu der Sie eine enge Beziehung haben. Wer nicht mitmacht, stirbt. Sie sind Opposition in Israel – fühlen Sie sich dadurch bedrohter als freitags vor dem Kings Hotel?«

»Nein, ich fühle mich nicht bedroht.«

»Sie nehmen sich leidenschaftlich der Palästinenser und ihrer Opfer an. Sind sie jemals auf den Gedanken gekommen, ein jüdisches Opfer der Intifada aufzusuchen?«

»Eingefallen ist es mir schon, aber ich habe es nicht getan.«

»Glauben Sie, daß die Women in black sich jemals um die jüdischen Opfer der Intifada gekümmert hätten?«

Die Frau, die diesen Satz mit greller Stimme hervorstößt, hat einen hölzernen Davidstern auf der Brust, trägt ein geblümtes Kleid, ist klein, nicht ohne Charme, heißt Shifra Hoffmann und führt, wie man mir gesagt hatte, so etwas wie einen persönlichen Feldzug gegen die Women in black – von rechts außen. Sie kam 1986 aus den USA nach Israel. Ihre Eltern konnten noch Jiddisch, eine Sprache, die sie nicht mehr beherrscht.

Ich treffe Shifra Hoffmann nach einigen Telephonaten in der Empfangshalle des Kings Hotel inmitten von Photos, Zeitungsausschnitten, auf Pappe geschriebenen Statistiken und Büchern. Ihre eingangs gestellte Frage beantwortet sie sich selbst mit einem verächtlichen: »Niemals! Niemals hat auch nur eine von den Women in black ein jüdisches Intifadaopfer besucht.«

Dann werde ich mit Materialien konfrontiert, deren Anblick und Lektüre ebenso schwer zu ertragen sind wie die Worte, die sie erklären. Da war der 23 jährige Soldat, dessen Eltern aus dem Jemen stammen. Er wollte von seiner Armeebasis nach Hause, kam dort aber nie an. In einen von Palästinensern gelenkten Wagen zugestiegen, wurde er von ihnen überwältigt, drei Tage lang auf grauenhafte Weise gefoltert und dann umgebracht.

Photos, die keines Kommentars bedurften: der Bus, auf den im Herzen von Jerusalem eine Brandbombe geworfen worden ist – über zwanzig Tote. Ein anderer, ebenfalls von einer *petrol bomb* getroffener Bus, in dem Abraham Moses mit seiner Familie gesessen hatte – in den Flammen starben seine im siebten Monat schwangere Frau und sein sechsjähriger Sohn.

Das Photo des achtjährigen Rami Habea, den ein Felsbrokken so ins Gesicht traf, daß die eigene Mutter ihn nicht mehr identifizieren konnte.

Die Geschichte von Esther Ohana, Hebron. Einige Wochen vor ihrer Hochzeit wird sie von einem Schleuderstein getroffen und stirbt sieben Stunden später auf dem Operationstisch. Der Mörder wurde ergriffen und später ausgetauscht gegen drei im Libanon gefangene Israelis.

Die photographische Dokumentation der Shifra Hoffmann ist endlos: Israelis – Männer, Frauen, Kinder – in ihrem Blut, tot auf der Straße; gekrümmte Verwundete; in einem Bus eine achtzigjährige Jüdin, Einwandererin aus der Sowjetunion, leblos auf ihrem Sitz; in einem Auto eine tote junge Frau, halb verbrannt, die Arme weit, weit aus dem Fenster gestreckt.

Ich denke: Wenn jetzt jemand käme, der sagte: »Na und? Die gleichen Bilder können die Palästinenser vorweisen!«, dem würdest du an die Gurgel fahren!

In der Hotelhalle haben sich um uns mittlerweile Menschen versammelt, einige stumm, andere mit grimmigen Kommentaren, dritte blättern in dem riesigen kartonierten Band mit den Ausschnitten und Photos. Im Mittelpunkt Shifra Hoffmann, die irgendwann im Gespräch mit den Umstehenden den Satz fallenläßt: »Warum werden eigentlich nur unsere Busse gebombt?«

Sie sitzt da in ihrem geblümten Kleid, beredsam und inmitten eines Materials, an dessen Authentizität es keinerlei Zweifel geben kann. Ebensowenig wie an der Zugehörigkeit Shifra Hoffmanns zum äußersten rechten Spektrum Israels. Ich denke: Die furchtbare Wirklichkeit der Kollektion des Grauens ist vollständig unabhängig von dem, der sie präsentiert. Unabhängig auch davon, aus welchen Motiven, mit welcher Gesinnung und Absicht sie vorgewiesen wird. Die sind hier klar und gipfeln in der Forderung des *transfer*: Raus mit den Arabern! – und zwar nicht nur mit denen in den besetzten Gebieten, sondern auch mit den Arabern israelischer Staatsbürgerschaft.

Eine andere Konsequenz zieht Shifra Hoffmann nicht aus dem Blutbad. Das aber heißt: Sie weiß keinen Ausweg.

Demnächst will sie hier in Jerusalem mit einer Vertreterin der Women in black ein öffentliches Streitgespräch führen und sagt zu, mich zur gegebenen Zeit zu benachrichtigen.

Zum Schluß, schon im Weggehen, frage ich wie nebenbei: »Haben Sie schon einmal ein palästinensisches Opfer der israelischen Armee besucht?«

Da fährt Shifra Hoffmann zurück, als wäre sie von einem großen Insekt gestochen worden, guckt mich entgeistert an, als begriffe sie den Sinn nicht, und bleibt stumm sitzen – die Frage hatte ihr buchstäblich die Sprache verschlagen.

Die Intifada ist der Motor des Wandels

Mit Hakam auf dem Weg nach Gaza.

Wir biegen bei Latrun von der Autobahn Jerusalem-Tel Aviv ab, fahren durch ein Meer von Sonnenblumenfeldern in die Küstenebene und gelangen an Aschkelon vorbei an die Militärsperre zum Gaza-Streifen. Die Soldaten lassen uns unkontrolliert durch. Wir nehmen ein Taxi, der Wagen bleibt hier am Rande stehen. Niemand könnte mit einer fremden Nummer in den *strip* hinein, eines der unruhigsten Gebiete unserer Zeit.

Die Lager von Gaza haben die größte Wohndichte auf der ganzen Welt, die Menschen leben hier geballter noch als in Hongkong. Auf 55 Prozent der Gesamtfläche des *strip*, kümmerlichen 202 Quadratkilometern, leben etwa 700 000 Menschen, meist palästinensische Flüchtlinge, während die andere Hälfte des Bodens für rund 3000 israelische Siedler konfisziert worden ist. In einem Umkreis von einem Kilometer dürfen dort keine Araber wohnen.

Am gedrängtesten geht es im Lager Jabalya zu – 70 000 Bewohner auf wenig mehr als zwei Quadratkilometern. Hier war ich schon einmal gewesen, vor fast 25 Jahren, wenige Monate nach dem Sechstagekrieg. Ich erinnere mich, daß unser Fernsehteam damals frei durch das Lager fahren und filmen konnte. Heute dagegen, und seit langem schon, wäre es undenkbar, hier als Fremder auch nur einen Schritt ohne palästinensische Begleitung zu tun.

Ein ungeheuerlicher Geruch liegt über der Gegend. Verschlag an Verschlag, Mensch an Mensch – die Durchschnittsfamilie zählt sieben bis acht Köpfe. Wir gehen in die Häuser, Hakam spricht mit den Bewohnern, meist Kindern und Frauen. Viele ihrer Männer und Väter, es heißt 90 000 bis 100 000, sind in Israel, billige Arbeitskräfte, die dort aber nicht übernachten dürfen. Drei von ihnen, die diese Bestimmung mißachtet hatten oder an der Rückkehr gehindert waren, sind kürzlich bei Tel Aviv lebendig verbrannt worden.

Ich werde überall freundlich aufgenommen und darf mich umsehen. Keine sanitären und hygienischen Einrichtungen, die diesen Namen verdienten, die Toilette: ein Loch in der Erde. Alle Abwässer gehen über offene Gräben in eine große Grube. Es gibt hier nichts, was nicht baufällig ist. Überall Wellblech. Der Gang durch das Lager in solider Kleidung schmerzt.

Neben der Krankenstation der UNO eine Lagerklinik, die von den Palästinensern unterhalten wird. Zwei saubere Räume mit armseliger medizinischer Einrichtung, im Vorzimmer ein Stuhl für den Zahnarzt. Operationen können nicht durchgeführt, schwere Verwundungen nicht behandelt werden, und die kommen hier mehrmals die Woche vor. Es gibt noch zwei weitere Kliniken wie diese, aber für alle drei ist nicht genug Geld da. Hier wirkt alles grau, auch das Weiß der Wände und der Kittel. Ich kenne den Ausdruck in den Gesichtern des Personals bei Begegnungen wie dieser. Eine Mischung aus Trotz, Hilflosigkeit, Minderwertigkeitsgefühl und Erwartung. Ich gehe, weil ich es nicht mehr aushalten kann.

Draußen, wimmelnd, Kinder. Sie jedenfalls lächeln, lachen. Manche ihrer Eltern und Großeltern sind schon seit über vierzig Jahren hier. Wird bis zu einer Wandlung abermals diese Frist verstreichen?

Plötzlich, entlang einer Straße in ost-westlicher Richtung, der Blick aufs Meer. Blau liegt es da, duftend, hinreißend schön in seiner kristallenen Unversehrtheit – und wie ein Schlag ins Gesicht. Denn hier in Jabalya ist nichts unversehrt.

Wir fahren mit dem Taxi nach Gaza-Stadt hinein. Junge Leute halten uns an, öffnen die Türen, die Kofferraumhaube, suchen – nach israelischen Waren. »Ein Boykott«, erklärt Hakam.

Verkommene Bauten, herunterhängende Drähte, Müllberge, die Wände übersät von Graffiti – die Stadt ist völlig verrottet. Aber das Treiben orientalisch, der Verkehr schrill, das Geschäftsleben pulsierend und die Atmosphäre gespannt. Noch schwelende Autoreifen, an Straßenkreuzungen von der israelischen Armee errichtete Barrieren, schwerbewaffnete Soldaten, die Hand am Schaft der Uzi.

Im Herzen der Stadt bugsiert Hakam mich in eine Apotheke, worunter man sich keine mitteleuropäische Einrichtung vorstellen darf. Der Besitzer war fünf Jahre alt, als seine Familie aus Jaffa vertrieben wurde.

»42 meiner 47 Jahre verbringe ich hier in Gaza.«

Während er spricht, bedient er Kundschaft, mit beschwichtigenden Bewegungen zu mir – ich soll mir keine Gedanken über die Ablenkung von seinem Geschäft machen.

Zwei seiner Söhne, um die zwanzig, sind im Gefängnis – das sie schon mit fünfzehn Jahren kennenlernten. »Ganz einfach, weil sie nicht wie Sklaven behandelt werden wollten. Ein Wunder, daß sie überhaupt durchgekommen sind. Hier sterben 35 Kinder pro 1000, in Israel 14. Mein Beruf verschafft mir die Informationen.«

Eine junge Frau mit einem Kind kommt herein und legt ein Rezept vor. Durch ihren angewinkelten Arm sehe ich ein israelisches Militärfahrzeug vor dem Laden.

Der Apotheker: »Sie schreiben ein Buch? Dann teilen Sie Ihren Lesern mit, daß die israelischen Politiker dumm sind, denn natürlich würde ein palästinensischer Staat demokratisch sein, die erste Demokratie in der arabischen Welt. Die arabischen Regimes sind dagegen, weil sie den Import der Demokratie fürchten. Also könnten wir Israels Bundesgenossen werden. Je länger der Konflikt dauert, desto fanatischer wird er auf beiden Seiten.«

Er gibt der Frau Kleingeld zurück, verpackt das Medikament sorgsam. Als sie weg ist, sagt er: »Glauben Sie mir, wir Palästinenser werden niemals vergessen, wenn man uns etwas Gutes tut.«

Die Militärpatrouille draußen ist weggefahren. Neue Kunden treten ein, ohne daß der Apotheker sich in seinem Monolog aufhalten ließe: »Die Soldaten hassen wir, ja, wie den Zionismus, aber nicht die Juden – sie sind menschliche Wesen wie wir.«

Hakam zeigt auf die Uhr und sagt etwas auf arabisch. Der Apotheker wirft die rechte Hand hoch, als wollte er sagen: »Gut, gut«, und schließt dann: »Sagen Sie Ihren Lesern: Wir wollen unseren unabhängigen Palästinenserstaat – Gaza, die Westbank, und Ostjerusalem – mit der PLO als unserer legitimen Führung, dem Symbol unserer Einheit. Daran führt kein Weg vorbei. Und die Intifada ist der Motor des Wandels.«

Zwanzig Minuten später sind wir, außerhalb der Stadt, aber immer noch im Gaza-Streifen, wie auf einem anderen Stern. Ein großes, von hohen Bäumen umstandenes Herrenhaus inmitten eines wunderbaren Gartens mit explodierenden Farben und Blüten. Vor dem Portal der Hausherr, Mahomed S., hochgewachsen, in hellem Dreß, ein Gentleman wie aus einem britischen Bilderbuch. Drinnen Kühle, Erfrischungen, Ruhe. Der Gegensatz zum nahen Jabalya ist erschütternd und wohltuend zugleich.

Mahomed S., der jugendlichste Siebziger, den ich je gesehen habe, ist in Gaza geboren, einer der großen Honoratioren der Region, Vater von vier Kindern, der in den USA Physik studiert hat und Mitglied der ersten PLO-Exekutive war. Längst Pensionär, blieb der Weitgereiste dennoch ein Zoon politikon, also einer, der es nicht lassen kann. Hakam hatte mir von dem weltläufigen Mann berichtet.

Was Mahomed S. sagt, ist knapp und erhellend: Die Grunderfahrungen der Palästinenser im Gaza-Streifen sind Verlassenheit und Schutzlosigkeit, eine fürchterliche Lehre, verursacht und eingebrannt durch die Kontinuität der Unterdrükkung, bis 1967 durch Ägypten, seither durch Israel – Almosenempfängnis, andauernder Steuerdruck und andere finanzielle Lasten, polizeiliche und militärische Gewalt, ständige Überwachung und Bevormundung, der Gnade der Besatzungsmacht ausgeliefert. »Sie kann in jeder Sekunde mein Leben zerstören. Das sind die Grundgefühle der Palästinenser, nicht nur in Gaza.«

»Und was wäre die Lösung?«

»Selbstbestimmung, unser eigener unabhängiger, demokratischer Staat unter Führung der PLO. Es gibt keine andere.«

»Wie empfinden Sie das, was man das israelische, überhaupt das jüdische Sicherheitsbedürfnis nennen kann?«

»Die Zionisten, die seit Anfang des Jahrhunderts kamen, waren enge Nationalisten, Chauvinisten, keine besonders sympathischen Nachbarn. Aber die überlebenden Juden am Ende des Zweiten Weltkriegs, die hatten keine Wahl gehabt – wo sollten sie hin? Man konnte nicht sagen, schafft sie weg. Sie waren Flüchtlinge, und die Tragödie besteht darin, daß die Gründung des Staates Israel dann uns zu Flüchtlingen gemacht hat. Das ist das eigentliche Verhängnis für zwei Völker, die beide von der Geschichte geschunden worden sind. Das hätte so nicht zu kommen brauchen. Wir müssen über Zwischenlösungen und internationale Konferenzen den Mittelweg finden, wie die Zweistaatentheorie verwirklicht werden kann. Das geht weder schnell noch ohne Kompromisse von beiden Seiten.«

Wie einfach die Vernunft ist! Und wie schwierig ihre Handhabung.

Es ist halb fünf Uhr nachmittags, als wir zurückfahren. Die Sonne steht noch hoch am Himmel. Links liegt die Stadt, liegt das Lager, der Alptraum. Ich fürchte mich hinzusehen, fürchte mich, Hakam anzusehen, fürchte mich, Jude zu sein.

Gaza und seine Lager sind der unterste Kreis der Lebenshölle. Warum ist dieser Schandfleck für alle Beteiligten an dem Konflikt nicht schon längst durch Selbstentzündung, durch seine innere Temperatur in Flammen aufgegangen? Welcher übermenschlichen Geduld und Leidensfähigkeit ist es zu verdanken, daß der Aufschrei unterblieb, der den Himmel zum

Einsturz gebracht hätte? Was hält dieses Gebräu aus Wellblech, Verzweiflung, Kot, Schmutz, Not und Müll zusammen? Orientalisches Phlegma, gebrochenes Rückgrat, schiere Obrigkeitsgewalt? Und soll diese Hölle noch einmal vierzig Jahre weiterbestehen? Auf die Aussicht hin will mir plötzlich die Intifada wie eine schwache Reaktion auf ein Universum an Hoffnungslosigkeit erscheinen. Ich war in vielen Slums der Welt, aber Jabalya bringt mich um.

Gleichzeitig weigere ich mich, Israel die Alleinverantwortung zuzuschreiben. Für Gaza sind alle Beteiligten am Konflikt verantwortlich! Wenn morgen Frieden wäre, diesen stinkenden Pfuhl könnte kein Staat allein säubern, diese schwärende Millionenwunde kein einzelnes Volk, keine noch so reiche Gesellschaft heilen. Es wird der Anstrengung der ganzen Region, ja der ganzen Welt bedürfen.

Jäh werde ich aus solchen Gedanken herausgerissen, als Hakam und ich, nun wieder in meinen Wagen umgestiegen, den Gazastreifen verlassen wollen – israelische Polizei, Stoppkelle, Halt. Ein martialisch aussehender, blaugekleideter Staatsdiener kommt mit bewölkter Miene auf mich zu: »Papiere!« Ton und Haltung erinnern mich blitzhaft an eine Szene, die sich vor Jahren auf der Autobahn nach Berlin, auf dem Territorium der damaligen DDR, abgespielt hatte – Stoppkelle, martialischer Volkspolizist, Knarrstimme: »Glauben Sie, daß der Gesetzgeber sich nichts dabei gedacht hätte...?«

Hier nun wird mir in harschem Englisch bedeutet, ich hätte eine durchgezogene Linie überfahren. Der Polizist geht mit meinen Papieren zu seinem Gefährt, so, als würde er nie mehr zurückkehren, und sagt dabei etwas zu zwei anderen Uniformierten. Da zeigt Hakam ein besorgtes Gesicht, steigt aus und spricht dann mit den Polizisten, in reinem Iwrith. Danach löst sich der eine von der Gruppe, klatscht mir, die Miene noch düsterer, mit einem Fluch die Papiere in die Hand und macht jene sattsam bekannte Bewegung mit dem hochgereckten Mittelfinger: Der gehört dir in den Arsch gesteckt!

Wieder im Auto, lacht Hakam: »Ein Palästinenser haut einen deutschen Juden aus den Klauen der israelischen Polizei heraus.« Dann ernster: »Der Kerl hatte zu seinen Kollegen gesagt:

›Diesen Araberfreund aus dem Ausland nehmen wir uns mal gehörig vor.‹ Der ahnte nicht, daß ich hebräisch kann. Ich habe ihm nur gesagt, wer du bist.«

»Und das war?«

»Ach, nichts weiter, als daß Teddy Kollek selbst dir eine Wohnung in Jerusalem beschafft hat.«

Auf dem Wege dahin denke ich: Was, wenn ich kein Privilegierter gewesen und solchen Leuten in die Hände gefallen wäre – und das vielleicht auch noch als Palästinenser?

In Krankenhäusern von Jerusalem und Tel Haschomer bei Tel Aviv starben als Folge der Intifada ein vierzehnjähriger und ein zehnjähriger Araber. Sie waren bei Zusammenstößen steinewerfender Jugendlicher mit der israelischen Armee bei Hebron und in Gaza lebensgefährlich verletzt worden.

Wieder ein Soldatenselbstmord. In Qiryat Ata wurde die Leiche eines Neunzehnjährigen gefunden, als seine Schwester aus der Schule in die Wohnung der Eltern zurückkehrte. Der Bruder hatte keinen Abschiedsbrief hinterlassen. Neben ihm lag sein M-16-Gewehr.

Der Streit zwischen dem Irak und Kuwait um Grenzen und Geld hat sich verschärft. Der irakische Präsident Saddam Hussein: »Wenn Worte uns nicht mehr schützen können, dann haben wir keine andere Wahl, als zu Taten zu greifen, um unsere Rechte zu sichern.« In Israel verfestigt sich die Ansicht, daß der Iraker der gefährlichste unter den arabischen Gegnern ist.

Dr. Mohammed Abu Z. spricht ein akzentfreies, akademisch reines Deutsch.

Der Palästinenser hatte von 1976 bis 1986 auf der Freien Universität in Berlin studiert und war ein halbes Jahr vor Ausbruch der Intifada in seine Heimat zurückgekehrt – in jenen Ort bei Ramallah, wohin Angelika Schrobsdorff mich nun fährt.

Mohammed Abu Z. ist Arzt für Allgemeinmedizin und arbeitet für eine Wohlfahrtsorganisation. Daneben ist er als Schriftsteller und Übersetzer aus dem Deutschen und Englischen ins Arabische tätig. »Sie müssen mit dem Mann zusammenkommen«, hatte Angelika Schrobsdorff gesagt, »schon, um zu erkennen, welche Leute wir mit unserer Politik verprellen.«

In einem jener äußerlich wenig ansprechenden, innen aber lichten Häuser, wie sie typisch sind für die arabische Architektur auf der Westbank, lerne ich in Mohammed Abu Z. einen Mann kennen, der durch seine Arbeit unvermeidbar mit den sozialpolitischen Problemen seiner Heimat verbunden ist. Der Vater zweier Mädchen, die im Vorraum mit der Mutter und der Besucherin herumtollen, ist als Arzt fortwährend so etwas wie eine Anlaufstelle für Menschen, die unter den herrschenden Bedingungen leiden, sei es, daß Verwandte im Gefängnis sitzen oder verwundet, deportiert und getötet worden sind. Die Organisation, in deren Dienst Mohammed Abu Z. steht, hilft 5000 Familien.

Aber auch er selbst bleibt von den Ereignissen nicht verschont. Vor wenigen Tagen war um fünf Uhr früh an die Tür seines Hauses geklopft worden. Als er öffnete, drangen israelische Soldaten ein und begannen mit einer Durchsuchung, bei der Mohammed Abu Z. von einem der Soldaten am Hals gepackt und angeschrien wurde, als er gefragt hatte, mit welchem Recht hier der Frieden gestört werde. Ein Offizier war dazwischengetreten, hatte sich entschuldigt und ein Gespräch begonnen, in dem Mohammed Abu Z. auch das Motiv der Aktion erfuhr. In der Nähe des Hauses war eine palästinensische Flagge gehißt worden, und nun wurde nach Jugendlichen gefahndet, die die Tat begangen haben konnten. Dann hatten der Offizier und Mohammed Abu Z. über einige Bücher aus der Bibliothek des Arztes gesprochen, und schließlich sagte der Israeli, daß er gern wiedergekommen wäre und das Gespräch fortgesetzt hätte – unter anderen Bedingungen.

Zu den tatsächlich herrschenden zählt, daß gestern aus einem Flüchtlingslager in der Nähe Ramallahs eine Mutter zu Mohammed Abu Z. gekommen ist. Die Familie soll tausend Schekel bezahlen, weil eines ihrer zehn Kinder, ein taubstummer Neunjähriger, Steine geworfen hat. Da er selbst seines Alters wegen nicht schuld- und haftfähig ist, ist der Vater verurteilt worden, entweder die Strafe zu bezahlen, oder für hundert Tage ins Gefängnis zu wandern.

Wir haben uns inzwischen in die wundersam kühle Praxis zurückgezogen, und in der nächsten Stunde erfahre ich, was dieser Mann denkt, dessen Bücherregale voll sind von deutschen Klassikern. Das Gespräch wird vollständig auf deutsch geführt.

Wie viele Palästinenser heute, ist Dr. Mohammed Abu Z. der Ansicht, daß es arabischerseits ein Fehler gewesen ist, den Teilungspan der UNO von 1948 nicht angenommen zu haben. Diese Frage ist damals über die Köpfe der Palästinenser hinweg von der Arabischen Liga entschieden worden, in der vorgeblichen Absicht, ganz Palästina für sie zu erobern. »Und was ist dabei herausgekommen? Daß die Juden einen Staat haben und wir keinen.«

Mohammed Abu Z. ist schlecht zu sprechen auf die arabischen Regierungen, die nie etwas anderes getan hätten, als die Palästinenser für eigene Interessen zu mißbrauchen. Sie seien nie wirklich daran interessiert gewesen, einen Palästinenserstaat zu errichten, schon deshalb nicht, weil der demokratisch sein würde und somit eine innenpolitische Gefahr für die undemokratischen arabischen Regimes wäre.

»Woher sind Sie so sicher, daß Ihr Staat ein demokratischer sein würde?«

»Was denn sonst? Wofür haben wir gekämpft? Um wieder von anderen, diesmal von anderen Arabern, beherrscht zu werden? Wir Palästinenser waren überall, in der ganzen Welt, wir haben etwas einzubringen, haben Demokratie geschnuppert, und wir wollen sie. Wissen Sie, daß man uns ›die Juden der arabischen Welt‹ nennt? Es würde unter allen Umständen ein demokratischer Staat werden. Eine Katjuscha auf Tel Aviv, wenn dieser Staat da wäre? Wir müßten ja wahnsinnig sein! Wir geben das verständlicherweise nicht gern zu, aber wir haben auch von Israel viel gelernt, bei allem, was dieser Staat geleistet hat und noch leistet, natürlich haben wir das. Aber Israel kann auch vieles von uns lernen.«

Mohammed Abu Z. kommt immer wieder auf das zu sprechen, was er die israelische Ignoranz nennt. Bis zum Sechstagekrieg herrschte sie gegenüber allem Palästinensischen – Golda Meir, in London gefragt, wie sie ihnen gegenüberstehe, soll zurückgefragt haben: »Palästinenser? Wer ist das?« Aber auch nach 1967 hätten sich die Verantwortlichen keine wirklichen Kenntnisse angeeignet. Viele Israelis wüßten nichts von der Befindlichkeit der von ihnen beherrschten Palästinenser, von der Stagnation, der Hoffnungslosigkeit, der Ungewißheit. »Manchmal versuche ich mir ein Bild von einem jüdischen Siedler zu machen, der an mir vorbeifährt. Ich habe das Gefühl, er sieht mich gar nicht, ich bedeute nichts für ihn. Diese Leute wissen nichts von uns. Sie denken, sie würden gehaßt, weil sie Juden seien. Dabei werden sie gehaßt, weil sie uns besetzt halten, unser Land genommen haben, ihre Polizei und ihre Armee schikken und uns niederknüppeln.«

»Und wie sieht es mit der Ignoranz der Palästinenser gegenüber den Israelis aus? Zum Beispiel gegenüber dem Holocaust und der Rolle, die er für das israelische Sicherheitsdenken spielt?«

»Diese Ignoranz gibt es auch, leider. Ich habe lange Gespräche mit Claude Lanzmann, dem Autor der Fernsehserie ›Schoah‹, geführt und unumwunden zugegeben: Hier klafft bei uns ein großes Defizit. Wir hätten uns früher mit dem Holocaust beschäftigen sollen, dann hätten wir uns beide vielleicht manches erspart. Doch auch in der Frage der Ignoranz ist die Gewichtung zwischen uns nicht die gleiche – wir sind die Unterdrückten, die Israelis die Unterdrücker.«

»Intifada – Steine können auch töten«, sage ich. »Wie sollen Soldaten eigentlich reagieren, wenn sie von Frauen und Kindern mit Felsbrocken beworfen werden? Die Armee hätte die Intifada doch am ersten Tag nach ihrem Ausbruch beenden können. Und da die PLO-Leitung genau weiß, daß Israel die palästinensische Intifada nicht so behandeln kann, wie eine jüdische in arabischen Ländern behandelt werden würde – ist die Intifada damit nicht auch eine ganz bewußte palästinensisch-arabische Spekulation auf die israelische Moralität?«

»Darauf antworte ich Ihnen erstens: Das einzige Mittel, die Intifada zu beenden, wäre die Aufhebung ihrer Ursachen durch die Politiker. Zweitens, eine jüdische Intifada – Sie denken daran, wie König Hussein von Jordanien im Schwarzen September 1970 mit uns umgegangen ist, 20 000 tote Palästinenser;

oder wie Truppen des syrischen Präsidenten Assad ebenso viele Muslimbrüder bei Hama umbrachten, weil er sie für eine politische Opposition hielt; oder wie Saddam Hussein Tausende von Kurden durch Giftgas töten ließ. Ja, hier herrschen andere Verhältnisse, ich gebe zu, daß das unheimlich genug ist. Drittens: Natürlich erwartet man von Israel ein hohes Maß von Moralität, ich auch, als Araber. Sie schließt Massenmord in diesem Stil aus, die israelische Armee wird die Frauen und Kinder in den besetzten Gebieten nicht einfach niedermähen, und wir wissen es. Aber all das bedacht und konzediert – was geschieht, ist schlimm genug, unser palästinensisches Elend bleibt das gleiche! Und das ist es, was geändert werden muß, sonst wird es keine Ruhe geben. Die kann nur hergestellt werden mit der PLO und mit einem Palästinenserstaat. Ich habe israelische Freunde – es ist möglich! Wir müssen zusammenleben.«

Beim Abschied werden Angelika Schrobsdorff, die Freundin des Hauses, und ich von der Familie hinausbegleitet. Es herrscht eine brüllende Hitze. Dr. Mohammed Abu Z. bittet einen Nachbarn, seinen Wagen ein wenig nach vorn zu fahren, da wir sonst nicht hinauskämen. Er ist bestimmt, aber gesprächsbereit, ein grundsympathischer Mann, auch dann, wenn man, wie ich, keineswegs mit allen seinen Ansichten übereinstimmt. Ein dunkler Punkt der letzten Stunde war der Versuch, die grausamen Hinrichtungen von Kollaborateuren zu erklären – die persönliche Ablehnung der Selbstjustiz schien mir dadurch wie ein Lippenbekenntnis.

Wir geben uns die Hände.

»Haben Sie manchmal Visionen, wie es sein könnte zwischen Juden und Arabern, Israelis und Palästinensern? Träumen Sie gelegentlich?« frage ich Dr. Mohammed Abu Z.

Er antwortet, ohne zu zögern: »Ich träume von zwei hochentwickelten Gesellschaften diesseits und jenseits des Jordan, von Milch und Honig, wie es in der Bibel steht. Dafür wäre alles, aber auch alles vorhanden, außer – Frieden.«

Einen Tag später habe ich eine gespenstische Begegnung, mit Schlomo B.

Der Zusammenhang klingt wie eine Anekdote, hat sich jedoch genau so zugetragen wie hier geschildert.

Die Frau Schlomo B.s, eine Journalistin, hatte mich zur Verfilmung der »Bertinis« interviewt. Die in Egon Monks Regie nach meinem Roman hergestellte und 1988 in der Bundesrepublik zum erstenmal gezeigte TV-Serie in fünf Teilen von je neunzig Minuten war vom israelischen Fernsehen mit großer Einschaltquote ausgestrahlt worden – jede Woche eine Folge, die erste fast zeitgleich mit meiner Ankunft in Israel, ein zufälliges Zusammentreffen, da ich keine Ahnung davon gehabt hatte. Die Konsequenz war, daß ich meine eigentliche Aufgabe, nämlich ein Buch über Israel zu schreiben, ruhig hätte an den Nagel hängen und mich ausschließlich den vehementen israelischen Reaktionen auf den Film widmen können. Es wäre eine Vollzeitbeschäftigung über Monate hin gewesen, nachdem ich den Fehler begangen hatte, mich auf dem Bildschirm zu zeigen. Offenbar hatte die ganze Nation sowohl den Film als auch das Interview gesehen. Denn nun hagelte es nicht nur unaufhörlich Anforderungen von seiten der Medien an meinem bedauerlicherweise von der Presse preisgegebenen Wohnort Mischkenot Scha'ananim – mein Hauptproblem bestand, und besteht noch, vielmehr darin, wie ich mich in der Öffentlichkeit jener Israelis beiderlei Geschlechts erwehren könnte, die bei meinem Anblick stutzen, sich dann aber einen Stoß geben und auf mich zukommen mit dem Aufschrei: »Mr. Bertini!«

Eine von den Kolleginnen der Presse, die mich aufsuchten, war also die Frau Schlomo B.s gewesen, jung, beherzt und, wie die Veröffentlichung ihrer Arbeit ergab, ebenso begabt wie redlich. Ich war in keiner Weise vorgewarnt, als ich die telephonische Einladung ihres Mannes einige Wochen später annahm.

Das Haus befindet sich ganz in der Nähe von Mischkenot, noch vor der Ausfallstraße nach Bethlehem. Schlomo B. arbeitete bei meiner Ankunft im Garten des ziemlich großen Grundstücks. Ein Mann um die siebzig, aber rüstig wie ein Jüngling, in kurzen Hosen, derben Stiefeln, mit einem Gesicht wie aus Stein gehauen, energischen Bewegungen – die personifizierte Definition des Begriffs Haudegen.

Das erste, was ich aus dem Mund von Schlomo B. erfuhr, war, daß er ein Mann aus der Nähe von Ariel Scharon sei und bis vor kurzem General der Sondereinheit 101, nun zwar pensioniert, aber immer noch aktiv. Soweit die Ouvertüre. Offenbar mißverstand Schlomo B. den Sinn meines Besuchs, den ich mir gedacht hatte als Geste auf den verständnistiefen Artikel seiner Frau über meine in den »Bertinis« widergespiegelte Biographie. Denn er führte mich ins Haus, plazierte mich auf einen Stuhl und begann zu dozieren.

Das Fazit von Schlomo B.s Monolog: Es gibt keine Voraussetzungen für eine Verständigung mit den Arabern. Das einzige, was sie daran hindert, über Israel herzufallen, ist die Furcht, daß sie selbst dabei zu schwere Schläge erhielten. Nach wie vor wollen sie den Staat Israel vernichten und die Juden ins Meer treiben. Arabern kann man grundsätzlich nicht trauen. Nach ihrer Lesart gehörten alle Nichtmuslime, also auch Juden, unter islamische Herrschaft, und wenn das heute noch nicht der Fall ist, dann eben morgen. Wie kann man dem Wort von Leuten glauben, denen die Religion dergleichen vorschreibt? Man kann bei Arabern keine westlichen Vorstellungen voraussetzen – der Fehler vieler, die aus Europa kommen und nicht genügend Kenntnisse der arabischen Mentalität haben. Er sitzt tief, der Schmerz der Araber, nicht mehr wie damals, vor vielen Jahrhunderten, über ein Großreich zwischen Indus und Pyrenäen zu verfügen, das den Gipfel der zeitgenössischen Kultur überhaupt dargestellt hatte. Über einen Palästinenserstaat reden? Illusorisch! Es gibt keinerlei Voraussetzungen dafür – Palästinenser sind nicht staatsfähig. Sie bringen nichts dafür mit, ganz abgesehen davon, daß ein solcher Staat natürlich von den arabischen Nachbarregimes fremdbestimmt würde, und zwar bevor die Grundlinie des Parlaments bestimmt wäre. Und schließlich, nur ein paar Europäer glauben, daß nach Errichtung eines Palästinenserstaats Frieden im Nahen Osten einkehren werde. Dann ginge es erst richtig los! Wie sagt man in Deutschland? Reiche den kleinen Finger, und du bist die ganze Hand los.

Schlomo B. weiter: Der Krieg mit den Arabern ist unvermeidlich, schon deshalb, weil durch die Entspannung zwischen den Supermächten nach dem Untergang des real existierenden Sozialismus und der Verringerung der Waffensysteme der Nahe Osten der entscheidende Absatzmarkt für die Rüstungsindustrie der Europäischen Gemeinschaft und der USA geworden ist – Profite und Arbeitsplätze von Millionen stehen auf dem Spiel. Durch die Anhäufung der Waffen auf einem verhältnismäßig kleinen Areal ist eine hochexplosive Situation entstanden, in der es jeden Moment zur Detonation kommen kann.

Soweit Schlomo B. Während er sprach, entdeckte ich in mir eine gewisse Lähmung, weniger durch die äußerlich berserkerhafte Art seines Vortrags, als vielmehr durch dessen innere Chemie: die Leugnung jeder israelischen Selbstbeteiligung an dem Konflikt. Mochte einer der von Schlomo B. genannten großen Zusammenhänge für die gefährliche Situation in der Region mit dem Hinweis auf die internationale Rüstungslobby auch vollkommen zutreffen, so wird doch der eigene Anteil am Nahostkonflikt ausgespart, nicht zuletzt in Gestalt eines durch nichts gerechtfertigten Hochmuts. Solche Sicht der Dinge, also die Sicht des Typus von Israeli, den Schlomo B. lupenrein verkörpert, delegiert jede Mitverantwortung von sich weg an andere. Grundelement dieser Haltung ist die Unfähigkeit, auf der Gegenseite überhaupt den Menschen wahrzunehmen, ist die totale Unkenntnis seiner Befindlichkeit, ist die verinnerlichte Ablehnung, die eigene Fehlerhaftigkeit mit den ungelösten Problemen der Palästinenser in Verbindung zu bringen – also das, was Mohammed Abu Z. pauschal die »israelische Ignoranz« genannt hatte! Ihr hinzu gesellt sich, fast noch schlimmer, der erklärte Wille zur Ignoranz – da sich alles andere ja doch nicht lohne gegenüber Palästinensern und Arabern überhaupt. Es fällt nicht leicht, sich angesichts dieser Haltung des Begriffs Rassismus zu enthalten – was ich bisher in bezug auf Israelis immer getan hatte.

Schlomo B. ist Jude wie ich. Aber in diesem Fall liegen meine Sympathien eindeutig auf seiten des Palästinensers Dr. Mohammed Abu Z.

Vom Mount Scopus sehe ich aus dem Wagenfenster Jerusalem drüben tief unten – die Kuppel des Felsendoms glänzt in der ewigen Sonne wie Gold.

Mit Ala K. auf dem Wege nach Batir.

Der Mitarbeiter von Hotline hat das Schild der Organisation hinter die Windschutzscheibe gelegt. »Es könnte möglicherweise notwendig werden, da, wo wir hinfahren«, erklärt er. Ala K.s Wagen trägt ein gelbes Nummernschild. »Falls Steine fliegen – bücken.«

Als wir in Bethlehem an dem großen Flüchtlingslager vorbeikommen – Stacheldraht, hohe Einzäunung, riesige Sichtblenden zur Straße hin –, hupt Ala K. rhythmisch. Aber es passiert nichts.

Dann haben wir uns von der Stadt gelöst, und es geht hinein in die Berge Judäas südlich Jerusalems. Die Schönheit des Terrains beeindruckt mich stets aufs neue – die gebuckelten Hügel, die tiefen Kerben zwischen den Rundungen, die karge und zähe Vegetation, die verstreut äsenden Schaf- und Ziegenherden, die malerischen Gestalten der Hirten. Doch der Zweck auch dieser Fahrt ist keineswegs romantisch.

Batir ist ein kleiner Ort an der Bahnlinie Jerusalem-Tel Aviv. Bis 1967 war er durchschnitten gewesen von der Grenzlinie zwischen Israel und Jordanien, wie das Haus, das Ala K. jetzt fluchend sucht – die Trennlinie lief mitten durch das Grundstück der Familie, um die es uns geht: Einer der vier Söhne ist in der Intifada getötet worden.

Endlich findet Ala K. die Adresse, ein ziemlich großes Gebäude, das über eine lange Treppe zu erreichen ist. Tauben gurren in einem Käfig, es weht sanft, der Blick von hier über das Tal ist herrlich. Auf seiner Sohle laufen die Schienen an einer kleinen Station vorbei, daneben ein Armeeposten, Soldaten, Militärfahrzeuge.

Hier oben werden wir begrüßt von Ibrahim Hail Abu H. und seinen drei Söhnen. Der Vater ist 55 Jahre alt, ein Mann, dessen Erscheinung mich an Anthony Quinn alias Alexis Sorbas in dem gleichnamigen Film erinnert. Er bezeichnet sich als »Lehrer auf Urlaub«, mit wenig Aussicht, seinen Beruf wieder ausüben zu können, wie er meint.

Dann berichtet er, was der Suspendierung vorausgegangen war.

In einer Mädchenschule des palästinensischen Flüchtlingslagers bei Bethlehem waren nationale Lieder gesungen worden. Als israelische Soldaten eingriffen, kam es zu Zusammenstößen. Dabei wurde der Lehrer von einem Offizier beschuldigt, Steine geworfen zu haben. Ibrahim Hail Abu H.s Beteuerungen, er habe das nicht getan, fruchteten nichts – er hatte 500 Schekel zu bezahlen und bekam Lehrverbot. Die endgültige Entscheidung steht noch aus. »Die Soldaten können irgend jemanden nehmen und behaupten: Du hast Steine geworfen«, sagt er, »und dann muß es stimmen, da es ja von einem Israeli kommt – der hat immer recht. Ich habe zu dem Offizier gesagt: Ich habe bisher keine Steine geworfen, aber wenn Sie mich so behandeln, dann ist es möglich, daß ich es in Zukunft tun werde.«

Von unten, vom Tal her, tutet es durchdringend – der Zug von Tel Aviv kündigt sich an. Ibrahim Hail Abu H. hält inne, die Söhne, die nebeneinander auf dem Geländer der Terrasse hocken, und Ala K. drehen sich um, die Atmosphäre ist gespannt, als könnte jeden Augenblick etwas passieren. Aber es bleibt ruhig.

Gestern mußten die Söhne Parolen entfernen – in Batir waren wieder antiisraelische Graffiti an Wände gespritzt worden. Drei Soldaten kamen herauf und nahmen die jungen Männer mit. Einer von ihnen wurde dabei geschlagen – er zeigt mir blaugrüne Flecke an der rechten Schulter. Daneben sehe ich eine große, dicke Narbe. »Von einer anderen Verhaftung«, sagt der Zwanzigjährige. »Danach habe ich gesagt: Jetzt werfe ich wirklich Steine!«

»Und vorher? Haben Sie vorher nie Steine geworfen?« frage ich. Er stutzt, lacht, wie überrascht, antwortet aber nicht.

Es wird Kaffee gereicht. Ich scheue mich, von mir aus auf das Ereignis zu kommen, bei dem der Sohn getötet wurde. Aber Ibrahim Hail Abu H. beginnt von selbst damit.

Es geschah nach schweren Zusammenstößen unten im Ort. Soldaten kamen herauf und ließen sich die Identitätskarten zeigen. Dabei verprügelten sie plötzlich den Vater ohne Ankündigung oder Angabe von Gründen. »Sie schlugen einfach auf mich ein, vor den Augen meiner Familie, vor meiner Frau, meinen Kindern – dort«, Ibrahim Hail Abu H. zeigt auf den Platz vor der Haustür. »Können Sie sich vorstellen, was das heißt? Als ich mich wehrte, haben sie auch die Söhne gepackt, an den Haaren und am Hals. Es war, als hätten sie einen ungeheuren Zorn auf sich selbst, und den reagierten sie an uns ab, so schien es mir.«

Dann wurden sie alle zu dem Militärposten an der Bahnstation gebracht, Vater und Söhne, die Mutter hinter ihnen her. Unten wurde wieder auf die Männer eingeschlagen, obwohl ein Offizier rief: »Stellt das ein, tut das nicht!« Aber die Soldaten hörten nicht auf ihn. Als einer der Söhne in einen Wagen gestoßen wurde, schrie er: »Vater, verlaß mich nicht, ich fürchte mich!« Als auch die Mutter schrie, gab es eine Zusammenrottung der Einwohner – und plötzlich fiel ein Schuß. Der tötete einen der Söhne, vom Alter her den dritten.

Ibrahim Hail Abu H. führt mich ins Haus, öffnet die obere Schublade einer Kommode, holt ein koloriertes Photo hervor und reicht es mir: dichtes schwarzes Kraushaar, starke Brauenbögen, in den großen Augen noch ein Schimmer von Kindlichkeit, aber Nase, Mund und Kinn von energischer Charakteristik. Auf der Rückseite, mit Tinte geschrieben: »Nidal Ibrahim Abu H., 21 – killed by soldiers«.

Ein Kind von drei Jahren kommt aus dem Haus auf die Terrasse. Einer der Söhne, der Vater, nimmt das Mädchen in die Arme, schwenkt die Kleine herum und setzt sie auf seinen Schoß. Mir wird gesagt, daß die Dreijährige beim Anblick von Soldaten entsetzt ausruft: »Papa! Papa! Die Armee! Die Armee!« Und daß Ibrahim Hail Abu H.s Frau stets angezogen schläft, weil sie nach allen Erfahrungen seit Ausbruch der Intifada immer aufbruchbereit sein will.

Der Sohn, der in den Wagen gestoßen worden war, ist immer noch verhaftet und soll sehr krank sein. Alle zwei Wochen kann der Vater ihn besuchen, unter Bewachung, und er muß dabei einen Abstand von fünf Metern einhalten.

Der Zwanzigjährige mit der dicken Narbe hat inzwischen

ein paar Papiere geholt. Die sind ausgestellt worden vom Augusta-Victoria-Krankenhaus und bestätigen, daß der inhaftierte Sohn manchmal hinfällt, weil er Kopfprobleme hat – »nach den Schlägen«. Mir werden Photos gegeben, die rote Druckstellen am Hals von Ibrahim Hail Abu H. zeigen, Abschürfungen am Knie und andere Zeichen äußerer Gewalteinwirkung. »Die Soldaten, die mich geschlagen haben«, sagt der Lehrer, »die haben den Frieden geschlagen. Wir lieben den Frieden. Keine zehn Prozent von uns Palästinensern sind Extremisten. Unsere Probleme sind: wirtschaftliche Not, willkürliche Verhaftungen, Einreißen von Häusern und daß wir immer wieder behandelt werden, als wären wir Tiere.«

»Es gibt auch andere Israelis«, sagt der Zwanzigjährige, »selbst unter den Soldaten. Einer von ihnen wollte nach dem Todesschuß auf meinen Bruder verhindern, daß der zweite Bruder verhaftet wurde, und er rief, es sei nun genug, was Vater, Mutter und der Familie geschehen sei. Aber sie haben nicht auf ihn gehört.«

»Die Gewalt ist da Gesetz«, sagt der Vater.

Wenn nicht gesprochen wird, lastet eine fast schmerzende Stille über der Gegend. Die Luft ist so klar, daß drüben auf den Hängen jeder Baum und Strauch wie unter einem Vergrößerungsglas wirkt. Gibt es einen trügerischeren Frieden als den in dieser biblischen Landschaft?

Und dann geschieht etwas Unerwartetes, für mich Schockhaftes.

Die Dreijährige löst sich vom Schoß ihres Vaters, stellt sich in die Mitte der Terrasse und kräht dort lauthals los. Das Gesichtchen schwillt rot an, und beide Arme schlagen mit den winzigen Fäusten im Takt nach unten. Kein Zweifel – ein Kampflied der Intifada! Der Text, in sinngemäßer Übersetzung: »Wir widerstehen der Besetzung – wir hassen die Okkupanten – wir werfen Steine auf sie – wir leiden – unsere Intifada wird siegen!«

Ich habe Mühe, meine Fassung zu bewahren.

Als Ala K. und ich schon im Auto sind, beugt Ibrahim Hail Abu H. sich herunter und reicht mir durch das geöffnete Fenster das Photo seines getöteten Sohnes. »Nidal Ibrahim Abu H., 21 – killed by soldiers«.

Ich zögere, stecke es dann aber ein.

»Kinder der Steine«, sagt der Lehrer, »werden meine Enkel sich auch noch so nennen? Aber wie auch immer, mein Sohn wird nicht zurückkehren.«

Klage eines palästinensischen Vaters – Intifada.

Wegen zweier fast gleichlautender Straßennamen traf ich an der richtigen Adresse im Herzen Westjerusalems verspätet ein. Lea W. war schon nach unten gekommen und hatte nach mir ausgespäht. Klein, forschenden Blicks, wer ich denn sei, winkt die 74jährige mir nach kurzer Prüfung zu, ihr zu folgen. Es geht zwei Treppen hoch, hinein in eine Wohnung und dort in einen Raum mit großem Schreibtisch, schweren Sesseln, Regalen voller Bücher. »Dies war sein Refugium«, sagt Lea, »hier hat er gearbeitet.«

Er – das war Dr. Kalman W., Ehemann der Lea W., Jurist und vor kurzem, im Alter von 76 Jahren, von einem Araber auf der Jaffa Road erstochen.

Lea W. sitzt hinter dem Schreibtisch und weint, lautlos, wie nach innen. Sie war 43 Jahre mit dem Ermordeten verheiratet gewesen. Sie hatten sich 1936 in Polen kennengelernt, waren ausgewandert und über Umwege nach Palästina gekommen. Kalman W. war der letzte Sproß seiner Familie gewesen – eine Schwester, die ebenfalls emigriert war, kam 1939 bei Unruhen mit Arabern um, die anderen, die in Polen geblieben waren, überlebten Auschwitz nicht. Dr. Kalman W. war zu einem der bekanntesten Rechtsanwälte Jerusalems geworden.

Dies ist der Monolog der Witwe:

»Es war an einem Mittwoch. Mein Mann war morgens aus dem Haus gegangen und wollte gegen elf Uhr zurückkommen, um mit mir zu einer neunzigjährigen Frau zu gehen, die Zuwendung brauchte. Aber er kam nicht und rief mich auch nicht an. Das war noch nie geschehen, immer, wenn etwas dazwischengekommen war, hatte er es mir gleich mitgeteilt. Wir lebten sehr eng zusammen, und deshalb hatte er mich stets angerufen, um mir zu sagen, daß ich nicht warten solle. Es war nicht seine

Art, mich im ungewissen zu lassen. Deshalb war ich nun sehr unruhig. Ich wartete bis ein Uhr und hatte plötzlich Angst. Ich stellte das Radio nicht an und fürchtete mich, die Polizei anzurufen. Aber dann tat ich es doch, und da sagten sie: ›Ja, es hat einen Vorfall gegeben in der Stadt.‹ Ich fragte: ›Mit Verwundeten oder Toten?‹ Sie wußten jedoch noch keine Einzelheiten. Da hat es mich nicht mehr zu Hause gehalten. Ich habe eine Nachricht auf den Tisch gelegt: ›Beunruhige Dich nicht, aber ich bin ängstlich, weil Du nicht gekommen bist, und auf dem Weg, nach Dir zu suchen.‹ Es war das erste Mal in den über vierzig Jahren unserer Ehe, daß ich so etwas schrieb. Ich fragte in mehreren Krankenhäusern nach, doch mein Mann war nicht dort. Dann ging ich zur Polizei, und da hatte ich gleich ein unsicheres Gefühl. Sie setzten mich in ein Zimmer, in das alle paar Minuten jemand hereinkam, mich betrachtete, als wäre ich ein verwundetes Tier, und wieder hinausging. Schließlich erschien ein Arzt und fragte mich, wie mein Mann ausgesehen habe. Was sollte ich ihm antworten? Daß er für mich der schönste Mensch auf der Erde sei? Statt dessen sagte ich, daß ich wissen wolle, was los sei. Der Arzt zeigte mir einen Stift und fragte mich, ob ich den kennen würde. Er gehörte meinem Mann. Da wußte ich, daß er nicht mehr am Leben war. Dann wurde ich zum Leichenschauhaus gebracht, und dort lag er.

Die Tat? Mein Mann hatte das Hauptpostamt in der Jaffa Road aufgesucht und von dort die Straße überquert, um den Bus der Linie 19 zu nehmen. Da trat ein 26 jähriger Araber auf ihn zu und stach mit einem Messer auf ihn ein. Er traf ihn direkt neben dem Herzen. Mein Mann konnte sich noch in das nächste Geschäft schleppen und dort sagen, daß er von einem Araber mit dem Messer verletzt worden sei. Dann fiel er nieder und fing an unmäßig zu bluten. Die Briefe, die er in der Hand hatte und die ich später bekam, waren blutverschmiert. Er ist dann verblutet – weil sich die Polizei mehr darum kümmerte, daß die Menge den Mörder nicht lynchte, als sich um das Opfer zu sorgen. Darum mußte mein Mann sterben. Sein Wunsch, mit mir zu telephonieren, wurde ihm nicht erfüllt.

Im Leichenschauhaus sah er so friedlich aus, daß ich dachte: Vielleicht ist er nur ohnmächtig. Wie kann jemand derart friedlich aussehen und dennoch tot sein? Es war sehr kalt dort, und da habe ich gefragt, ob man mir einige warme Handtücher geben könnte. Ich hatte die verrückte Idee, daß ich ihn wärmen müßte. Ich dachte, wenn ich ihn wärmen würde, käme er wieder zu sich, und alles sei nur ein Versehen. Wärme ihn, dachte ich nur immer, wärme ihn, vielleicht kommt er ja wieder zu sich. Aber dann öffnete ich sein Hemd und sah den fast runden Einstich – das Messer war in der Wunde herumgedreht worden, jedes Leben mußte förmlich aus ihr entströmt sein.

Ich bin nicht zu dem Gerichtsverfahren eingeladen worden, habe aber gehört, wie es dort zugegangen ist. Der Täter, der in der Jaffa Road einen zweiten Ermordeten und mehrere Verwundete hinterlassen hatte, war geständig und bedauerte vor Gericht, daß es ihm nicht gelungen sei, noch mehr Israelis zu töten. Er hoffe aber, daß seine Freunde das tun würden. Als das Urteil gefällt wurde, wollte er nicht aufstehen. Er bekam dreimal ›lebenslänglich‹, was heißt, daß er drei, vier Jahre sitzen wird. Unsere Justiz ist sehr nachsichtig. Vielleicht wird er auch ausgetauscht gegen andere Gefangene oder freigepreßt. Ich lese, daß der Mörder hinter Gittern in einer Art Genesungsheim lebt, sich viele Stunden körperlich ertüchtigt und daß er studieren will, da er mit seiner baldigen Entlassung rechnet. Außerdem fordert er besseres Essen. Ich will sein Blut nicht, ich weiß nur, daß Mörder immer wieder morden, wenn man ihnen die Möglichkeit dazu gibt.

Ich kann nachts nicht schlafen, nur tagsüber irgendwie. Ich versuche, mich zu beschäftigen, aber wenn die Nacht kommt, dann werde ich nervös. Ich komme in diesen Raum, sein Arbeitszimmer, wie in ein Heiligtum. Ich habe hier ein Bündel mit Briefen, die hat mein Mann mir vor unserer Hochzeit geschrieben, als wir einmal getrennt waren, mit einem Photo, das mich zeigt, als ich noch jung war, und mit einer Zeichnung. ›Du hast mich aus meinem Elend herausgeholt‹, hat er in einem der Briefe geschrieben, ›ich fühle mich so schrecklich allein ohne dich.‹ Später waren wir immer zusammen und konnten nicht ohne einander sein. Wir hatten ja auch keine Verwandten mehr, die waren alle umgekommen. Ich war trotzdem einmal in Deutschland, in Frankfurt, auf dem jüdischen Friedhof. Dort habe ich geweint wegen der vielen Selbstmorde vor den jeweiligen Deportationsdaten. Wir haben uns immer um Überlebende gekümmert, mein Mann und ich waren ja nicht im Lager. Wir wollten ihnen mit all ihren Problemen wenigstens Gehör schenken.

Was ich fürchte, ist, daß ich zu einer verbitterten Person werde. Ich will aber nicht verbittern. Ich stamme aus einer religiösen Familie, und ich versuchte, dahin zurückzukehren. Man fragte mich, was ich mir wünschte, und ich antwortete: ›Lehre mich zu glauben.‹ Vielleicht hätte das mir helfen können. Aber ich kann nicht glauben.

Manchmal denke ich, daß das alles nicht passiert wäre, wenn ich bei ihm gewesen wäre, daß es also meine Schuld war, daß er sterben mußte. Wenn es in meiner Gegenwart passiert wäre, hätte ich ihm vielleicht doch jene Hilfe geben können, die er ohne mich nicht gekriegt hat. Aber ich war nicht dort, um es ihm leichter zu machen, ich war nicht dort.

Unsere Ehe war ein großes Privileg. Er war nicht nur ein Rechtsanwalt, er war auch ein großartiger Mensch, und ich sage das nicht etwa aus nachträglicher Verklärung. Oft, wenn Klienten da waren, sagte er: ›Wenn es Ihnen nichts ausmacht, würde ich gern meine Frau hereinrufen und hören, was sie davon hält, nicht juristisch, sondern einfach mit ihrem Verstand.‹

Wie soll ich nun leben – ohne ihn, mit all diesen Gedanken, mit diesen furchtbaren Nächten? Ich wünschte, ich könnte schreiben, um die Erinnerung an ihn zu verewigen.«

Klage einer israelischen Witwe – Intifada.

Die Reise nach Nazareth

Mit Hakam am Steuer meines wackeren Ford verlassen wir Jerusalem – es soll über Jericho, Bet Schean und Tiberias nach Norden gehen bis an die libanesische Grenze, von dort zu Hakams Familie in Nazareth, über Nacht, und morgens dann zurück über Jenin, Nablus und Ramallah.

Unmittelbar nachdem wir Jerusalem in östlicher Richtung

verlassen hatten, auf der großen Straße zum Toten Meer, legt Hakam die *kefiyah*, das rotweißgewürfelte Palästinensertuch, hinter die Windschutzscheibe, nimmt seine Sonnenbrille ab und fährt etwas langsamer – Signale für die Kinder der Steine. Israelische Siedler, so Hakam, fahren stets schnell und tragen häufig Sonnenbrillen.

Aber diesmal verfangen die Vorsichtsmaßnahmen nicht – nach etwa zehn Kilometern hagelt es von einem hohen Felsabhang Steine auf uns herab. Sie verfehlen den Wagen nur haarscharf. Hakam flucht, hupt rhythmisch auf die morseartige Weise, die ich schon kenne, und entschuldigt sich: »Wenn ich das an dieser Stelle eher gemacht hätte, wäre es nicht passiert.«

Dann sind wir an der Abzweigung nach Norden – zur Rechten das Ufer des Toten Meeres, vor uns das Jordantal, grün bis an die Berge im Osten.

Nach langer Zeit fahre ich zum erstenmal wieder gen Jericho. Es entpuppt sich als eine Stadt voller Bäume mit herrlichen roten Blüten und menschenleeren Straßen – Generalstreik, wieder einmal. Nur die Schulkinder sind unterwegs, und siehe da – sowie sie den fremden Wagen sehen, greifen die Jungen und Mädchen ganz mechanisch nach unten, Steine suchend, werden aber dann durch Hakams Signale rasch eines Besseren belehrt und winken uns zu.

Die Fahoums besitzen in Jericho noch einige Häuser, und vor einem von ihnen, wo Hakam einen Teil seiner Kindheit zugebracht hat, hält er. Es wird bewohnt von einer Familie, die einen Schuhladen besaß, der vor kurzem von unbekannten Tätern aus unbekannten Gründen angezündet worden ist.

Hakam holt alle drei Monate die seit der Intifada von den Hausbesitzern stark reduzierte Miete ab. Die Begrüßung ist freundlich und, sehr deutlich spürbar, von jener eigentümlichen Verbundenheit, die charakteristisch ist für Gemeinschaften mit Solidargefühl auch bei sozialer Ungleichheit. Um uns das übliche Interieur: rosenverzierte Vasen, Borte, Putten, allerlei Holzuhren, ein Hirschgeweih, Deckchen überall. Wir müssen Kaffee trinken. So unerträglich die Hitze draußen ist, so kühl ist es hier drinnen.

Hakam erinnert sich.

Sein Vater pflegte die Stauden einer Bananenplantage hierherzubringen und auf den Fußboden sowie unter das Sofa zu legen – zum Nachreifen. Hakam und seine Geschwister aber warteten den Prozeß nicht ab, sondern vergriffen sich regelmäßig an den noch grünen Bananen unter dem Sofa, weil der Mundraub dort schwerer zu kontrollieren war. »Wenn dann Gäste kamen und meine Mutter die Bananen darunter hervorholen wollte, waren keine mehr da – wir hatten sie aufgefressen.«

Hakam führt mich in die obere Etage, zeigt aus dem Fenster nach draußen auf ein kleines Steinhaus. »Da habe ich als Kind gespielt, bis zu meinem achten Lebensjahr. Dann kam der Sechstagekrieg, und meine Eltern flohen nach Jordanien.« Später gingen sie nach Nazareth, wo der Stammsitz der Familie Fahoum ist. Der Vater war seither nie wieder in Jericho – als Araber mit israelischer Staatsbürgerschaft hat sein Auto ein gelbes Nummernschild, und mit diesem Zeichen will er nicht auf die Westbank.

Das erfahre ich, nachdem wir die alte Oase verlassen haben und wieder im Wagen sitzen, nach Norden, vorbei an verlassenen Flüchtlingslagern, an Sperren und Bananenpflanzungen. Rechts immer die grüne Spur des Jordan, wie eine Fata Morgana unter der Himmelsglut, gegen die alle unsere Belüftungsversuche mit Gebläse und Fahrtwind scheitern. Noch 51 Kilometer bis Bet Schean.

Sichtbare Gegensätze längs der Straße: riesige Pflanzungen, Pumpstationen, Straßen zu den Feldern und Häusern, viel Technologie, alles eingezäunt – israelische Ansiedlungen. Daneben Ansammlungen elender Hütten, Verfall, Armut – arabische Wohnstätten. »Die Wetterkarte der Besatzersoziologie«, sagt Hakam bitter. »Wo du Aufbau siehst, Wasser, Fortschritt, da sind die Israelis. Wo das alles fehlt, sind wir.«

Das gefällt mir in seiner Versimpelung nicht. Wie sähe es denn hier sonst aus, ohne Besatzer und ihre Soziologie? Wäre das, was jetzt arm ist, nicht auch dann arm? »Möglich«, antwortete Hakam, »möglich, daß das nicht alles so perfekt gegangen wäre, aber entdeckt haben wir das 20. Jahrhundert auch. Im übrigen ist eine höhere Entwicklungsstufe noch kein Argument, um Landraub zu rechtfertigen.«

Eine Gazelle läuft über die Straße, in der Ferne kommt ein Militärjeep auf uns zu, der erste seit heute morgen.

An der Kreuzung nach Nablus und Netanya biegt Hakam links ein, nach Westen. Nicht weit entfernt auf dieser Strecke liegt ein Ort, dessen Bewohnern vor einigen Tagen das Wasser abgedreht worden ist. Nach fünf Kilometern sind wir da – eine Ansammlung elender Behausungen, alles knochentrocken, das Gegenbild einer Oase. Hakam sucht den Bürgermeister, fragt nach ihm in einem Gehöft am Rand eines Felssturzes – viel Gestrüpp, ein ausgedienter Traktor, Strohballen auf Dächern, leere Bottiche. Eine junge Frau mit einem Kind auf dem Arm kommt, dreht einen Hahn auf – nichts. Hier leben zwanzig Menschen, die seit zwei Tagen kein Wasser haben. Was ist geschehen?

Das Haus des Bürgermeisters liegt an der Peripherie des langgestreckten Dorfes. Klein, dunkelhäutig, von rasch verfliegendem Mißtrauen, bittet er uns hinein und gibt uns seine Lesart der Ereignisse.

Der Zähler der ganzen Region soll kaputt sein, so die offizielle Begründung. Aber die anderen Ortschaften haben Wasser. Hier ist es gesperrt worden, weil es Intifada-Unruhen gegeben hat, nachdem ein Israeli, von dem gesagt wird, er sei geistesgestört, bei Rischon Le Zion in der Nähe Tel Avivs auf offener Straße sieben Araber erschossen und viele andere verletzt hatte. Da wurden hier Reifen angezündet und die Straße mit Steinen blockiert. Worauf die Armee kam, mit Gummigeschossen und Tränengas, und einen der brennenden Reifen in ein Haus warf. Das brannte ab, da die Soldaten die Bewohner daran hinderten, den Reifen herauszuholen. Als späte Strafe, so der Bürgermeister, wurde in diesem Teil des Dorfes das Wasser abgestellt. Betroffen davon sind 1000 Menschen und etwa 10 000 Schafe.

In Nablus und Ramallah war dem Bürgermeister von der israelischen Wasserbehörde Mekorot erklärt worden, nicht sie habe die Zufuhr gestoppt, die Aufhebung könne nur durch den Militärgouverneur von Jericho erfolgen. »Das war für uns der Beweis, daß es eine Strafmaßnahme ist«, beendet der Bürgermeister seinen Bericht.

Ein Mädchen kommt in den dunklen Raum, eine kleine Flasche in der Hand – die Wassermenge, die die 650 Schülerinnen und Schüler zum nur mehr halbtägigen Unterricht mitbringen müssen. Niemand weiß, wie lange der Ort noch ohne Wasser sein wird. Die Menschen konnten sich seit Tagen nicht waschen, und der dadurch entstandene Körpergeruch macht sich hier im Raum bemerkbar.

Draußen ziehen Frauen und Mädchen mit allen möglichen Gefäßen in den Teil des Orts, der noch Wasser hat. Eine alte elektrische Pumpe ist repariert worden, aber die fördert nur *brackish water*, also Wasser, das seines hohen Salzgehalts wegen von Menschen nicht getrunken werden kann.

Als wir wegfahren, schaut uns eine große Menge nach, als erwartete sie von uns die Erlösung. Ich kann nichts von dem nachprüfen, was hier gesagt wurde und was der Sperre vorausgegangen war. Sicher ist nur, daß Wasserentzug als Strafe in keinem Fall zu billigen wäre.

Rund siebzig Kilometer nördlich von Jerusalem, bald nachdem sich die Wege nach Nablus und Netanya kreuzen, rückt die Straße nahe an die israelisch-jordanische Grenze heran, ein Anblick, der jeden Deutschen in Erschrecken versetzen muß. Denn da streckt sich – nur zu bekannt noch! – ein endloser Doppelzaun entlang, und daneben, parallel zur Absperrung, ein Pfad, etwa sechs Meter breit und so frisch geharkt, daß jede Fußspur darauf deutlich zu sehen wäre. Die Büsche dahinter sind abgebrannt, alle Vegetation ausgerodet, damit sich niemand verstecken kann. Diese Sicherung gegen Jordanien erstreckt sich nach Norden hinauf bis nach Syrien und nach Süden bis ans Rote Meer bei Elat-Akaba.

Vor Bet Schean kauft Hakam von zwei jugendlichen Händlern am Straßenrand, einem Mädchen und einem Jungen von etwa zwölf Jahren, große Mengen Kartoffeln, Tomaten, Zwiebeln und Pepperoni. »Mein Vater ist nie mit leeren Händen zu meiner Mutter gekommen, wenn er weg war, und ich auch nicht. Meine Mutter ist vor zwei Jahren gestorben, und deshalb ist jetzt mein Vater der Empfänger.«

Hinter Bet Schean tue ich das, was ich seit über zwanzig Jahren, seit meinem ersten Aufenthalt in Israel, immer tun wollte, aber nicht geschafft hatte: Ich besuche Belvoir, die alte Kreuzfahrerfeste! Den Serpentinen nach, über Brücken und Gräben hinweg, vorbei an mächtigen Mauern, Ruinen, Quadern und Säulenstümpfen bis an den Rand der alten Burg in 550 Meter Höhe, wo die Sicht frei wird.

Und nun liegt es da, das langersehnte Panorama, vor dem jede Wortgewalt verstummen muß, unbeschreiblich in seiner landschaftlichen Schönheit und geschichtlichen Verwehtheit: der blaue Riesentropfen des Yam Kinneret, des Sees Genezareth, gesäumt vom zyklopischen Golan im Osten und von den sanften Höhenzügen des Galil im Westen; das jordanische Irbid weit hinten, wie eine verwunschene Kalifenburg auf kahlem Gebirgsgrat. Links die Kuppel des Bergs Tabor, rechts das Jordantal, die Grenze, diesseits und jenseits ein Märchen in Grün: Bäume, Felder, Fischteiche und Ortschaften, die dem Lauf des Flusses folgen und ihn verraten, den vielversteckten, der von hier oben endlich überlistet werden kann – an einer kleinen Krümmung wird das Wasser des Jordan sichtbar!

Wieder unten, geht es durch Mandelbaumwälder und duftende Orangenplantagen nahe heran an den See, dessen Fläche nun Türkis zeigt. Es ist zwei Uhr nachmittags, und die Kette des Golan wird von der Sonne schon rötlich angestrahlt – Lichttöne, wie es sie in Europa nur abends gibt.

Auf dem See Ruder- und Segelboote, Fischerkähne, Ausflugsdampfer. Von einem tönt Musik herüber. Hakam lauscht und sagt dann: »Palästinenser mit israelischer Staatsbürgerschaft. Schau mal, die haben hier eine gute Zeit, vergnügen sich, singen – und auf der Westbank und in Gaza ist Streik! Ich sage das nicht, weil ich es ihnen mißgönne, sondern damit du die unterschiedliche Situation begreifst: Hier in Israel kämpfen wir Palästinenser um unsere Gleichheit und Gleichberechtigung in der Demokratie, dort in den besetzten Gebieten geht es um nationale Selbstbestimmung und unseren Staat. Das sind verschiedene Positionen. Merk dir das.«

Wind ist aufgekommen, die Palmen wiegen sich, das Wasser, dessen Spiegel mehr als 200 Meter unter dem des Meeres liegt, wirft Myriaden von Schaumkronen. Drüben im Osten, hoch droben, wie an den Felsen klebend, eine Ansiedlung, ein Kibbuz, nach 1967 dort errichtet und berühmt wegen seiner Aussicht: »Kfar Arob«.

Auf dem Wege zur libanesischen Grenze klimmt der Wagen empor, schwarze Steine zu beiden Seiten der Straße, aufgerauhte Brocken, Vulkanerde, unheimlicher Untergrund – das herrliche Safed, keine fünfzehn Kilometer von hier entfernt, wurde in den zwanziger Jahren durch ein Erdbeben vollständig zerstört.

Immer höher hinauf geht es. Jetzt ein Schild, daß wir auf Meereshöhe angelangt sind. Über dem See da unten, deutlich erkennbar, die Glocke der Verdunstung, wie eine Geistererscheinung. Am Westufer ein Häuserhaufen, Tiberias, hell am Berg hochkletternd. Und dann, auf der Straße nach Metulla, hinein in das Hulatal.

Es ist der Garten Eden, das materialisierte Hohelied jüdischer Pioniergenerationen, Einwanderer meist aus Europa, vor allem Osteuropa, die hier vor Jahrzehnten die Sümpfe mit dem wassersaufenden Eukalyptusbaum trockengelegt haben. Um uns ein Universum von Grün, Feldern, Hainen, Bassins. Ich möchte in Jubel ausbrechen, begeistert von dieser jüdischen, dieser israelischen Fähigkeit, zu kultivieren, zu planen, zu verwirklichen, begeistert auch von der Visionskraft, die hinter dem Werk steckt, das so sichtbar ausgebreitet ist im Hulatal. Ich lasse es dann doch, weil es Hakam vielleicht verletzen könnte. Aber ich hatte meinen palästinensischen Freund unterschätzt. Hakam Fahoum grinst mich von der Seite an und sagt: »Don't worry about me – leg ruhig los, chap. Glaubst du denn, wir wüßten nicht, was wir von den Israelis alles lernen können?« Dabei breitet er die Arme aus, tut so, als verlöre er die Gewalt über das Steuer, schlägt die gespreizte Hand vors Gesicht und schaut mich an, zwischen Zeige- und Mittelfinger, mit gespieltem schlechtem Gewissen ob seines gefährlichen Leichtsinns. Die Bewegung hat er von mir, was darauf schließen läßt, das uns dieselbe Art von Humor eint – neben anderem.

Er qualmt übrigens, zu meinem Entsetzen, wie ein Schlot, drei Zigarettenpackungen am Tag, läßt es aber im Wagen aus Rücksicht auf mich sein.

Noch vierzehn Kilometer bis zur Grenze.

Eine Schlange gleitet über die Straße, braun, glänzend in der Sonne. Links in der Ferne ein Steinbruch, der in riesigen Kaskaden felsige Erdeingeweide bloßlegt. Dann »Welcome to Metulla«, in Gras eingeschnitten. Die Bergsilhouette dahinten ist schon der Libanon – noch sechzig Kilometer bis Beirut.

Durch einen Zaun soll es hier zu einer Stelle gehen, von der ein weiter Ausblick versprochen wird – die wörtliche Übersetzung des Ortsnamens Metulla. Angekommen, sehen wir jedoch nichts als Sperren, Wachttürme, Soldaten, Mauern, alles ebenfalls lebhaft an verblichene innerdeutsche Szenarien erinnernd, nur noch um etliches militarisierter. Das Bollwerk ist der Beginn der etwa 25 Kilometer breiten Sicherheitszone nach Norden, Puffer zwischen dem Libanon und Israel. Fazit: Hier kommt keine Maus durch!

Da steht: »Und sie sollen ihre Schwerter in Pflüge verwandeln, und ihre Speere in Sicheln.« – Jesaja, 2. Kapitel.

O ja! Aber wann?

Der Mann, der in einer der Buden Getränke verkauft, trägt einen Revolver. Die Stätte ist ungastlich wie die ganze Grenze, deren Stacheldrahtzaun sich endlos hinstreckt, während Metulla den Eindruck von Frieden und Wohlhabenheit ausstrahlt mit seinen Zypressen, seinem Blumenmeer, den Bauten auf mächtigen Steinfundamenten und gepflegten Straßen.

Weiter.

Bei einbrechender Dämmerung steuert Hakam sicher durch das Häusergewirr von Upper Nazareth und hinein in das Labyrinth der Unterstadt. Das Haus der Familie Fahoum liegt in der Nähe des Marktes, und dort ist die Hölle los: Lärm, Gedränge und Parkplatzmangel. Hakam wird jedoch sofort und mit den Zeichen großer Freude und Ehrerbietung eine Stelle für den Wagen eingeräumt.

Wir betreten das Haus, auf dessen Empore ein hochgewachsener Araber in einem fließend weißen Gewand getreten ist, auf dem Kopf die *hattah* – Mandouh Fadel al Fahoum, Hakams Vater. Der Sohn küßt seine Hand. Und ich werde von der ersten Sekunde an aufgenommen, als gehörte ich zur Familie.

Der Vater selbst läßt es sich nicht nehmen, mich in dem großen Haus herumzuführen, wo schon seine Vorfahren so lange Zeit gelebt haben. In einem Raum, ganz mit rotem Samt ausgeschlagen, verweilt er länger – hier habe der Scheich gewohnt, wenn er nach Nazareth gekommen sei, ein hoher Herr, wie so manche anderen Gäste. An den Wänden Photos aus der Mandatszeit Palästinas, Mandouh Fadel al Fahoum mit britischen Generälen und an der Seite des ägyptischen Königs Faruk – »Ich war 24!«; Aufnahmen aus Edinburgh – »Ich war oft in Großbritannien, in der höchsten Gesellschaft.« Ich spüre: Es kommt Hakams Vater darauf an, seinem Gast aus Europa die Wichtigkeit der Fahoums und seiner selbst vor Augen zu führen. Mit bedeutungsvollen Gesten und geheimnisvoller Miene bugsiert er mich durchs Haus, hinaus über Stiegen und Terrassen und hinein in ein Gebäude auf der anderen Seite des Marktes, ohne daß unser Fuß die Straße zu betreten braucht. Ein großer Raum, nein ein Salon – Säulen, Spiegel, Pflanzen, ein Kamin, darüber Regale mit zerfransten Bücherrücken, ein riesiger Sessel – »Hier saß der Scheich!« – hohe Decke, an der Wand eine türkische Flagge. Alte Pracht, Feudalatmosphäre, herrschaftlich, aber verblichen, wurmstichig – hier ist lange nicht renoviert worden. Wo der Scheich gesessen hat, nahe der Fensterfront, breiten sich verspakte Flächen aus, Wasser ist eingedrungen, und nicht erst seit dem letzten großen Regen.

Hakams Vater scheint das alles nicht zu sehen, denn mit verklärtem Gesicht geleitet er mich von einer Sehenswürdigkeit zur anderen – zu der unerschöpflichen Kollektion von Kaffeekannen, dem Heer von Metallschüsseln aus getriebenem Silber, der Unzahl von alten Wasserpfeifen – »Hubble bubble!« wie er nicht müde wird, zu wiederholen. Auch hier an den Wänden Photos, die Mandouh Fadel al Fahoum oder seine Vorfahren mit hochgestellten Persönlichkeiten zeigen und deren jede er nun benennt. Ich behalte keinen von ihnen in Erinnerung, ausgenommen Dschemal Pascha, den türkischen Marineminister und Mitinitiator des Völkermords an den Armeniern 1915/16 im Osmanischen Reich.

Blitzhaft erhellt sich im Halbschummer dieses Salons einer untergegangenen Aristokratie vor der angegilbten Aufnahme:

Die Fahoums haben es, wie andere einheimische Feudalfamilien, immer mit den Mächtigen gehalten, den jeweils Herrschenden. Bis die Israelis kamen und die Tradition zerstörten, weil sie solche Bundesgenossenschaft nicht brauchten und nicht wollten. In diesem modrigen Salon öffnet sich mir das überpersönliche Schicksal einer palästinensischen Elite einen Türspalt breit.

Als wir zurückkommen, bemerke ich an Hakams heimlich beschwichtigenden Gesten und verdrehten Augen so etwas wie Mitleid mit mir, als wollte er sagen: Laß es über dich ergehen, nimm es nicht so tragisch.

Es wird ein langer Abend mit unzähligen Wasserpfeifen – »Hubble bubble!« –, die Hakams Vater in der respektvollen Gegenwart seiner Söhne und einiger Schwiegersöhne raucht. Dabei hört er nicht auf, mich mit der ruhmvollen Chronik seiner Sippe vertraut zu machen. Die Szene wird ein wenig aufgelockert, als im Fernsehen ein internationales Fußballspiel übertragen wird und die auf den Vater und Schwiegervater konzentrierte Aufmerksamkeit nachläßt.

Die Männer bleiben unter sich, ich habe seit meiner Ankunft hier im Haus noch keine Frau gesehen.

Endlich Ruhe, tief nach Mitternacht und im Herzen der Altstadt von Nazareth. Aus dem Fenster des Raumes, in dem eine Liege für mich hergerichtet ist, schaue ich auf den nun leeren, aber dennoch lauten Marktplatz – drüben arbeitet ein eingeschaltetes Kühlaggregat rumorend weiter. Vor der Tür mein Ford, der alte Kämpe. Ein gelbes Licht, dessen Quelle ich nicht sehen kann, erhellt die tote Straße. Ich lege mich hin, kann aber nicht einschlafen. Nebenan spricht Hakam noch mit seinem Vater, kommt dann aber, legt sich hin und fragt leise, ob ich schon schliefe. In dieser Nacht erfahre ich einiges vom Schicksal seiner Familie.

Die Fahoums, ursprünglich eine saudische Sippe auf der Arabischen Halbinsel, waren vor etwa 300 Jahren nach Palästina gekommen. Sie zählen zu den sieben großen Familien, die alle ihren Ursprung auf die Töchter Mohammeds zurückführen und sich weit verstreuten in der Region, bis nach Syrien, in den

Libanon, Jordanien – Herrscher, Grundbesitzer, *landlords*. Ihre Angehörigen brauchten nicht selbst zu arbeiten, konnten sich alles erlauben und schickten ihre Söhne auf die besten Universitäten der Welt. Einer dieser Clanführer war Hakams Vater, mit Hunderttausenden von Dunam an Wiesen, Feldern, Plantagen, Obsthainen, ein riesiger Besitz, der 1948, von einem Tag auf den anderen, ins Nichts zerstob. Vor den Wirren des israelischen Unabhängigkeitskriegs und den schweren Kämpfen mit den arabischen Armeen Flucht von Nazareth nach Nablus, dort 1967 eingeholt vom Sechstagekrieg, abermals geflüchtet und schließlich, nach mehreren Umwegen, zurück nach Nazareth. Das Haus stand noch, aber sonst hatte der Status des Mandouh Fadel al Fahoum und seiner Sippe keine Ähnlichkeit mehr mit dem einstigen Glanz.

Kein Zweifel, daß die verlorene Nobilität, die frühere Sonderstellung auch deshalb in Ehren gehalten und so inbrünstig beschworen wird, weil die jetzige Situation diesem Anspruch in keiner Weise mehr entspricht. Alles ist verloren, Herrschaft, Macht und Reichtum, nur nicht ein Stolz, der von einer langen, langen Ahnenreihe herrührt. Für das abrupte Ende einer tausendjährigen Tradition und Familiengeschichte aber wird das Land, wird der Staat verantwortlich gemacht, der vor über vierzig Jahren mit der Gewalt eines Naturereignisses in die feudale Rückständigkeit des Nahen Ostens eingeschlagen ist – das moderne Israel!

In dieser Nacht von Nazareth haben Hakam und ich keine zwei Stunden geschlafen.

Immer wieder fröhlich kommentierend – »Hubble bubble!« –, raucht Mandouh Fadel al Fahoum schon am frühen Morgen seine Wasserpfeife. Bevor wir abfahren, unterweist er mich genau in der Kunst, sie zu stopfen, nach einer Methode, die vom »grand-grand-grandfather« stammt. Hakams Ungeduld ist fast physisch spürbar, aber offen würde er sie nie zeigen.

Sein Vater schaut uns freundlich winkend nach, ganz in Weiß, die *hattah* auf dem Kopf.

Zurück nach Jerusalem soll es über die westliche Nord-Süd-Route der Westbank gehen.

Wir haben Nazareth noch nicht verlassen, da bricht es auch schon aus Hakam heraus: »Kannst du verstehen, warum ich, bei aller Liebe zu meiner Familie und meinem Vater, hier nur noch selten herkomme? Der Ruhm von einst! Die Pracht von gestern! Die Glorie der Vergangenheit! Ich kann sie einfach nicht mehr aushalten, die ewige Litanei. Diese Generationen von Palästinensern haben nichts verstanden von dem, was sich ändern muß, auch bei uns, die leben in einer Scheinwelt, die haben keine Ahnung, was die neuen Generationen, was die Jungen bewegt.«

Als wir südlich von Afula die Grüne Grenze passiert haben und auf die Westbank fahren – links der Straße ein grüner Baum, der aussieht wie ein überdimensionaler Blumenkohl –, entledigt Hakam sich erleichtert des Anschnallgurts und der Sonnenbrille, legt die rotweißgewürfelte *kefiyah* hinters Wagenfenster und nimmt etwas Gas weg.

Hier endet Emek Israel, die weite, fruchtbare Ebene des Israeltals, von Haifa her lang nach Südosten gestreckt, ein anderer Garten Eden, Pendant zum Hulatal, und es beginnt der gewaltige Gebirgsblock westlich des Jordan und des Toten Meeres.

Jenin hoch am Hang gebaut! Nun geht es, neugierig von mir erwartet, aufwärts. Seit ich Israel zum ersten Mal betreten habe, vor fast 25 Jahren, wollte ich diese Straße befahren, auf dem Grat einer Berglandschaft, von der mir berichtet worden war, daß sie eine der schönsten im alten Palästina sein soll.

Sie ist es. Das Wunder ergibt sich aus der topographischen Anordnung, aus dem Wechsel von Horizontalen und Vertikalen. Die Herrlichkeit besteht darin, daß der von den Bergen eingeengte Blick plötzlich frei wird, auf den Ebenen zwischen den Kuppen eine Strecke verweilen kann, sich wieder verengt und bald abermals öffnet: helle Ortschaften, aus denen Minarette ragen; Baumgruppen, Äcker, auf Feldern Säcke an Säcke – Erntezeit; Olivenhaine, so weit das Auge reicht; Esel dösen am Straßenrand; Frauen mit Krügen auf dem Kopf, von unbewußter, betörender Grazie.

Hinter Nablus wird die Landschaft karger, biblischer noch, die Gebirgszüge heroischer, die Straße steiler. Über allem aber liegt diese lastende Ruhe, ein akustischer Frieden ohnegleichen, einlullend, ein bergender Mantel, verklärend und – trügerisch.

Wie nach Jenin, haben wir uns auch nach Nablus nicht hineingewagt, obwohl wir uns das ursprünglich vorgenommen hatten. Aber Unruhen waren gemeldet worden, Streiks, schwere, blutige Zusammenstöße. An den Telegraphendrähten wehen schwarze Tücher und Bänder, Insignien der Intifada wie der rußgeschwärzte Grund zu beiden Seiten – Male von Brandbomben. Wenn Buschwerk und Gestrüpp bis nahe an die Straße gewachsen sind, gibt Hakam mit der Hupe seine Morsezeichen. Als wir an wahren Universen von Olivenhainen vorbeikommen, sagt Hakam: »Darauf beruht die ganze Wirtschaft dieser Gegend, für den Export mehr noch als für den Eigenverbrauch. Die Israelis wissen das. Wenn sie Druck ausüben wollen, stoppen sie einfach die Ölausfuhr nach Jordanien.«

Es ist das Unbehagliche meiner Situation, daß es durchaus so sein kann, ich aber nicht die Möglichkeit habe, es selbst nachzuprüfen. Ich sage das zu Hakam, wir haben uns gegenseitige Offenheit versprochen. Er nickt: »Dann will ich dir mal was zeigen, worauf du dir ein eigenes Bild machen kannst«, und biegt vom Transsamitarian Highway zwischen Nablus und Ramallah nach rechts ab.

»Wenn hier eine Straße gut ist wie diese«, er zeigt auf die asphaltierte Trasse, die sich vor uns nach Westen in die Berge hineinwindet, »und dann auch noch moderne Elektrizitäts- und Wasserinstallationen in der Nähe sind, dann kannst du sicher sein, daß das alles zu einer israelischen Siedlung führt. Glaubst du, daß sich auch nur ein Israeli hierher verirrt, der kein Siedler ist? Niemals! Keiner außer ihnen wagt sich auf die Westbank. Und dann behaupten sie, es sei ihr Land. In dieser Gegend gibt es ein ganzes Nest davon. Die erste Siedlung kannst du schon bald sehen.« Er weist nach vorn:

»Kedumim.«

Auf einer Höhe helle Häuser, davon viele noch im Bau. Wir fahren daran unten vorbei. Wer die Gegend nicht kennt, würde sich hier hoffnungslos verfransen, aber Hakam steuert wie ein Pfadfinder durch die bergige Landschaft.

»Yaggir.«

Rechts wieder eine Front weißer Fassaden, in drei, vier Linien übereinandergetürmt, wie ein fremdartiger Klotz in der morgenländischen Umgebung. Und nach wenigen Kilometern:

»Immanuel.«

Auf einer Bergkuppe, links, hohe, massive Gebäude, daneben eine Reihe von Häusern, noch in Konstruktion, das ganze die Rückansicht der Siedlung. Nach kurzer Fahrt dann sehe ich auf einem Hügel einen jener gewaltigen Behälter, die sich überall erheben und das Land davor bewahren zu verdursten – ein Tank des National Water Carrier, der Wasserversorgung Israels. Wie ein Ungetüm dräut der Stahlkoloß auf der Höhe.

»Ariel.«

Es soll die größte Siedlung auf der Westbank sein, oder überhaupt in den besetzten Gebieten. Wir fahren hinauf und in den Ort hinein. Hakam hat das Palästinensertuch weggenommen und unter seinen Sitz gesteckt. Auf der Straße sind Soldaten, in der Luft faucht ein Hubschrauber. Hakam setzt seine Sonnenbrille auf.

»Fühlst du dich hier unsicher?« frage ich, »du, der du jeden Tag in Jerusalem unter Tausenden von Juden bist?«

Er zuckt die Schultern. »Unter Siedlern ist das was anderes.«

Ariel ist eine richtige Stadt mit repräsentativen Bauten, nicht nur Privathäusern. Und es expandiert – drüben am Berg halbfertige Gebäude, Rundbögen, ausgeschachtete Flächen.

Wir haben uns an einem kleinen Erfrischungsstand in den Schatten gesetzt, gegenüber einem Tisch mit israelischen Soldaten. Einer von ihnen nimmt seine Uzi von der Schulter, prüft das Magazin, wirft die Waffe wieder über, unbefangen, selbstverständlich. Ich beobachte Hakam – was mag er fühlen in solcher Nachbarschaft? Ich forsche, aber wenn ihn etwas bewegt, und ich bin sicher, daß das so ist, dann ist es ihm nicht anzumerken. Was ist mit ihm geschehen, als er in Haft war? Er hat meinem vorsichtigen Drängen, mir davon zu berichten, bisher nicht nachgegeben, sondern jedesmal mit der gleichen Reaktion abgewinkt: »Später, vielleicht.«

Ich selbst bin beim Anblick der Soldaten wieder seltsam hin und her gerissen. Auf der einen Seite die gewachsene Beziehung zu Hakam, der nicht müde wird zu beteuern, er sei gegen Gewalt auf beiden Seiten; zum anderen diese jungen Israelis, seine Unterdrücker, die ich dennoch nicht mit den Augen des Palästinensers sehen kann, weil ich davon überzeugt bin, daß es ohne die Armee den Staat Israel gar nicht mehr gäbe. Gleichzeitig bezweifle ich keine Sekunde, daß sie Menschenrechte verletzt hat, und das nicht nur in Notwehr.

Wir verlassen das *settlement*. Hakam legt die *kefiyah* wieder nach vorn, setzt die Sonnenbrille ab, schweigt.

Noch 52 Kilometer bis Jerusalem.

Auf der Straße Steine, die umfahren werden müssen, daneben schwarzverbrannte Flächen. Wenn links und rechts Bäume stehen, fährt Hakam schneller. Es geht in Serpentinen aufwärts – Ramallah-Mountains. Von hoch droben ist die vollständige Terrassierung des bebauten Bodens zu erkennen, endlose Olivenhaine, Millionen und aber Millionen Bäume mit flirrendem Blattwerk. Und immer wieder, punktuell, wie strategisch angelegt, Zwingburgen gleich, israelische Siedlungen. Hakam kennt jede: »Neweh Tzuf«, »Ateret«, und, kurz vor Ramallah, »Bet El«.

Als wir Ramallah, den Ort, wo er studiert hat, hinter uns gelassen haben, sagt er: »Die Siedler – sie werden das große Problem sein.« Es ist der einzige Satz, den er seit Ariel gesprochen hat.

Auf der Nablus Road, am Rand der Heiligen Stadt, kommt wieder Bewegung in Hakam, leuchtet seine Miene plötzlich auf. »Riechst du das? Jerusalem!« Er legt seine Hand auf meine Schulter, wie, um sich zu vergewissern, daß ich ihm auch zuhöre. »Schau dir das an, schmecke das, inhaliere das – die Luft, die Straßen, die Häuser, die Menschen! Selbst die verrückten Touristen gehören dazu – Jerusalem, mein Jerusalem!«

Zwei zehnjährige israelische Schüler hatten in Jerusalem nach dem Unterricht einen Bus in die falsche Richtung bestiegen und waren nicht zu Hause, sondern zu später Stunde bei einem Flüchtlingslager in der Nähe von Bethlehem gelandet, wo der Fahrer sie absetzte. Ohne Orientierung stapften sie verzweifelt querfeldein, bis sie die Lichter einer Tankstelle sahen und darauf zuliefen. Als sie dort arabisch sprechen hörten, haben sie ihre Kippa vom Kopf genommen, Schma Israel gebetet und sich dem palästinensischen Tankstellenwärter gezeigt. Der hat den beiden israelischen Kindern zu essen gegeben und über sie gewacht, bis sie von ihren Eltern abgeholt wurden.

Saddam Hussein, der Präsident des Irak, hat wieder wüste Drohungen gegen Israel ausgestoßen. Daraufhin hat ihm Ministerpräsident Jizchak Schamir im Falle eines Falles die Atombombe angekündigt.

Israel muß bleiben, wie es ist

Ich will, ich muß Siedler kennenlernen. Mit Hakam geht das nicht, deshalb ziehe ich allein los.

Jisrael M. lerne ich im Jerusalemer Bet Agron kennen, dem Sitz des regierungsamtlichen Pressebüros – ein verwegener Typ in der Kluft eines kubanischen Guerilleros, hochgewachsen, um die vierzig und gleich bereit, mich in seinem *settlement* zu empfangen – in Schilo, Westbank, etwa auf halber Strecke zwischen Ramallah und Nablus.

Am nächsten Tag schon bin ich mit meinem Ford unterwegs dahin. Erst hinter Ramallah verliert sich der Eindruck einer enormen Bevölkerungsdichte, ja Überbevölkerung, lichtet sich die Gegend von Häusern, kompakten Ansiedlungen, Flüchtlingslagern, verläuft die Straße nach Norden zickzack in einem Tal, dessen Höhen nur noch spärlich besetzt sind mit Ortschaften, aus denen die Minarette steil in den Himmel stoßen – Jalazun, Jifna, Bir Zeit. Noch einmal muß der Wagen klettern, läßt er jene Städte südlich weit unter sich, wird der Blick frei über Samaria, wie Jisrael M. diese ehemals westjordanische Region nennt, die für die arabische Bevölkerung Palästinenserland heißt.

Etwa vierzig Kilometer von Jerusalem entfernt geht es, vorbei an einem Militärposten, rechts ab nach Schilo – in Serpentinen und durch eine Gegend, die nur als öde bezeichnet werden kann. Dann das Ziel, oben auf einem Berg: Soldaten, die israelische Flagge, Häuser. In einem davon Jisrael M. mit seiner Familie: Frau, drei Mädchen, Teenager, zwei kleinere Söhne. Die Kinder sitzen gebannt vor dem Fernsehen und lassen sich durch die Ankunft des Fremden kaum stören – heute ist Israels Unabhängigkeitstag! Auf dem Bildschirm läuft ein Quiz mit entsprechenden Fragen, und dazu ertönt die Melodie aus dem Film »Exodus«.

Aber Jisrael M. und seine Frau sind ganz für mich da.

Beider Eltern wurden noch im österreichisch beherrschten Polen geboren. »Galizien«, sagt Jisrael M., von wo sie nach Amerika auswanderten. Sie selbst kamen vor zwanzig Jahren von New York nach Israel, lebten erst in der Altstadt von Jerusalem und seit 1981 in Schilo – zusammen mit heute hundert Familien, deren Ursprünge von Frankreich bis Uruguay und von der Tschechoslowakei bis Südafrika reichen, Aschkenasim und Sephardim. »Das macht aber keine wirklichen Schwierigkeiten. In allen wichtigen Dingen halten wir zusammen.« Ist es eine religiöse Gemeinschaft? »Mehr oder weniger, wir sind nicht alle perfekte Juden, doch die meisten sind orthodox. Es ist ein schöner Platz, das Dasein hier eine Herausforderung an unsere Generation.«

Sie ist Sportlehrerin und freie Publizistin, auch er hat zwei Berufe: Einer führt ihn, als Erzieher, zweimal die Woche nach Tel Aviv; der zweite, als *parliamentary adviser* und Mitglied der Techija (Auferstehung), einer rechtsradikalen Splitterpartei, in die Knesset nach Jerusalem. Das nach Hochschulstudien über den jüdischen Untergrund in der britischen Mandatszeit, besonders über Irgun-Zwai-Leumi- und die Sterngruppe. Vor mir sitzt jemand, den man mit Fug und Recht als den exemplarischen israelischen Siedlertypus bezeichnen kann.

Ich bringe im Gespräch über vier Stunden in diesem Hause zu. Wenn Jisrael M. und seine Frau von Schilo, Hebron oder Jerusalem sprechen, dann sprechen sie von »ihrem Land«. Ihre Kinder lernen aus der Bibel, daß Erez Israel aus Galiläa, Samaria und Judäa bestand.

»Und wo bleiben da die Palästinenser?« frage ich.

»Schauen Sie doch aus dem Fenster, Berge, Täler, genug Platz für alle. Wenn sie bleiben wollen, können sie bleiben.«

»Aber sie wollen einen eigenen Staat.«

»Den kriegen sie nicht. Beobachten Sie nur, wie sie sich selbst terrorisieren, was sie einander für Grausamkeiten antun. Vor zwei Monaten ist hier ein sogenannter Kollaborateur ermordet worden – aber auf welche Weise! Was würden sie erst mit uns tun, wenn sie die Macht hätten? Und komme mir keiner und sage: Gebt ihnen ihr Land, gebt ihnen ihren eigenen Staat, dann hätten wir Frieden! Vor 1967 hatten wir weder Gaza noch die Westbank, noch den Golan – und trotzdem keinen Frieden, sondern den Terrorismus der Fedaijin. Wenn sie ihren Staat bekämen, hätten sie eine viel bessere Ausgangsposition für ihren Kampf gegen uns. Außerdem: Sie wollen ja nicht nur Gaza, die Westbank und Ostjerusalem, sie wollen ja auch Haifa, Akko, Jaffa. Also: ›Gebt uns die besetzten Gebiete, und ihr kriegt Frieden‹? It doesn't work!«

Die Kinder vor dem Fernseher haben den Ton leiser gestellt, ihre Augen irren vom Bildschirm ab, hängen an den Lippen des Vaters, teilen ihre Aufmerksamkeit zwischen dem Unabhängigkeits-Quiz und unserem Gespräch – bis die Neugierde obsiegt und das Gerät, fast verschämt, ausgeschaltet wird.

»Die Araber wollen keine Juden, sie wollen uns nicht«, schaltet sich jetzt Jisrael M.s Frau ein. »Wir müssen kämpfen, uns bleibt gar keine andere Wahl. Dieser Kampf geht doch gar nicht allein zwischen Israelis und Palästinensern. Was ist denn mit Syrien, dem Irak, mit Saudi-Arabien und auch mit Jordanien? Ein Palästinenserstaat wäre doch unweigerlich mit diesen Staaten verknüpft, mit dem ganzen Rest des Nahen Ostens. Wer beschützte denn die Palästinenser vor denen? Es ist Unsinn, zu behaupten, es drehe sich nur um sie und um uns. Leute, die so argumentieren, begreifen die größere Dynamik der Situation nicht. Aus ihrer Gewalttätigkeit ergibt sich unser Sicherheitsproblem. Die Palästinenser selbst legen die Ursachen für ihre Leiden.«

»Wenn Sie die Siedlung verlassen, tragen Sie dann Waffen?«

»Manchmal ja, manchmal nein«, antwortet er. »Es kommt auf die Lage an. In der letzten Zeit hat sie sich erheblich verschärft.«

»Lassen Sie Ihre Kinder allein nach Jerusalem fahren? Sie sagten vorhin, die Töchter hätten dort Gymnastikunterricht?«

Die Mutter antwortet indirekt: »Zum Glück ist noch niemand verletzt worden.«

Die Mädchen auf dem Sofa schauen zu Boden. Die Stimmung ist nicht gedrückt, aber das Gespräch an einem Punkt angelangt, an dem Sorge und Beklemmung ungesagt im Raum stehen, im Gegensatz zu all der Gewißheit, die sich zuvor geäußert hatte.

»Und was ist Ihrer Meinung nach die Lösung?« frage ich.

Und da schießt es aus beiden heraus, Mann und Frau, wie ein Glaubensbekenntnis, leidenschaftlich und kompromißlos: »Israel muß bleiben, wie es ist!«

Später treten wir vor die Tür. Schilo liegt 800 Meter hoch. Der große Wassertank, die Schule – »150 Schüler und Schülerinnen« –, die fertige Synagoge, eine zweite im Bau, Stahlkonstruktionen, feste Gebäude, ein wachsender Ort, dessen Bewohner sich auf Dauer einrichten.

Das wunderschöne Tal, über dem die Siedlung liegt, wird schon in der Bibel genannt: Josua, Salomon, wie ich bei diesem Rundgang von Jisrael M. erfahre. Er führt mich in die Umgebung, über Stock und Stein, hin zu einem Ruinenfeld. »Sehen Sie, Mosaiken aus byzantinischer Zeit. Davor römische Fundamente, danach arabische Mauern. Aber darunter, 3000 Jahre darunter ist alles jüdisch.« Und nach einer Weile: »Ich wollte immer hierher, nach Israel, seit ich sechzehn war. Amerika, was hatte ich da verloren? Das älteste Gebäude dort ist 300, 400 Jahre alt!«

»Ach«, frage ich unschuldig, »haben die Indianer nicht gebaut?« Er stutzt, lacht dann, geht aber über seine offenbar selbstverständliche Ignorierung der amerikanischen Ureinwohner kommentarlos hinweg.

Hier gibt es ein Mirakel, ein wirkliches, und der Siedler zeigt es mir. Auf einer Mauer ein Baum, der 400 Jahre alt sein soll, grünt und Blätter treibt – obwohl er keine Wurzeln hat. Ich kann mich selbst überzeugen. »Er ist einfach da«, sagt Jisrael M., »und fragt niemanden, weshalb und warum. Weil er hierhergehört – wie wir.«

Abschied von Schilo, mit gespaltenen Gefühlen. Ich stimme Jisrael M. ganz und gar zu, wenn er sagt, daß in den Konflikt keineswegs nur Israelis und Palästinenser einbezogen sind. Das eigentliche, das Dachproblem des Nahostkonflikts sind jene instabilen, auf Gewalt nach innen beruhenden arabischen Regimes ringsum, die sozial ausgelaugt, äußerst rückständig und von Grund auf undemokratisch sind; Regimes, die sich immer wieder des klassischen Ventils der Außenpolitik bedienen, um von den himmelschreienden innenpolitischen Mißständen abzulenken, Herrschaftsformen, die keinerlei Anzeichen von sich geben dafür, daß sie sich mit der Existenz eines modernen, demokratischen und hocheffizienten Staats in der Region abfinden wollen.

Die Grundhaltung Jisrael M.s jedoch, die Betonierung eines unhaltbaren Status quo, das Fehlen jeder inneren Beziehung zu den Motiven des Gegners, die völlige Unkenntnis seines Denkens und Fühlens – all das kann mich nur entsetzen und zu dem Schluß verleiten, daß hier der Mechanismus der antiken Tragödie wirksam ist: nämlich ein bedrohliches Schicksal gerade durch jene Maßnahmen, mit denen es abgewendet werden soll, nur um so eher herbeizuführen.

Nichtsdestotrotz finde ich Jisrael M. und seine Familie sehr sympathisch – ein Konflikt, der einem in Israel zum Dauerbegleiter geworden ist.

Auf der Rückfahrt nehme ich an der Abzweigung auf die große Straße nach Jerusalem fünf junge Israelis mit, Schüler oberer Klassen – die Kippa auf dem Kopf und ihrem ganzen Habitus nach unschwer als Sprößlinge religiöser Eltern zu erkennen. Es ist draußen brütend heiß. Als ich sehe, daß der Junge neben mir an der Kurbel herumhantiert, sage ich: »Mach doch das Fenster auf!« Er sieht mich erstaunt an – gerade das wolle er nicht, er habe es vielmehr ganz geschlossen. Ich frage ihn, warum. Er antwortet, selbstverständlich und zugleich erschrocken über meine Unwissenheit: »Rocks!« – »Steine!«

Danny G. vom Jischuw Mezad Etzion lerne ich durch reinen Zufall kennen.

Auf der Suche nach Siedlern war ich von Jerusalem gen Süden gefahren und dabei auf Efrata gestoßen. An einem Hügelhang gelegen, mit dem hohen Mast auf der Kuppe und seinen Reigen rotbedachter neuer Häuser, bietet es von der Straße bald hinter Bethlehem einen wahren Blickfang.

Ich hatte nach dem Bürgermeisteramt gesucht, der *municipality*. Da ich aber nur geschlossene Türen vorfand, fragte ich den ersten Menschen der mir begegnete, ob hier jemand wohne, der mir Auskunft über die Siedlung geben könne. Es war ein hagerer Mann mit starken Brillengläsern, der mir sogleich mit einwandfrei amerikanischem Akzent die Gegenfrage stellte, worum es denn gehe und ob er mir helfen könne? Als ich ihm von meinem Buch über Israel berichtete, und daß ich in diesem Zusammenhang auch etwas über die Siedler erfahren wollte, faßte er mich an der Schulter, zog mich mit sich und sagte: »Mein Name ist Danny G., ich wohne mit meiner Familie in einem Jischuw (Siedlung) fünfzehn Kilometer von hier entfernt. Ich habe in Efrata etwas eingekauft, fahre gleich zurück und warte nur noch auf meine Schwester und ihren Mann. Wenn Sie wollen, könnten Sie gleich mitkommen.«

Ich wollte. Die Schwester kam auch bald, mit ihrem Mann, der sich als Rabbiner vorstellte und mir die Hand gab. Als ich die meine seiner Frau entgegenstreckte, verweigerte sie den Händedruck und nickte mir nur freundlich zu. Die neuen Bekannten zählten also zu jenen religiösen Juden, deren verheiratete Frauen nicht von anderen Männern berührt werden dürfen, auch nicht beim Gruß.

Der Rabbi hatte einen Wagen, aber sein Schwager fuhr mit mir, lebhaft und von unbremsbarer Vertrauensseligkeit, so daß ich bis zur Ankunft im Jischuw Mezad Etzion über die markanteren Daten seiner Biographie informiert war.

Danny G. ist 38 Jahre alt, kommt ursprünglich aus Texas, lebte aber in Florida, als er mit seiner Frau Lois 1983 beschloß, nach Israel zu gehen. Seit zweieinhalb Jahren in der Siedlung, ist er Vater von fünf Kindern, drei Mädchen und zwei Jungen, im Alter zwischen dreizehn Jahren und sechzehn Monaten, und arbeitet in einer hochmodernen Fabrik für Solarenergie am Rand von Jerusalem. Da er sich kein Auto leisten kann, sondern den langen Weg hin und zurück jeden Werktag mit dem Bus fahren muß, ist er oft zwölf bis vierzehn Stunden unterwegs.

Dann und wann unterbricht Danny G. seinen Informationsstrom, ergreift meinen Arm, weist nach draußen, ruft: »Ist es nicht großartig hier? Judäa – guck dir das an, das Land, diesen Himmel, diese Sonne!« und schließt seine Selbstunterbrechungen jedesmal mit dem Triumphschrei: »I am happy here, really, I am so happy!«

Das ist nicht unverständlich, zunächst einmal von der Landschaft her – wenn man das Aride liebt, trockene Schlünde und Schluchten, Geröllhalden, Herden, Schafe und Ziegen, nackten Fels, und von den Graten aus den Blick in die Unendlichkeit der östlichen Wüste zum Toten Meer hin. Aber natürlich meint Danny G. nicht nur das. Es ist vielmehr vollkommen klar, was er mit seinem Glück meint: nämlich seine jüdische Existenz in diesem Land.

Dabei verrät er, daß er erst in Israel zum religiösen Juden geworden ist, und das ganz im Gegensatz zu seinem Leben in Amerika. Er preist mir gegenüber die Thora, schwärmt von Gottes Nähe, fragt, ob ich Bar-Mizwa erlebt hätte, und beschließt, als ich verneine, auf eigene Rechnung: »Das holen wir nach, Ralph, das holen wir nach.«

Schließlich kommt das *settlement* in Sicht. Es liegt auf dem höchsten Plateau weit und breit, ist ganz von einem Zaun umgeben und hat, soweit ich erkennen kann, nur einen einzigen Ein- und Auslaß, ein Tor, das mit einer schweren Kette abgeschlossen ist, die jetzt von Danny G. geöffnet wird. »Es ist der Kinder wegen«, sagt er sanft, als müßte ich beruhigt werden.

Das Areal macht, im Gegensatz zu Schilo, einen stark improvisierten, ja ärmlichen Eindruck. Bis auf ganz wenige Ausnahmen besteht die Siedlung aus Fertighäusern einfachsten Zuschnitts. Aus Stein sind nur einige Gebäude der Armee, von der die Siedler den Platz 1979 übernommen haben, und das

Gehäuse, in dem Tag und Nacht ein Generator zur Erzeugung elektrischen Stroms laut und vernehmlich brummt.

Hier wohnen, nach Dannys Auskunft, 25 Elternpaare, die 150 Kinder haben, also insgesamt 200 Personen. Es gibt Siedler in Mezad Etzion, deren Vorfahren seit sieben, acht Generationen im Lande sind, aber die meisten Väter und Mütter sind Einwanderer aus den USA.

Das Innere der genormten Behausungen lerne ich dann bei Danny G.s Familie kennen. Die Einrichtung ist kärglich, nur das Notwendige da – ein Fernsehgerät gehört nicht dazu. Der Mangel an Komfort ist total, rechnet man den von Sonnenkollektoren auf dem Dach beheizten Warmwassertank nicht dazu. Von den Räumen sehe ich allein die Küche sowie den spärlich eingerichteten Eß- und Wohnraum, nicht die Schlafzimmer. Schleierhaft bleibt, wie angesichts der begrenzten Grundfläche die Ruheplätze verteilt sind. Aber daß ich hier ein Tabu verletzten würde, wenn ich danach fragte, ist mir inzwischen klargeworden.

Lois G. – der ich, gewarnt, nicht die Hand gebe – ist eine kleine Frau, mit Kopftuch und warmen Augen, die ununterbrochen bei jenen ihrer Kinder sind, die herein- und herausgestürmt kommen, darunter Aaron, ein Siebenjähriger, mit Schläfenlocken und seinem Vater wie aus dem Gesicht geschnitten. Mit den Kindern sprechen Lois und Danny G. meist englisch – in den sieben Jahren, die sie in Israel sind, haben die Eltern zwar Iwrith gelernt, aber nicht so, daß es zur Umgangs- und Alltagssprache geworden wäre. Die Kinder dagegen sprechen perfekt Neuhebräisch, wachsen also zweisprachig auf. Viele Erwachsene in der Siedlung leben in diesem Sprachzwiespalt, und er wird bei Danny noch dadurch verstärkt, daß auch auf seiner Arbeitsstätte viel Englisch gesprochen wird.

Ich werde hier sogleich aufgenommen, als würden wir uns seit Jahren kennen, ja, die Bemühungen um den Gast könnten fast überschwenglich genannt werden, wie die vielen Fragen, ob ich dies oder das möchte, ob mir warm oder kalt sei, ob ich Hunger oder Durst hätte, daß es mir zunächst gekünstelt, aufgesetzt vorkommen wollte, wie etwas, das nicht wirklich von innen her gedeckt wäre. Aber der strichmagere Danny und seine rotbäckige Frau Lois schauen mir dabei so eindringlich in die Augen, das sich jeder Gedanke an Verstellung, Konvention, Routine von selbst verbietet.

Ich fühle mich wohl, strecke meine Beine aus und sauge den himmlischen Duft ein, der aus der Küche kommt. Er stammt von jener Hühnersuppe, von der Danny G. schon auf der Herfahrt geschwärmt hatte, ein Gericht, das Lois G. jede Woche kocht, nach einem Rezept ihrer Vorfahren, Juden aus Rumänien, die es weiter und weiter gegeben haben – koscher natürlich. Schon im Auto hatte Danny sich bei der Beschreibung der Suppe an die Nase gefaßt, daran vor Verzückung gezogen und dann, als Zeichen seiner Vorfreude, lauter Kußhände in die steinige Umgebung geworfen.

Doch nun stellt sich heraus, daß ich dieses erste Mal nicht bleiben kann. Es ist Freitag und bald Sabbatbeginn, was bedeutet, daß hier in Kürze das Tor der Siedlung abgeschlossen wird, um erst morgen nach Sonnenuntergang wieder geöffnet zu werden. Das gebieten streng religiöse Vorschriften, gegen die schon das Umdrehen eines Schlüssels verstieße. Ich aber habe daran nicht gedacht, bin also nicht auf eine Übernachtung vorbereitet und verspreche, sobald wie möglich wiederzukommen.

Danny G. geleitet mich zum Abschied bis zum Wagen, fährt mit mir zum Tor, steigt dort aus und sagt: »Du nimmst es doch meiner Frau und meiner Schwester nicht übel, daß sie dir nicht die Hand gegeben haben? Das ist bei uns nun einmal so. Wir hier sind alle freundliche Menschen, aber wir umarmen einander nicht, verstehst du?« Dann, mit Verzögerung: »Findest du den Weg allein?« Und als ich nicke: »Willst du Begleitung bis Efrata? Nicht, daß ich glaube, es könnte etwas geschehen, jetzt, bei Tageslicht noch.« Es ist sein erstes Wort, in all diesen Stunden, das sich auf die Intifada bezieht.

Im Rückspiegel beobachte ich, wie Danny G. winkend an dem Tor, das er von innen geschlossen hat, stehenbleibt, bis er meinem Blick entschwindet.

Es ging ohne Zwischenfälle von der Westbank nach Jerusalem zurück. Aber unterwegs, bei der Begegnung mit Arabern, als ich durch die schummrigen Schluchten auf die Straße nach Efrata fuhr, hatte ich doch ein unheimliches Gefühl im Nacken.

In den Monaten seit meiner Ankunft hat sich die Situation in Israel merklich verschärft.

Nach mehreren Besuchen beschließe ich auf starkes Drängen, das nächste Mal an einem Freitag in Mezad Etzion zu bleiben – und bin, wie ich befürchtet habe und es sich nun bestätigt, Danny G.s religiöser Inbrunst wehrlos ausgeliefert. Ich, der glaubenslose Laie, habe das ganze Sabbatritual mit ihm durchgestanden – wobei er in der Synagoge genau so rührend um mich besorgt war wie bei sich zu Hause.

Er postierte mich in dem schmucklosen Gotteshaus umsichtig neben sich, drückte mir eine englische Ausgabe der Thora in die Hand, zeigte mir gewissenhaft, wo die Betenden gerade angelangt waren, und hüllte mich, wenn erforderlich, in seinen schwarzweißen Umhang ein.

Um mich herum Männer mit dunklen Hüten, murmelnd, rufend, zuweilen aufschreiend; dazwischen die hellen Stimmen der Kinder, hier nur Knaben, in genauer Kenntnis des zeremoniellen Ablaufs, aber zwischen den einzelnen Phasen ganz unbefangen miteinander beschäftigt, darunter Dannys minderjährige Söhne. Lois, ihre Mutter, war unter den Frauen, die den Sabbat im hinteren Teil der Synagoge zelebrierten, wie üblich getrennt von den Männern und in weit geringerer Zahl als diese. Aber dann sehe ich, daß hier Väter nicht nur ihre Söhne, sondern auch Töchter auf dem Arm haben. Zwischendurch wird Schnupftabak gereicht, mein Nebenmann links niest dreimal vernehmlich. Danny, rechts, wendet sich mir immer wieder zu, fährt mit den Fingern prüfend über die englischen Zeilen, weist mich ein, schaut mich glücklich an. Dann sagt er, er müsse weg, komme jedoch gleich wieder. Danny muß in regelmäßigen Abständen Medikamente schlucken, er hat schwere Diabetes. Das erfahre ich erst vor dem Essen in seinem Haus, als ich ihn frage, was er da schlucke.

Die ganze Familie ist versammelt: die dreizehnjährige Rachel, die zehnjährige Tamima, ihre Brüder Aaron und Michael, sieben und sechs, und Adina, das Baby, im Arm der Mutter. Auf dem feierlich gedeckten Tisch sind sechs Kerzen angezündet, Danny liest aus der Thora, verstreut dabei Salz, bricht

Brot, nippt am Wein – und dann ist es soweit: Lois G.s Hühnersuppe hält, was ihr Duft versprochen hatte! Man kann einfach nicht aufhören, davon zu essen.

Und so liege ich denn am späten Nachmittag mit aufgeblähtem Bauch auf dem couchähnlichen Gestell des Kinderhorts von Mezad Etzion. Denn dort bin ich unterkommen, da ein Gästezimmer in Dannys und Lois' karger Wohnung nicht vorgesehen ist, aber auch sonst keinerlei Möglichkeit besteht zusammenzurücken.

Gleich nebenan arbeitet der Generator – die Erde dröhnt, und die Fenster klirren. Gut, daß ich, in einer unbewußten Eingebung, meine Ohrverstopfer aus Mischkenot Scha'ananim mitgenommen habe.

Um mich herum lauter Spielzeug. An den Wänden, von Kinderhand gemalt, Bilder, an der Decke Lampions. Lois G. hat nicht vergessen, mir Blumen und eine Schale Obst neben die flache Liege zu stellen. Übrigens hatte ich heute gleich bei der Ankunft den ungewissen Eindruck, als würde sie und Danny irgend etwas belasten, ein Schemen nur, aber für mich doch deutlich spürbar. Nachgefragt habe ich nicht.

Ich schaue aus meinem ungewohnten Domizil hinaus, nach Westen. Schwer hängt die Sonne über Jerusalem, unterhalb eines dramatischen Wolkenhimalajas, der feurig von ihr angestrahlt wird. Seltsam verzerrt, wie ein goldenes Ei, sinkt und sinkt sie glühend herab.

Jenseits des Kinderhorts, wo ich ganz allein bin übers Wochenende, ist mein Sprechgerät auf Eis gelegt – seine Bedienung würde die Regeln des Sabbat verletzen. Ich hatte das zum Glück rechtzeitig erkannt, als ich vorhin die Antwort auf eine Frage in den Apparat eingeben wollte und dabei in Lois' entsetztes Gesicht sah. So muß ich das Erlebte später auf das Band sprechen.

Dies ist zwar eine Siedlung religiöser Israelis, aber nirgends entdecke ich hier den Hautgout des Fanatismus. Danny G. und seine Frau sind tief gläubig, jenseits aller Zweifel an Gott und überzeugt von der Auserwähltheit ihres Volkes, doch fehlt jede missionarische Aggressivität. Dabei werden die Gesetze todernst genommen – bei der Vorbereitung des Essens hatte

Danny aus dem Salat jedes Insekt, jeden Floh, jede Schnecke herausgeklaubt, und dies nicht etwa nur aus hygienischen Gründen, betont er. Dennoch fehlt jede Spur von Verkrampfung, was mir typisch für die Gemeinde erscheint, diese sonderbare, wohltuende Gedämpftheit bei aller Prinzipientreue.

Die soziale Lage der Familie, auch das wohl exemplarisch für die ganze Siedlung, schrammt am Rand des Minimums entlang. Die Löhne und Gehälter sind erbärmlich und weisen Israel in weiten Teilen seiner Arbeitsgesellschaft als eine Art Niedriglohnland aus; natürlich muß man den Steueranteil berücksichtigen, der sich aus der Permanenz der nationalen Bedrohung erklärt. Der einzige »Luxus«-Gegenstand, den ich bei Danny und Lois entdeckt habe, ist ein großer Ventilator von abscheulichem Design, den sie von seinem Arbeitgeber zu Pessach geschenkt bekommen haben, ein Pauschalpräsent für die ganze Belegschaft sozusagen. Die Einnahmen reichen kaum fürs Essen, die Aufwendungen für die Schule, umgerechnet etwa 3000 Mark jährlich, haben den Vorrang. Kleidung kommt von irgendwoher – meist von Freunden und Verwandten aus Amerika, wie der Nadelstreifenanzug, Dannys einziger guter. Und dennoch, trotz der finanziellen Dauermisere, sind sie offensichtlich glücklich. Doch fühlen sie sich auch sicher – oder bedroht? Wie stehen sie zu dem Konflikt? Das ist es, was ich herausfinden möchte. Dannys leise Resonanz auf mein vorsichtiges Tasten läßt erkennen, wie sensibel das Thema ist.

In der Nähe leben Araber, oberhalb der Route zwischen Efrata und der Siedlung liegen ihre Häuser und Stallungen. Gleich am Anfang unserer Bekanntschaft hat Danny einmal, wie nebenbei, fallenlassen, daß man dann und wann miteinander spreche, aber nicht freundschaftlich verbunden sei. Bei meinem zweiten Besuch hatte ich die Abzweigung zur Siedlung verfehlt, war auf der Gebirgsstraße weiter geradeaus gefahren und hatte dabei eine gewaltige Barriere aus Sand und Felsbrocken quer über die Fahrbahn entdeckt. Als ich Danny fragte, was die Sperre und das Warnschild, das davor aufgestellt war, zu bedeuten hätten, war ein Schatten über sein Gesicht gezogen, und er hatte, nicht ohne sichtliche Bedrükkung, geantwortet: »Den Wall hat die Armee aufgeschüttet – dahinter beginnt Intifadaland.«

Weil das Hinweisschild auf den Jischuw Mezad Etzion so klein ist, hatte ich heute auf der Herfahrt wieder die Abzweigung verfehlt und plötzlich vor dem Wall gestanden – doch der zeigte nur noch die Hälfte seiner vormaligen Höhe. Von wem die Barriere abgetragen worden war, daran ließ die Situation nicht den geringsten Zweifel – etwa zwei dutzend Palästinenser, Jungen und Mädchen, stoben davon und brachten sich, als der Wagen auf sie zubrauste, blitzschnell hinter der immer noch mächtigen Böschung in Deckung.

Jetzt schnattere ich hier im Kinderhort der Siedlung, wo ich untergebracht bin – der Wind pfeift um das Haus und durch die schlecht schließenden Fenster. Die Berghorizont hat den Feuerball inzwischen fast verschlungen, ein letztes Glühen, und die Sonne ist verschwunden.

Am Abend dann bei Danny und Lois gibt es zwei Erlebnisse, in denen sich eindrucksvoll das Verdrängte, Überdeckte widerspiegelt, das ganze Drama des Zusammenstoßes im Nahen Osten.

Eingeladen ist ein junger Mann, Sohn eines befreundeten Siedlers, Soldat in Uniform, den ich schon in der Synagoge gesehen hatte, bescheiden, intelligent, sehr sympathisch – Jossi, neunzehn. Natürlich kommt das Gespräch auf die Intifada und in diesem Zusammenhang auf die Kollaborateure. Jossi hat dienstliche Kenntnisse darüber, und davon berichtet er. Wie die unsichtbare PLO-Führung bestimmt, wer Kollaborateur ist, und wie der oder die Betreffende zu »behandeln« sind. Das stellt Jossi vor in einer Sprache, deren Nüchternheit mir in fast unerträglichem Gegensatz zu dem Geschilderten stehen will. Darunter ist der konkrete Fall eines 36jährigen Mannes aus Nablus, der von Jugendlichen entführt, aber nicht sogleich exekutiert, sondern buchstäblich Glied um Glied am lebendigen Leibe zerstückelt wurde – »erst die Hände, dann die Arme, dann die Beine, schließlich der Kopf. So haben wir ihn gefunden.«

Mich wundert, daß die Kinder nicht hinausgeschickt werden, als Jossi diese Greulichkeiten schildert.

Einer der Täter, ein Siebzehnjähriger, war von der Armee gefaßt worden, so der Soldat weiter, und hatte sich im Gefängnis gegenüber israelischen Journalisten noch seiner Beteiligung an der Hinschlachtung gerühmt: Es sei eine gute Tat für eine gute Sache gewesen, die er jederzeit wiederholen würde.

»Die bekennen das in ihrem Alter ganz offen, weil sie wissen, daß sie von uns nach einem Jugendgesetz bestraft werden, das ihnen lediglich zwei oder drei Jahre einbringen wird.« Und dann sagte Jossi, neunzehn und Angehöriger der Zahal, der Armee Israels: »Der Getötete war ja ein Araber, kein Israeli.«

Konsterniert frage ich: »Und wenn es sich bei dem Ermordeten um einen Israeli gehandelt hätte, wäre der Täter dann härter bestraft worden?«

Der Soldat guckt mich erstaunt, fast spöttisch an: »Natürlich wäre er das.«

Krieg – und seine Folgen.

Am selben Abend noch erweist sich, wie wenig mich heute morgen, bei der Ankunft im *settlement*, mein Gefühl getrogen hatte, daß Danny und Lois irgend etwas bedrückte. Als er mich durch die Dunkelheit zum Kinderhort und meiner kalten Bettstatt führt, finde ich den Mut und frage ihn.

Danny druckst eine Weile herum, dann sagt er: »Rachel war gestern mit Freundinnen in Jerusalem gewesen, aber noch lange nach Einbruch der Dunkelheit nicht zurück. Das war noch nie geschehen. Der Bus mit ihr und den anderen kam erst kurz vor Mitternacht. Auf der Straße bei Efrata hatten große Blöcke gelegen. Rachel und die anderen waren nicht ausgestiegen, weil es dabei schon Angriffe von lauernden Palästinensern auf Businsassen gegeben hatte. Der Fahrer, der bewaffnet war, hatte langsam zurückgesetzt und in Efrata die Armee gerufen. Die kam dann auch. Du kannst dir unsere Sorgen vorstellen.«

Danny bleibt vor der Tür des Kinderhorts stehen und berichtet von einem anderen, ähnlichen Anlaß zur Sorge, die allerdings nicht nur ihn, Lois und die Kinder betraf, sondern auch viele Familien der Siedlung. Dabei scheint er die Kälte, die hier oben und um diese späte Stunde herrscht, nicht zu spüren.

Etwa zwanzig Jungen und Mädchen waren vor vierzehn Tagen nach Norden, in den Galil, gefahren – See Genezareth,

Montfort, Safed, Qiryat Schmona, aber nicht zur angegebenen und erwarteten Stunde zurückgekommen. »Diesmal verstrich auch Mitternacht. Sie kamen erst gegen Morgen an, ich war schon auf dem Weg zur Arbeit. Am Tor sah ich dann den Bus. Das Fahrzeug hatte eine Panne gehabt. Lois und ich hatten die ganze Nacht nicht geschlafen.«

Beide Söhne, Aaron und Michael, hatten die Reise mitgemacht.

Jetzt liege ich auf meinem kalten Bett im Herzen des *settlement*, höre den Wind pfeifen, sehe, wie sich die Bäume biegen, der Halbmond fahl am Himmel hängt – und kann nicht einschlafen.

Am nächsten Tag, nach vielen Gebeten in der Synagoge, die ich Danny zuliebe wieder ohne Ausnahme mitgemacht habe, lassen wir zu einem letzten Spaziergang vor meiner Rückfahrt den Zaun, der die Siedlung umzieht, hinter uns. Und haben, für mich plötzlich, weil ich diese Nähe nicht erwartet hatte, das überwältigende Panorama des Toten Meeres vor uns, seine ungeheure Senke, die Berge Moabs. Hier kommt das Unbeschreibliche auf eine Weise zusammen, die es so nirgendwo geben kann – Farben, Licht, Geschichte.

In meine Andacht hinein sagt Danny: »Es wäre besser gewesen, wenn ich meine Waffe hierher mitgenommen hätte.«

»Du hast eine Waffe?« frage ich verblüfft.

»Natürlich, wie jeder hier.«

»Fühlst du dich bedroht?«

Danny antwortet auf seine sanfte, behutsame Weise, die immer darauf aus ist, den anderen zu schonen: »I don't feel very comfortable.«

Nach Sonnenuntergang führt er mich auf die andere Seite. Weit hinten, am Horizont, liegt ein glockenartiger Schein. »Die Lichter Jerusalems«, sagt Danny. Und dann, zusammenhanglos: »Sie wollen uns hier einfach nicht haben, die Palästinenser. Einer ihrer Anführer hat gerade propagiert: Israel muß ausradiert werden! Was sollen wir tun? Sag mir, was sollen wir tun? Wir haben nur dieses Land und kein anderes.«

Da war es wieder in meiner Erinnerung, das Bild, wie so oft schon seit unserer ersten Fahrt von Efrata nach Mezad Etzion.

Danny G., nachdem er die Sonne, den Himmel, die Landschaft – Judäa! – beschworen hatte, verzückt, selig, berauscht: »I am happy here, really, I am so happy!«

Es ist spät geworden, als ich mich von Lois und den Kindern verabschiede. Danny begleitet mich zum Wagen.

Wir wissen beide, daß es nicht mehr lange hin ist bis zu meiner Rückreise nach Deutschland und ganz ungewiß, ob wir uns je wiedersehen werden. Da geschieht etwas, was mich an einen anderen Ausspruch von ihm erinnert, Worte, die ebenfalls gleich an jenem ersten Tag gefallen waren aus seinem Munde: »Wir hier sind alle freundliche Menschen, aber wir umarmen einander nicht.« Vor dem Tor ist es stockfinster. »Du mußt dir eine andere Windschutzscheibe anschaffen, eine, die nicht splittert, also aus Plastik«, sagt Danny, und die Schlüssel klirren in seiner Hand, »das haben hier alle.« Hager steht er vor mir, besorgt wie immer, mit forschenden Augen hinter den dicken Brillengläsern. Und plötzlich macht er einen Schritt auf mich zu, legt seine Arme um meinen Hals und verharrt so einige Sekunden.

Er hat für alles gesorgt – ich fahre in der Dunkelheit nicht allein zurück. Hinter mir bleibt bis Efrata ein Wagen, in dem vier Jugendliche aus der Siedlung sitzen – bewaffnet. Es ist das erste Mal in meinem Leben, daß ich solchen Schutz habe.

Ohne jeden Zwischenfall komme ich in Jerusalem an.

Jetzt liege ich auf meinem gewohnten Bett in Mischkenot Scha'ananim, starre an die Decke und denke: Was wird sein mit dem Jischuw Mezad Etzion in dreißig Jahren, in zwanzig oder schon im nächsten? Was wird sein mit Danny und Lois und ihren Kindern? Wie wird es künftig aussehen auf dieser windumtosten Fertighaussiedlung armer Juden, wenn der Nahostkonflikt weiter eskalieren und seine Schreckensbotschaften um die Welt schicken wird?

Ja, was wird sein?

Hoffmann gegen Hoffmann

Shifra Hoffmann hat Wort gehalten und mich benachrichtigt.

Ihre Gegnerin heißt Anat Hoffmann, und die Begegnung findet unter dem Motto »Die Straße zum Frieden« im Israel-Center, Nathan Strauss Road 10, statt. Die Gleichheit der Namen ist Zufall, jede ist Protagonistin ihrer Sache. Wie gesagt, Shifra Hoffmann ist für *transfer* : »Werft die Araber raus aus Israel!« Die Devise Anat Hoffmanns von den Women in black dagegen lautet: »Raus aus den besetzten Gebieten – wir müssen mit den Palästinensern sprechen!«

Der Raum ist lange vor Eröffnung so voll, daß Stühle hereingetragen werden müssen. Aber hier sind nicht nur ein paar hundert Männer und Frauen versammelt, es ist auch zu befürchten, daß sich im Mikrokosmos dieses Saals der Makrokosmos eines in sich tief verfeindeten Israel eingefunden hat – die Atmosphäre ist entsprechend. Wobei ich den Eindruck habe, daß die Anhänger der radikalen Shifra Hoffmann in der Überzahl sind.

Das Duell beginnt, die Lingua franca ist Englisch.

Anat Hoffmann ist jünger als ihre Gegenspielerin, in der Öffentlichkeit als Menschenrechtlerin bekannt und da vorn von sichtlicher Unerschrockenheit, obschon ihr die aufgeheizte Stimmung nicht verborgen geblieben sein kann. Sie macht jedoch gleich am Anfang den Fehler, sich zu rechtfertigen. Sie gibt ostentativ ihren Geburtsort bekannt, Jerusalem, und daß sie keineswegs mit dem Feind verbündet ist. Sie will nur nicht, daß ihre Kinder in einen Krieg ziehen müssen, der Israel pro Tag vier Millionen Schekel kostet. Sie bekennt auch Furcht vor den Arabern, mehr aber davor, was in den besetzten Gebieten geschieht und was sich Israels selbst damit antut. Zwölfjährige Jungen und Mädchen werden getötet, und die Ungleichheit zwischen den palästinensischen und den israelischen Toten- und Verwundetenzahlen entsetzt sie ebenso wie die immer offeneren religiös motivierten Aufrufe zum Kampf auf beiden Seiten. Es gibt nur einen Ausweg – den Dialog. »Wir müssen mit den Palästinensern sprechen.«

Applaus ihrer Anhänger, deren Anteil am Auditorium ich auf etwa zwei Fünftel schätze.

Shifra Hoffmann geht nach eigenem Rezept vor, und es ist leicht zu erkennen, nach welchem. Sie beschwört den Holocaust, der sich nicht wiederholen darf (womit sie ihrer Gegenspielerin, im besten Fall, bei diesem neuralgischen Thema Sorglosigkeit unterstellt), erklärt sich stolz zur Israelin – »I love my country« – (was Anat Hoffmann den Patriotismus absprechen soll), stellt fest, daß sie beide nur der Name verbindet, sonst nichts, und daß sie wohl eine Araberin, die so denkt wie Anat Hoffmann, verstehen würde, nicht aber eine Jüdin, die dieselbe Sprache spreche wie der Feind (womit die Ebene der persönlichen Diskriminierung erreicht ist).

Dann folgt eine Kanonade von Beispielen jüdischer Intifadaopfer, die in der Tat schrecklich sind. Shifra Hoffmann hat all die Materialien mitgebracht, die sie mir im Kings Hotel gezeigt hatte, und das verfehlt seine Wirkung nicht. Daß sie bei ihren Inszenierungen vor nichts zurückschreckt, bestätigt sich, als sie von jenem israelischen Soldaten jemenitischer Herkunft berichtet, der drei Tage lang von seinen arabischen Entführern gefoltert worden war, bevor sie ihn töteten. Die betroffene Stille wird plötzlich von einem furchtbaren Schrei zerrissen – direkt vor Shifra Hoffmann, in der ersten Reihe, springt eine dunkle kleine Frau auf, rauft sich die Haare, wirft sich zu Boden und gellt, in Iwrith, ungehemmt ihren Schmerz hinaus: die Mutter des Ermordeten. Es wird versucht, sie zu beruhigen, was erst nach einer ganzen Weile gelingt. Als sie wieder sitzt, ruft Shifra Hoffmann: »Legt den Palästinensern, legt den Arabern das Handwerk für immer!«

Beifallscrescendo.

Anat Hoffmann, nicht weniger eloquent und rhetorisch gerade so begabt wie die andere, hat die höhere Intellektualität, aber an diesem Platz die unpopuläreren Argumente: Jüdisches Blut ist für sie nicht weniger wert als arabisches. Man kann jedoch nicht nach 2000 Jahren zurückkehren und denen, die da wohnen, befehlen: Raus mit euch! Israel ist das versprochene, das Heilige Land der Juden, aber der Preis, um in Hebron und den besetzten Gebieten zu wohnen, ist zu hoch. »Wir haben zu teilen, bevor es schlimmer wird.«

Beifall und Widerspruch, aber Zustimmung und Ablehnung sind jetzt, nach dem Zwischenfall mit der gebrochenen Mutter, hektischer, brünstiger, die Polarisierung gefährlich. Mit klirrender Stimme zählt Shifra Hoffmann die Namen der vielen arabischen Staaten auf, um dann zu fragen: »Und wieviel Länder haben wir Israelis?« Sie erinnert daran, daß Araber in der Knesset Arafat gesegnet haben; zitiert das jüngste Bekenntnis eines bekannten PLO-Terroristen: »Wir werden bis zur letzten Patrone kämpfen!«; beschwört mahnend die Beschwichtigungspolitik gegenüber Hitler 1938 in München und fordert dann, dramaturgisch effektvoll gesteigert: »Was wir brauchen, ist eine starke Regierung! Raus mit den Arabern – *transfer*!«

Die Saaldecke droht einzustürzen von dem berstenden Applaus, obwohl in etlichen Sitzreihen keine Hand gerührt wird.

Das exemplarische der Situation für das ganze Land, der tiefe Riß, der durch Israel geht, personifiziert sich plötzlich auf die drastischste Weise. Mir schnürt es die Kehle ab. Letztlich kämpfen Juden, wieder, ums nackte Überleben! Darum streiten sie sich, um die Wege zu überleben. Und das in einem Land, von dem sie Heimat, Geborgenheit, Sicherheit erwartet hatten. Ich möchte rauslaufen, einfach verschwinden, weil ich fürchte, die Konfliktkompression dieser Stunde nicht länger aushalten zu können, bleibe dann aber doch.

Anat Hoffmann, unerschütterlich: »Die Straße des Friedens ist der Dialog mit den Palästinensern. Sie können und dürfen nicht noch einmal vertrieben werden. Wer das tut, der hinterläßt ein Land der verbrannten Erde.«

Shifra Hoffmann: »Wie können Sie verhandeln mit einem Feind, der ganz Palästina haben, der uns, der Israel vernichten will?«

Tumult. Der Diskussionsleiter greift ein, ein energischer Mittdreißiger, dem es zu verdanken ist, daß es bisher nicht schon zu Handgreiflichkeiten gekommen ist: »Unser Thema heißt ›Die Straße zum Frieden‹. Dazu haben Sie, Shifra Hoffmann, bisher nichts beigetragen.«

Sie greift wieder zu ihrer Mappe, nennt neue Beispiele von jüdischen Intifadaopfern und ruft dann in die Treibhausatmosphäre des vollgestopften Saals: »Es ist Zeit, die Araber in ihre

22 Länder zu schicken. Ich liebe mein Volk, ich hasse meine Feinde, und ich weiß, wer meine Feinde sind.«

In diesem Saal ist sie die Siegerin.

Die Versimpelung einer höchst komplizierten und nach Verhandlung förmlich schreienden Situation auf ein paar nationalistisch-agitatorische Floskeln ist verräterisch. Shifra Hoffmann kommt nicht auf die Ursachen des Konflikts, nicht auf seinen Kern, weil Frieden, Ausgleich, Kompromiß in ihrer Vorstellungswelt Fremdwörter sind. Sie weiß nicht nur nicht, was die Straße zum Frieden ist, sie will es auch nicht wissen. Shifra Hoffmann und ihresgleichen kennen keinen Weg zum Frieden, er fehlt ganz einfach in ihrem Programm. Das ist die Lehre dieser Stunde. Die Rechte, die in Israel regiert, will den Status quo erhalten – also das, was nicht geht. Ihr Weg ist hoffnungslos.

Noch benommen von der furiosen Auseinandersetzung, gehe ich die lange Strecke von der Nathan Strauss Road über die Derech Jaffo und die Chativat Jeruschalajim zu Fuß zurück nach Mischkenot Scha'ananim und denke nach.

Einmal, schon gegen Schluß, hatte Shifra Hoffmann mich getroffen, wie mit einer Waffe, physisch, mit dem Ausruf: »Keine der schwarzen Frauen ist jemals zu den jüdischen Opfern der Intifada gekommen, keine.«

»Und Sie zu keinem toten oder verwundeten Palästinenser«, hatte ich, zur sichtlichen Empörung meiner Umgebung, zurückgerufen – laut, aber doch nur halben Herzens. Denn von Shifra Hoffmann hatte ich nichts erwartet, wohl aber von den Women in black.

Nun also grüble ich unterwegs im nächtlichen Jerusalem über das, was der jüdische Selbsthaß genannt wird, grüble, da er mir wieder einmal so offenkundig vorgeführt worden ist, was sein Wesen sein könnte. Und komme zu dem Schluß: Seit Tausenden von Jahren ging es für Juden, bis heute, immer nur ums Überleben. Zentrum des Daseins war es deshalb, die geeigneten Mittel, die besten Möglichkeiten, den sichersten Weg herauszufinden, wie überlebt werden konnte, und zwar angesichts von Feinden, die fast immer stärker waren als man selbst. Welches von vielen Mitteln aber war das geeignete, welche von mehreren Möglichkeiten die beste, welcher von verschiedenen Wegen der sicherste? Die Kontinuität des Drucks von außen hat im Inneren zweierlei bewirkt: die Erhaltung der jüdischen Identität in der Diaspora und – die Entstehung des jüdischen Selbsthasses. Es war die große Frage des Überlebens, die die Juden bis heute zum zerstrittensten unter den Völkern der Welt gemacht hat. Und Israel, der Judenstaat, ist das gefährdetste und überzeugendste Beispiel dafür. Hoffmann gegen Hoffmann hatten es soeben nur noch einmal demonstriert.

Die Verabredung mit Amir A. soll in einem Hotel ganz nahe bei Mischkenot stattfinden. Bisher weiß ich über ihn nicht mehr, als daß er bei einem Anschlag auf die Buslinie Tel Aviv-Jerusalem verletzt worden ist.

Am 6. Juli 1989 hatte in dem gebirgigen Teil der Route plötzlich ein Araber in das Steuer gegriffen und den Bus mit dem Ruf »Allah ist groß!« in den Abgrund gesteuert – 22 Verletzte, darunter Amir A., und 17 Tote, unter ihnen der Täter, der 29jährige Abdel-Hadi Suleiman G. aus dem Flüchtlingslager Nusseirat im Gazastreifen.

Ich gehe in dem Hotel zwei Treppen hoch, klopfe an die Tür und bin auf den Anblick, der sich mir nach dem »Come in!« bietet, nicht vorbereitet: ein durch Vorhänge abgedunkelter Raum, in dem ein noch junger Mann sitzt – im Rollstuhl.

Eine Reaktion wie die meine – mühsam zurückgehaltene Verblüffung, ja Verstörung – scheint die übliche zu sein, denn Amir A. winkt mich gelassen herein, weist auf ein Sofa und fordert mich ruhigen Tones auf, meine Fragen zu stellen. Er ist mager, mittelgroß, 37, wie ich als erstes erfahre, und von einer Abgeklärtheit, die im Widerspruch zu seinem Alter steht. Als ich ihm einige Daten meiner Biographie und den Sinn meines Buches erläutern will, winkt er ab. »Ich habe ›Die Bertinis‹ gesehen, alle fünf Folgen.«

Amir A. spricht mit leiser, aber klarer Stimme. Er sitzt sehr aufrecht in dem Stuhl.

»Wie ging es vor sich?«

»Es war ein ganz gewöhnlicher Tag, heiß, wie immer im Juli. Ich nahm den Bus von Tel Aviv und wollte nach Jerusalem, kam dort aber nie an. Alles, was ich Ihnen jetzt über den Anschlag selbst berichte, habe ich von anderen erfahren, denn ich habe es nicht bewußt erlebt. Ich kam, wie immer, von der Arbeit, habe direkt hinter dem Fahrer gesessen und muß eingeschlafen sein, ganz gegen meine sonstige Gewohnheit. Ich war nie eingeschlafen, ich kann im Bus gar nicht schlafen, sondern bin immer bei vollem Bewußtsein gewesen. Das letzte, woran ich mich erinnere, ist, daß ich dachte: Der schwere Wagen fährt zu schnell, bestimmt 140 Stundenkilometer, viel zu schnell. Mitfahrer haben dann gesehen, wie ein Araber sich auf den Fahrer zu bewegte und vorn stehenblieb. Ich nehme an, daß er dort unbemerkt etwas versprüht hat, heimlich, einen Stoff, der den Fahrer ermüden, ermatten sollte, und da ich hinter ihm saß, traf es mich mit. Ich wachte erst wieder im Krankenhaus auf, zwei Tage später.«

»Von wem haben Sie erfahren, was geschehen ist?«

»Von den Überlebenden.«

»Und was berichteten sie?«

»Der Araber hatte ins Steuer gegriffen, und der Bus stürzte einen Abhang hinunter, der an der Stelle 200 Meter tief ist. Unten explodierte das Fahrzeug und brannte aus. Siebzehn Menschen starben, über zwanzig wurden verletzt. Keiner blieb unversehrt.«

»Welche Verletzungen hatten Sie?«

»Ich war total zerquetscht, ein Bein und eine Hand waren vom Körper abgerissen.«

»Abgerissen?«

»Ja, abgerissen, die rechte Hand und das linke Bein. Dazu war mein halber Körper verbrannt. Ich bin ein Jahr im Krankenhaus gewesen, ein volles Jahr, und habe innerhalb von sieben Monaten zwölf Operationen über mich ergehen lassen müssen – zwölf. Ich habe immer unter Drogen, unter Morphium, gestanden wegen der Schmerzen. Aber das Bein und die Hand sind wieder angesetzt, sehen Sie. Ich bin gerade aus dem Krankenhaus gekommen.«

»Sind Sie in der Lage, zu stehen, zu gehen?«

»Nein.«

»Werden Sie jemals wieder gehen können?«

»Ich weiß es nicht. Ich hoffe, ich bete.«

»Haben Sie eine Vorstellung, wie Ihr Leben weitergehen soll?«

»Nein, ich weiß es noch nicht.«

»Und der Mann, der das getan hat? Wissen Sie etwas über ihn?«

»Ich weiß nichts über ihn und möchte auch nichts wissen.«

»Warum nicht?«

»Weil ich weiß, warum er das tat.«

»Und warum tat er das, warum steuerte er einen vollbesetzten Bus und sich selbst in den Tod?«

»Weil er, seine Familie, seine ganze Umgebung in einer so tragischen Situation leben in Gaza, in den Flüchtlingslagern von Gaza. Die Israelis können Gott dafür danken, daß nicht jeden Tag ein weiterer Bus zur Hölle fährt, denn diese Menschen sind verzweifelt. Jeden Tag werden sie von der israelischen Armee getötet, werden gefangengenommen, verhört. Sie haben keine Rechte, nicht nur keine politischen, sondern überhaupt keine Menschenrechte. Sie stehen unter dem äußeren Terror der Armee und unter dem inneren Terror der eigenen Organisationen. Ich kann überhaupt nicht verstehen, wie sie es nur einige Tage ertragen, so zu leben, geschweige denn Jahre, vierzig Jahre! Ich bewundere diese Menschen wegen ihrer Überlebenskraft. Was ist dagegen schon meine?«

»Haben Sie immer so gedacht?«

»Seit ich zwölf war.«

»Von Ihren Eltern her?«

»Nein, die stehen weit rechts.«

»Haben Sie Freunde?«

»Ja, einige wenige, sehr wenige.«

»Haben Sie auch palästinensische Freunde?«

»Ja.«

»Sorgen sie für Sie?«

»Sehr.«

»Warum sind die Vorhänge zugezogen, warum ist es dunkel im Zimmer?«

»Ich mag es so. Ich sehe mir tagsüber Filme an, Videos, viele Filme.«

»Haben Sie Hoffnung auf eine Lösung für dieses Land?«

»Lassen Sie uns über die Palästinenser sprechen. Sie sind das Problem! Wir haben mit keinem arabischen Staat irgend etwas zu tun – es geht um die Palästinenser. Die arabischen Staaten waren und sind ihr Feind Nummer eins, sind es immer gewesen. In Wahrheit werden die Palästinenser in allen arabischen Ländern bekämpft, gehaßt und auch getötet. Sie sind die Opfer.«

Während des Gesprächs ist es auf dem Hotelflur oft laut, einige Male läutete das Telephon im Zimmer. Amir A. machte keine Bewegung zum Hörer. Ich habe den Eindruck, als habe er von all dem nichts wahrgenommen, als sei er vollständig beschäftigt mit dem, was er sagt.

»Meine Hoffnung? Freie Palästinenser neben freien Israelis! Wir würden zusammen die besten sein, die Beneluxländer des Nahen Ostens!«

»Also fast das Paradies?«

»Nicht fast – das Paradies.«

Ich stehe auf. Amir A. gibt mir die rechte Hand. Sie sitzt am Gelenk, am Arm, als sei sie nie davon getrennt gewesen. Er rollt mit bis zur Tür, drückt die Klinke jedoch nicht gleich nieder: »Sie haben am Telephon gesagt, Sie wollten neben den palästinensischen Opfern der Intifada auch jüdische Opfer sprechen, deshalb sind Sie zu mir gekommen. Aber ich fühle mich keineswegs als ein Opfer der Intifada, sondern als eines der eigenen Führung, der Regierung Israels. Ich bin ein Opfer meiner Leute, die nicht zum Frieden finden wollen, nicht meiner Feinde – schreiben Sie das in Ihrem Buch.«

Ich tue es hiermit.

Vor dem Hotel blendende Sonne. Über den Platz kommt ein israelischer Soldat. Was würde er sagen, wenn ich ihn mit den Ansichten Amir A.s konfrontieren würde? Welcher der beiden Seiten würde er sich zuwenden?

Hoffmann gegen Hoffmann...

Ist der Judenstaat zum Untergang verurteilt?

Die Intifada ist die größte Erblast des größten israelischen Waffensiegs, der Triumph vom Juni 1967 ein klassischer Pyrrhussieg. Je länger ich hier bin, je tiefer ich vertraut werde mit den Konsequenzen dieser folgenschweren Woche vor fast 25 Jahren, desto dringlicher stellt sich Frage nach ihrem Charakter: War es, von israelischer Seite gesehen, ein Präventivkrieg oder eine Aggression? Und welche Schlüsse sind heute zu ziehen?

Ich stelle diese Fragen drei Israelis, deren Weltläufigkeit Überblick verheißt, politische Leidenschaft, kritische Ortung.

Der erste ist Chaim Cohen, einer der großen Juristen des Landes, 1911 als Sohn wohlhabender Eltern in Lübeck geboren, Studium der Jurisprudenz in Frankfurt am Main, Flucht aus Deutschland schon einen Tag nach dem 30. Januar 1933 – Paris. Von dort bald nach Palästina. 1948, im neugegründeten Staat Israel, erst Generalstaatsanwalt, dann *attorney general*, was man nach angelsächsischem Vorbild mit »Rechtsberater der Regierung« übersetzen kann. »Tu, was ich dir auftrage«, hatte Ben Gurion, Israels erster Ministerpräsident, auf Chaim Cohens erste Abwehrreaktion gesagt, »es ist Krieg, jeder ist Soldat. Ich befehle dir.«

1961 wurde Chaim Cohen an das höchste Gericht berufen und blieb dort bis zu seiner Pensionierung, mit siebzig, im Jahr 1981.

Jetzt besuche ich hier in Jerusalem einen Mann, dem man nicht ansieht, daß er in sein neuntes Lebensjahrzehnt tritt.

»Es war ein Präventivkrieg 1967, ganz zweifellos. Wir haben die Gebiete nicht annektiert, wie die Deutschen seinerzeit Elsaß-Lothringen oder die Russen die baltischen Staaten, wir haben sie besetzt. Es gilt dort jordanisches Recht, bis zum Abschluß von Friedensverträgen. Nablus, Hebron, Gaza sind, rechtlich gesehen, Ausland. Es gilt dort jedoch auch noch das Besatzungsrecht, und das wird meines Erachtens zu drakonisch angewendet. Die Gefahr besteht immer, wenn Militärs und nicht Parlamente Gesetze erlassen.

Die Besetzung hat Israel nicht nur verändert, sie hat es vor allem auch gespalten, tief gespalten. Nicht, daß wir vor 1967 immer einig gewesen wären, wir hatten damals schon zwanzig Parteien gehabt. Aber jetzt sind wir in der Mitte gespalten. Gespalten in solche, die sagen: ›Wir können nichts zurückgeben - sonst gibt es Krieg‹, die Rechten; und in solche, die sagen: ›Wir müssen zurückgeben – sonst gibt es Krieg‹, die Linken. Das ist vereinfacht, aber doch im großen und ganzen zutreffend. Die Proportionen sind ungefähr halb und halb.

Zur Intifada: Ich denke, daß wir nicht noch einmal 25 Jahre so weitermachen können. Wir geben unsere Armee dafür, unsere Polizei, unser Geld, unsere Kinder fallen dort. Ich bin mit denen, die sagen: Wir unterdrücken ein Volk, das uns in Wirklichkeit nichts getan hat. Wir können nicht Menschen regieren, die nicht von uns regiert werden wollen. Das verdirbt die eigene Moral. Ich war schon 1967 dafür, die Gebiete zurückzugeben. Ich weiß nicht, ob das so eintreten wird, ich weiß nur, daß es zu einem Arrangement kommen muß. Ob es dann Ruhe geben wird? Auch das weiß ich nicht. Aber dann hätten wir jedenfalls das Unsrige dazu getan und stünden mit einem ganz anderen Gewissen da als heute.«

Der zweite Gesprächspartner ist Yochanan Meroz, Jahrgang 1920, Sproß einer alteingesessenen Berliner Familie. Seit 1930 in Palästina, seit 1949 im Staatsdienst, der Anfang einer steilen Karriere. In den fünfziger Jahren, noch vor Aufnahme der offiziellen Beziehungen zur Bundesrepublik Deutschland, Stellvertretender Leiter der damaligen Israel-Mission in Köln; Bürochef von Golda Meir; zuständiger Unterstaatssekretär für Europa; Botschafterposten in Ankara, Bern, Paris, Washington und, sieben Jahre lang, in Bonn. Heute, im Ruhestand, als Buchautor und Publizist tätig.

Ich sitze Yochanan Meroz in seiner Jerusalemer Wohnung gegenüber.

»Ob 1967 von Israel aus ein Präventivkrieg war? Das würde ich uneingeschränkt bejahen! Mehr, ich würde sagen, es war ein ›gerechter Krieg‹. Die arabischen Staaten, allen voran Ägypten und Syrien, haben uns offen und schauerlich gedroht. Daran ist nicht zu rütteln, unabhängig davon, was dem Sieg an unglaublicher politischer Blindheit folgte und was wir, wenngleich nicht nur wir, bedauerlicherweise an Friedensmöglichkeiten verpatzt haben. Denn als Sieger hätten wir aus einer Position der Stärke wirken, hätten sogar nachgeben können, ohne daß unsere Stellung dadurch geschädigt worden wäre. Nun ist es natürlich rückwirkend immer leicht, auf eine große Anzahl von Fehlern hinzuweisen. Wahr ist, daß es damals gar kein Bewußtsein für die palästinensische Thematik gab, daß sie ein völliges Novum für uns war. Die Gebiete, um die es heute geht, Gaza, die Westbank, Ostjerusalem, waren vor dem Krieg doch von Jordaniern und Ägyptern besetzt gewesen. Wer hat denn damals, unter arabischer Herrschaft, von einem Palästinenserstaat gesprochen? Das kam erst nach dem Sechstagekrieg, unter unserer Besetzung, auf und erreichte dann mit Ausbruch der Intifada am 9. Dezember 1987 seinen Höhepunkt.

Ob ich für Gespräche mit der PLO bin? Ich glaube, daß wirkliche Fortschritte ohne sie nicht möglich sein werden. Wir müssen in den sauren Apfel beißen und mit ihr verhandeln. Frieden ohne die PLO ist eine illusorische Vorstellung. Ich habe durchaus Verständnis für Leute, die das ablehnen, aber es ist, wie es mit der Vereinigung der beiden deutschen Staaten war – wer sich dagegen stemmte, der kämpfte gegen Windmühlenflügel. Ein ähnliches Gefühl habe ich bei der israelisch-palästinensischen Auseinandersetzung. Ich habe auch Verständnis für die Israelis, die sagen, daß man Arabern nicht trauen könne, daß ein Stück Papier, ein Vertrag nicht genüge. Nur meine ich, als ehemaliger Student der Politikwissenschaften: Wenn man auf dieser Argumentation beharrt, dann gibt es überhaupt keinen Weg, miteinander auszukommen.

Und nun zu der Frage, ob der Konflikt die humane und moralische Identität Israels beschädigt hat. Ja, er hat sie beschädigt. Mancher Wert, der als Wegweiser für eine große Mehrheit galt, vor allem für die Jugend, hat sich geändert. Wenn man ständig der Provokation steinewerfender Kinder und Frauen ausgesetzt ist, platzt einem irgendwann der Kragen. Nehmen wir die beiden Söhne meines Bruders. Sie standen eindeutig links, nicht so sehr im Sinn irgendeiner Soziologie, wohl aber des Friedensprozesses. Nach ihrer Dienstzeit im Militär sind sie jedoch wie verwandelt, denn sie haben die Intifada miterlebt. Da kann man hundertmal sagen, unsere Politik sei blöd – und sie ist blöd! –, das wird dann nebensächlich. Allerdings, es zählt zu den positiven Erscheinungen in Israel, daß Übergriffe der Armee oder Schlimmeres ein großes Maß an öffentlicher Empörung ausgelöst haben, immer sind die Entgleisungen, oder wie man das nennen will, von Protestbewegungen begleitet gewesen. Stellen Sie sich dergleichen in arabischen Ländern vor. All das ändert dennoch nichts daran, daß die letzten Jahre Israel innerlich beschädigt haben.

Nehmen Sie das Problem der Siedler. Es mag sein, daß es Siedlungen gibt, die aus der Sicht der Verteidigungsfähigkeit und der Sicherheit des Staats unerläßlich sind. Aber dann gibt es andere, die sind im Herzen der arabischen Bevölkerung gepflanzt worden, und das geht nicht. Es gehört zu den tragischen Erfahrungen israelischer Politik, daß wir uns zu großen Entscheidungen nur durchringen, wenn wir vergewaltigt werden. Viele Entscheidungen, zu denen wir gezwungen worden sind – oder in Zukunft noch gezwungen werden –, hätten uns als eigene und früher getroffene Entscheidungen besser angestanden, nicht nur im Hinblick auf die Weltöffentlichkeit, sondern auch auf das Zusammenleben mit unseren arabischen Nachbarn. Wir müssen zu Kompromissen kommen.

Zum Schluß ein Wort zu Jerusalem. Da herrscht allgemeiner jüdischer Konsens – keine Rückgabe, keine abermalige Teilung wie vor 1967. Deshalb sollte Jerusalem bei Verhandlungen der letzte, der allerletzte Punkt sein, gerade weil er so emotionsgeladen und belastend ist, und zwar auf allen Seiten. Natürlich ist es für uns leicht, zu sagen: ›Klammern wir das aus‹, denn wir sind ja die Herren Jerusalems. Aber es wäre vernünftig, es tatsächlich an den Schluß zu setzen, nachdem alles andere mehr oder weniger gelöst wäre. Wenn man mit Jerusalem beginnt, ist die Verhandlung von vornherein zum Scheitern verurteilt.«

Mein dritter Besuch gilt einem international berühmten Religionsphilosophen und Biochemiker. 1903 im zaristisch beherrschten Riga geboren, von 1920 bis 1928 Studium in Berlin, danach in Köln, Heidelberg und Basel, seit 1934 in Jerusalem. Dort suche ich nun in der Ussishkin Street die angegebene

Hausnummer, finde sie, stehe aber vor einer eingangslosen Front und muß deshalb hinten herum. Dort stoße auf alle möglichen Namen, nur nicht auf den gesuchten. So klingle ich denn irgendwo auf gut Glück. Lange Zeit nichts, dann wird die Tür geöffnet. Vor mir, mit der Kippa auf dem Kopf, der auferstandene Mose des Alten Testaments – Jeschajahu Leibowitz! Alles, was ich drinnen vorzutragen vermag, sind meine gebündelten Fragen. Danach gibt es nur noch den Ausbruch eines Vulkans.

»Der glänzendste militärische Sieg Israels, der von 1967, ist politisch und historisch gleichzeitig das größte Unglück für unser Land gewesen. Er und seine Folgen haben den Charakter Israels völlig geändert und auch seine weltpolitische Situation. Dieser Staat war gedacht als Rahmen für die politische und nationale Selbständigkeit des jüdischen Volkes. Das ist die Definition des Zionismus. Doch seit dem Sechstagekrieg ist der Staat Israel nicht mehr der Bewahrer der politischen und nationalen Selbständigkeit des jüdischen Volkes, sondern das Instrument, der Apparat jüdischer Gewaltherrschaft über ein anderes Volk. Das verfälscht Israel nicht nur, sondern richtet es auch zugrunde, innerlich und äußerlich. Außenpolitisch werden wir einen Krieg auf Leben und Tod mit der ganzen arabischen Welt führen, von Marokko bis zum Persischen Golf, wobei die Sympathie der gesamten Welt auf der arabischen Seite sein wird.

Mit seinen Eroberungen wird Israel ein faschistischer Staat werden. Es gibt ja heute schon Konzentrationslager für Araber, aber dann wird es auch Lager geben für Juden, für Leute wie mich und meinesgleichen. Das heißt, Israel kann von außen zerstört werden, nachdem es sich vorher von innen selbst zerstört hat. Das einzige, was die Katastrophe vermeiden kann, ist also die Teilung. Wenn sie zustande kommen sollte, dann durch den Druck, den die Vereinigten Staaten auf Israel ausüben – wir müssen dazu gezwungen werden. Freiwillig geschieht wenig oder nichts, um aus einer Situation herauszukommen, die für Israel nicht schlechter sein könnte.

Der österreichische Dichter Franz Grillparzer hat 1848 gewarnt vor dem Weg von der Humanität über die Nationalität zur Bestialität. Keine hundert Jahre nach diesem Ausspruch ist das deutsche Volk diesen Weg tatsächlich bis zu Ende gegangen. Nun haben wir ihn betreten, seit dem siebten Tag nach dem Sechstagekrieg. Wir sind noch nicht an seinem Ende angelangt, aber wenn Israel seine politische Linie der Eroberung und Okkupation fortsetzt, ist der Judenstaat zum Untergang verurteilt. Die einzige Möglichkeit, die Katastrophe abzuwenden, ist die Teilung des ehemaligen Palästina in zwei Staaten, einen jüdischen und einen arabischen.

Ich habe keine große Zuversicht in die Zukunft, aber noch ist nicht alles verloren. Vor kurzem bekam ich einen Brief von zwei jungen Leuten, aus einem israelischen Militärgefängnis. Beide sind verurteilt worden, weil sie sich geweigert hatten, sich in Uniform und mit der Waffe in der Hand in die besetzten Gebiete abkommandieren zu lassen. Der eine ist Offizier, er muß 35 Tage sitzen, der andere einfacher Soldat, der 28 Tage Haft erhalten hat. Sie schrieben mir, es seien meine Ideen gewesen, die sie zum Ungehorsam verleitet hätten, und dafür wollten sie mir ihren Dank aussprechen. Dank aus dem Gefängnis – soweit ist es gekommen!«

Samar

Hakam und ich sind zum Abendessen bei Hanna Bischara D. nach Bet Sahour eingeladen. Als wir ankommen, ist die ganze Familie bereits versammelt, zwölf Personen, sichtlich fein gemacht, und aufgetischt ist, als hätte es nie eine Steuerverweigerung und ihre Folgen gegeben.

Die D.s wohnen auf diesem Flecken von Bet Sahour seit sieben Generationen.

Es gibt Huhn mit Reis, auf großen, immer wieder nachgefüllten Schüsseln, danach Obst, Kaffee, Süßigkeiten. Alle greifen zu, es wird ungeheuer getafelt, gelacht, gescherzt, als Zeichen des Genusses der Bauch gehalten und ohne auch nur die kleinste Pause geredet, meist alle durcheinander. Ich verstehe kein Wort und fühle mich rundherum wohl.

Die Wangen der Hausfrau röten sich im Lauf des Abends, sie wird lebhaft, ja schön unter den verhärmten Zügen, und während eine der Töchter mit ihrem Mann am Tisch sitzt, scheint mir, als schaute Miriam D. ihren Gatten nach so langer Ehe immer noch verliebt an. Der hat sich als einziger nicht umgezogen, sondern, wie schon bei unseren Besuchen vorher, sein pyjamaähnliches Gewand anbehalten, als wollte er demonstrieren, daß er immer der gleiche sei, was er auch trage.

Draußen liegt das abendliche Bet Sahour, ich sehe seine ansteigenden Lichter in der Dunkelheit, Dachsilhouetten gegen den Himmel, den Ortshorizont – eine Ruhe, die nur gelegentlich gestört wird von Rufen, Schreien, die durch das Stimmengewirr im Raum hindurchdringen und die ich mir nicht erklären kann.

Eine fehlt in der Runde, das liebliche Augenwunder, die Schönste der Schönen, die Rachel von heute, in die ich mich auf den ersten Blick verliebt hatte – Samar.

»Sie ist so scheu«, erklärt mir Miriam D. Samars mandeläugiger Bruder, am Tisch neben der Mutter, lächelt – so viel Englisch versteht er schon.

In den nächsten beiden Stunden berichtet Hanna Bischara D. aus dem Leben eines Palästinensers in der zweiten Hälfte unseres Jahrhunderts. Er wird während der ganzen Zeit von niemandem unterbrochen.

Die Westbank war noch ein Teil Jordaniens, als er 1955 von den Behörden verhaftet wurde – Beteiligung an Demonstrationen gegen König Hussein II., Aufruhr, kommunistische Umtriebe. »Tatsächlich ging es darum, gegen die Errichtung von US-Militärbasen im Irak, der Türkei und Jordanien zu demonstrieren. Jeder, der damals gegen die autoritäre Monarchie kämpfte, galt in Jordanien als Kommunist, auch wenn er keiner war – ich allerdings war einer. Das wog doppelt schwer, weil ich Palästinenser bin.«

In der Untersuchungshaft wurde er fünf Tage gefoltert. »Sie wollten Informationen. Zuerst haben sie mich mit ihren Händen geschlagen, dann mit Stöcken, vor allem auf die Gelenke und in den Nacken, aber so dosiert, daß ich daran nicht starb. Der Arzt, der von meiner Herzkrankheit wußte, forderte die Soldaten auf, mich nicht länger zu schlagen, weil das meinen Tod bedeuten konnte. Aber sie hörten nicht auf ihn. ›Du bist

Kommunist – wer sind deine Mitkämpfer?‹ Sie schlugen mir auch die Füße wund, und so mußte ich durch versalztes Wasser gehen. Die Schmerzen waren unerträglich. Aber ich habe durchgehalten. Ich wäre lieber gestorben, als Verrat zu üben.«

1956 wurde Hanna Bischara D. ohne Gerichtsverhandlung zu fünfzehn Jahren verurteilt. Das Gefängnis lag acht Autostunden von der jordanischen Hauptstadt Amman entfernt – in der Wüste. »Niemand hätte das Lager verlassen können – wohin auch? Er wäre des Todes gewesen. Trotzdem wurden wir Tag und Nacht bewacht.«

Die Verhöre gingen weiter. Wer redete, dem wurde Haftverkürzung oder Entlassung in Aussicht gestellt. »Das ging nach einem neuen System vor sich, das einem deutschen Experten zugeschrieben wurde, der es bei Naziverhören angewendet hatte und in unser Lager kam. Er hat es auch bei mir versucht: ›Wenn du mir sagst, wer deine Kampfgenossen sind, kriegst du einen Blankoscheck, in den du jede Summe einsetzen kannst.‹ Ich habe nicht nachgegeben, ich habe nichts gesagt. Deshalb wurde ich wieder verprügelt, auch von ihm. An seinen Methoden sind viele gestorben, andere sind dadurch verrückt geworden. Das schrecklichste Bild in dem Wüstengefängnis war, wie diese Menschen dort herumirrten, lallend, feixend, im eigenen Kot liegend. Der Tod wäre eine Gnade für sie gewesen.«

Hanna Bischara D. kam nach zehn Jahren frei. Miriam D., ihm schon als Kind versprochen, hatte die ganze Zeit auf ihn gewartet. Sie war 18, als sie 1967 heirateten, er 31. »Das war ausgerechnet während des Sechstagekriegs. Meine Tochter hier«, der Vater zeigt auf eine junge Frau am Tisch, neben ihrem Mann, »hat bei Ausbruch der Intifada geheiratet.«

Eine palästinensische Biographie. In dem hellerleuchteten Raum war fast keine Bewegung gewesen, während Hanna Bischara D. gesprochen hatte. Nur einmal hatte Miriam D. beide Hände bis in Augenhöhe vors Gesicht gehalten, ohne daß sie ihr Erröten verbergen konnte. Das war, als ihr Mann davon sprach, daß sie so lange auf ihn gewartet hatte.

Über dem Durchgang zum anderen Zimmer, hoch droben, die kolorierten Photos von Hanna Bischara D.s Eltern – stolze

Gesichter, hoheitsvoll, lebenserfahren. Der Vater hatte in englischen Diensten gegen Hitlerdeutschland gekämpft, war später von jordanischen Behörden festgenommen, in ein Lager gesteckt und erst nach fünf Jahren freigelassen worden – die Familie hatte schon jede Hoffnung aufgegeben. Das Paar war uralt geworden – er starb 1984, sie 1987.

Jetzt kommt Samar ins Zimmer, eine rote Schleife im schwarzen Haar, sonst aber ganz in Weiß – eine Blüte, eine Blume von einem Menschenkind. Sie geht, unter strenger Mißachtung meiner Person, zur Mutter, verbirgt sich halb hinter deren Rücken, greift nach ihrer Hand und wirft dann und wann hinter so sicherer Deckung einen Blick auf mich. Mag sein, daß es nicht meine schon bei den vorangegangenen Besuchen unverbergbar bekundete Zuneigung war, die ihre lange Abwesenheit erklären konnte, sondern die Eltern ihre Jüngste einfach vor Einzelheiten der väterlichen Leidensgeschichte bewahren wollten. Ihr mandeläugiger Bruder, den ich auf acht schätze, hatte dagegen alles mitangehört.

Die ganze Zeit waren die Rufe von draußen nicht abgebrochen. Jetzt winkt Hanna Bischara D. Hakam und mich hoch und führt uns, gefolgt von den anderen, auf den Balkon. Unten, an der Wand des gegenüberliegenden Hauses, sehe ich dunkle Schatten - und begreife. In Bet Sahour werden heute nacht Graffiti an die Mauern gemalt und gespritzt, antiisraelische und propalästinensische. Auch auf den Dächern sehe ich Gestalten, gut zu erkennen von unserem erhöhten Standort, höre Stimmen über den Ort schallen – ob Warnung, Entwarnung, Parolen, das ist für mich schwer zu unterscheiden. Hakam sieht meine Ungewißheit: »Es ist immer derselbe Tenor – ›Besatzer raus!‹ und ›Es lebe die PLO!‹« Ich weiß nicht, ob er selbst spürte, daß er geflüstert hatte, obwohl es dafür keinerlei Anlaß gab.

Offenbar geht alles nach einer erprobten Methode vor sich. Eine der Teenagertöchter hat sich auf dem Dach des Hauses postiert und gibt von dort in bestimmten Abständen Laute von sich. Ich sehe auf die pinselnden und sprühenden Gestalten, denke dabei an die antiadenauerschen Parolen, die ich Anfang der fünfziger Jahre mit den Genossen und Genossinnen der KPD an die Wände des Hamburger Vororts Blankenese gepinselt habe, verwerfe den Vergleich jedoch sofort als unangemessen, da das Schlimmste, das uns damals drohte, eine kurze Verbringung auf die nächste Polizeiwache war, während hier Verwundung und Tod drohten.

Plötzlich sind auf den dunklen Straßen alle Vermummten und Maskierten fort, wie auf Befehl. Dann gellen von den Dächern viele Stimmen über Bet Sahour, vereinigen sich zu einem anschwellenden Unisono, schlagen den Abhang hoch und in den Himmel hinein – es ist, als tremolierte die Luft, als würde der ganze Ort in Schwingung versetzt, so mächtig ist die Akustik, die aus Hunderten von palästinensischen Kehlen schallt, dröhnend, inbrünstig, furchterregend. Hier ist kein Sprachverständnis mehr nötig, hier wüßte jedermann, daß da gefordert wird.

Auf einen Schlag, wie verabredet, ist alles wieder still, und der Ort, der keine Steuern zahlt an Israel, liegt wie ausgestorben da.

Hakam und ich sitzen mit der ganzen Familie noch lange in der lauen Nacht unter Weinreben. Der Hausherr hat eine Matratze geholt, auf der er nun mit einer Kopfstütze liegt. Ein knorriger Alter ist dazugestoßen, ehemaliger Mithäftling von Hanna Bischara D., ein »höheres politisches Tier« aus dem *council* von Bet Sahour, wie Hakam mir zuraunt, und beide lachen miteinander, als wäre nie etwas geschehen und ihr einstiges und jetziges Leben eitel Freude und Sonnenschein.

Inzwischen hat Samar Mut gefaßt und sich bis auf zwei Schritte an mich herangewagt. Dort bleibt sie stehen, ein heller Duft, bis sie schließlich hinter ihrem Rücken ein Schulheft hervorholt und mir hinreicht. Ich blättere in Zeichnungen und arabischen Schriftzeichen, während Miriam D. erzählt, daß Samar eine gute Schülerin sei, lernbegierig und aufmerksam, daß aber unter den Besatzungsverhältnissen ein geordneter und regelmäßiger Unterricht nicht möglich sei, es sei denn, sie ginge auf eine bestimmte der christlichen Schulen hier. Das aber könne sich die Familie aus den bekannten Gründen nicht leisten.

Mir kommt ein Gedanke.

Als ich Samar das Heft zurückgebe, berühren sich unsere Finger, ohne daß sie ihre Hand zurückzieht. Ich ergreife sie und behalte sie in der meinen. So verharren wir eine ganze Weile, während der das Mädchen angestrengt auf einen Punkt des Steinbodens starrt. Dann löst es sich, geht zur Mutter und behält mich von da mit der dunklen Pracht seiner Augen neugierig und forschend im Blick.

Bevor wir aufbrechen, bitte ich Hanna Bischara D. und seine Frau ins Haus. Als ich wieder herauskomme, habe ich das väterliche Jawort.

Danach flüstert die Mutter Samar etwas ins Ohr, tritt auf mich zu, winkt mich gleichzeitig zu sich heran und legt mir die Arme um den Hals.

Von der ganzen Familie begleitet, gehe ich mit Hakam zu meinem Wagen, werfe ihn an und fahre ab, hinein nach Bet Sahour in Richtung Jerusalem. Vor der Biegung schaue ich noch einmal aus dem heruntergekurbelten Fenster. Von der Gruppe vor dem Haus ist nur noch ein weißes Kleid zu erkennen.

Seit einer Stunde habe ich ein palästinensisches Patenkind – Samar, neun Jahre alt.

Weit hinter Bethlehem, auf der Südchaussee nach Jerusalem hinein, fast auf der Höhe der Haaspromenade, fährt Hakam den Wagen an die Seite und hält an.

»Ich möchte dir etwas sagen, was mir schon lange auf dem Herzen liegt«, er unterbricht sich, als er sieht, daß ich mein Sprechgerät hervorhole und ihn fragend anschaue. Dann nickt er – »natürlich« – und fährt fort: »Du wirst von unserer Seite im Zusammenhang mit der israelischen Palästinenserpolitik und ihren Maßnahmen gegen die Intifada wohl mehr als einmal gehört haben: ›Wie bei Hitler‹, ›Wie bei den Nazis‹ oder ›Wie die SS‹. Du sollst wissen, daß ich gegen solche Vergleiche bin, daß es falsch ist, das, was hier passiert und was schlimm genug ist, mit der Nazizeit zu vergleichen. Es gibt hier keinen industriellen Massenmord, und die Intifada ist nicht der Holocaust. Aber bestimmte kollektive Bestrafungen der Palästinenser durch die Israelis in den besetzten Gebieten machen es den Leuten leicht, die diese Vergleiche ziehen. Zum Beispiel das Ausgehverbot, das für alle gilt, manchmal 45 Tage lang. Dann die Schulen, die geschlossen werden, Lehrstätten, Universitäten – alles kollektiv. Das ist übrigens ein besonders schmerzlicher Punkt, weil wir Palästinenser ein äußerst lernbegieriges Volk sind. Weiter. Nachts stürmen die Soldaten Häuser, reißen die Menschen aus dem Schlaf, alle, Kinder und Erwachsene, und treiben die gesamte Einwohnerschaft auf dem Hauptplatz des Ortes zusammen – erinnert dich das an etwas, gerade dich? Und wie geht es in den Militärgerichtshöfen zu? Da sind zehn Palästinenser angeklagt, aber sie werden nicht getrennt behandelt, sondern gemeinsam angeklagt und gemeinsam verurteilt – in der Regel ohne Verteidiger.«

Während Hakam noch spricht, ist er langsam auf die Haaspromenade gefahren, und da liegt sie nun im Norden vor uns, die Heilige Stadt mit ihren Lichtern und ihrem überwältigenden Nachthimmel.

»Ich sage das alles nicht, um falsche Vergleiche zu ziehen, sondern um vor etwas zu warnen, was ähnlich aussieht und es der Unwissenheit und dem Antisemitismus leichtmacht, in diesem Sinn zu agitieren. Du wirst mir vielleicht nicht glauben, was ich dir jetzt sage, aber dennoch ist es wahr. In einigen Siedlungen, zum Beispiel in Ariel, wo wir beide waren, mußten Palästinenser, die dort Arbeiten verrichten, Binden tragen, die sie als Araber auswiesen. Das ist nicht lange durchgehalten worden, so etwa zehn Tage, dann war es vorbei – auch durch den inneren, den israelischen Widerstand. Aber daß so etwas überhaupt möglich war, nachdem Juden unter Hitler den Stern tragen mußten, ist unglaublich.«

»Mir wird speiübel«, sage ich, »nur zeigt dein schlimmes Beispiel den Unterschied zum Schlimmsten an – die Juden Europas mußten den Stern bis vor die Gaskammer tragen. Von innen her gab es in Hitlerdeutschland keinen Widerstand, der stark genug gewesen wäre, ihnen dieses Brandmal von der Brust abzunehmen.«

Hakam fährt zurück auf die große Südchaussee. Dort angekommen, frage ich ihn: »Was hast du eigentlich für Hoffnungen?«

»Viele, darunter besonders eine – die Hoffnung auf die israelische Moralität. Du hast einmal gesagt, die israelische Armee könnte mit der Intifada an einem einzigen Tag fertig werden. Dazu gehörte nicht mehr als ein Blutbad, wie es arabische Regimes mehr als einmal unter den eigenen Landsleuten angerichtet haben – richtig. Aber Israel kann es nicht, wegen seiner Moralität. Sie verbietet es ihm. Ich finde, das ist eine große Kraft, die irgendwann wirksam, irgendwann Politik wird, sie muß sich nur auch parlamentarisch niederschlagen.«

Wir haben den Stadtrand von Jerusalem erreicht. »Und wie verfährt solche Moralität mit einem Gegner, der sie nicht hat?« frage ich.

»Wenn sie wirksam wird, diese höhere Moralität, beeinflußt sie auch den Gegner, ob er will oder nicht. Aber solange damit kein Anfang gemacht wird, bestimmen die Falken beider Lager das Geschehen.«

Wir sind vor dem American Colony Hotel angekommen. Hakam wohnt in Ostjerusalem, lädt mich aber nie dorthin ein, vielleicht, weil er mir nicht zeigen will, wie er dort lebt. Ich frage ihn nicht, weil ich spüre, daß das ein sensibles Thema ist.

Ich bin ans Steuer gerückt, habe die Scheibe heruntergekurbelt, und Hakam stützt sich von außen auf die Autotür. Da steht er und lächelt mich mit seinem runden, jungen Gesicht an. Wir kennen uns jetzt seit einigen Monaten, und ich habe ihn nie anders erlebt als freundlich, offen – und außerordentlich effizient. Von seiner Seite kam mir gegenüber, dem Juden, auch nicht der Anflug eines Schattens auf, nie hatte ich das Gefühl, daß sich seine Bitterkeit über das Los seiner Landsleute unter israelischer Herrschaft und seine nationalen Überzeugungen gegen mich richten, obwohl er weiß oder wissen muß, daß ich in manchem nicht seiner Meinung bin. Ich kann mir vorstellen, daß er konspirative Verbindungen hat, die mir unheimlich wären, und habe inzwischen auch von ihm erfahren, daß er mit palästinensischen Kindern in Deutschland war, »auf Tournee«. Was natürlich nichts anderes bedeutet, als daß er dort für die palästinensische Sache agitiert hat, und daß ich, wenn ich dabei gewesen wäre, in der Diskussion manch gegenteiligen Standpunkt vertreten hätte. Dennoch bin ich ganz durchdrungen davon, daß er seinen grundsätzlichen Humanismus, sein Bekenntnis zur Gewaltlosigkeit, zum Ausgleich, zum Frieden, nie und nirgends verraten wird und daß darauf Verlaß ist.

Ich prüfe mich immer wieder mit höchstem Mißtrauen, ob ich ihm innerlich wirklich von gleich zu gleich gegenüberstehe, entdecke aber daneben kein anderes Gefühl. Er hat in mir einen Freund gefunden, einen jüdischen. Und ich in Hakam Fahoum einen palästinensischen, den ersten in meinem Leben.

Als wir uns die Hand geben, frage ich, wie schon so oft: »Wann wirst du mir von deiner Haft bei der israelischen Armee berichten?«

Er tritt zurück, hebt den Arm, winkt mir heruntergebeugt zu.

»Später – vielleicht.«

Gaza

Ich lerne die Intifada persönlich durch drei Erlebnisse kennen, von denen für mich wirklich prekär nur eines war – das dritte.

Das erste ereignete sich auf dem Weg von Beer Scheva nach Jerusalem durch die Westbank. Man hatte mich gewarnt, allein in einem Wagen mit fremdem Nummernschild durch die *territories* zu fahren. Die Zahl der Anschläge hatte sich drastisch erhöht, und man riet mir deshalb, das zu tun, was für Millionen von Israelis selbstverständlich ist – und die Teilung des Landes klar dokumentiert –, nämlich den Gazastreifen und die Westbank nicht zu betreten. Das verlängert zwar jede Reise von Jerusalem nach Norden oder Süden um etliche Kilometer, war vom Sicherheitsstandpunkt jedoch durchaus ratsam. Nur hielt ich mich nicht daran, und das aus einem einleuchtenden Grund, wie ich fand: Ohne Überwindung von Angst wäre meine Aufgabe nicht zu bewältigen gewesen. Ich hatte gewußt, worauf ich mich einließ, und bei allzu intensiver Prüfung der eventuellen persönlichen Gefährdung wären Konzept und Programm unweigerlich beschränkt worden. Die Grenze zwischen Leichtsinn und Risikobereitschaft glaubte ich wohl ziehen zu können, zumal mir dieses Problem von meinen langen Reisen als Fernsehautor in Asien, Afrika und Lateinamerika nur zu bekannt war. So war ich also oft in den Süden Israels nicht westlich der *green line* gefahren, also über Latrun, Qiryat Gat, Beer Scheva, sondern über Bethlehem und Hebron quer durch die Westbank – und gerade so zurück.

Es wäre geprahlt, wenn ich sagen würde, daß ich dabei angstfrei gewesen sei. Zuweilen, vor allem bei Begegnungen mit Gruppen von Palästinensern auf den Straßen, war mir mulmig zumute, obwohl ich die *kefiyah* hinter die Windschutzscheibe gelegt hatte, jedenfalls solange ich mich jenseits der Grünen Linie befand. Auch spürte ich bei diesen Fahrten durch die besetzten Gebiete wieder ganz deutlich meine ambivalenten Reaktionen beim Anblick israelischer Soldaten – hier, in den *territories*, wirkten sie auf mich außerordentlich beruhigend und gaben mir die Gewißheit, im Fall eines Falles geschützt zu sein.

Nun hatte ich mich also wieder einmal entschlossen, aus dem Negev kommend, den kürzeren Weg nach Jerusalem durch das biblische Judäa zu nehmen. Und dort, vor Hebron, passierte es. Am Straßenrand sehe ich einen arabischen Dreikäsehoch, nicht älter als vier, höchstens fünf Jahre alt und fahre sofort langsamer. Abgesehen davon, daß ich ohnehin Hakams Lehre befolge, nach der es ratsam ist, in den besetzten Gebieten nicht zu rasen, weil das typisch für Siedler sei – nach einem zum Glück glimpflich ausgegangenen Erlebnis kurz nach Erlangung meines Führerscheins mit der Unberechenbarkeit von Kindern im Straßenverkehr war es mir sowieso in Gaspedal und Bremse übergegangen, bei ihrem Anblick das Tempo zu drosseln. So fahre ich dann also fast im Schritt vorbei an dem palästinensischen Winzling, der da ganz allein am Straßenrand steht. Und ich erschrecke nicht schlecht, als plötzlich, kaum hatte ich ihn passiert, ein harter Schlag den Wagen durchdröhnt, nicht vom Dach oder von der Seite her, sondern unten, vom Wagenboden – dort hatte der Stein meinen Ford getroffen: Im Rückspiegel sehe ich gerade noch, wie der kleine Arm heruntersinkt, der den Brocken geworfen hatte.

Ich gestehe meinen Schock, weniger, weil ich das Tatobjekt war, sondern der »Aggressor« noch nicht einmal schulpflichtig. Dennoch glaubte ich, es mit meiner Loyalität gegenüber Israel vereinbaren zu können, dem Kleinen durch das geöffnete Schiebedach zuzuwinken, bis ich ihn aus den Augen verloren hatte.

Mein zweites Erlebnis mit der Intifada ereignete sich am anderen Ende von Hebron. Der Eindruck war um so nachhaltiger, als ich gerade von Qiryat Arba kam, jener israelischen Siedlung, die schon häufig der Anlaß zu schweren Auseinandersetzungen zwischen Juden und Arabern war und die mich bei der Besichtigung wegen ihres unverblümten Festungscharakters verschreckt hatte. Die ganze Siedlung ist abgesperrt durch ein Tor, überall Drahtgitter, Stacheldraht, Straßensperren, Ketten mit nach oben weisenden Spitzen, Militärfahrzeuge. Qiryat Arba sieht aus, als wären die Häuser aus hellem Jerusalemstein gerade eben erst erbaut worden, so neu wirken sie. Vier charakteristische Merkmale fielen mir besonders auf: überall die Flagge Israels; mehr bewaffnete Zivilisten, als ich sie irgendwo sonst gesehen hätte; überdurchschnittlich viele Einwohner von dunkler Hautfarbe, afrikanisch-orientalische Juden, und ein öffentliches Klima, das mir wie aufgerauht erschien, auch dies weit hinaus über den Pegel, der für Israel in seiner bedrohlichen Situation nur natürlich ist.

Was dann geschah, fand aber nicht dort statt, sondern ein ganzes Ende davon entfernt – eine regelrechte Schlacht zwischen steinewerfenden Jugendlichen und israelischen Soldaten. Ich schätze die Palästinenser, die ich zu Gesicht bekam, auf etwa fünfzig junge Männer und Kinder, unter diesen auch Mädchen, denen zwölf oder fünfzehn Schwerbewaffnete gegenüberstanden. Der Schauplatz war rund 200 Meter von dem Standort entfernt, wo ich meinen Wagen verlassen mußte – der Aufruhr machte es mir unmöglich weiterzufahren, wenngleich die Araber mir gegenüber keinerlei Anzeichen von Feindseligkeit erkennen ließen.

Und dann sah ich aus unmittelbarer Nähe zum erstenmal Szenen, deren Zeuge ich bisher nur im Film oder im Fernsehen geworden war – die Intifada in Aktion und Gegenaktion! Vermummte in wallenden Staubwolken, wie Vögel aus verhangenem Himmel hervorschießend und wieder in seine Geborgenheit hinein verschwindend; die gebogenen, weit nach vorn gelegten Körper, wenn der Stein geschleudert wird; die wellenförmigen Bewegungen der vorderen Linien, wie sich rasch ablösende Ebbe und Flut, einmal in diese, dann wieder in jene Richtung rollend; das hektisch wechselnde Niemandsland zwischen den Fronten, übersät von Steinen und anderen Gegenständen, die nicht gleich zu identifizieren sind, aber doch sämtlich eine Funktion haben – geworfen oder geschleudert zu werden. Die martialischen Gestalten der israelischen Soldaten und ihre erhobenen Feuerwaffen, mit denen sie dem Spuk in einer Minute den Garaus machen könnten, die blitzschnellen Veränderungen ihrer Haltung, wenn sie einmal unerschrocken, wie festgemauert, dastehen, dann aber plötzlich vorstürmen oder einem Steinhagel elastisch ausweichen; eine überlegene uniformierte Phalanx, die von vornherein einen offenen Sieg der Gegenseite illusorisch macht.

Ich befand mich mitten unter Zuschauern, die natürlich auf der Seite der Kinder der Steine sind und mich als Fremden erkennen, ohne daß das äußere Folgen hätte. Aber ich spüre die unsichtbare Wand, die sich zwischen ihnen und mir aufgerichtet hat. Sonst geschieht nichts.

Von diesem Erlebnis habe ich als prägenden Eindruck etwas Atmosphärisches in Erinnerung, eine bestimmte Akustik, viel länger andauernd und erschreckender als der feindliche Zusammenprall selbst. Es war eine Mischung aus Tönen, die mir vorkam, als vermengte sich hier Menschliches und Kosmisches miteinander, eine Art undefinierbares Gebrüll, als Summe von vielen Stimmen identifizierbar, jedoch nicht von unten kommend, sondern von oben, wie ein schweres Rauschen, das die tosende Szene sozusagen überdachte. Es erinnerte mich schlagartig an ein Erdbeben, das ich im Zentrum von Santiago de Chile am 8. Juli 1971 miterlebt hatte. Als ich dort aus einem Restaurant auf die Straße stürzte, war es dagewesen, das Geräusch – hohl, anschwellend, nie zuvor gehört und deshalb von höchster Unheimlichkeit. Nur kam es nicht aus der stoßenden, bebenden Erde unter meinen Füßen, sondern wie vom Himmel herab, als fauchte von dort ein ebenso unsichtbares wie ungeheures Tier seinen feurigen Atem auf die Erde.

Ähnlich war es hier, am Nordrand Hebrons, einem schon klassisch zu nennenden Ort der Auseinandersetzung zwischen Juden und Arabern. Und diese akustische Erdbebenparallele in ihrer schauerlichen Symbolik war es, die mich beim Anblick eines winzigen Ausschnitts der Intifada bis ins Innerste entsetzte – etwas furchtbar Unversöhnliches hing über dem Kampfplatz.

Mir selbst geschah inmitten der gewalttätigen Situation nichts.

Solche Unversehrtheit war bei meiner letzten und dritten Begegnung mit der Intifada durchaus ungewiß, wobei ich gleich anmerke, daß sie während meines langen Israelaufenthalts die einzige wirkliche Gefährdung blieb.

Es war ein Tag, der leuchtend begonnen hatte. Ich hatte eine Verabredung mit Angehörigen einer israelischen Siedlung im Gazastreifen, die ich wegen unzureichender Wegweisung bereits einmal verfehlt hatte. Nun machte ich mich, mit genaueren Angaben, wie ich glaubte, abermals von Jerusalem auf, hinein in den strahlenden Morgen und bei Latrun ab von der Autobahn in Richtung Aschkelon. Die Herrlichkeit dieser Strecke beginnt gleich hinter der Abzweigung – riesige Sonnenblumenfelder, bis an den Horizont, Millionen und aber Millionen großer, im leichten Wind nickender, von gelben Blüten umkränzter Braungesichter, eine endlose, in großen Quadraten und Rechtecken ausgesäte Pracht.

Bei Fahrten wie dieser habe ich übrigens stets eine Vision, gegen deren Schrecken ich mich wehre, ohne ihn verscheuchen zu können – die Vorstellung, daß dies alles eines Tages eingehüllt sein könnte in Rauch und Schlachtenlärm, daß dieser friedliche Morgen durchzuckt sein könnte von Flammen und der blaue Himmel durchblitzt von den fliegenden Boten des Todes.

Es ist die Situation selbst, die solche Bilder heraufbeschwört, die täglichen Hiobsereignisse von Gewalt und Gegengewalt, die bestätigen, daß sich das Land in einem latenten Kriegs- und Bürgerkriegszustand befindet und daß in diesem Israel jedermann jederzeit überall verwundet oder getötet werden kann.

Auch auf dieser Fahrt hatte ich derlei Zwangsvorstellungen, ohne jedoch zu ahnen, daß sich die Frage von Sein oder Nichtsein schon sehr bald mir selbst stellen würde.

Vor Gaza ist die Landschaft immer noch grün und keineswegs so trocken, wie man vermuten könnte. Dennoch kündigen sich die Ausläufer des Negev aus dem Osten unübersehbar an, vermitteln die Sanddünen gegen das Meer zu den Eindruck großer Wüstennähe.

Ich bin unbeanstandet durch die israelische Sperre gekommen und fahre nach Süden in Richtung Sa'ad, Kfar Aza, Nahal Oz. Die Wegweisung entpuppt sich abermals als schlecht. Ich suche, finde aber nicht. So frage ich denn nach der Siedlung, bekomme unterschiedliche Antworten, fahre mit meinem Ford und seinem deutschen Nummernschild weiter, immer weiter und befinde mich plötzlich inmitten einer bewohnten Gegend, in bevölkerten Straßen, offenbar am Rand einer Stadt, die nach allem, was sie darbietet, keine andere sein kann als – Gaza Town.

Als ich dessen gewahr werde, als ich erkenne, daß ich im Zentrum der Region bin, in die sich schon lange vor Ausbruch der Intifada weder ein israelischer Zivilist noch ein ausländischer Tourist, denen Leib und Leben teuer sind, je allein gewagt hätte, ist es zu spät. Ich bin bereits umzingelt von einer Menge, die mich zwingt anzuhalten, und die stumm auf mich herabblickt.

Ich werde im folgenden nichts dramatisieren, sondern die Situation so knapp wie möglich schildern. Sie wäre auch drei Tage zuvor schon gefährlich gewesen, heute aber ist sie ungleich gefährlicher. Denn vor 48 Stunden war jener Anschlag in der Nähe von Tel Aviv gewesen, bei dem an einer Bushaltestelle in Rischon Le Zion ein Israeli mit seiner Maschinenwaffe sieben Araber getötet und zahlreiche andere verletzt hatte. Am selben Tag noch gab es in den besetzten Gebieten eine förmliche Aufstandsexplosion, der weitere Palästinenser zum Opfer fielen, und am schlimmsten zugegangen war es hier im Gazastreifen, in den Lagern, aber auch in der Stadt.

Ich mache jetzt einen Fehler. Ich lege Hakams Palästinensertuch aus – und das war zu spät, ganz abgesehen davon, ob es überhaupt etwas nutzen konnte. Nun jedenfalls kann es Mißtrauen oder Feindschaft nur noch mehr anstacheln. Diesen Fehler mache ich wieder gut, indem ich angesichts der Gefahr innerlich vereise, eine alte Erfahrung, die ich schon als Gymnasiast mit mir selbst gemacht habe. Vor jedem drohenden Latein- oder Griechischextemporale die Nervosität in Person, herrschten sofort nach Erkennen der Lage äußerste Kaltblütigkeit und klarer Kopf, als stünde ich quasi neben mir - Reaktionen, die sich später dann in zahlreichen Situationen während der Nazizeit bestätigten.

In der Lage, in der ich mich jetzt befand, waren sie wahrscheinlich entscheidend, wie ich im Rückblick glaube. Denn es mag diese nach außen zur Schau getragene Furchtlosigkeit gewesen sein, die den Ablauf verzögerte. An der gewaltbereiten Feindseligkeit der wie eine Mauer um mich herumstehenden Palästinenser konnte es keinen Zweifel geben – Mienen, Fäuste, Rufe, Schreie ließen sie nicht zu. Meine Rettung, vor was auch immer, war eine kleine Lücke in der Menschenmauer, ein Spalt nur. Durch ihn hindurch sah mich die israelische Militärstreife, die in einer Entfernung von etwa fünfzig, sechzig Metern vorbeifuhr, meinem Blick und meiner Hoffnung zunächst entschwand, dann aber doch den Rückwärtsgang einlegte und nun, in Gestalt von zwei mit Soldaten besetzten Fahrzeugen, langsam auf uns zukam. Die Menge teilte sich, widerwillig, und aus dem ersten Wagen stieg, schußbereit, ein Offizier, der mich ungläubig anstarrte und scharf fragte: »Was tun Sie hier?« Ich erklärte es ihm. Er schüttelte den Kopf, als hätte er es mit einem Verrückten zu tun, und sagte dann, noch grimmiger: »Dies ist nicht die Siedlung A. im Gazastreifen, dies ist Gaza-Stadt, was soviel heißt wie das Tibet des 19. Jahrhunderts. Wer da als Europäer oder Weißer unbefugt hineinkam, hatte wenig Chancen, lebend wieder herauszukommen.«

Dann, ein Befehl: »Sie fahren jetzt mit Ihrem Wagen zwischen unsere beiden und halten einen Abstand von fünf Metern. Wenn geschossen wird oder Sie angegriffen werden, kommen Sie sofort in das vordere Fahrzeug und werfen sich auf den Boden. Sonst tun Sie nichts – don't get me wrong!«

Nein, Sir, ich hatte Sie nicht falsch verstanden.

Es gibt Lebenslagen, da geht es einem wie beim Zeitlupenfilm - alles wirkt, gemessen am tatsächlichen Ablauf, ungeheuer verzögert, aber gerade dadurch hochintensiviert. So auch jetzt, bei der langen Fahrt aus Gaza Town bis zu einer der israelischen Sperren, die innerhalb des Gazastreifens ein bestimmtes Areal abgrenzen – das, aus dem ich nun geleitet und dann, äußerst ungnädig von seiten meiner bewaffneten Begleitung, entlassen wurde.

Es war nichts geschehen, außer, daß ich mich wie zum zweitenmal geboren fühlte. Weit mehr als meine unmittelbare Gefährdung aber ist mir von dieser Fahrt zwischen zwei israelischen Militärwagen etwas anderes im Gedächtnis geblieben: nämlich wie die an den Straßenrändern stehenden Palästinenser die israelischen Soldaten angeblickt, wie sie ihnen nachgestarrt haben; wie sie dastanden, stehenblieben angesichts der mobilen Kolonne, alle in die gleiche Richtung schauend und alle mit dem gleichen Ausdruck im Gesicht. Ich habe darin etwas wahrgenommen, was mir in solcher Kompression, solcher Nacktheit noch nie in meinem Leben begegnet war – ungehemmten, körperlich greifbaren und nur durch größte Selbstdisziplin mühsam von Tätlichkeiten zurückgehaltenen Haß – das Pendant zu Shifra Hoffmann.

Dies war die Stunde der Wahrheit, eine Lehrstunde sondergleichen. Sie sitzt mir noch heute in den Knochen. Ich kann sie nicht vergessen. Und sie verheißt nichts Gutes, weder für die Gegenwart noch für die Zukunft – für sie schon gar nicht.

Israel, um Himmels willen, Israel.

Negev

Woher bekam Avdat sein Wasser?

Südlich von Beer Scheva beginnt sie wirklich, wird sie kahl, wellig, rücken ihre Tentakeln näher an den heißen Rumpf heran, bleckt sie ihre großen gelben Zähne – die Negevwüste. Vor mir dehnt sich eine gigantische Einöde, in der über weite Strecken hin die Anwesenheit von Menschen nur bezeugt wird durch die Straße, die Telegraphenmasten und verstreut liegende schwarze Zelte – dies ist Beduinenland.

Von Beer Scheva, dem biblischen Brunnen der Sieben, gibt es zwei Möglichkeiten, die Wüste zu durchqueren. Eine nach Osten, vorbei an Dimona und, immer entlang der jordanischen Grenze, durch das Aravatal bis Elat am Roten Meer – heute die Hauptverkehrsader. Die andere, ältere, sozusagen die klassische Trasse, führt direkt nach Süden, mitten durch das Herz des Negev.

Auf ihr befinde ich mich jetzt.

Im Westen gesäumt von den antiken Ruinen Schivtas, im Osten von der Nabatäerstadt Avdat und den Kegeln, Schründen und Wadis der Sandwildnis Sin – das ist die Straße, auf der mein Ford einem bestimmten, unvergeßlichen Ziel entgegenfährt. Vor mehr als zwanzig Jahren hatte ich es zum erstenmal erblickt - und seither nicht wieder.

Bis zu diesem Punkt ist es noch eine Weile hin.

Den landschaftlichen Gegensatz zu allem, was nördlich der Wüste liegt, kann man sich eindrucksvoller nicht denken. Ich war von Jerusalem über Bet Schemesch und Qiryat Gat, knapp östlich von Aschdod und Aschkelon, auf dem großen Highway nach Süden gefahren. Durch üppige Vegetation, farbige Blumenteppiche, zu beiden Seiten die Plastikplantagen der Tropfbewässerung und die kreisenden, kristallenen, sonnendurchblitzten Fontänen der Feldbewässerung.

Hier nun, nur wenig weiter südlich, tut sich ein anderer Planet auf, bar allen Lebens, so scheint's, bar auch allen gewohnten Lärms, ein lastendes, ungeheuerliches Schweigen, das von einer archaischen Geologie ausströmt, die von Ewigkeiten geformt worden ist und deren Erhabenheit einen erschlagen will. Da kommen Ängste auf, unweigerlich, stellt sich wie von selbst die Frage: Was würde geschehen in dieser Einöde, wenn der Motor aussetzte, dich ein Hitzschlag träfe oder dir, ab vom Wege, die Orientierung verlorenginge? Häufig sind Schilder, die warnen vor Überflutung der Straße – »when bridge flooded« –, aber die Regenzeit ist fern und ringsum nichts als endlose Trockenheit.

Und dann ist es erreicht, das Ziel, rund 50 Kilometer hinter Beer Scheva und 150 vor Elat, der steile Abfall von einer Ebene auf eine tiefere, die gigantische Treppe in das Untergeschoß des Negev, eine Art Keller der Erde – der Maktesch Ramon, der Ramonkrater.

Hier oben, 900 Meter über dem Meeresspiegel, beträgt der Höhenunterschied zwischen dem Platz, auf dem ich am Rande der Felsböschung stehe, und dem dunstigen Gelb der Wüstenplatte, die sich da unten bis an den südlichen Horizont hinzieht, gut 500 Meter. Sie ist durchzogen von zahllosen, jetzt knochentrockenen, von den Regenzeiten wechselnd geformten Rinnen und liegt unter einem Himmel, an dem, leicht wie Daunen, zerzackte Wolken schwimmen. Nach Osten verliert sich der Bruch in diffusem Licht. Da, wo die Kante mit wild gezackten Graten und rötlichem Schimmer dem Auge entschwindet, ist ihr höchster Punkt.

Jetzt fahre ich hinunter in die Senke, aber nicht mehr auf dem schmalem Pfad, wie an jenem Tag vor fast einem Vierteljahrhundert, als ich den Maktesch Ramon zum erstenmal erblickte, sondern auf der inzwischen ausgebauten Straße, die oben flankiert wird von dem wind- und wassergeprägten Gestein des ungeheuren Abhangs und sich weiter unten dahinschlängelt in Serpentinen, die in die schnurgerade Straße nach Süden auslaufen.

Von hier, vom Fuße her, wirkt das Naturschauspiel noch überwältigender. Entgegen seinem Namen, handelt es sich beim Ramonkrater keineswegs um einen Trichter. Was sich hier mit einer riesigen Front weitgestreckt nach links und rechts auftürmt, wirkt vielmehr wie eine erstarrte Felsbrandung, wie ein geronnener Supertsunami, jene durch unterseeische Erdbeben und Vulkanausbrüche erzeugte Wellenbewegung, die, von geringer Höhe im offenen Ozean, an den Küsten bis zu einer sechzig Meter hohen Wasserfront aufsteilen und mit katastrophaler Gewalt ins Land hineinschmettern kann.

Dieses Bild stellt sich am Fuße des Maktesch Ramon unwillkürlich her.

Es sind Formationen, die in Millionen von Jahren gewachsen sind und die noch einmal Äonen brauchen werden, um niederzuwittern und vielleicht abermals einem tropischen Ozean Platz zu machen, wie er hier einst das Bild geprägt hat. Die Geologie berichtet in ungezählten Funden vom Leben der Haie und anderer Großfische, von Riesenammoniten, Muscheln, Schnecken und Meeressauriern.

Israels Archäologen waren nicht müßig. Ausgrabungen haben ergeben, daß der Negev seit Urzeiten von Menschen besiedelt ist. Sie kannten Pfeil und Bogen, haben damit Gazellen gejagt, Steinböcke, wilde Schafe; haben mit Flintsteinen Tierhäute präpariert; haben erst in Hütten aus Baumwerk, dann in steinernen Ansiedlungen gelebt und im frühen dritten Jahrtausend begonnen, den zentralen Negev zu urbanisieren. Von ihrer Kultur und ihrer Überlebensfähigkeit zeugen Zisternen, die innen mit Steinen verkleidet sind und überdacht, um die Verdunstung aufzuhalten.

Ich entnehme all das einem Museum, Teil jenes *Visitor's Center*, das sich mit seinen Restaurationsmöglichkeiten und dem grandiosen Ausblick von der Empore als ein wahrer Magnet nicht nur für ausländische Touristen, sondern auch für die Israelis selbst erwiesen hat. Ich sehe das mit einem lachenden und einem weinenden Auge. 1967, bei meinem ersten Besuch, war hier nichts als Stille und Unberührtheit, obwohl es damals schon die 1954 gegründete Entwicklungsstadt Mizpe Ramon gegeben hatte. Seinerzeit kam sie mir jedoch eher wie eine Randerscheinung vor, wovon heute allerdings nicht mehr die Rede sein kann. Dennoch darf man wohl Vertrauen haben, daß der Urcharakter des Maktesch Ramon, Teil eines weit über seine Fläche hinausreichenden Naturschutzparks, erhalten bleiben wird. Das gilt auch für die beiden anderen großen Brüche, den Maktesch Ha-Gadol und den Maktesch Ha-Qatan, letzterer der kleinste von den dreien.

Der mittlere, Ha-Gadol, ist über Jerocham zu erreichen.

Es geht auf einer vorzüglichen, aber von Autoskeletten unheilvoll flankierten Straße hinaus aus der Stadt und fast ohne Übergang hinein in die Wüste Sin, abwärts, tief und immer tiefer. Bis er sichtbar wird, der Erdrutsch, der weit abgesackte, kaum weniger eindrucksvoll als der Maktesch Ramon und deshalb auch mit Recht The Great Crater genannt.

Ich steige aus. Es weht heftig. Außer mir ist sonst niemand auf der Welt auf den Gedanken gekommen, zu dieser Stunde Ha-Gadol zu besichtigen.

Das streckt sich auch hier weit, wenngleich nicht bis an die Unendlichkeit eines Horizonts wie bei Ramon. Dafür fühlt man sich aber wie in den Eingeweiden der Wüste: Die Senke ist dramatisch gesäumt von Riesenbuckeln, Tells, und auf der Basis übersät von schwärzlichen Hügeln und Erhebungen, die wie Pocken aus dem Untergrund ans Tageslicht brechen. Das Ganze sieht aus, als wäre eine mächtige Strecke Bodens abgesackt in eine Höhle, die darunterlag und die erstickt worden ist von dem Erddach, das sich über sie gewölbt hatte.

Es ist kalt – und sehr schwer, sich von Ha-Gadol zu lösen.

Auffahrt zu den Ruinen der alten Wüstenstadt Avdat.

Da liegt sie auf einem Hügel, 619 Meter über dem Meeresspiegel, mit ihren Mauern, Torbögen und Säulenstümpfen, erhaben, schweigend und von überall her sichtbar in der sonst flachen Landschaft.

Gegründet worden ist Avdat im 4. Jahrhundert v. u. Z. von den Nabatäern, einem nordwestarabischen Volksstamm, der durch die Kontrolle der Handelswege von Südarabien zum Mittelmeergebiet zu großer politischer und militärischer Bedeutung kam – die Macht seiner Könige dehnte sich zeitweise bis in das eroberte Damaskus aus. Im Jahr 106 wurde die Stadt von den Römern erobert, die es später an die Byzantiner verloren, ehe der große Arabersturm 636 Avdat so übel mitspielte, daß es bis zum heutigen Tag verwüstet blieb. Auch die erheblichen Restaurierungen, die dieser 39. Nationalpark Israels erfahren hat, konnten an dem Bild nichts ändern. Dennoch bleibt das Überkommene aus drei Herrschaftsperioden über fast ein Jahrtausend eindrucksvoll genug.

Das beginnt mit den nabatäischen Bestattungskammern in den staubigen Höhlen am Abhang unterhalb der Ruinen, tief in das grelle Gestein geschlagene Nischen für die Toten, und setzt sich fort in dem fast vollständig ausgegrabenen römischen Avdat und seiner Hauptstraße – Kanäle für die Abwässer, Vorratskeller, Zisternen, Weinpressen, Töpfereien. Der steinerne Boden des offenen Marktes; das Areal eines Militärlagers, das 2000 Soldaten und ihre Kamele beherbergen konnte; der Wachtturm neben dem Tor mit dem Namen des Stadtgouverneurs und der Bitte um Segen für ihn; die Zitadelle auf dem höchsten Punkt im Ostteil der Stadt, der Akropolis, datiert aus der Periode der römischen Kaiser Diokletian und Konstantin I. Darin fanden die Bevölkerung ringsum und ihre Herden Zuflucht vor den Attacken der Beduinen, ewiger Kampf zwischen Nomaden und Seßhaften auch hier. Die meisten Überreste stammen aus der byzantinischen Periode, mit christlichen Symbolen und einem Kirchplatz über der alten Tempelstätte. Aber da war das goldene Zeitalter von Avdat längst vorbei, und die Namen nabatäischer Könige – Obodas II., Gründer der Stadt, Aretas III., Eroberer von Damaskus – nur noch wehmütige Erinnerung.

Ich erklettere das Dach des Turms – ungehemmt schweift der Blick kilometerweit über die Majestät des zentralen Negev. Von hier aus konnten die Karawanen schon von weitem beobachtet, die Beschaffenheit ihrer Ladung und der Ursprung ihrer Herkunft erkannt werden. Für die Tiere und ihre Begleiter war gesorgt mit Unterkünften und Bädern – am Fuße des Berges. Herauf nach Avdat kamen nur die Anführer, die Scheichs und ihr näheres Gefolge. Die Reste der orientalischen Großherberge sind noch zu erkennen.

Es muß ein langer Weg gewesen sein vom Roten Meer bis Edom, von der nabatäischen Hauptstadt Petra, heute in Jordanien, bis Avdat, und weiter dann über Nizzana und Schivta nach Ägypten, nach Gaza und zu den Mittelmeerhäfen. Ein klug gewählter Platz – von hier oben überblickten die Herrscher der Stadt die ganze Region.

Ein bestimmter Gedanken kommt immer wieder, drängt sich an dieser Stätte auf und schreit förmlich nach Antwort: Woher nahmen die vieltausendköpfige Bevölkerung der Stadt und die

Bauern ringsum das Grundelement ihres Lebens in dieser Zone ungeheurer Trockenheit – das Wasser?

Die Frage stellt sich um so dringlicher, als der Orts- und Geschichtskenner weiß: erstens, daß die nächste nichtversiegende Quelle, Ein Avdat, zwar in jenem Canyon der Sin-Wüste liegt, den man von hier oben aus sehen kann, daß er aber viel zu weit entfernt ist, um die ganzjährige Wasserversorgung einer urbanen Ballung übernehmen zu können; zweitens, daß die klimatischen Verhältnisse im Negev seit Jahrtausenden konstant sind, es damals also nicht mehr Wasser gab als heute – etwa 80 Millimeter Niederschlag per annum und Quadratmeter (gegenüber 1000 Millimeter im Galil und immerhin noch 200 Millimeter in Jerusalem).

Woher also kam das Wasser für die vieltausendköpfige Nabatäerstadt Avdat? Und woher, genauso wichtig, das Wasser für die Landwirtschaft, die einer für damalige Zeiten so bedeutenden Wüstenpopulation über so viele Jahrhunderte die Grundnahrungsmittel lieferte – Getreide, Früchte, Gemüse, Öl?

Ein Blick vom Wachtturm in das von den israelischen Archäologen freigelegte Innere Avdats zeigt ein ganzes System planender Vorsorge – auf der Basis von Niederschlägen. Tiefe Löcher in den Straßen, in die das Regenwasser von den Dächern geleitet wurde, wahrscheinlich um die Familienhaushalte zu versorgen, vielleicht aber auch als Zubringer für die kollektive Hauptzisterne, die unter dem Markt lag. Damals überdacht, heute freigelegt, schaue ich in eine wahre Höhle, wohl zehn Meter tief, in der man auf Treppen hinab- und hinaufsteigen konnte, ein riesiges Auffangreservoir.

Damit ist die Frage aber höchstens hinsichtlich der Trinkwasserversorgung der Stadt geklärt. Welches System jedoch versetzte die lokale und regionale Landwirtschaft in den Stand, laufend große Mengen an Lebensmitteln für die Bevölkerung des urbanen Machtzentrums zu produzieren?

Die Antwort gibt eine Stätte, die ich von der Plattform des einstigen Wachtturms aus sehen kann, nahe und nicht zufällig in die unmittelbare Nachbarschaft von Avdat gesetzt: das Versuchsgelände des international berühmten, im April 1989 84jährig verstorbenen israelischen Wissenschaftlers Michael Evenari.

Zu erkennen ist eine fast halbkreisförmige, langgestreckte Fläche bebauten Bodens, das niedrigste Areal eines leicht hügeligen Geländes, aus dem seltsame Furchen, schmalen Kanälen gleich, auf den bearbeiteten Grund zulaufen.

Da unten liegt das neu entdeckte Geheimnis des antiken Avdat.

Ehrenhäuptling der Navajos

Avdatfarm, Dezember 1967, ein halbes Jahr nach dem Sechstagekrieg.

Ich war nach Tel Aviv geflogen für meinen weltweit gedrehten Fernsehfilm »Hunger – Herausforderung auf Leben und Tod«, in den ich die grandiosen wissenschaftlichen und technischen Errungenschaften Israels bei der Erforschung moderner Nahrungsmittelproduktion angesichts einer unaufhaltsam wachsenden Erdbevölkerung einbringen wollte.

Bei meinen Recherchen in Deutschland war ich auf die Feldversuche des aus Metz stammenden Michael Evenari gestoßen und hatte mich nach telephonischer Rücksprache mit ihm hier unterhalb der Ruinen von Avdat verabredet. Ich erinnere mich, daß unser Team eine ganze Zeit warten mußte, und mir dann ein kalter Schauder den Rücken herunterlief, als Michael Evenari eintraf – mit einer Maschinenpistole über der Schulter. Die Erklärung: Die Avdatfarm liegt nur dreißig Kilometer von der ägyptischen Grenze entfernt, und wie Michael Evenari später in seiner Autobiographie »The Awaking Desert« (»Die erwachende Wüste«) berichtete, wurde ein Durchbruch der ägyptischen Streitkräfte Gamal Abd el Nassers über Mizpe Ramon nach Beer Scheva erwartet. Dann hatte der akzentfrei deutsch sprechende Israeli uns in sein Werk eingeführt.

Jetzt, nach 24 Jahren, kehre ich an den Ort zurück: »Run off farm of the Hebrew University of Jerusalem and Ben Gurion University Sde Boqer« steht als offizieller Titel dort, wo die Abzweigung von der Straße Beer Scheva-Mizpe Ramon-Elat auf das Versuchsgelände führt. Hier übrigens erst erfahre ich vom Tode Michael Evenaris im Jahre 1989, durch David Masigh, einen in Tunesien geborenen Israeli, seit 1967 hier, rechte Hand zu Lebzeiten des Chefs und, seit 1975, Manager der Avdat Experimental Farm.

Vom erhöhten Wohngelände aus überblicke ich unter mir das Panorama, das sich scharf ins Gedächtnis geprägt hatte und kaum verändert schien: blühende Bäume mehrerer Fruchtgattungen - Pistazien, Mandeln, Aprikosen, Pfirsiche; Dämme, Kanäle; die Blechhäuschen der Meßstationen, dort aufgestellt, wo die Rinnen und Furchen von den Hügeln herab das bebaute Areal erreichen.

Aus dieser Nähe wird klar, was die große Entdeckung des Michael Evenari war, mit der er der Überlebensfähigkeit der Stadt Avdat inmitten quellenloser Wüste auf die Spur kam. Das *run off water*, also das bei Regen von den Hügeln herabfließende Oberflächenwasser, wird durch ein von Menschenhand geschaffenes System ausgehobener Rinnen auf das niedriger gelegene bebaute Gelände geleitet. Dort versickert es im Boden und tut seine fruchterzeugende Wirkung.

Das ist, auf den einfachsten Nenner gebracht, das Geheimnis eines über Jahrtausende hin versunkenen und vergessenen Anbausystems in Trockengegenden, die mit keinen anderen als den in kurzen und meist heftigen Regenzeiten vom Himmel strömenden Niederschlagsmengen rechnen können. Die Gewalt der Wassermasse kann dabei so stark sein, daß sie sich in den Wadis zu einer Flutwelle sammelt, deren Plötzlichkeit und Heftigkeit schon manch ahnungslosen Wanderer, ja ganze Karawanen überrascht und ertränkt haben. Wie Michael Evenari uns versicherte, ist ihr Brüllen kilometerweit zu hören. Danach versiegt sie jedoch im sonnengedörrten Untergrund, ungenutzt, wie die Wassermengen, die von den Hügeln arider Zonen dem Gesetz der Schwerkraft folgend herabfließen und wirkungslos verdunsten. Bis die Nabatäer kamen, die Niederschläge mittels menschlicher Erfindungsgabe zähmten und so in einer äußerst lebensfeindlichen Landschaftssphäre die Entfaltung einer mächtigen Zivilisation ermöglichten.

Dies an das Licht unserer Gegenwart gebracht zu haben, ist das Verdienst Israels, das mit seinem reichen Stab an wissenschaftlichen und technischen Fachleuten beim Studium von

Trockenzonen eine einzigartige Rolle spielt (wie in diesem Kapitel anhand praktischer Beispiele noch näher ausgeführt wird).

An führender Stelle stand dabei der Schöpfer der Versuchsfarm Avdat. Ihr Symbol sind ein großer Feigenbaum und Reben, gemäß einer Bibelstelle aus der Zeit der Könige, als Bauern in einer langen Periode des Friedens im Schatten solcher Bäume den Anblick praller Trauben genossen.

Ich steige herab von der Höhe und betrete mit David Masigh die Experimentierfläche, während über uns die Kampfflugzeuge der israelischen Luftwaffe den azurblauen Himmel durchdröhnen. Gepflanzt werden hier unten Pistazien und Sorgum, ein Getreide, aus dem Fladen gebacken werden, deren Verbreitung zum Beispiel für Gebiete wie die Sahelzone am südlichen Rand der Sahara von großer Bedeutung werden könnte.

Hier sind Schleusen und Wehre eingebaut, die das einströmende Wasser regulieren, teils über offene Kanäle, teils durch Rohre.

In den Flutmessern befinden sich Schwimmer, die sich auf der Wasseroberfläche bewegen und über einen Draht mit einem Schreiber verbunden sind, der die einfließende Menge genau aufzeichnet. So kann von Flutbeginn bis Flutende exakt registriert werden, welche Wasserquantitäten auf die Felder geleitet wurden. Bei 600 Hektar Einzugsgebiet und einer jährlichen Niederschlagsmenge von durchschnittlich 87 Millimetern handelt es sich immerhin um bis zu hunderttausend Kubikmeter an der Oberfläche ablaufendes Regenwasser, zwanzig Prozent der Gesamtmenge, das hier hinunterströmt.

Wohl ist das nabatäische Grundmuster der *run off* -Bewässerung von Michael Evenari und seinen Nachfolgern beibehalten, aber manche Techniken sind verbessert und modernisiert worden. Die Nabatäer hatten nur kleine Dämme, die nicht mehr als zehn Zentimeter Wasserstau erlaubten, auch waren ihre Felder, wie rekonstruiert werden konnte, nicht nivelliert. Und natürlich fehlten ihnen alle wissenschaftlichen Grundlagen, die zu Meliorationen, also zu Bodenverbesserungen, hätten führen können. Dennoch reichten ihre Kenntnisse aus, um die Existenz ihrer Stadtkultur inmitten der Wüste über eine lange historische Phase zu sichern – Techniken übrigens, die von ihren Nachfolgern bis ins siebte Jahrhundert fortgesetzt wurden, ehe der Arabersturm dann der Stadt für immer den Garaus machte.

Wieder oben im Haus, finde ich an den Wänden Photos mit dem vertrauten Gesicht Michael Evenaris, den ich 1976 ein zweites Mal für einen Fernsehfilm interviewt hatte. Das Thema war, in globaler Sicht, die Herausforderung unserer Zeit durch die Wüste, das heißt durch ihren bedrohlichen Expansionsdrang fast überall dort auf der Erde, wo sie das menschliche, tierische und pflanzliche Leben von Regionen, Ländern oder gar Teilkontinenten bestimmt. So hat sich die Sahara in den letzten 500 Jahren rund 400 Kilometer nach Süden ausgedehnt.

Der Ruf der Avdatfarm hatte sich schon bald nach ihrer Gründung Mitte der sechziger Jahre in der an Wüstenfragen wissenschaftlich interessierten Welt herumgesprochen. Zahlreiche Gruppen aus Entwicklungsländern trafen hier zu praktischen Studien ein, während die Mutterinstitutionen der Farm, die Universitäten Jerusalem und Beer Scheva, Fachleute in die Dritte Welt entsandten, um dort *run off*-Projekte zu verwirklichen. So in Niger, Mexiko, Indien, Australien und – in den Reservaten der Navajoindianer.

Anfang der achtziger Jahre kamen Abgesandte von der Little Colorado Farm aus dem US-Staat Arizona nach Israel, die von der Wüstenforschung profitieren wollten. Dabei überredeten sie Michael Evenari, ihnen David Masigh auszuleihen, um den Navajos die *run off*-Methode beizubringen. Im März 1984 flog der Manager der Avdat Experimental Farm in den Südwesten der USA und lehrte dort 25 Familien auf drei Farmen, wie mit Hilfe der nabatäischen Methode Tomaten, Zwiebeln, Kartoffel und Mais gezogen werden können. Um herauszubekommen, welche Sorte der Feldfrüchte in diesem Gebiet dabei am besten gedieh, probierten David Masigh und seine indianischen Schüler 120 verschiedene Frucht- und Gemüsearten aus. 1986 dann wurde das Pilotprojekt auf vierzig *acres* in fünf Gemeinden erweitert – mit Erträgen, die die früheren um ein Vielfaches übertrafen! Aus Dankbarkeit ernannten die

Navajos David Masigh zu ihrem Ehrenhäuptling mit dem Namen »Nihikaoojeeh«, was ins Englische übersetzt »The one, who runs for us« heißt, also soviel wie »Jener, der für uns auf den Beinen ist«.

Als ich mit David Masigh wieder ins Freie trete, hängt am westlichen Himmel zwecks Aufklärung gegen Ägypten ein Zeppelin der israelischen Armee weiß glänzend in der Sonne.

Michael Evenari hat den Negev 1985 zuletzt gesehen. Des Klimas wegen, das auf sein krankes Herz schlug, konnte er dort nicht länger weilen. Im Labor aber hat er weiter geforscht und zu seiner Freude in der Jerusalemer Universität häufig den Vorlesungen seiner einstigen Schüler zugehört. Als der Israeli aus Metz 1989 in den Armen seiner aus dem Saarland stammenden Frau Liesel starb, waren nicht nur die Ergebnisse seiner theoretischen und praktischen Experimente längst zum wissenschaftlichen Standard der internationalen Wüstenforschung geworden – Michael Evenari hatte auch die Genugtuung, mehr als jeder andere zur Verwirklichung jener Losung beigetragen zu haben, die David Ben Gurion ausgegeben hatte: »Make the desert bloom!« – »Bringt die Wüste zum Blühen!«

Jetzt fahre ich zurück, an den Ort, wo, weit über die Funktion der Avdatfarm hinaus, die Voraussetzungen für die große Vision des ersten israelischen Premiers geschaffen werden, zu dem Platz, der das Quartier während meiner Wüstenaufenthalte auf dieser Reise sein wird – Sde Boqer.

Make the desert bloom

Von Süden, von Avdat kommend, sehe ich es als grünen Fleck in gelber Umgebung, an einer gewaltigen Schlucht gelegen, wie eine Oase inmitten einer Landschaft voller Verwitterung, die von Winden geformt und von den Spuren kurzer, aber gewalttätiger Niederschläge durchfurcht ist – Midraschat »Sde Boqer«, die Experimentierstation zur Eroberung der Wüste, ja das Zentralhirn des Projekts!

An einem aufmerksamen Posten hinter Glas vorbei, fahre ich gleich zum Herzen der Stätte – zum Jacob Blaustein Institute of

Desert Research, Teil der Ben Gurion University of the Negev, Beer Scheva. Nun gibt es auf der Welt viele Institute zur Wüstenforschung, aber von diesem kann mit Fug und Recht gesagt werden, daß es nicht seinesgleichen hat. Alles auf aride Regionen bezogen, ballen sich hier die experimentellen Studien über Hydrologie und Hydrobiologie, über Geobotanik, Meteorologie und antike Landwirtschaft, Sonnenenergie, vergleichende Medizin in Trockenzonen und Geostatik, Wüstenarchitektur, Wüstenökologie und manches andere noch.

Ich beziehe mein Zimmer in dem schmucklosen, aber zweckmäßigen Gästehaus von Sde Boqer, begrüße darin erleichtert die Klimaanlage (die Temperatur draußen kann selbst hitzegewohnten Globetrottern schwer zu schaffen machen) und begebe mich sofort an die Arbeit.

Von Amos Richmond, dem 1931 in Palästina geborenen Leiter des Jacob-Blaustein-Instituts, erhalte ich jede Handlungs- und Bewegungsfreiheit.

In der Bibel sollen 110 Pflanzen-, Baum- und Blumenarten erwähnt sein, und mir will scheinen, als seien sie alle hier versammelt, um ihre Brauchbarkeit für die Wüstenforschung zu erproben – darunter Feigen- und Ölbäume, Salbei und Lilien, Mandeln und Zedern, Christ- und Rotdorn. Immer wieder geht es um die Frage salztoleranter Nutzpflanzen, da sich unter Wüsten oft riesige Vorkommen von *brackish water* finden. Einer der Gründerväter von Sde Boqer, der Geologe Arie Issar, den ich schon von 1976 her kannte und nun hier wiedertreffe, hat unter dem Negev ein Reservoir von siebzig Milliarden Kubikmetern fossiles Wasser gefunden. Vor 30 000 Jahren, nach Wolkenbrüchen von einer für uns Heutige schwer vorstellbaren Intensität und Dauer, sind diese Wassermassen in tausend Meter Tiefe eingesickert und dort in porösen Steinschichten gebunden worden, frisch erhalten wie am ersten Tag – ein Speicher, der für 200 Jahre reichen würde. Gute Düngung vorausgesetzt, haben Obstbäume, Gemüsepflanzen und Weinreben auf die Verwendung von *brackish water* günstig reagiert. Ebenso Fische, bei deren Züchtung unter den besonderen Wüstenbedingungen salines Wasser benutzt wurde und die eine hohe Populationsdichte erreichen.

Ich betrete doppelwandige Treibhäuser, die flüssiggekühlt und mit einem Wärmeaustauscher gekoppelt sind. Blumen, Ziersträucher, Zimmerpflanzen und Algenkulturen, die hochwertige Eiweiße liefern, benötigen unter den hiesigen Klimabedingungen nur zehn Prozent der normalen Süßwassermenge.

Weiter.

Ich bewege mich vorsichtig durch einen Dschungel von Kakteen. Sie kommen aus aller Welt, auch aus Wüstenregionen, und herausgefunden werden soll, welche Arten bei geringster Bewässerung am besten wachsen. Besonders bevorzugt werden Kaktusgewächse, aus denen Cremes und das Basismaterial für bestimmte Medikamente gewonnen werden. Dazu kommen Kakteen, die einfach schön sind, mit roten Blüten, wunderbar stacheliges Dekor. Einem dicken Kaktus entsprießen vier große Blüten, die über Nacht aufgegangen sind und himmlisch duften. Andere ragen empor wie große Bäume, und auf den breiten Blättern der Wilden Kaktusfeige prangen wohlschmeckende Früchte – Sabres. So, wie die in Israel geborene Jugend genannt wird, in Anspielung auf das stachelige Äußere der Feige und ihren süßen Kern.

Wunder über Wunder! Tulpenarten, Knoblauchpflanzen, Iris – sie alle haben einen genetischen Mechanismus, der sie befähigt, ihre Samen dreimal auszustreuen. Wenn die Zeitspanne zwischen den Regenzeiten zu lang ist, so daß die Embryos vor dem nächsten Niederschlag verdorren, wohnt diesen Pflanzen die Kraft inne, es mit der Weiterzeugung der Art ein zweites Mal und, bei Bedarf, sogar noch ein drittes Mal zu versuchen.

Daneben sind auf Beeten gleichartige Pflanzen so angeordnet, daß die einen im Schatten, die anderen in der Sonne stehen. Lange Versuche haben ergeben, daß jene Beete, die im Schatten stehen, nicht nur größere Früchte und mehr Samen hervorbringen als die in der Sonne, sondern auch weit weniger Wasser brauchen.

Im Arbeitszimmer des Geologen Arie Issar hängen zwei interessante Karten. Die eine ist eine Satellitenaufnahme des Negev, die gesamte, spitz auf Elat zulaufende Fläche seiner 12 000 Quadratkilometer (fast die Hälfte der 20 700 Quadratkilometer Stammisraels!). Gestochen scharf sind auf ihr die drei Makteschs klar zu erkennen – Mizpe Ramon, wie ein oben eingebuchtetes längliches Herz, die ungeheure Mulde des Ha-Gadol, und das kraterartige Rund des Ha-Qatan.

Frappierend ist ein selbst aus so großer Höhe sichtbarer Unterschied entlang der schnurgerade verlaufenden ägyptisch-israelischen Reißbrettgrenze im nördlichen Negev, auf der Höhe von Beer Scheva: bebautes grünes Land östlich, auf israelischem Gebiet, exakt bis zur Grenzlinie; westlich davon, auf ägyptischem Territorium, nichts als das stechende Gelb vollständig arider Zonen – das Werk der Beduinen und ihrer nimmersatten Herden, wie mir erklärt wird. Selbstverständlich, daß im Jacob-Blaustein-Institut ihr Leben eingehend studiert wird.

Denn es geht keineswegs nur um Klima und Wüstenumwelt, um Wasservorräte und natürliche Energiequellen, sondern um dies alles auch in Zusammenhang mit der sozialen Organisation menschlicher Bedürfnisse und ihrem Nutzen.

Die zweite Karte zeigt die Wüstenzonen der Erde: Nord-, Ost- und Südafrika, riesige Areale, mehr als der halbe Kontinent; Arabien und Mesopotamien, bis zur Grenze der Türkei; die Trockenregionen des Iran bis an den Hindukusch, des nordwestlichen Indien und weiter östlich zum Indus, und hoch zur mongolischen Gobi. Schließlich das aride Südamerika der Pazifikküste, mit der Atacama als Zentrum. Sie heißen Kern- oder Vollwüsten, Rand- und Halbwüsten, Wüstensteppen und Wüstensavannen, Kies-, Geröll- und Felswüsten, Staub- und Lehmwüsten, Trockenwüsten und Heißwüsten – ein erdumspannendes System, von dessen Kompliziertheit sich die Menschen niederschlagsreicher Längen- und Breitengrade kaum eine Vorstellung machen können.

Dieser ebenso phantastischen wie bedrohlichen Geologie auf dem Schorf unseres Planeten haben sich die Wissenschaftler des Midraschat »Sde Boqer« angenommen. Sie konzentrieren hier die nationalen Anstrengungen zur Kultivierung des Negev, um die verborgenen Ressourcen dieser Wüste, aber auch andere Potentiale unter der Oberfläche zu entdecken, aufzuschließen und Ödland in produktives, lebenspendendes Gebiet zu verwandeln – im steten Bewußtsein der Grenzen menschlichen Engagements und der Balance zwischen wirtschaftlicher Nutzung und Ökologie. »Make the desert bloom!«

Das technologische Niveau der Forschungen ist hoch, Satelliten und Computer sind wichtige Hilfsmittel.

Die Verbindungen dieses israelischen Wüstenfokus reichen weltweit, von Mexiko bis Thailand, von Portugal bis Chile. Gelehrte aller fünf Kontinente kommen hierher – zu Trainingskursen, Kongressen, Zusammenkünften. Die Autorenschaft des Tätigkeitsberichts, den mir Amos Richmond in die Hand drückte und über dem ich unter dem Rauschen der Klimaanlage bis tief in der Nacht hockte, liest sich wie ein internationales Nachschlagewerk berühmter Wissenschaftler.

Der Leiter des Jacob-Blaustein-Instituts – Studium der Landwirtschaft, des Gartenbaues und der Bewässerung in den USA, seit 1966 an der Universität von Beer Scheva – personifiziert den Genius loci, eine Philosophie von imponierender Kreativität: »Arbeit und *life hobby* decken sich. Dieses Privileg haben wir«, sagt Amos Richmond, hochgewachsen, Vater dreier Kinder, nach anfänglichen Versuchen auf deutsch ins Englische übergleitend, »und dazu das, Wissenschaftler in Israel zu sein! Manchmal werde ich gefragt, ob ich meine Arbeit mag, hier, angeblich am Ende der Welt und der Zivilisation. Ebensogut könnte man mich fragen, ob ich meine Söhne liebe! Allerdings, des Gehalts wegen sind wir ganz bestimmt nicht hier, das Salär in unserem Land ist miserabel.« Er lacht. »Die Wissenschaftler, die bei uns sind, könnten von ihrer Qualifikation her überall in der Welt arbeiten. Warum tun sie es dann nicht? Sie tun es nicht, weil sie sich gerade mit *diesem* Platz identifizieren, weil wir eine wissenschaftliche Gemeinde und alle äußerst motiviert sind. Niemand könnte hier draußen unter diesen extremen Bedingungen leben und arbeiten, wenn er nicht hochmotiviert wäre.«

Der Name des Instituts ist gleichzeitig der seines Mäzens. Die Blausteinfamilie lebt in New York. Der alte Blaustein verkaufte dort Öl in hölzernen Fässern, erst in kleineren, dann in größeren, schließlich aber in metallenen Behältern. Das war die Marktlücke, die zu füllen ihn zum Millionär machte. Als er das war, und außerdem Leiter einer antizionistischen Organisation, begegnete er dem Erzzionisten Ben Gurion. Wider Erwarten haben sich die beiden dann nicht nur schätzengelernt, sondern der alte Blaustein vermachte später dem Institut auch einen beträchtlichen Teil seines Vermögens.

In meinem Zimmer knipse ich endlich das Licht aus, stelle die Klimaanlage ab und liege mit offenen Augen da im Gästehaus des Midraschat »Sde Boqer«. Erst nach einer Weile macht sie sich bemerkbar, wie auf schleichenden Füßen, immer gegenwärtiger, bewußter, erdrückend und beseligend zugleich – die ungeheure Stille der Wüstennacht.

Es war ein guter Tag. Aber ohne Yochi G. wäre er nicht möglich gewesen.

Heimat Wüste

Sie ist in Israel geboren, Frau des hier tätigen Solarwissenschaftlers Jeff G. aus Brooklyn, New York, Mutter von drei entzükkenden Töchtern, einsfünfundfünfzig klein und, außer mit ihrem Mann, auch mit der Wüste verheiratet – mit Haut und Haaren, wie ich erfahren werde.

Yochi G. war mir von Arie Issar beigegeben worden. Sie hatte mich durch die Pflanzungen, Treibhäuser, Beete und Plantagen der Midraschat »Sde Boqer« geführt; sie hatte mir erklärt, was mit all den Gewächsen, Blumen, Kakteen, Früchten, Samen, und Wassersorten geschieht, und sie war es, die beim Anblick eines ungeheuer geschäftigen Käfers mit langen Beinen ausgerufen hatte: »Schau mal, der lebt in der Wüste und ist glücklicher als wir alle.«

Beide Eltern, sozialistische Zionisten, kamen aus Polen nach Palästina, in den dreißiger Jahren, als noch Esel und Pferde durch Tel Aviv trabten. Yochi wurde im Kibbuz »Givat Brenner« bei Rehovot geboren, hatte in New York studiert, 1977 dort ihren Mann kennengelernt, war mit ihm nach Israel zurückgekehrt und ein Jahr später in das kleine Häuschen gezogen, in dem ich sie besuche.

Es ist einer der 150 Familienhaushalte der Midraschat »Sde Boqer«, durchwuselt von drei Töchtern im Alter zwischen vier und elf Jahren, Englisch und Iwrith sprechenden Mädchen, deren Namen aus dem Hebräischen übersetzt soviel wie »Lied«, »Blume« und »Freude« heißen, ganz der Atmosphäre entsprechend, die sie verbreiten. Ihr Vater, Jeff G., wirkt zunächst fast linkisch, ein erster Eindruck, der jedoch rasch verfliegt, wenn er redet, bestimmt und mit einer sensiblen Physiognomie, aus der gelegentlich ein spöttischer, ungewollter Charme hervorbricht.

Der Fachmann für Sonnenenergie ist eine der wissenschaftlichen Säulen des Jakob-Blaustein-Instituts und lehrt außerdem an der Universität Beer Scheva. Ich höre heraus, daß Jeff G. dort den Studenten einzubleuen versucht, ihm nicht nur deshalb zu glauben, weil er Professor ist, sondern auch selbst kritisch zu denken und ihn in Frage zu stellen. Er versieht deshalb manche seiner Lektionen mit eingeschmuggelten Fehlern, um den Grad der studentischen Wachsamkeit zu prüfen. Jeff G. gibt der Sonnenenergie eine große Zukunft, ist sicher, daß sie in Gas verwandelt und wie Öl transportiert werden kann, und sagt mir Informationen über seine Forschungen sowie eine Führung auf dem Gelände des Midraschat »Sde Boqer« zu.

Mit Yochi G. fahre ich morgens hinaus und lasse mich, die Straße nach Süden bald nach rechts verlassend, in die Wüste geleiten. Vorbei an einem israelischen Militärcamp und einer lecken Pumpstation (aus der unter hohem Druck Wasser hervorsprüht, hier ein geradezu körperlich schmerzender Anblick), in der Ferne auf dem Hügel die Ruinen von Avdat, rollen, stoßen und schaukeln wir hinein in die gelbe Unendlichkeit.

Nach einer Weile gelangen wir an ein großes, jetzt trockenes Becken, erkennbar von Menschenhand in den Kalkstein gehauen, mit Treppen, die zum Grund führen – eine nabatäische Zisterne, wie Yochi erklärt. Der Kanal, der das Regenwasser in sie hineingeleitet hat, ist noch klar auszumachen, ein einfacher Aquädukt auf dem Boden, der jedoch dank der Topographie seinen Zweck voll erfüllte. Die Wände der Zisterne sind glatt, und in ihrer Mitte ist eine Natursäule so erhalten geblieben, wie die Nabatäer sie belassen hatten, damit sie die Höhlung stützte. Im Verlauf der Jahrhunderte zur Hälfte oben eingebrochen, war das Vorratsbecken einst ganz überdeckt gewesen, unerreichbar von der Sonne und dadurch die Verdunstung verhindernd. Was übriggeblieben ist von der genialen Anlage, wird von Schaf- und Ziegenherden der Beduinen als Tränke benutzt – solange es Wasser gibt. Jetzt ist hier kein Tropfen mehr.

In der Gegend liegen mächtige Steinhaufen, rund, von Menschen aufgetürmt, alle im Kern versehen mit einem Loch, dessen Funktion und Bedeutung kein Archäologe und Prähistoriker bisher enträtseln konnte. Von diesen Tumuli, so nennen die Wissenschaftler sie, haben offensichtlich nur die Fundamente überdauert, und niemand weiß genau, ob sie für religiöse Rituale oder zum Schutz ihrer Erbauer errichtet worden waren. Eine Theorie unter vielen sagt, daß die Tumuli beide Funktionen erfüllt hätten. Sicher ist lediglich, daß die selbst als Überbleibsel noch gigantischerer Gebilde aufgeschichtet wurden von einer Menschengemeinschaft, die lange vor den Juden in den Negev gekommen waren, hochorganisiert, mit erprobten Kenntnissen der Statik und von unbedingter spiritueller Einheitlichkeit.

All das wird mir von Yochi souffliert, die vollkommen verwachsen scheint mit der Wüste, ihrer Geschichte, ihrer Geologie, ihrer Fauna und Flora. Jetzt sucht sie Felsgravuren, die sie vor einiger Zeit in dieser Gegend entdeckt hat, und die beweisen, daß es hier schon immer Steinböcke gegeben hat – »Ibexes!« Yochis Favoriten in der hiesigen Tierwelt, die sie mir lebendig vorführen will.

Die Sonne ist heute nur ein grelles Auge am bedeckten Himmel. Hoch droben schwebt ein Adlerpaar dahin, fast ohne die Flügel zu bewegen, allein von den Luftströmungen getrieben.

Man sieht von hier aus einen Canyon, einen tiefen Einschnitt, der mich neugierig macht. »Ein Avdat, die Avdatquelle«, kommentiert Yochi meinen schweifenden Blick, »da gehen wir morgen hin, sehr, sehr früh.«

Jetzt fahndet sie nach den vorgeschichtlichen Gravuren. Wird sie ihre Entdeckung wiederfinden? Die Hügel und Berge sehen alle gleich aus, und die Felsbrocken einer wie der andere. Aber unbeirrt schreitet Yochi weiter, hebt zwei Flintsteine auf, die bearbeitet sind; informiert mich über weiße Flächen am Boden, Schnecken, die von Vögeln hier erst massenhaft zusammengetragen und dann, wahre Friedhöfe leerer Gehäuse hinterlassend, in großer Zahl gefressen worden sind; macht mich aufmerksam auf kleine Löcher in der ausgedörrten Erde, wo Spinnen unsichtbar unter der Sanddecke lauern und jedes Insekt fressen, das in den Trichter gerät; jubelt plötzlich auf, in der Hand einen Stein, der selbst für den Laien leicht als Faustkeil zu erkennen ist, und findet, nach längerer Suche – »I am happy!« – doch noch inmitten einer Ansammlung gewaltiger Flintblöcke, wonach sie geforscht hatte: Umrisse von Menschen, in die Felsen eingeschlagen, deutlich erkennbar Beine, Rumpf und die in den Ellbogen nach oben geknickten Arme. Ferner, neben einer Vielzahl schwer zu deutender Zeichen, Kamele und Zelte, und dann, Höhepunkt und Lieblingsgravur: die »Ibexes« – Steinböcke. Unter ihnen in der Tat ein Prachtexemplar, ein langgestrecktes Muttertier und sein Junges Schnauze an Schnauze! Vor Urzeiten in den Fels getrieben, wirken die Tiere heute noch so lebendig, als könnten sie jeden Augenblick dem Stein in die Freiheit entspringen.

5000 Jahre, nachdem ein unbekannter Künstler die Gravuren geschaffen hatte, sollte ich die abgebildete Szene live erleben. Am nächsten Tag.

Wir haben uns früh um sechs für einen Besuch der Avdatquelle verabredet, Ein Avdat, schon in der Bibel erwähnt als ein Platz, wo Mose und das Nomadenvolk der Israeliten auf ihrer langen Wanderung aus der ägyptischen Gefangenschaft ins Gelobte Land Kanaan ihre Herden tränkten.

Als ich das Gästehaus verlasse und Yochi in den Wagen zusteigt, brennen die Lampen auf der Midraschat »Sde Boqer« noch – fahl und bleiern liegt die Wüste da. Doch als wir am Rand des Hochplateaus angelangt sind und die geteerte Straße in Schleifen hinunter zur Sin fahren, steigt über dem östlichen Himmel ein rötlicher Schimmer auf.

Weit vor dem Eingang der Schlucht lassen wir den Wagen stehen und machen uns auf den Marsch zum Wadi, in dem tief hinten, heute wie vor Millionen von Jahren, die Quelle sprudelt. Vögel mit langen, hochgereckten Schwänzen flitzen nahe an uns vorbei, als wir dann zwischen den steilen Abhängen sind, und Schwalben segeln nach Insekten – auch sie von auffallend geringer Distanz zu uns beiden. Ihre »Frechheit«, so kommentiert Yochi, rühre daher, daß sie hier, in diesem Naturschutzpark, mit Menschen nie schlechte Erfahrungen gemacht hätten.

Um uns, so scheint es, nichts als Trockenheit, doch da drüben räkelt sich ein unförmiger Baum, dick und grün – der muß also Wasser bekommen haben und mit seinen Wurzeln noch daran saugen. Jetzt verengt sich die Schlucht, auf deren Grund Felsbrocken ruhen, zerrissen und aufgetürmt wie von Zyklopenhand. Zwischen ihnen beginnt der Boden nasse Flecken zu zeigen, und Pflanzen an den steinernen Wänden verraten, wie hoch hier zur Regenzeit das Wasser steigt – gut drei, vier Meter über unsere Köpfe.

Während des Marsches bergauf zur Quelle äußert Yochi immer wieder ihre Enttäuschung darüber, daß wir noch keine Steinböcke gesehen haben. »Sonst wimmelt es hier nur so von ihnen.« Sie ist diesen Weg schon hundertmal gegangen, auch mit ihren Kindern, und jedesmal noch waren die Tiere an den Hängen aufgetaucht. »Einmal, als wir von der Quelle herabkamen, überraschten wir eine Steinbockmutter, die hier mit ihren Jungen geäst hatte. Da sie sich in der Enge nicht an uns vorbeiwagten, aber auch nicht aus der Schlucht hinauswollten, versuchten sie, die steilen Felsen hinaufzuklettern, was ihnen eine halbe Stunde lang mißlang. Erst dann schafften sie es, während wir die ganze Zeit regungslos verharrten. Es war unglaublich, wie sie da hochkletterten!« Dann, seufzend, mit einem Blick die leeren Hänge hoch: »Aber heute – nichts.«

Nach einigen hundert Metern höre ich am Fuß der Schlucht erst leises Fließen, dann sanftes Rauschen. Aber nicht nur hier unten ist Wasser – auch aus den näher zusammengerückten Wänden quellen zu beiden Seiten Rinnsale hervor und laufen an gedunkelten Streifen glitzernd hinab. Wir steigen am rechten Rand der Schlucht unter oft überhängendem Gestein weiter aufwärts, vorbei an Höhlen, die von Menschen, so Yochi, nie bewohnt waren, und stoßen plötzlich, nach einer Krümmung, auf üppige, hochschießende Vegetation – Schilf, eine Pflanze, die nur da gedeiht, wo immer Wasser ist. Und nun hören wir die Quelle rauschen, ganz deutlich, wechseln auf die linke Seite, von Stein zu Stein springend, und stehen dann vor dem Fall: Ein Avdat!

Jetzt, im April, tröpfelt das Wasser nur noch – von oben herab in ein weitausgebuchtetes Naturbassin, das es über zwei schmale, in Äonen ausgewaschene Rinnen verläßt, um in ein zweites, unteres Becken zu fließen und dann im Schilfdschungel zu verschwinden. Die Felsformationen der Bassins sind geglättet, es gibt keine rauhen Stellen, alles ist von der Flut in Myriaden von Jahren wie geschliffen.

Das Wasser schmeckt süß, aber seine Friedlichkeit täuscht. Zwischen Oktober und März können hier wahre Ozeanmassen die Schlucht hinunterdonnern und dabei alles, was nicht niet- und nagelfest ist, auf ihrem Weg zum Toten Meer mit sich reißen.

Ich stehe da und starre. Ein einsamer Busch lugt über den Felsen; eine Taube fliegt aus der Schlucht hoch, an den Kliffs entlang, die da hinten noch einige hundert Meter über unseren Standort emporragen; die aufgegangene Sonne strahlt die oberen Ränder des Wadis wie mit einem Universum von Scheinwerfern an, und über allem wölbt sich ein unsagbar blauer Himmel.

»This is my backyard«, sagt Yochi und läßt dabei offen, ob sie das Wort in seiner Doppelbedeutung als »Hinterhof« oder als »Garten hinterm Haus« auslegt, zumal ohnehin klar ist, was sie damit sagen will: daß die Wüste Teil ihres Lebens ist. Dennoch kann sie ihre Enttäuschung nicht verbergen darüber, daß bisher keine Steinböcke aufgetaucht sind.

Und dann, auf dem Rückmarsch, entdecke ich drei von ihnen, rechts oben, steil am Abhang, etwa in der Mitte zwischen Bergkimme und Schluchtgrund, und offensichtlich auf dem Weg zur Tränke – eine Mutter mit zwei Jungen. Als ich Yochi vorsichtig darauf aufmerksam mache, jubelt sie unterdrückt in sich hinein und bleibt wie angewurzelt stehen. Was jetzt kommt, hat sich mir in der Gestochenheit einer Momentaufnahme eingeprägt.

Das Muttertier bleibt plötzlich wie angewurzelt stehen – obwohl wir uns nicht rühren, hat es uns entdeckt und unschlüssig haltgemacht. Dann wendet es und steigt hoch, hinter sich blikkend, als wollte es die Jungen auffordern, ihm zu folgen. Das aber gelingt, über eine gefährlich steile Schwelle hinweg, nur einem der beiden Kleinen. Während die Mutter und das eine der Geschwister schon ein ganzes Stück oberhalb des Standorts stehen, wo alle drei auf ihrem Weg nach unten angehalten hatten, rennt das andere immer wieder verzweifelt an, ohne jedoch über das sperrige Hindernis zu gelangen. Da löst sich das Junge von der Mutter, läuft zurück, verharrt auf der Schwelle und lugt aufgeregt auf die unglückliche Nachhut hinab. Die hält nicht inne mit ihren Versuchen, bleibt aber weiterhin ohne Erfolg. Da springt das obere Steinböckchen herunter, schnüffelt an dem anderen, nimmt einen Anlauf und – überwindet die Schwelle wiederum. Die Mutter, etwa zwanzig Meter höher, sieht dem Treiben mit rückwärts gewandtem Kopf bewegungslos zu. Als alle Versuche des schwächeren Jungen vergeblich bleiben, setzt das stärkere ein zweites Mal hinab, schnüffelt, verharrt an seiner Ausgangsposition länger, wie ein Befehl, nun genau aufzupassen, und ist dann mit einem Sprung über die Schwelle hinweg, blitzschnell gefolgt von dem anderen Jungen, mit genau der gleichen Anlaufdistanz und an derselben Stelle – geschafft!

Dann klimmen alle drei die steile Wand hoch, während wir erlöst unserem Atem freien Lauf lassen.

Unten, am Ausgang der Schlucht, wenden wir uns noch einmal um. Längst grellt die Sonne erbarmungslos über den Berggrat, an den sich jetzt die drei Steinböcke hinaufgearbeitet haben. Endlich haben sie das Plateau erklommen, deutlich heben sich ihre Silhouetten ab, wie von Künstlerhand gezeichnet. Und dann, ich will meinen Augen nicht trauen, sehe ich es, das Bild von gestern in Stein, nur diesmal als Wirklichkeit und Gegenwart – das Muttertier, langgestreckt, Schnauze an Schnauze mit dem geretteten Jungen, minutenlang, als sollte die Pose verewigt werden.

Dann wendet sich die Große und verschwindet mit ihren Kleinen hinter dem Grat auf Nimmerwiedersehen.

Sprechen können wir beide nicht, als wir zurückfahren, die

Serpentinen hoch, vorbei an einem Adler, der auf einem Felsen an der Straße hockt, ohne wegzufliegen, und weiter, bis der Blick auf das volle Panorama frei wird.

Die rechte Seite des Wadis liegt in der Sonne, die linke, wo die Steinböcke verschwunden sind, im Schatten. Unten im Tal schlingt sich eine grüne Spur von weit her, aus dem Herzen der Sin hinein in die Enge der Schlucht bis zur Avdatquelle.

Deutschland ist meine Heimat, gewiß, aber Israel, auf eine ganz andere und besondere Weise, auch. Meine Heimat innerhalb dieser Heimat jedoch ist der Negev, ist die Wüste.

Und sie war es auch für *ihn*.

Nur durch eine Mulde von der Midraschat »Sde Boqer« getrennt, liegt eine der großen Wallfahrtsstätten des Landes, eine Art Heiligtum für viele – David Ben Gurions Grab.

Ich gehe die wenigen hundert Meter vom Gästehaus und gelange sozusagen durch den Hintereingang des Geländes, nicht auf dem öffentlichen Weg von der anderen Seite, vor ein Quadrat, das von einer niedrigen Kette umschlossen ist. Die Daten der rechten Steinplatte – 1886 - 1973 – weisen sie als Grab des Gründervaters und ersten Premiers Israels aus, daneben das Paula Ben Gurions – 1892 - 1968. Bei beiden ist jedoch noch ein drittes Datum eingemeißelt – rechts das Jahr 1906, links 1919. In Israel wird neben dem Geburts- und Sterbedatum auch das Jahr vermerkt, in dem der oder die Verstorbene den heiligen Boden, das Land der Urväter und -mütter zum erstenmal betreten hat.

Aber dann, der Blick von den Gräbern hoch in die Umgebung will einem schier den Atem rauben – einen pathetischeren Bestattungsort kann man sich nicht vorstellen! Gleich hinter der Brüstung steil abfallend, liegt sie da, die Wüste Sin, ihre Schluchten und Berge, ihre Wadis und Tells, und abgesehen von dem wenigen, was in den vergangenen 4000 Jahren von ihr abgewittert ist, sieht die Landschaft heute aus wie schon zu Abrahams Zeiten.

Hier wollte er auf eigenen Wunsch begraben sein, David Gruen, wie der kleine Jude aus dem polnischen Plonsk mit bürgerlichem Namen hieß – überzeugter Sozialist und Zionist;

Gründer der Arbeiterpartei Mapai; erster Generalsekretär der jüdischen Gewerkschaft Histadrut; Chef der militärischen Selbstschutzorganisation Haganah; Vorsitzender der provisorischen Nationalversammlung, als der er am 14. Mai 1948 die Unabhängigkeit ausrief; erster Premier des Judenstaats und – großer Liebhaber der Wüste.

Es war Ben Gurion, der gesagt hat: »Die Hauptprüfung Israels in unserer Generation liegt nicht allein im Ringen mit den Kräften seiner Feinde, sondern auch in dem Erfolg, mit dem durch Wissenschaft und Pioniergeist die Wildnis im Süden unseres Landes erobert wird – der Negev.«

So steht es auf einem Pylon hinter dem Grab, Teil eines Geländes, das heute Nationalpark ist. Darauf eine Art Museumsgebäude, mit der Bibliothek Ben Gurions: ein großer Raum, in dem sein Leben Besuchern im Film vorgeführt wird. Daneben ein Zoo, der die Tierwelt seiner geliebten Wüste vorführen soll, teils lebend, teils dargestellt – Hyänen, Wölfe, Füchse, Luchse, Gazellen, Schlangen, sogar Leoparden.

Ein zweiter Pylon nennt Namen, deren Stiftung den Bau – »Ben Gurions Experience Vision and Fulfillment« – ermöglichte: »Donated by...« Die Stifter kommen aus zahlreichen Ländern und Städten, von Beverly Hills bis Montreal, von Chicago bis Lausanne. Deutsche Ortsnamen finde ich nicht darunter.

Ein Gedenkstein ist hier aus Anlaß von Ben Gurions 100. Geburtstag aufgestellt worden, mit dem Einweihungsdatum des 8. Dezember 1986, ihm gewidmet und denen, die ihre Kraft in den Dienst seiner Vision stellten: »Wir werden die weiten Ödflächen unserer Wüsten in eine Quelle der Kraft und der Macht zum Segen Israels umformen.«

Nachdem Ben Gurion 1953, ganz plötzlich, aus der Politik ausgeschieden war, zog er sich hierher zurück, in den Kibbuz »Sde Boqer«, den ich von seinem Grab aus in drei Kilometern Entfernung sehen kann – ein grüner Tupfer da hinten.

Dort hat er noch zwanzig Jahre gelebt – immer unruhig, immer wieder rückfällig; 1956 als Verteidigungsminister Initiator des siegreichen Sinaifeldzugs gegen Ägypten; später ausgeschlossen aus der eigenen, der Mapai-Partei, und Gründer einer neuen, der Rafi; geliebt und umstritten, die überragende Figur der frühen Geschichte Israels. Und bis zu seinem Tod im Spätherbst 1973, kurz nach dem Jom-Kippur-Krieg, Sde Boqer, seinem Kibbuz, treu – Heimat Wüste.

Hier hatte er, einer israelischen Tradition entsprechend, am 29. Januar 1964 einen Baum gepflanzt – einen Pfefferbaum. Der ist zu besichtigen, wie das Haus, in dem Ben Gurion mit seiner geliebten Paula gelebt hat. Von außen, vom Parkplatz, sieht es aus wie eine einfache Hütte, schmucklos, grün gestrichen und mit einem ordinären Wellblechdach. An der Seite, auf einem großen Gerüst, der notorische Wassertank mit Sonnenkollektor. Drinnen ist alles so geblieben, wie es bei seinem Tod, fünf Jahre nach dem seiner Frau, vorgefunden worden war – voll von Persönlichem. Ausweise, unterschriebene Dokumente, Uhr, Brille, Kamm, Fernglas, Kompaß, Pistole, ein Steinzeitradio – kein Fernseher. An den Wänden Photographien aus jungen Jahren; eine Aufnahme mit Charles de Gaulle – der geborene David Gruen reicht dem Herrscher Frankreichs gerade bis zur Brust. Adenauers Besuch im Kibbuz »Sde Boqer« und in diesem Haus findet sich nicht photographisch festgehalten. Blickfang – eine Statue von Mose (Yochi: »Er fühlte sich als der Mose des 20. Jahrhunderts, alle, die ihn hier kannten, bestätigen das. Es ging so weit, daß er Schafe hütete – wie der erste Mose es getan haben soll«). Im Schlafraum Pantoffeln, ein großer Globus, viele Bücher, eine asketische Liege, und an der Wand ein Bild Mahatma Gandhis – für mich ein verblüffender Gegensatz zur kämpferischen Biographie des verstorbenen Hausherrn.

Zum Anwesen gehört noch ein kleiner Zoo, mit allerlei Geflügel, darunter auch Pfaue, deren durchdringende Schreie ich schon gehört hatte, und ein gewaltiger australischer Strauß, eingesperrt in einen Käfig, aus dem er fortwährend, aber vergeblich zu entkommen versucht. Lediglich der winzige Kopf mit dem buchstäblichen Spatzenhirn schafft es, ein paar Zentimeter außerhalb des Geheges zu gelangen.

An einem Abend kehre ich noch einmal zum Grab zurück, diesmal von der Straße her, dem offiziellen Eingang, wo die

Fahne Israels weht, neben einer anderen mit einem grünen Baum, dem symbolischen Zeichen für die Nationalparks – »authorities sites«. Es ist ein längerer Anmarschweg, gesäumt von schweren, horizontal angeordneten Steinklötzen.

Völlig allein, vor mir die unbeschreibliche Majestät der Sin, stehe ich an dem umgitterten Quadrat. Die untergehende Sonne ist zur Hälfte von Bergen verdeckt. Erinnerung an eine lapidare Bemerkung Yochis: Freunde, die sie seinerzeit nach Sde Boqer holen wollten, hätten sie listigerweise just zu dieser Stunde – Sonnenuntergang – an den nämlichen Platz gelockt, an dem ich jetzt stehe. »Da war es natürlich geschehen.«

Von irgendwoher, aber aus der Nähe, höre ich Musik, Gesang, Händeklatschen, Rufen. Das dringt herüber aus der Richtung, aus der ich gekommen bin. Deshalb gehe ich noch einmal zurück, über die Straße, und bleibe an einem Abhang stehen. Drüben, über ein Tal hinweg, sehe ich auf einer Plattform vor einem Gebäude junge Leute – Orchester und Auditorium, die Musiker in Uniform, die Zuhörer in Zivil. Dort soll, war mir gesagt worden, eine Hochschule sein, die Wehrpflichtige auf den Militärdienst vorbereitet, bevor sie eingezogen werden.

Stimmen und Instrumente schlagen herüber, jene typisch israelischen Weisen, in denen sich Optimismus und Schwermut mischen, aschkenasische Musikkultur slawisch-russischen Ursprungs und das neue, hier gewonnene Lebensgefühl, worin längst auch orientalische Elemente eingeflossen sind. Das schwingt sich melodiös und kraftvoll in die abgekühlte Abendluft, hinweg über das Tal und hinein in die große Wüstengruft. Plötzlich weiß ich, woher der ungeheure Hall kommt – die Sin selbst ist der riesige Resonanzboden, der die Stimmen und die Musik tremolieren läßt, ehe sich die Töne dann in der schweigenden Weite ersterbend verlieren.

Am Himmel hängt, hauchdünne Sichel, ein verlorener Mond.

Wieder vor dem Grab, die Laute des Festes im Ohr, wird mir ganz seltsam zumute. Verbindet sich hier etwas, oder scheiden sich Vergangenes und Gegenwärtiges, gar Zukünftiges, voneinander? Manifestiert sich hier symbolisch ein Gegensatz, oder tut sich Fortsetzung kund? Ich höre noch die kritischen Stimmen vieler Israelis, die nicht nur an den Idealen der Gründerväter rüttelten, sondern auch deren unbewältigte Hypotheken beklagten – vor allem die Kluft zwischen aschkenasischen und sephardischen Israelis und die ungelöste Palästinenserfrage. Und doch, denke ich, wo wären die jungen Leute dort drüben, wenn das, was Ben Gurion und seine Mitstreiter personifizierten, nicht gewesen wäre? Wenn die frühen Pioniere und die Kibbuzniks nicht die endlosen Mühen und Strapazen auf sich genommen hätten, unter Entbehrungen, die der heutigen Jugend kaum noch vorstellbar sind? Aber ist es wiederum nicht auch verständlich, daß sie eigene Gedanken hegt, ein neues Lebensgefühl zeugt? Nur eines ist für alle gleichgeblieben, für Väter und Mütter, Söhne und Töchter, Enkel und die Enkelinnen: die gemeinsame, geschichtsübergreifende, allgegenwärtige Bedrohung von außen.

Ich bleibe, bis die letzten Töne verstummt sind. Es ist kühl geworden. Gut, daß ich den Schal mitgenommen habe.

Das Experimentierobst des Yoel Demalach

Revivim im Negev, eine Stunde Autofahrt von Sde Boqer in nordwestlicher Richtung, Israels südlichster Kibbuz, Vorposten des Unabhängigkeitskriegs und berühmte Experimentierstation im Kampf gegen die Wüste.

Dort lerne ich ihren Leiter kennen: Yoel Demalach, der einst Giulio de Angelis hieß. 1924 in Florenz geboren, entschloß sich der Sproß einer jüdischen Familie, die ihren Stammbaum auf das Italien des 12. Jahrhunderts zurückführen kann, mit fünfzehn, dem unter Hitlers Einfluß spürbar antisemitischer gewordenen Imperium Benito Mussolinis den Rücken zu kehren und 1939 in Palästina einzuwandern. Zwei Jahre später ging er in den Negev, als Angehöriger einer Gruppe, die dort primär Erfahrungen mit der Wüste sammeln, aber auch eine Heimstatt schaffen sollte angesichts der erwarteten Massenauswanderung von Juden nach der militärischen Niederlage Hitlerdeutschlands. »Wir wußten damals noch nichts vom Holocaust.« Statt dessen rückte den Pionieren erst einmal der Befehlshaber des deutschen Afrikakorps, Generalfeldmarschall Erwin Rommel, bedrohlich auf den Pelz, bald abgelöst von den Ägyptern, die 1948 gegen Beer Scheva anrannten und dabei auf die zu allem entschlossenen Kämpfer von Revivim trafen. Vorher hatte es mit der britischen Mandatsregierung »Probleme« gegeben, wie Yoel Demalach mit mokantem Unterton berichtet. »Na ja, und nach der Staatsgründung und unserem Sieg dann die anderen Kriege. Aber das wichtigste hier war und ist – unsere Arbeit!«

Da sitzt er vor mir, im siebten Lebensjahrzehnt, aber mit der Miene, dem Habitus und der Gestik eines Jugendlichen, geformt von der permanenten Lebensauseinandersetzung unter extremen politischen und klimatischen Bedingungen, Urgestein wie die Felsbrocken ringsum, unfähig, den italienischen Akzent zu überwinden, und doch Israeli durch und durch.

Aus dem alten wurde der moderne Kibbuz von Revivim, eine Oase im nördlichen Negev mit 700 Bewohnern, darunter auch Überlebende des Holocaust, und aus der provisorischen Versuchsstation die Experimentierfarm mit einer universalen wissenschaftlichen Aufgabe: das salzige Wasser der Wüste dem Menschen nutzbar zu machen!

Nach nichts anderem hat Revivim zu forschen.

Man hatte in der Region nach Öl gebohrt – und war 1971 in tausend Meter Tiefe auf einen wahren Ozean von Wasser gestoßen. Das stellte sich nicht nur als salin heraus, sondern auch als vierzig Grad Celsius warm – beides problematisch für die Agrikultur. Da es hier aber so gut wie nie regnet, gibt es kein anderes als dieses Wasser. Alle Träume, das *brackish water* zu destillieren, es in Süßwasser zu verwandeln, verflogen bald. Sinn und Aufgabe der Experimentierstation und ihrer vierzehn Mitarbeiter bestehen demnach darin, das Wasser so zu gebrauchen, wie es ist – mit dem Ziel, daß von den Ergebnissen einmal alle Wüstenländer profitieren.

Als wir Yoel Demalachs klimatisiertes Büro verlassen, um mit ihm aufs Feld hinauszufahren, trifft mich die Hitze wie ein Hammerschlag. Denn inzwischen ist, vom Wetterdienst schon gestern unheilvoll angekündigt, der Chamsin aufgekommen, jener Gluthauch aus der großen Arabischen Wüste und der Sahara, der alles und jedes, über das er hinwegstreicht, wie in ein feuchtheißes Tuch einhüllt, einem bei der ersten Begegnung Entsetzen einflößt und auch nach weiteren Erfahrungen mit ihm keine Gewöhnung zuläßt.

Nach längerer Fahrt vorbei an Versuchsfeldern steigen wir aus. Tomaten, Spargel, Avocados, Mais – Yoel lacht: »Mein Experimentierobst!« Hier wird *brackish water* gemischt mit Süßwasser, das von Norden, vom Jordan und vom See Genezareth kommt, transportiert durch die Mekorot, die Wasserbehörde Israels, und das phantastische Leitungssystem ihres National Water Carrier, dieses Spenders von höchster Technologie, der das Land vor dem Verdursten rettet und mit dem wir uns weiter unten noch eingehend beschäftigen werden.

Ich sehe eine blaue Röhre – »Jordanwasser!« – und eine rote, durch die das salzige Wüstennaß fließt. Geregelt wird die Zufuhr auf die Felder zu den Pflanzen von einem Computer, dessen Batterie durch einen Sonnenkollektor gespeist wird – »ohne jeden elektrischen Anschluß« –, und der zwanzig verschiedene Zuflüsse mit genauen Mengen zu festgesetzten Zeiten koordiniert. In einem schwarzen Bottich befinden sich die chemischen Nährsubstanzen, die den Pflanzen mit dem Wasser zugeführt werden. Die dunkle Schutzschicht verhindert, daß sich der empfindliche Inhalt durch die starke Sonnenbestrahlung verändert. Auch hier ist die Pumpe, die den Zufluß bestimmt, computergesteuert.

Auf anderen Feldern sehe ich Baumwolle, Weizen, Zuckerrüben. Die Resultate befriedigen noch nicht, weil es schwer ist, die richtige Mischmenge von salinem und süßem Wasser zu finden, und jede Pflanze verschieden reagiert. So sind, wie mir von Yoel unter der gnadenlosen Sonne des Negevmittags nun demonstriert wird, zum Beispiel Weintrauben empfindlicher gegen *brackish water* als Oliven. Es hat sich erwiesen, daß die kleine Frucht bei richtig dosierter saliner Speisung sogar ölhaltiger ist, als wenn sie mit bloßem Süßwasser getränkt wird, was nicht leicht herauszufinden war. Doch schwärmt Yoel Demalach bereits von Computern, die auch die von Pflanze zu Pflanze verschiedenen Feuchtqualitäten und -quantitäten selbständig erkunden und regulieren. Das ist an Granatäpfeln,

Mandeln und Birnen erfolgreich erprobt worden. Bei Birnen hatte man lange geglaubt, sie würden mit salinem Wüstenwasser überhaupt nicht gedeihen – ein Irrtum, wie sich herausstellte.

Unterwegs über das ebenso staubige wie riesige Versuchsareal zu einem neuen Objekt, bestätigt Yoel Demalach mit dem Hinweis auf lange, drahtverknüpfte Zäune, was mir schon im Zoo des Ben-Gurion-Gedächtniskomplexes vor Augen geführt worden ist: daß die Wüste lebt, sogar intensiv lebt, obwohl ich in all der Zeit aus eigener Beobachtung nur einen winzigen Teil ihrer Vogelwelt zu Gesicht bekam. Hyänen, Füchse, Stachelschweine, Schlangen aller Arten – der Negev sei in weiten Teilen völlig unberührt. Hier tummele sich noch der Karakal, eine Luchsart, die größer werde als ein Wolf, und Leoparden gebe es auch noch. »Die Zäune um unsere Versuchsfelder sind elektrisch geladen, und zwar aus keinem anderen Grund, als Wildtiere abzuhalten.«

Wir halten vor einer Halle, einem naturgewärmten Treibhaus, in dem Tomaten wachsen, Kreuzungen hiesiger Sorten mit amerikanischen. Sie werden mit einem hohen Gehalt an *brackish water* gezogen, nach langen Versuchen mit Süßwasser, dessen Anteil erheblich vermindert werden konnte. Die Tomaten sind kleiner, ohne daß es sich etwa um die bei uns üblichen Ziertomaten handelt, aber sie schmecken besser. Sie schmecken sogar so gut, daß ich Tomatennarr mich zusammennehmen muß, um mir nicht unter schamloser Ausnutzung von Yoel Demalachs Gastfreundschaft einen Tomatenbauch anzufressen.

Auf dem Rückweg fahren wir stellenweise wie durch Alleen, phantastische Schattenspender, fast unwirklich in dieser Umgebung. »Die Araber sagen: ›Wo Bäume sind in der Wüste, da sind Juden‹«, zitiert Yoel Demalach.

Wie denkt er über Araber? Ich möchte ihm noch einige Fragen stellen – später.

Vorerst geht es zum alten, ursprünglichen Revivim, dem »Scouts Hill« von 1943 und Pioniernest von einst, heute Museum – wie ein Querschnitt durchs Israels schartige Geschichte an der Wüsten- und Kriegsfront.

Dammbauversuche gegen Winterfluten, neben dem Untergrundhospital und den Bunkerbauten gegen ägyptische Angriffe, doppelter Drahtzaun gegen ungebetene Eindringlinge. Es ist noch vieles so wie damals – der *living room* mit der großen ausgestopften Menschenfigur in den damaligen Textilien; das Radio, von der Haganah zur Mandatszeit illegal gebraucht; auf dem rohen Tisch eine alte Dose mit der Aufschrift »Pure dry whole eggs« – wie das wohl geschmeckt haben muß ... Rohe Tische im Eßzimmer für die paar dutzend Kibbuzniks der ersten Jahre, Geschirr, Brotschneidemaschinen, Fruchtpressen mit Handkurbeln, ein zweiflammiger Petroleumkocher.

Yoel Demalach erzählt – als wäre es gerade 24 Stunden her, daß sie hier gesessen und gegessen, nach draußen gehorcht und zu sprechen aufgehört hätten, sowie das geringste verdächtige Geräusch zu vernehmen war. Er erinnert sich mit einer Intensität, als zögen die wimmernden Klänge des alten Grammophons oder des optimistischen Akkordeons noch durch das Clubzimmer, das gleichzeitig auch Bücherei war. In dem Badezimmer mit den zwei provisorischen Brausen und dem vorsintflutlichen Handstein steht eine ausgestopfte Figur vor der Wanne, die singen kann – mechanisch. Ein Lied aus Rußland bezeichnenderweise, denn von dort kamen viele der Kibbuzniks. »Juden von woandersher, etwa aus Italien, waren rar«, sagt Yoel.

Dann Photos, an denen man in Israel nicht vorbeikommt, alte und älteste Dokumente von der neuen Landnahme in Erez Israel, seltsam unmodern, wie steinzeitlich, gemessen am heutigen Stand der Aufnahmetechnik, aber gerade deshalb von großer Eindruckskraft und Authentizität. Die ersten Zelte, der erste Traktor, der erste Wassertank, der erste Lastwagen. Und das erste Haus aus Stein, mit dem *tower*, dem Turm, den wir jetzt über eine Wendeltreppe bis auf die Plattform erklettern. Einst ein rund um die Uhr besetzter Wachtposten, ist es heute ein morgenländischer Luginsland mit grandiosem Blick auf die Weite des nördlichen Negev, auf die nahen Palmenhaine des neuen Kibbuz und auf ein Gebilde, das aussieht wie aus Pappmaché geleimt. Es ist das erste Flugzeug der Haganah, deshalb auch »Primus« genannt, wie das Spielzeug eines Bruchpiloten, ein aerodynamisches Kartenhaus, so scheint es. Dabei hat die Piper beste Dienste getan, lokal sogar schlachtentscheidende, Nahrungsmitteltransporter und einzige Verbindung zur Außenwelt, als Revivim während des Unabhängigkeitskriegs von feindlichen Truppen umzingelt war (die Kämpfer von Revivim gehörten zum 8. Bataillon des Palmach).

Das berichtet Yoel Demalach schnörkellos, untertrieben, ganz durchdrungen, keine Sentiments zu zeigen. Das ändert sich um eine Spur, als er mich mit schwer verbergbarem Stolz in den ehemaligen Waffenraum führt, dem er damals als Korporal vorstand, dem »offiziellen«, wie er betont, wo zu Zeiten der Britenherrschaft nur zehn Gewehre erlaubt waren. »Das war der legale Platz. Der andere, illegale, der war mein ›Königreich‹.«

Das lag ganz in der Nähe versteckt, in drei sogenannten *slicks*, wie die geheimen Waffenlager genannt wurden, bestimmt für den Tag der großen Auseinandersetzung mit den Arabern nach Abzug der Mandatsmacht.

Heute liegen die Überbleibsel aus jener Zeit im Unterstand des ehemaligen Oberkommandos von Revivim – knorrige Schießprügel und abgewetzte Pistolen, Mörser wie aus Napoleons Ära und Maschinenwaffen vorindustriellen Aussehens. Gruftig ist es hier, mit Sandsäcken, einem primitiven Feldhospital, Bettgestellen für Verwundete und Notausgängen in Form von Röhren, die nach draußen führten und zugleich der Luftzufuhr dienten. Es muß hier unten furchtbar gewackelt haben, als die ägyptische Luftwaffe am 17. und 18. Juli 1948 Revivim angriff und schwere Schäden an den Gebäuden hinterließ. Die Grenze ist nur vierzig Kilometer entfernt.

Der Wortlaut des Waffenschwurs hängt noch an der Wand: Zu kämpfen für das Vaterland Israel, ohne Kapitulation, ohne Furcht, mit ganzer Seele.

»Und?« frage ich, »hatten Sie keine Furcht?«

Ohne zu zögern und mit ironisch-erstauntem Grinsen antwortet Yoel Demalach: »Natürlich hatte ich die.«

Als ich später in seiner Kibbuzwohnung von ihm wissen will, ob er die Vision Ben Gurions teile – »To make the desert bloom« –, bejaht er ebenso spontan, schränkt jedoch ein, daß das nicht bedeuten könne, den Negev ganz zu begrünen. »Bis jetzt hat die israelische Kultivierung unserer Wüste siebzig Kilometer abgerungen. Das kann vergrößert werden. Die allgemeine Krise der Landwirtschaft steht gegenwärtig, und vielleicht noch lange, dagegen. Aber das könnte sich ändern, wenn die Weltbevölkerung weiter wächst und auf sämtliche Ressourcen angewiesen sein wird. Natürlich hängt alles davon ab, wie die Entwicklung im Nahen Osten weitergeht, ob Frieden oder Krieg sein wird und ob wir in der Region zusammen Lösungen finden werden oder nicht.«

Es ist nicht leicht, Yoel Demalach auf die Zukunft anzusprechen. Irgend etwas hakt da. Was ich immerhin herausbekomme, ist eine tiefe Ambivalenz von Optimismus und Pessimismus über das weitere Schicksal Israels.

Nach dem klassischen Politschema geurteilt, steht der Leiter der Experimentierstation Revivim links. Er ist für Gespräche mit den Palästinensern, aber gleichzeitig höchst mißtrauisch gegenüber den arabischen Staaten ringsum, ihrer innenpolitischen Instabilität, die immer in außenpolitischen Aktionismus umzuschlagen droht, und der so völlig anderen Geisteskultur mit ihrer verschiedenen Bewertung des Individuums. Auch kommt zum Vorschein eine enorme Skepsis angesichts der emotionalen Verführbarkeit und dem Irrationalismus arabischer Volksmassen, die es dem islamischen Fundamentalismus leichtmachen, bei den sozial Enttäuschten Fuß zu fassen.

Eine andere große Sorge Yoel Demalachs ist das demographische Wachstum der Araber mit israelischer Staatsangehörigkeit, also diesseits der *green line*. »Ihre Geburtsrate ist mehr als doppelt so hoch wie die unsere. Wenn Israel in der Mitte des nächsten Jahrzehnts noch existieren sollte – wie wird das zahlenmäßige Verhältnis zwischen uns und ihnen sein? Wird mein Urenkel dann Abdullah heißen? Oder wird Jerusalem Beirut werden? Es gibt darauf nur *eine* Antwort – Frieden. Und genau der ist unwahrscheinlich.«

Ich spüre eine hintergründige Verstörung bei meinem Gesprächspartner, aber es dauert lange, bis ich an ihren Kern komme – nicht diesmal, sondern viel später, kurz vor meiner Rückreise nach Europa.

Und es ist nicht Yoel Demalach, der den Grund der Verstörung offenbart, sondern seine Frau Paula, in Rom geboren und 1938 mit der Familie nach Palästina ausgewandert. Nach einigen Anläufen sagt die Lehrerin, die sich seit dreißig Jahren mit behinderten Kindern befaßt: »Es waren die Filmaufnahmen vom Irak-Iran-Krieg, die Leichenhaufen durch Saddam Husseins Gas, darunter auch Kinder, viele Kinder, in den Armen der Eltern oder allein, ausgestreckt auf der Straße«, Paula Demalach stockt, schluckt, kann nicht weitersprechen.

Dann sagt Yoel Demalach: »Wir haben Angst, daß solche Bilder von Gastoten eines Tages oder Nachts auch von... von anderen Orten kommen könnten.«

»Was meinen Sie damit? Von woher?«

»Von Tel Aviv«, sagt er.

Paula Demalach weint.

»Und welche Antwort gäbe es darauf?« frage ich.

Yoel Demalach, ohne zu zögern: »Die Atombombe – auf Bagdad!«

Drei Tage nach dieser Stelle im Manuskript, drei Tage, in denen ich hier in Deutschland am Schreiben verhindert war, am 17. Januar 1991, um ein Uhr mitteleuropäischer Zeit, bricht der Krieg am Golf aus zwischen der multinationalen Militärkoalition unter der Führung der USA und dem Irak – fünf Monate und fünfzehn Tage, nachdem Saddam Husseins Truppen das Ölemirat Kuwait überfallen und besetzt haben. Die Streitkräfte der »Operation Wüstensturm« fliegen schwere Angriffe gegen Ziele im Irak und warfen an einem einzigen Tag laut Nachrichten 18 000 Tonnen Bomben ab. Mein Gott – Hamburg, meine Vaterstadt, ist bei vier schweren Luftangriffen im Sommer 1943 durch etwa 7000 Tonnen Bomben zu drei Vierteln zerstört worden. Das irakische Volk wird Saddams Hauptopfer sein. Ich bange – um Israel, um seine Menschen, meine Freunde, um Jakkie in Mischkenot Scha'ananim, um Danny, Lois und ihre Kinder in der Siedlung Mezad Etzion, um Awiwah, um Yochi und ihre Familie, und nicht weniger um Hakam, meinen palästinensischen Freund, und um mein liebes Patenkind, Samar, aus Bet

Sahour, neun Jahre alt. Ich werde meine Erlebnisse, die ich vor dem Krieg in Israel gemacht habe, unbeirrt weiter niederschreiben. Im Rückblick wird noch einmal klar, wie nahe Krieg immer gewesen ist, wie er alles überschattet hat und wie ich ihn gefürchtet habe. An der Konzeption meines Buches muß ich nichts ändern. Ich stelle vielmehr mit Bestürzung fest, welch extreme und ungewollte Aktualität es um den Preis des Golfkriegs erhält. Ich bange um jede und jeden, der von diesem Krieg betroffen ist. Aber um Israel, mein geliebtes Israel, zittert mein Herz.

Wenn du Wasser hast, blüht es auch

Yochi und ich sind auf dem Weg zur Nizzana Settlement Educational Community, einer archäologischen Schule zur Sammlung von Wüstenerfahrungen, die auf der Welt nicht ihresgleichen haben soll, wie meine Begleiterin mich neugierig machte.

So früh am Morgen hat die Sonne noch nicht ihre mörderische Kraft entfaltet, und da der Chamsin wie weggeblasen ist, gleiten wir auf guter Straße in Richtung Beer Scheva bei offenen Wagenfenstern angenehm dahin. Bei Maschabbe-Sade geht es links ab, nach Westen, und vorbei an etlichen Militärcamps sind wir nach kaum einer Stunde in Nizzana angelangt – direkt an der ägyptischen Grenze und bei einer mindestens zehn Grad höheren Temperatur als im vierzig Kilometer entfernten Sde Boqer.

Die Wüstenschule bietet sich dar als eine Ansammlung flacher Häuser im Bungalowstil, auf den Dächern die Wassertanks mit Sonnenkollektoren, in den Vorgärten überall wasserbesprengtes Grün, Palmen, Blumen, darunter Rosen, für mich ein immer wieder überraschender Anblick in der Wüste. Drunten ein Basketballplatz und ein Fußballfeld ohne Rasen. Hier oben ein Schachspiel mit großen Figuren unter freiem Himmel, dazu ein Podium aus Beton, offenbar für Open-air-Veranstaltungen, mit phantastischem Ausblick auf Sanddünen und Berge. Blickfang für den Ankömmling aber ist ein gewaltiger Stein auf zwei

Betonsäulen, offenbar das Symbol des Ortes, »floating stone« genannt.

Zwischen all dem viel kurzbehoste Jugend, Mädchen und Jungen, insgesamt sollen es 150 sein, ausschließlich Israelis, deren Aufenthalt ihre Schule bezahlt. Sie kommen meistens vom Norden, der »grünen Insel«, verweilen hier zwischen drei Wochen und drei Monaten und kriegen theoretischen und praktischen Unterricht über die Wüste, ihre Beschaffenheit und Geschichte, ihre Gefahren und ihre Möglichkeiten. Das erste, was sie hier lernen, und was die meisten von ihnen so exakt vorher nicht gewußt haben, ist, daß der Negev, wie gesagt, zwar 12 000 der 20 700 Quadratkilometer Stammisraels bedeckt, aber nur sieben Prozent seiner Bevölkerung beherbergt.

Erste Informationen erhalte ich im Frühstücksraum, von Zeev Zivan, dem Leiter des Nizzana Settlement, 44 Jahre alt, Vater dreier Söhne, in Tel Aviv geboren und vollständig verdorben für jede Art von Leben außerhalb der Wüste. In fünf Minuten kenne ich die Hauptdaten seiner Biographie. Mit 17 freiwillig zur Armee, mit 19 Mitglied des 1952 gegründeten Kibbuz »Sde Boqer« (»Wir waren lauter ganz junge Leute, Ben Gurion und seine Frau waren die einzigen alten Menschen«). »Seither in der Wüste.« Es entpuppen sich jedoch einige nicht ganz unwichtige Unterbrechungen: Studium mit sämtlichen Graduierungen an der Universität Haifa, Geographische Fakultät; später an der Universität Beer Scheva, Geographie und Erziehung, und schließlich, für ihn der akademische Ritterschlag, auf der Environmental High School der Midraschat »Sde Boqer«.

Während Zeev Zivan spricht, kommen Jugendliche an unseren Tisch, fragen, antworten, frei und ungezwungen. Und dennoch besteht keine Sekunde Zweifel an der charismatischen Autorität des Wüstensohns, der hier die Führung hat – und eindeutig das ist, was gemeinhin nonchalant, jedoch mit Achtung und Respekt, ein »irrer Typ« genannt zu werden pflegt. Bald auch von mir, wenngleich heimlich und mit selbstkritischem Unterton.

Einmal hat Zeev Zivan einen Abstecher in die USA gemacht – Michigan, Indiana, Illinois, Wisconsin –, um dort, wie er sagt, »die tennisspielenden Söhne und Töchter jüdischer Eltern davon zu überzeugen, daß es noch Wichtigeres gab«. Eine Mission mit mäßigem Erfolg übrigens, »obwohl die Juden Amerikas damals alle mit der Plakette ›Ich bin Zionist‹ herumliefen.« Die Stimme des *master of geography* trieft von Verachtung, als er mir in der Kantine so gegenübersitzt.

Nachdem ich noch erfahren habe, daß Zeev Zivan Chef der israelischen Pfadfinder war – *chief of scouts* –, was gut in das bisher entworfene Bild paßt, will der Mann weg vom Frühstückstisch, so, als könnte er den Aufenthalt in einem geschlossenen Raum nur eine gewisse Zeit lang ertragen. Und schon geht es hinaus, mit dem Wagen, zu der großen Ausgrabungsstätte in der Nähe, dem Tell Nizzana.

Das ist ein abgeflachter Hügel, fünfzig Meter hoch, mauerbestanden und versehen mit einer Treppe, die vom Fuß des Geländes hinaufführt – die Akropolis einer dort oben und hier unten vor 1500 Jahren mitten in der Wüste erbauten byzantinischen Stadt auf nabatäischen Fundamenten!

Nizzana ist nicht zufällig gerade an dieser Stelle errichtet worden. Abgesehen davon, daß hier stark wasserführende Brunnen waren, lag die antike Ansiedlung, darin Avdat sehr ähnlich, im Kreuzpunkt der großen orientalischen Karawanenrouten vom Roten Meer über Beer Scheva nach Ägypten, zum Nil, nach Kairo und weiter hinein nach Nordafrika.

Die ersten Archäologen, die vor fünfzig Jahren hierherkamen, machten gleich einen sensationellen Fund: 300 alte Papyrusrollen. In ihnen war nicht nur die Zahl der oströmischen Legionen verzeichnet, sondern auch die Namen der Legionäre. Und daß sie, wenn Waffendienst nicht gefragt war, zu Bauern wurden, die das Land kultivierten – Wehrbauern. »Wie heute noch in Israels Kibbuzim«, sagt Zeev Zivan nicht ohne grimmigen Gesichtsausdruck.

Seine Schüler, die Jungen und Mädchen, arbeiten hier mit ihren Händen – *archeological digging* –, klauben Scherben und andere Gegenstände aus der großen Zeit von Nizzana aus dem glühendheißen Boden, säubern sie, schichten sie auf und registrieren jedes Stück schriftlich. Andere sieben unter kaum schützenden Zeltplanen inmitten von Ruinen Sand, legen alte behauene Steine frei und graben in der Erde, so daß man tief hinabblicken und die Fundamente von Häusern und Säulen erkennen kann. Die Arbeiten werden das ganze Jahr über verrichtet, und Erfolgserlebnisse gibt es dabei die Menge.

Im Sommer 1989 wurden die Überreste der byzantinischen Ostkirche von Nizzana gefunden, fast zufällig. Von ihr hatten nur zwei Steine aus dem Boden geragt, sonst war alles begraben. Nun aber entdeckte man nicht nur das Taufbecken und die Apsis, also den einst überwölbten Chorabschluß des Langhauses, sondern konnte auch die Säulen wieder in voller Höhe aufrichten. Daß diese Kirche nicht die einzige in Nizzana war, hatte übrigens schon der große Lawrence von Arabien herausgefunden, als er während des Ersten Weltkriegs, im Zuge seiner arabischen Sondermission gegen das Osmanische Reich, hier durchgekommen war. Das antike Nizzana besaß noch drei weitere christliche Gotteshäuser, und eine fünfte Kirche wurde kürzlich oben auf dem Tell ausgegraben.

Jetzt liegt die Mauer der Akropolis flirrend da – die Sonne steht im Zenit. Entgegen meiner ursprünglichen Absicht traue ich mich nicht die lange steile Treppe hoch.

Ab und zu befiehlt Yochi, daß ich trinke, und sie verlangt das auch, wenn ich keinen Zwang dazu verspüre. »Man verliert in der Wüste Körperflüssigkeit, auch wenn man keinen Durst hat, und das kann gefährlich werden«, mahnt sie eindringlich, und ich gehorche.

Zivan hat zwischen den Ruinen etwas vom Boden aufgehoben – ein Stück Marmor. »Der kam vielleicht aus Italien, denn hier gibt es keinen Marmor. Wir müssen herausbekommen, woher er stammt.«

Viele Materialien, die man fand, müssen hertransportiert worden sein, zum Beispiel das Holz, mit dem die Dächer gedeckt waren. Holz gab es auch im antiken Negev und im angrenzenden Sinai kaum. Dennoch wurde es hier nachgewiesen, wie manch andere Einfuhren noch – Funde, die bestätigen: Hier trat eine Zentralgewalt von großer Organisationskraft auf, Byzanz, ein Imperium von überwältigend diesseitiger Energie, das mit seinen vielen Kirchen aber auch die geistige und religiöse Unterwerfung einforderte, den christlichen Herrschaftsanspruch über die Seelen.

Nizzana, das ist die beeindruckende Demonstration einer Staatsmacht, die am Rand ihres Reiches über zwei Jahrhunderte hin eine urbane Kultur erhalten konnte. Unabhängig vom Imponiercharakter der bereits erwähnten Importe, mußte sie Kenntnisse besitzen, wie ihre für die damaligen Verhältnisse dichte Population inmitten einer der aridesten Zonen der antiken Welt aus eigenen Ressourcen überleben konnte – ein für das moderne Israel geradezu lebenswichtiges Lehrbeispiel. Und so erhofft es sich noch manche aufschlußreiche Auskunft – von den Baurelikten, die unter der Erde sind, der wissenschaftlichen Arbeit von Archäologen, die aus aller Welt hier eintreffen, und von dem schweißtreibenden Enthusiasmus der Schülerinnen und Schüler, die da vor mir unermüdlich mit ihren Händen graben und schaufeln.

In der ersten Hälfte des 7. Jahrhunderts aber war es mit der Herrlichkeit vorbei. Wie fünf andere byzantinische Städte im nördlichen Negev und im nordöstlichen Sinai wurde Nizzana bis in den Grund zerstört durch den großen Sturm, der unter der grünen Fahne des Propheten von der Arabischen Halbinsel zu seinem unaufhaltsamen Siegeszug aufbrach. Und wie Avdat wurde es nicht wieder aufgebaut.

Über uns am Himmel fegt ein israelischer Düsenjäger unter ohrenbetäubendem Lärm dahin.

»Und jetzt eine Fahrt an die Grenze«, befiehlt Zeev Zivan.

Die ist hier ganz nahe. Man sieht weit südlich einen ägyptischen Wachtturm im Terrain stehen, nahe vor uns das Häuschen eines Wachtpostens, und dahinter, nach Osten hin unendlich ausgebreitet, den Sinai.

Während er auf die Grenze zubraust, ruft Zeev Zivan gegen den Wind an: »Als 1982 der Frieden mit Ägypten geschlossen wurde und wir uns aus dem Sinai zurückzogen, dachten wir, diese Stelle würden Tausende von Wagen passieren, von beiden Seiten. 120 Leute standen hier bereit.« Er stoppt, fast in voller Fahrt, millimetergenau auf israelischem Boden vor dem ägyptischen Wachtposten, und sagt dann: »Schau dir das an – es ist leer, einfach leer, tagaus, tagein. Was allerdings nicht bedeutet, daß nichts passiert.« Er weist auf einen Zaun hin, Stacheldraht, der sich weit hinzieht, um sich irgendwo im Gelb der topographischen Monotonie zu verlieren. »Den haben wir erst kürzlich gezogen, weil die da drüben bei Nacht PLO-Terroristen durchgelassen haben. Ich hoffe, daß wir sie alle geschnappt haben.« Zeev Zivan schweigt, schaut hinüber und fährt dann ohne jedes Pathos, vielmehr im Stil einer nüchternen Feststellung fort: »Wenn Mubarak hier durch will, sind wir bereit, ihn zu empfangen.«

Neben mir sitzt ein Mann, der zehn Jahre alt war, als 1956 der Sinaifeldzug stattfand, seither Zeit seines Daseins von weiteren Kriegen begleitet worden ist und Frieden als Lebensgefühl überhaupt nicht kennt. Priorität haben jene Vorkehrungen, die fürs Überleben zu treffen sind. Israel hat mir längst klargemacht, daß diese Haltung exemplarisch ist.

Wir fahren am Zaun entlang, und dabei bietet sich uns drüben plötzlich ein bizarres Bild. Zwei Kamelreiter traben aus einer kleinen Senke hervor, wie verwachsen mit den Tieren, die Blicke unverwandt auf uns gerichtet. Es sind Soldaten, ohne daß eine Uniform auffällig wird, nur an den Gewehren kann man es erkennen – sie ragen ihnen über die linke, uns abgewandte Schulter. Als sie an uns vorbeiziehen, nach einer Weile aber zurückkommen und uns lautlos wie Schemen wieder passieren, tragen sie die Gewehre rechts. »Offenbar ein Befehl«, lacht Zeev Zivan, »die Knarre immer so zu halten, daß wir möglichst wenig von ihr sehen können. Aber wirkt das Ganze nicht wie bei den Türken, wie unter den Osmanen? Von denen, und von den Briten, ist diese Grenze übrigens gezogen worden, 1916, am Reißbrett. Und scheint es nicht so, als sei die Zeit da drüben stehengeblieben?«

Dann steuert er von der Grenze weg auf eine jüdische Siedlung in der Nähe zu. Hier wohnen zwanzig Familien, mit Kindern etwa siebzig Personen. Grün, Häuser, Gärten, über eine große Fläche verstreut Plastikhüllen, unter denen, wie wir sehen können, Tomaten, Gemüsearten, Wassermelonen gezüchtet werden – mittels sogenannter Tropfbewässerung. Der Boden hat dabei keine andere Funktion, als der Pflanze Halt zu geben, alles andere besorgen Nährlösungen, die dosiert den Schläuchen entquellen, und die Sonne, deren Energie ungehemmt durch die Plastikhülle hineinstrahlen kann, von ihr aber drinnen festgehalten wird und so ihr wachstumförderndes Werk tut – der Treibhauseffekt. Doch gibt es noch ein zusätzliches Element, das die Ernten von Obst und Gemüse für den Export nach Europa fast verdoppelt hat.

Vor einigen Jahren war Arie Issar, der Geologe des Jacob-Blaustein-Instituts, in die Gegend gekommen, hatte herumgeschnüffelt, geheimnisvolle Aufzeichnungen gemacht, gebrütet und dann entschieden: »Hier gibt es Wasser, hier muß gebohrt werden.« Es wurde gebohrt – und in 650 Meter Tiefe stieß man tatsächlich auf Wasser. Und zwar genau auf die Art von Wasser, die hier gesucht wurde – *brackish water*, das mit seinen 45 Grad sozusagen ein Wärmekraftwerk der Natur darstellt. In Rohren unter die Plastikhüllen geleitet, entfaltet sich dort Energie vom Himmel und aus der Erde, beschleunigt die Fruchtreife und vermehrt den Ertrag. Alle Einzelheiten, diese und weitere, von Zeev Zivan.

»Wenn du Wasser hast, dann blüht es auch«, sagt er, so vergnügt, daß ich fast erschrecke über den ungewohnten Ausdruck.

Süßwasser ist hier reichlich vorhanden, aus Quellen, die schon Mose veranlaßt haben sollen, beim Auszug der Kinder Israels aus Ägypten in dieser Gegend länger zu verweilen. Ja, es heißt, hier sei die Stelle gewesen, wo er an den Felsen schlug, aus dem es dann hervorgesprudelt sei. Tatsächlich liegt die ganz große Quelle drüben, jenseits der Grenze. »Und wie nutzen die das? Gar nicht. Schau dir das mal an.« Zeev Zivan macht eine weite Kreisbewegung. »Hier bei uns alles begrünt, dort drüben alles trocken, und zwar genau bis an die Grenze. Warum das so ist? Weil die Ziegen der Beduinen auch noch die kleinste Vegetation abfressen, jeden Halm. Ein Engländer hat vor sechzig Jahren mal gesagt, die Beduinen seien nicht die Söhne, sondern die Väter der Wüste. Der Mann hat recht gehabt. Ich will dir noch etwas zeigen.« Und schon geht es wieder ab nach Süden, in brausender Fahrt – Zeev Zivan kann weder langsam fahren noch langsam sprechen, noch langsam denken.

Die neue Straße auf israelischer Seite liegt erhöht, verläuft über hügeliges Terrain, hoch über der alten Trasse auf ägyptischem Gebiet. Nach einer Weile zeigt Zeev Zivan nach rechts. »Siehst du da hinten die grüne Fläche, die einzige weit und breit auf der anderen Seite? Das haben Beduinen geschaffen – zu unserer Zeit, als wir auf dem Sinai waren. Wir haben sie seßhaft gemacht. Es geht also, wenn man will.«

Weiter südlich ragt ein Turm in die Höhe. »Ein Armeeposten von uns. Der hat mal hundert Meter weiter im Westen gestanden. Aber dann kamen die Ägypter und sagten: ›Das ist unser Hügel.‹ Wir haben nachgegeben und das Ding versetzt. Denen da drüben ist ein Meter sehr wichtig, wie auch, einen höheren Beobachtungsturm zu haben als wir«, ich folge seiner Hand und sehe in der Ferne ein Gebäude aufragen, »und die größere Flagge. Weißt du, daß ihre Minarettspitzen stets höher sein müssen als unsere Synagogen und als die Türme christlicher Kirchen? Das ist nun mal ihre Mentalität, und wir sind dazu verdammt, uns mit so etwas auseinanderzusetzen.«

Endloser Blick nach Süden, Negev und Sinai mit unterschiedlichen Ebenen parallel zueinander, Urlandschaften. Wir hier oben, da unten der ägyptische Weg. Zeev Zivan: »Optimisten sagen, dies werden die Autostraßen der Zukunft – per Einbahn. Auf unserer wird es nur nach Süden gehen – in zwei Stunden bist du in Elat –, drüben nur nach Norden. Die Grenze dazwischen hätte jede Bedeutung verloren.« Er schlägt mit der Handkante durch die Luft, scharf, sausend, als wollte er ein Phantasiegebilde verscheuchen.

Auf der Rückfahrt kommen wir an dem Häuschen des ägyptischen Postens vorbei. Ein einsamer Mann sitzt auf einer Bank davor und schaut zu uns herüber. »Die müssen hier ein halbes Jahr Dienst machen, in einem Stück, ohne jeden Urlaub. Unsere Leute werden alle drei Wochen nach Hause geschickt. Ungerecht, nicht wahr?«

Ich drehe mich um und sehe den Tell Nizzana mit seinen byzantinischen Ruinen auf nabatäischen Fundamenten; einen alten Wasserturm, einst wichtig für die osmanische Eisenbahn, die von Bagdad und Damaskus herandampfte und deren Gleise längst ausgerissen sind, links den Drahtzaun, ein Anblick, der mich bis an mein Ende stets an die einstige innerdeutsche Grenze erinnern wird, und den Komplex der Nizzana Settlement Educational Community, wo Yochi und ich uns von Zeev Zivan verabschieden.

Eine Gruppe junger Leute trifft Vorbereitungen für den obligatorischen Ausflug in die Wüste, morgen früh – ausgerüstet mit guten, festen Schuhen, viel Wasser, Landkarten und Sprechgeräten. Die Armee und die Polizei werden, wie immer, unterrichtet sein.

Zurück nach Sde Boqer. Im Rückspiegel Zeev Zivan, der uns noch lange nachwinkt. Kurz vor der Überlandroute Beer Scheva-Elat, in die wir nach Süden einbiegen müssen, ein Raubvogel auf einem Telegraphenmast. »Hatch hawk«, sagt Yochi, ein junger Falke. Dann weist sie, das Gesicht nahe an der Windschutzscheibe, nach oben, in den Himmel, vor dessen stechender Helligkeit auch die Sonnenbrille nicht schützt.

Dort schwebt, die Flügel riesig ausgebreitet, ein Adler.

I am in love with the desert

Mit seinen Bemerkungen über die Beduinen hatte Zeev Zivan meine Neugierde geweckt, und Professor Gideon Kressel vom Jacob-Blaustein-Institut, Jahrgang 1936, ist der Mann, der sie befriedigen könnte. Seit elf Jahren in Sde Boqer, sieben Jahre lang Mitglied einer Beduinengemeinschaft und seither unentwegt als Freund und Wissenschaftler mit ihnen beschäftigt, sind sie die Hauptobjekte seiner Studien geworden.

Im Verlauf meiner mehrfachen Besuche in der Midraschat lerne ich einen Menschen von höchster Sensibilität kennen, mit schmalem, fast asketischem Gesicht, ernst dreinblickenden Augen und seiner Aufgabe völlig hingegeben.

Die biographischen Familientupfer, mit denen ich sparsam vertraut gemacht werde, bestätigen nur noch einmal, daß es auf der Welt kein Land gibt, das es mit der individuellen Schicksalsdichte Israels aufnehmen könnte. Wem immer man hier auch begegnet, man ist sofort mitten in der Weltgeschichte, mitten in den schweren Erschütterungen unseres Jahrhunderts und den Extrakapiteln, die es für Juden schrieb und weiter schreibt.

Die Mutter kam aus Zürich, der Vater aus Berlin. Der jüdische Tischler hatte Deutschland gleich 1933 verlassen, war nach Palästina ausgewandert und untergekommen im Kibbuz »Givat Brenner«, südlich von Tel Aviv, bei Rehovot, die ersten sechzehn Jahre mit Frau und vier Kindern in einem Zelt.

Leicht war ihm der Abschied aus Deutschland nicht gefallen. Oft hat er später Sohn Gideon von den Berliner Arbeitskollegen erzählt, mit denen er in der Möbelindustrie gewerkt und sich gut verstanden hatte. Vor der Abreise hatten sie ihm ein Fest gegeben, auf dem er von jedem ein Werkzeug bekam, das ihm nützlich sein sollte in seiner neuen Heimat. Auch versuchten sie, ihn fürsorglich von der Ausreise abzuhalten, da sie gehört hätten, es gäbe dort unten Malaria. Sie brachten ihm sogar Zeitungsausschnitte, die ihre Bedenken belegten, eine Gemeinschaft von Sozialisten, zwischen denen Toleranz und Sympathie geherrscht hatten. Er konnte sie nicht vergessen.

Der vertriebene Tischler hatte einen Tagtraum, den er dem Sohn immer wieder offenbarte, so tief saß die Vorstellung in dem Vater: daß er eines Tages zurückkehren würde nach Deutschland, zu seinen alten Kollegen, mit denen er sich so prächtig verstanden hatte. Von Palästina wollte er ihnen dann erzählen und dem schweren Leben dort, so daß sie alle weinen und ihn umarmen würden. Denn er wäre gekommen, weil er sie nicht vergessen hätte, seine Brüder aus Deutschland, und das war es, was er ihnen mit seinem Besuch zeigen wollte.

Im Zweiten Weltkrieg dann, als die ersten Nachrichten vom Holocaust eintrafen, wehrte sich der Tischler, seine alten Freunde zu Monstern werden zu lassen. Unmöglich, daß das stimmen konnte, was er da erfuhr, oder daß seine alten Arbeitsgefährten gar daran beteiligt wären – unmöglich! Der Konflikt fraß an seinem Herzen. Aber wie besessen hielt er fest an der Vorstellung, daß er nach dem Krieg seinen Tagtraum wahrmachen und die Mannschaft von einst ihn herzlich begrüßen würde: »Gut, daß du wieder da bist, Heinrich!«

Die Vision erfüllte sich nicht. Einmal war er in Deutschland gewesen, um Maschinen für eine neue Tischlerwerkstatt des Kibbuz einzukaufen, 1953. Doch war alles so anders gewesen, als er es sich vorgestellt hatte, und von den alten Kollegen hatte er auch keinen getroffen. So kehrte er zurück, noch mehr in sich gewandt als vorher schon, arbeitete wie ein Verrückter und starb 1966.

Gideon Kressel ist mit deutscher Kultur und deutscher Musik aufgewachsen, wenngleich er im Lauf seines Lebens der deutschen Sprache immer weniger mächtig wurde und wir uns auf englisch unterhalten. Er hat lange das Dasein eines Globetrotters geführt, aus dem Rucksack gelebt und, weg vom Kibbuz, seinen Traum verwirklicht – einmal um die ganze Welt zu reisen. Türkei, Iran und Indien, von Nepal bis Tokio, von Los Angeles bis Hongkong, von Panama bis Singapur. Dann hatte er genug, seine Wurzeln lagen in Israel.

Hier hat er den Wehrdienst nachgeholt, danach auf der Jerusalemer Universität studiert – Mathematik, Physik, Literatur, Geographie, Geschichte – und war 1973 diplomierter Anthropologe geworden. Seit 1979 lebt er in der Midraschat »Sde Boqer«, wo er zwei Bücher geschrieben hat, eines über Blutrache unter Beduinen, das zweite über ihre Verwandtschaftsverhältnisse. Sie wurden Professor Gideon Kressels Grundthema, seine Lebensaufgabe, sein Schicksal. Mit der Zentrale Sde Boqer, wird er so etwas wie ihr Ombudsmann, eine Vertrauensperson in heikelster Situation, der israelische Menschenrechtler für diese arabischen Wüstenbewohner.

Es gibt nichts, worum er sich nicht kümmert. Die Frauen aus den dunklen Zelten rufen nach ihm, wenn sie ins Krankenhaus müssen. Sie fürchten sich vor der Klinik, den fremden Ärzten, der Behandlung, aber nur so lange, bis er sie geleitet. Während wir in seinem Büro miteinander sprechen, kommt eine Nachricht von seiner dänischen Frau, die seit 24 Jahren mit ihm in Israel lebt und mit der er eine Tochter und zwei Söhne hat, sie ein Twen, die Jungen Teenager.

Die Nachricht: Ins Haus der Kressels hat sich ein siebzehnjähriges Beduinenmädchen geflüchtet. Es war abends mit einem Hirten, seinem Freund, draußen bei der Herde gewesen. Das ist den Eltern und der Dorfgemeinschaft vom Nebenbuhler hinterbracht worden, und die Angst vor Strafe hatte das Mädchen nun bezeichnenderweise zu Gideon Kressel getrieben. Der wird sich, wie er versichert, des Problems annehmen.

Immer geht es um Wasser und um Land. Die Beduinen, seit Jahrtausenden gewohnt, frei mit ihren Tieren umherzuschweifen, haben seit Generationen ignoriert, was die moderne Gesellschaft verlangt – Papiere! Beim Kampf um die Brunnen, bei der Behauptung eines Stücks Erde, wo sie ihre Zelte aufschlagen können, stets heißt es: Dokumente, Urkunden. Die haben sie nicht, hatten sie nie, und viele, die meisten immer noch, wollen sie auch nicht haben.

Die Zahl der Beduinen im Negev wird auf 70 000 bis 80 000 geschätzt. Die israelische Regierung bietet ihnen Häuser an, versucht, die Nomaden seßhaft zu machen – Menschen, die von ihren Herden leben und Weide brauchen. Wie können Städte, wie Wohnungen mit Elektrizität und fließendem Wasser für Beduinen geplant, ihre Lebensgrundlage, die Tierhaltung, aber bewahrt werden? Wie könnte man, angesichts der wachsenden beduinischen Bevölkerung, die Herden vergrößern – ohne Überweidung? »Sie müssen etwas tun, was sie zuvor nie getan haben«, sagt Gideon Kressel, und fährt auf einer Karte mit dem Finger hin und her zwischen Sde Boqer, Gaza und Beer Scheva, »nämlich Gras aussäen, Weiden anbauen. Bis jetzt haben sie sich immer nur um ihre Ziegen, Schafe, Esel und Kamele gekümmert, aber nicht um das Futter, nicht um den Boden, auf dem das wächst und dessen Weideflächen durch die Entwicklung schrumpfen. Der Negev ist endlich. Es ist schwer, das den Beduinen nach Äonen der Unendlichkeit klarzumachen. Ich versuche es.«

Einige Erfolge sind da. Die Kinder gehen zur Schule, werden morgens in Bussen gesammelt und nachmittags wieder zurückgebracht. Das heißt, nur die Knaben – die Töchter dürfen nicht in die Schule gehen. Zwar gibt es Schulzwang in Israel, aber die Behörden, die sich um die Beduinen kümmern, sind machtlos – Landwirtschafts-, Erziehungs- und Verteidigungsministerium. Keines hat sich bisher, laut Gideon Kressel, bei der Sorge um die Beduinen besonders hervorgetan, am ehesten noch das Verteidigungsministerium. Es mag damit zusammenhängen, daß sich Beduinen freiwillig zur Armee melden können, weil sie als exzellente Spurensucher bekannt sind. Sie sind die einzigen, die mit ihren Herden in Manövergebiete der israelischen Armee dürfen, wenn nicht geschossen wird. Das hat auch Nachteile für sie. Beim Sammeln von Patronenhülsen gibt es immer wieder Unglücke, erst jüngst verlor ein Beduine ein Auge, einem anderen mußten beide Beine amputiert werden. Gideon Kressel sorgt dann für Rechtsanwälte, wegen der Entschädigung. Als Polizisten stehen Beduinen nicht selten in gefährlichem Kampf gegen bewaffnete Drogenschmuggler, deren Ware ihren Weg zu den großen Märkten in Ägypten, in der Türkei, in Persien und dem Fernen Osten oft genug durch den Negev nimmt. Im ganzen aber sind solche Beschäftigungen Ausnahmen, gnädige Gesten der Anerkennung durch eine Staatsmacht, die nicht davor zurückscheut, Beduinen von ihren angestammten Weidegründen zu vertreiben, wenn darunter Mineralien oder Öl gefunden worden sind.

Gideon Kressel sitzt in seinem Büro auf dem Campus der Midraschat »Sde Boqer« vor mir, ein Mann, der hier seinen Platz gefunden hat und der eine Erfülltheit ausstrahlt, wie ich sie selten bei einem Menschen angetroffen habe.

»Meine Mitarbeiter und ich sind keine objektiven Wissenschaftler mehr. Für die Beduinen tun wir alles, was wir können – ob es sich um die Entwicklung der Flora handelt, den Gebrauch des Bodens oder wie Überweidung vermieden werden und das Gras wieder wachsen kann. Es geht auch um Versicherungen. Nehmen wir die Kameltouren – da können Touristen herunterfallen, und was dann? Wo finden die Beduinen für ihre Kunden, bei mehrtägigen Touren, Möglichkeiten zur Übernachtung? Ihr Leben ist unsicher, ungewiß. Häuser, die sie selbst errichtet haben, sind vom Abriß bedroht. Sie kommen wegen hunderterlei Sachen vor Gericht – wenn sie bauen wollen, wenn sie Bäume pflanzen, kleine Staudämme errichten, um ihr Vieh zu tränken, oder Land verlangen. Das geschieht nicht aus Böswilligkeit – der Negev hat eben für Israel eine lebenswichtige Bedeutung, das ist es. Und doch könnte manches besser sein.«

Mit der Hygiene sieht es in den Zelten nicht gut aus. Das Kinderkrankenhaus von Beer Scheva ist voll von kleinen Beduinenmädchen und -jungen, die wegen des häuslichen Schmutzes erkrankt sind. In den Kliniken herrscht große Sauberkeit, doch wenn die kleinen Patienten wieder zurückkommen, ist alles beim alten. So werden sie dann bald abermals eingeliefert, mit den gleichen Symptomen wie beim letzten Mal schon – Krätze oder Flechten, Pickel, Durchfall oder Schuppen.

Die Frauen leiden am meisten. Da wird eine Dreißigjährige auf einer modernen Station entbunden, von ihrem achten Kind. Der Geburt folgt ein Schock. Gideon Kressel kennt die familiäre Situation, hinter der Frau liegen bittere Jahre, mit einem Selbstmordversuch. Sie muß zurück, in das gleiche Milieu, zu demselben Ehemann und dem Ehrenkodex – je mehr Söhne, desto höher die soziale Anerkennung. Medikamente gibt es nicht im Zelt, die Chancen der Heilung seelischer Schäden sind gleich Null.

»Es gibt aber auch Fälle echter Hilfe durch den Staat. Da fällt ein Junge vom Kamel. Es ist alles versucht worden, ihn zu heilen, ein Jahr lang, die Kosten hat die Regierung übernommen. Doch es nutzte nichts – Querschnittslähmung. Jetzt ist er wieder im Zelt und lernt Lesen und Schreiben, Fächer, die er später andere Kinder lehren kann. Vorher war er Analphabet gewesen. Aber bis die Beduinen Bürger mit gleichen Rechten sind, ist es noch weit, sehr weit.«

Wir verlassen das Büro, treten nach draußen, gehen den kurzen Weg bis zum Rand der Midraschat »Sde Boqer«, bleiben dort stehen.

Es ist die winzige Frist zwischen letztem Licht, Dämmerung und Nacht, ein Lidschlag nur, ein Hauch in der Komposition von Tag und Nacht in südlichen Breiten.

Vor uns liegt die Sin.

Wie ein unhörbar atmendes Raubtier breitet sie sich zu unseren Füßen aus, von täuschender Leere und Stummheit, obwohl doch bald schon das Stechen, Hauen, Beißen und Würgen beginnt, die daseinsentscheidende Zeit für alles, was da kreucht und fleucht. Das Drama der Stille bleibt davon unberührt. Der letzte Funke vor dem Verglimmen ist die Sekunde einer überirdischen Majestät.

In dem Moment sagt Gideon Kressel, Professor der Anthropologie, Inhaber zahlreicher akademischer Grade, Mittfünfziger, israelischer Sabre und Freund der Beduinen, einen Satz, den ich nie vergessen werde, weil er völlig übereinstimmte mit dem eigenen Gefühl, ja, es auf endgültige Weise ausdrückte, einfach, wie alles Klassische:

»I am in love with the desert!«

Das Geständnis des Musa el-Latauna

Fuzan el-Latauna ist israelischer Staatsbürger, 32 Jahre alt und Sohn eines Beduinenscheichs.

Zu ihm sind wir in meinem Wagen unterwegs von Sde Boqer, wo ich Fuzan als Freund eines Hörfunkkorrespondenten des Bayerischen Rundfunks kennengelernt habe. Der Vater wohnt in Hora, einem Dorf siebzehn Kilometer hinter Beer Scheva auf der Strecke nach Dimona.

Es ist eine längere Fahrt, und ich nutze sie für ein Gespräch. Fuzan el-Latauna redet wägend, aber ungehemmt, angstfrei und - nahezu akzentfrei in deutscher Sprache. Er hat sechs Jahre in der DDR zugebracht – »studiert«, sagt er, mehr nicht.

Dort war der junge Beduine auf Ausländerhaß gestoßen, an allen Ecken. »Ich habe dieses kriminelle Verhalten am eigenen Leibe verspürt.« Und das hat ihn, wie er zugibt, offener gemacht für den Holocaust und für das Verständnis seiner Folgen in der Psyche überlebender Juden. Im selben Atemzug beschreibt er sich als Ausnahme unter seinesgleichen, da das Holocausttrauma der Masse der Araber im allgemeinen und der der Palästinenser im besonderen verschlossen bleibt, und damit auch das Urmotiv des jüdischen Sicherheitsdenkens.

Aber in Israel, dessen Bürger er ist, widerfährt ihm ebenfalls Diskriminierung, fühlt er sich häufig genug degradiert, besonders beim Umgang mit Behörden. »Einfach durch die Haltung der Angestellten. Deine Integrität wird angetastet, nicht durch Worte, nicht durch Schimpfen oder Drohen, dazu sind die meisten Israelis viel zu wohlerzogen, und außerdem entspricht es nicht ihrer Kultur. Nein, es ist das Ungesagte, die innere Haltung, durch die die Geringschätzung zum Ausdruck kommt. Und das ist manchmal schlimmer, als wenn einem ins Gesicht geschrien wird: ›Ich mag dich nicht, weil du Araber bist!‹«

Es ist ein Grundempfinden von Angst, das nach den Worten Fuzan el-Lataunas die arabischen Israelis begleitet, auch ihn. »Im Bus, wenn kontrolliert wird, sind wir immer die ersten, die drankommen, und die Prüfung dauert viel länger. Wir unterscheiden uns äußerlich oft doch gar nicht von Juden, aber glauben Sie mir, der Spürsinn der Uniformierten findet uns sofort heraus.«

Links von der Straße Beer Scheva-Dimona führt ein Bahngleis entlang. Die Gegend ist arid, trocken, aber mit grünen Flecken betupft. Zu beiden Seiten Beduinendörfer, niedrige Hütten, spielende Kinder, sehr bunt gekleidete Frauen. Östlich, im Dunst, die Berge Moabs.

Fuzan el-Latauna ist von tiefem Mißtrauen gegenüber den Regimes der arabischen Nachbarn erfüllt, sämtlicher, ohne Ausnahme. Er bezeichnet sie als »furchtbar«, meint aber, daß sich die gewalttätigen Zustände dort mit der Lösung der Palästinenserfrage, wenn nicht ändern, so doch wenigstens mildern könnten.

Wie bei Ala K. und anderen Arabern mit israelischem Paß, die ich kennengelernt habe, ist der Identitätszwist auch bei Fuzan el-Latauna spürbar. »Ich bin vor allem Araber, aber ich bin auch Israeli. Ich spreche hebräisch, ich bin in diesem Land groß geworden, ich kenne, für mich die wichtigste Lehre überhaupt: die demokratischen Verhältnisse. Nur eines bin ich nicht – ein vollberechtigter israelischer Staatsbürger.«

Hora, Sitz von Fuzans Familie, ist eine Ansammlung von Häusern, die den Eindruck von Behelfsbauten machen und dennoch eine bestimmte Würde ausstrahlen. Die el-Lataunas stammen ursprünglich aus Gaza, Landbesitzer, die 1948, während der Kämpfe zwischen Israel und Ägypten, von dort flohen und seitdem hier leben, im Exil, wie Fuzan sagt, obwohl ihnen das Grundstück, auf dem sie wohnen, schon vorher gehört hatte. Es war eine eher geringgeschätzte Dependance, die dennoch seit 42 Jahren ihre ungeliebte Heimat ist. Alle Versuche, das Land in Gaza zurückzugewinnen, schlugen fehl.

Das erfahre ich von Musa el-Latauna, Fuzans Vater, Scheich und, wie sich herausstellt, Gebieter über Hora und seine 1200 Bewohner. Imposant sieht er aus, der alte Beduine in dem langen Gewand und mit der typischen Kopfbedeckung, die mich immer an Ibn Saud erinnern wird, jenen wahhabitischen Herrscher aus der ersten Hälfte unseres Jahrhunderts, der mir wie die Personifizierung des arabischen Orients erschienen war.

Auf der Terrasse vor dem Haus wird Kaffee gereicht, während nebenan lautstark gebaut wird, ein Haus für die el-Lataunas, von Arbeitern aus der Westbank. »Die sind billiger, Einheimische würden das Doppelte kosten«, klärt der Scheich auf, über Fuzan, der die Worte des Vaters getreulich ins Deutsche übersetzt. Die Achtung des Sohnes vor dem Vater ist offensichtlich, aber es fehlt jede Form von Devotismus oder traditionellen Unterwerfungsriten, wie ich sie oft beobachten konnte.

Viel zu fragen brauche ich nicht, denn Musa el-Latauna macht seinem Herzen auch ohne Anstoß Luft. Die Juden, sagt er, haben vor 2000 Jahren ein Königreich verloren, und nun kehren sie zurück, einfach so, als seien sie gestern gegangen. Er fühlt sich als palästinensischer Beduine, und die seien schon hier gewesen, bevor die Römer gekommen seien oder auch die Perser, denen sie gezeigt hätten, wo das Wasser sei. »Die meisten meines Stammes haben ihr Land an der Grenze von Gaza verloren, und wenn einem das Land genommen wird, dann ist es, als würde man Vater und Mutter verlieren. Wir hatten viele Ländereien, und das ist unvergessen. Hier in Ostisrael ist der Boden nicht besonders gut, in Gaza war er viel besser, da gab es auch mehr Regen. Ich bin immer wieder zum Gericht gelaufen, um mein Land zurückzubekommen. Aber sie taten es nicht.«

Unermüdlich ist der Scheich besorgt, daß uns Kaffee nachgeschenkt wird. Frauen und Mädchen haben sich an den Rand der Terrasse gestellt, lugen herüber, kichern, flirten, bleiben aber auf Distanz. Inzwischen weiß ich, daß Fuzan achtzehn Geschwister hat, sieben Brüder und elf Schwestern, von drei Müttern, aber nur einem Vater – dem Scheich.

Hinten, wo der Kamm eines Hügels den Horizont bildet, zuckeln Schafe und Ziegen längs, geführt von einem Reiter auf einem Esel, ein biblisches Bild. Unten im Tal sehe ich Frauen in weißen Gewändern dahinschreiten und wie eine Prozession in einem Feld dem Blick nach rechts entschwinden. Es ist das hunderttausendste Mal während meiner Israelreise, daß mir der alte

Fernsehmann im Nacken sitzt und zuruft: »Wo ist die Kamera?!« Aber die ist nicht da. Diesmal, so ohne Team, bin ich selbst die Kamera. Meine Augen, alle Sensoren und Fibern, die in mir sind und das Gesehene und Erlebte sammeln, verarbeiten, speichern, wie der Kassettenrecorder, in den ich jede Beobachtung, jedes Gefühl diktiere: sie zusammen im Verbund sind auf dieser Reise die »Kamera« – für mein Buch. Es mußte nach meiner Ankunft in Israel einige Zeit verstreichen, ehe ich die Erkenntnis verinnerlicht hatte: Diesmal, auf der größten Reise deines bisherigen Lebens, arbeitest du – allein.

Der Scheich trägt eine Brille, hat verschmitzte Augen, kann hintertrieben lächeln, und wenn er glaubt, es gebe eine Übereinstimmung zwischen uns, reicht er mir rasch die Hand hin und drückt meine. Aber je mehr die Zeit fortschreitet bei der Aufzählung persönlicher und allgemeiner Leiden, desto düsterer wird die Miene Musa el-Lataunas. Dabei stellt sich heraus, daß er die Hoffnung auf Rückkehr aufgegeben hat. »Da, wo wir in Gaza einmal waren, sind jetzt andere. Da können wir nicht wieder hin. Ich muß aber einen festen Platz für meinen Stamm finden. Früher hatten wir die Waffen, waren wir die Krieger, gefürchtet und mächtig. Jetzt sind die Waffen in den Händen der israelischen Armee. Soll ich einen Krieg gegen die Regierung führen? Das ist unmöglich, die hat Panzer und Flugzeuge. Unsere letzte Erwartung ist, daß es Menschen gibt, hier und überall sonst auf der Welt, die uns verstehen, auch in Deutschland, und die mit uns fühlen, damit wir nicht so allein sind.«

Er blickt mir eindringlich ins Gesicht und hält mir dann die Hand hin.

Später gibt er zu, daß sich für die Beduinen auch manches gebessert habe. Die Kinder gingen in Beer Scheva zur Schule, viele junge Männer hätten dort Arbeit gefunden und kriegten ihren Lohn. Man habe Kleidung und Nahrung und lebe heute nicht schlecht, aber was morgen sein werde, wisse nur Allah. »Was sich unbedingt ändern muß, schnell, das sind die Häuser, in denen wir wohnen – die müssen aus Stein sein! Schauen Sie sich an, wie sie heute sind und die ganzen Jahrzehnte schon: ein Streichholz, und hier geht alles in Flammen auf. Aus Stein müssen unsere Häuser gebaut sein, für die Ewigkeit!«

Das war die Kapitulation des alten Nomaden vor der Wirklichkeit seiner erzwungenen Seßhaftigkeit, die endgültige Niederlage einer jahrtausendealten Tradition, in der Scheich Musa el-Latauna aufgewachsen und deren letzter Vertreter er ist – die erschütternde Minute eines ohnmächtigen Geständnisses.

Das vertieft er noch, unbewußt und ungewollt, mit wenigen Worten, die dennoch ein totaler Rückzug sind. Er sagt, wie hinterhergeworfen: »In mir lebt die alte Kultur weiter, ich habe da um mich selbst keine Sorge. Ich bin so gekleidet, wie es die Sitte war, auch wenn es junge Leute gibt, die darüber lachen. Aber sehen Sie sich meinen Sohn an«, er zeigt auf Fuzan, der mit unbewegtem Gesicht den Dolmetscher zwischen seinem Vater und mir macht, »er kleidet sich europäisch, und er war ja auch in Europa. Ich akzeptiere das, er soll tun, was er will. Doch ich bleibe, wie ich bin.«

Dazu gehört offenbar, daß wir, ob wir wollen oder nicht, große Mengen Kaffee aus kostbaren kleinen Tassen trinken müssen, und daß jeder Versuch, sich daran vorbeizumogeln, unter den wachen Augen Musa el-Lataunas zum Scheitern verurteilt ist.

Die Stunden hier auf der Terrasse des Scheichs, im Gespräch mit ihm, oder genauer: konfrontiert mit seinem Monolog, bringen die Erkenntnis, daß sein Geschichtsbild so unvollständig ist, wie es sich nur denken läßt, besonders in Hinsicht auf die Bedeutung des Landes für die Juden, und daß es von ihm und möglicherweise seiner Generation überhaupt keine wirkliche Brücke zum modernen Israel gibt. Musa el-Latauna ist ein Archaiker, äußerlich seßhaft geworden, jedoch innerlich Nomade geblieben, mit einer mystischen Verbindung zur Erde, von der er sein ganzes Leben nicht mehr gesehen hat als den winzigen Radius zwischen Gaza und Hora. Ein ungeheures Entwicklungsgefälle tut sich da auf, die Kluft gänzlich unterschiedlicher Kulturen und vollständig verschiedener Wertvorstellungen – eine der großen Schwierigkeiten zwischen Arabern und Israelis überhaupt, ein Grundproblem des Nahostkonflikts. In seiner lokalen Mitte steckt die zweite und die dritte Generation beduinischer Stämme, die der Söhne, Töchter und Enkelkinder.

Als ich mich von Fuzan, der ein paar Tage hier bleiben wird, verabschiede, erinnert sein Ausdruck mich an das Gesicht, das Hakam Fahoum gemacht hatte, als wir sein Vaterhaus in Nazareth verließen. Wenn auch Zurückhaltung meinerseits geboten ist, so ist die Neugierde doch geweckt. Aber ich brauche nicht zu fragen, Fuzan el-Latauna selbst muß es loswerden. An meinen Wagen gelehnt, faßt er seine Situation in den Sätzen zusammen: »Ich liebe meine Heimat, ich fühle mich als Palästinenser, aber ich weiß nicht, wo ich hingehöre. Da, wo ich herkomme, will ich nur noch zu Besuch sein. Aber wo ich hinwill – die Frage wird nicht zuletzt von Israel und seinem Verhalten beantwortet werden.«

Mit Jeff G., Yochis Mann, geht es wie versprochen auf das Gelände der Applied Solar Calculation Unit, abgekürzt ASCU, dem Teil der Midraschat »Sde Boqer«, der sich mit der Gewinnung von Sonnenenergie befaßt.

Unter freiem Himmel: ein System von Spiegeln, augenschmerzend, wie ein Anschlag der Technik, um den Kosmos zu blenden; eine Station, von der aus die Kollektoren zentral und differenziert gesteuert werden können; Modelle in Originalgröße für Bauten und Wohnungen, deren Energiehaushalt zum großen Teil durch die Sonne gedeckt wird – das Jacob-Blaustein-Institut ist auch auf diesem Gebiet weltführend.

Jeff G., der mich, den Laien, mit schwerverständlichen technischen Einzelheiten nicht überfordern will, spricht beim Gang durch das Versuchsgelände von den zwei wichtigsten Forschungen: Stromgewinnung aus Sonnenkraft – »electricity production«, und »clean fuel« – was wörtlich übersetzt »sauberer Treibstoff« heißt. Ein Gemisch, das nach der Verbrennung im Motor nichts als Wasser ausstößt und das gewonnen wird aus Sonnenenergie plus chemischen Zusätzen. »Es kann gelagert werden und ist transportabel«, sagt Jeff G., »in Gasform, aber auch flüssig. Es ist umweltfreundlich und nicht fossil. Die Sonne ist die Quelle, und sie arbeitet bis in alle Ewigkeit.«

Wir stehen vor einem riesigen Kollektorenverbund, Gerüste mit deutlich sichtbaren Scharnieren, die jede einzelne Scheibe in die gewünschte Position bringen können. Die Hitze brüllt auf

Sde Boqer herab, und Jeff sagt: »Du hast zwar einen Haufen Haare, aber es wäre besser, du trügest eine Kopfbedeckung.«

Der Mann geht völlig auf in seiner Wissenschaft. Besonders typisch ist dieser Gegensatz zwischen persönlicher Zurückhaltung und beruflicher Überzeugungskraft, die immer dann in ihm frei wird und nach außen tritt, wenn er Skepsis spürt, Zweifel – so wie jetzt bei mir. »Natürlich, wir stecken im Anfangsstadium, das muß alles noch viel weiter entwickelt werden – Betriebe, auch Großbetriebe, die auf der Basis von Sonnenenergie arbeiten; eine Warmwasserversorgung nicht nur für individuelle Haushalte, sondern auch für Gebäude, die vielen Zwecken dienen; die Beheizung und die Kühlung von Räumen; transportierbarer Kraftstoff nicht nur für Autos, sondern auch für jede Art von Motoren. Es wird möglich sein, profitable, computergesteuerte Agroindustrien in den Wüsten der Welt zu errichten, bestimmt. Die Sonnenenergie hat Zukunft, glaub es mir. Es kommt nur drauf an, ob wir wollen.«

Und dabei lächelt er sein charmantes Jungenlächeln, völlig unbeeindruckt von einer Hitze, die jedem hier das Atmen schwermacht, nur ihm nicht.

Ich bin oft bei Yochi zu Hause gewesen, bei Jeff und den Kindern, Mädchen, die »Lied«, »Blume« und »Freude« heißen, eines immer liebreizender als das andere. Es herrscht eine dichte Atmosphäre von Nüchternheit und Wärme, intensiv, aber ohne jede Übertreibung. Die Beziehungen sind eingebettet in eine elterliche Obhut von unendlicher Zärtlichkeit. Eine der Töchter stößt sich den Zeh an einem Stuhl. Jeff, der Vater, nimmt den kleinen Fuß in die Hand, küßt die verwundete Stelle immer wieder unter begütigenden, tröstenden Worten und »heilt« das Übel binnen kurzem. Yochi, die oft Besucher von Sde Boqer so begleitet wie mich, führt das Regiment über die häuslichen Interna, was nicht bedeutet, daß sich Jeff vor ihnen drückt – ich sah ihn auch schon mit einem Geschirrtuch in der Hand.

Der Jude aus Brooklyn, New York, ist durch und durch Israeli geworden. Eines Tages hatte er zu seiner im Kibbuz »Givat Brenner« geborenen Frau gesagt: »Solltest du einmal das Land verlassen, dann müßtest du allein gehen. Ich bliebe hier.«

Es war rhetorisch, und sie hat gelacht, da er genau wußte, daß sie nicht woanders leben könnte.

Das Mobiliar, die ganze Einrichtung, sie haben irgendwie den Charakter eines Provisoriums behalten, obschon die Familie hier seit vielen Jahren lebt. Es ist alles da, was ein moderner Haushalt braucht, aber weder Perfektion noch Eleganz, noch der kleinste Wille dazu, selbst wenn die Mittel vorhanden wären. Sie sind es nicht. Auch Jeff und Yochi sind hier nicht »des Gehalts wegen« – sie gehören hierher.

Heute abend habe ich mich verabschiedet, von den Eltern und den Töchtern, es war mein letzter Tag in der Midraschat »Sde Boqer«. Mit mir geht das Gut einer kostbaren Erinnerung, der Erinnerung an eine Familie, in der – unbeschworen und selbstverständlich wie das Luftholen – Liebe herrscht.

Man begegnet im Lauf des Lebens Tausenden von Menschen. Bei einigen weiß man, daß man sie nie vergessen wird, auch wenn man sich nicht wiedersehen sollte.

Jetzt liege ich hier im Gästehaus auf dem Bett, habe die Klimaanlage abgeschaltet und das Fenster geöffnet, so daß die Nachtluft kühl hereinstreichen kann. Wenn es überhaupt irdische Vollkommenheit gibt, so ist es die Stille der Wüste.

Am Morgen geht es zurück nach Jerusalem. Als ich auf die Straße nach Beer Scheva einbiege, grüße ich zum letztenmal die gewaltige Konstruktion drüben auf einem der Hügel gegenüber der Midraschat. Es ist ein riesiger Behälter, der metallen herüberschimmert, in seiner wuchtigen Behäbigkeit unleugbar häßlich und doch für den, der Kenntnisse hat, vertrauenerwekkend, lebensnotwendig: der Tank des National Water Carrier, Wahrzeichen jenes genialen Systems von Pumpen, Kanälen und Röhren, das bis in die südliche Trockenregion reicht, und ohne das es in der großen Wüste, dem Negev, keine Entwicklung, keine Zukunft, kein Leben gäbe – Mekorot.

Es ist eines der Wunder Israels.

Israel wird mit Raketen angegriffen! Der Krieg am Golf geht weiter und bringt Bilder, die mir das Blut in den Adern erstarren lassen. Unvergeßlich eine Szene, obwohl nur einen Lid-

schlag lang auf dem Bildschirm: Nachtalarm in Tel Aviv, ein Ehepaar, dem Alter nach Überlebende des Holocaust, die Gesichter angstverzerrt und in den Händen – Gasmasken. Ebenso jüdische Kinder. Ich hoffte, aus einem fürchterlichen Traum zu erwachen. Es sollen vor allem deutsche Firmen gewesen sein, die diese neue jüdische Furcht, durch Gas zu sterben, verursacht haben. Für solche Kriegsverbrecher und ihre augenzwinkernden staatlichen Genehmigungskomplizen – ein neues Nürnberg, ein zweites internationales Tribunal!

In Tel Aviv hat es Tote gegeben. Auch Haifa wird angegriffen. Israel widersteht bisher der Provokation und schlägt nicht zurück. Kann es das durchhalten, wenn die Angriffe fortgesetzt werden? Ohne deutsche Technologiehilfe hätten die sowjetischen Scud-Raketen Israel nicht erreicht. Da geht was in Scherben zwischen ihm und Deutschland. Da geht was in Scherben auch in mir, und das wieder zusammenzufügen, wird länger dauern als der Golfkrieg.

Geht noch ein paar Meter tiefer

Am Anfang war Leo Picard, auch der »Wassermann« genannt. Ihm vor allem verdankt Israel seine Versorgung mit dem wichtigsten Überlebensrohstoff in einer Region unbeständiger Niederschläge und begrenzter Grundwasservorkommen. Niemand hat so hartnäckig nach ihnen gefahndet wie der nahezu faltenlose Neunzigjährige, der mich in seiner Jerusalemer Wohnung empfängt, klein, energisch, ja berstend vor geistiger Spannkraft, und ungeachtet seiner legendären Berühmtheit völlig unambitiös.

Es wird Tee getrunken, und es wird erzählt. Ich brauche nur mein Tonbandgerät in die richtige Position zu bringen. Leo Picard ist dabei, seine Memoiren zu schreiben, und bestätigt auf der Stelle, welch ein Antrieb solch langgehegtes Projekt bei der Rückholung selbst entlegenster Erlebnisse sein kann.

1900 in dem Dorf Wangen am Bodensee geboren – »wo der Untersee eng wird und in den Rhein übergeht«; frühe antisemitische Beschimpfungen – »aber keine körperlichen Angriffe«; Oberrealschule in Konstanz – »mein Vater wollte kein Gymnasium, ich sollte etwas Praktisches lernen, das kam mir entgegen.« Denn der Sohn ist kein Theoretiker, sondern hat Sinn fürs Handgreifliche. Er taucht im See, da wo die Pfahlbauten der Vorzeit gestanden haben, und fischt Werkzeuge heraus, auch Waffen, Steinbeile – »Prähistorie, Paläontologie, Geologie, das hat mich wahnsinnig interessiert.« Und das Jüdische, in einer aussterbenden lokalen Gemeinde und einer Ära hoher Assimilation. Der Vater, immerhin, hat den Sabbat gehalten, die Festtage, wie das brotlose Pessach und das Laubhüttenfest Sukkot, aber »mit fünfzehn war ich liberal und habe das Orthodoxe abgelegt«. Dafür wurde Leo Picard bedrängt von der Frage: »Was bist du eigentlich für ein Jude, wenn du nicht fromm bist?« Die Antwort gaben ein jüdischer Studentenverein und der sechzehn Jahre ältere Schriftsteller Max Brod in seiner Publikation »Judentum und Nationalismus«. Die machte Picard klar, daß er Jude sein konnte, ohne fromm zu sein. »Und so wurde ich Zionist, der einzige in Konstanz, alle anderen waren deutschnational.«

Vor solchen Versuchungen bewahrte ihn der ungeschriebene militärische Ehrenkodex des Wilhelminismus mit einer biographisch entscheidenden Erfahrung für Leo Picard. »Alle Einjährigen vortreten!« hieß es 1918 in der Karlsruher Telegraphenkaserne. (»Wir Einjährigen waren Leute, die sechs Jahre eine höhere Schule besucht hatten.«) Es ging um die Auswahl für einen Offizierskurs. Alle Schüler wurden zugelassen, nur die drei jüdischen in der Klasse nicht, darunter Leo Picard. »Da war es aus! Da habe ich gesagt: 'Ihr wollt mich nicht, ich brauche euch nicht!'« Er beschloß, Biologie zu studieren, machte mit 23 Jahren in Freiburg seinen Doktor – »reizende Stadt, die Studentenmütter waren wirkliche Mütter!« – und wanderte 1925 nach Palästina aus. »Ich kam, um in der Wüste Wasser zu finden.«

Offenbar aber hatte man auf den jugendlichen Laboranten und selbsternannten Wassersucher der gerade gegründeten Universität Jerusalem nicht gewartet, so daß Leo Picard von sich aus loszog, um die Umgebung der Heiligen Stadt nach Wasservorkommen zu durchforschen. »Ich war nur auf die

Praxis eingestellt.« Die Hartnäckigkeit des kleinen Jekken, wie man die aus Deutschland stammenden Israelis nennt, lohnte sich, man wurde aufmerksam auf ihn und schickte ihn ins Emek Israel, nach Wasser zu suchen – »vielleicht auch, um mich loszuwerden«. Es war alles ganz primitiv, noch nicht einmal topographische Karten gab es, geschweige denn geologische. »Die erste habe ich mit der Hand gezeichnet.«

Das war 1928, und damals begann Leo Picard an der Jerusalemer Universität zu lehren – auf seine Weise: draußen, im Land, in den Bergen. Sein »Ich war nur auf die Praxis eingestellt« galt nun auch für seine Arbeit mit den Studenten. »Es wäre doch sinnlos gewesen, über den Grand Canyon im amerikanischen Colorado zu sprechen, oder Beispiele aus anderen Ländern zu bringen – es ging um dieses, es ging um unser Land! Ich mußte es ihnen zeigen.«

Spezialgebiet: Grundwasservorkommen und Gutachten über Grundwasservorkommen. »So habe ich mich eingearbeitet – gründlich.«

In Palästina war schon zu Zeiten der Antike nach Wasser gebohrt worden, von Römern, Arabern und Juden, genauer: von ihren Sklaven. Die kamen stellenweise bis zu fünfzig, sechzig Meter Tiefe im Sand, gruben aber nur an der Küste und in Ebenen. Seit biblischen Zeiten sind diese Quellen erschlossen, zum Beispiel die am Jarkon (beim heutigen Tel Aviv), die berühmte Gideonquelle im Emek, eine andere am Fuß des Carmel und die große Quelle, aus der Jerusalem trank.

»Auf den Gedanken, im Gebirge nach Wasser zu suchen, war niemand gekommen. Ich aber bestand darauf, gerade dort zu bohren.« Von dieser Absicht waren die Herren im zuständigen Ministerium der britischen Mandatsregierung nicht begeistert. Sie konnten sich Wasser nur als riesige Seen in großer Tiefe vorstellen, wie in den Karsten und Kalkgebirgen am Mittelmeer, in Italien und Dalmatien – was sie hier nicht erwarteten. Der kleine Jekke aber, der längst von Biologie auf Geologie umgestiegen war, tippte nicht auf unterirdisch schwappende Tiefenmeere, sondern auf aquifere, das bedeutet wasserführende, im porösen Fels gebundene und also abpumpbare Schichten.

Es waren die wissenschaftlichen Überlegungen des Praktikers Picard, die ihn auf diese Theorie brachten. Die letzte Eiszeit in Europa hatte für die Region des Nahen Ostens weit überdurchschnittliche Regenmengen gebracht. »Das sieht man sehr deutlich an bestimmten Ablagerungen, den Geröllen riesiger Flüsse. Sie beweisen, daß hier einmal viel Wasser war. Das war tief eingedrungen in einen Sandstein, der das fossile Wasser über Äonen in großer Tiefe unverdunstbar festgehalten hat. Das ist mit ›aquifer‹ gemeint, diese Grundwasserschicht.« Auf einer Algerienreise hatte Leo Picard im Sandstein von Saharaoasen Beobachtungen gemacht, die ihn für die entsprechenden Formationen seiner Heimat hoffen ließen. »Ich habe auf Kongressen immer wieder gesagt, daß wir diesen wasserführenden Sandstein auch bei uns finden müssen, und der ist nun mal in soundso viel Meter Tiefe.« Davon aber wollten viele Kollegen nichts wissen.

Besessen von dem Gedanken, »die Wüste mit Wasser zu versorgen«, ließ Leo Picard nicht ab von seinen »Wahnideen« (wie es auch in Fachkreisen hieß), sicher, daß er mit Bohrungen in den Gebirgsformationen des Eozäns und der Kreide fündig werden würde. Aber grünes Licht bekam er nach langem Warten erst, als in den geologisch jungen (alluvialen) Ebenen auch bei Bohrungen in 400 Meter Tiefe Wasser nicht gefunden wurde. »Da sagten die Leute vom Nationalfonds endlich, ›Du kannst es ja mal probieren.‹«

Das ließ sich Leo Picard nicht zweimal sagen. Er hatte da eine bestimmte geologische Verwerfung im Sinn, im Norden, bei Afula, unterhalb des Nazarethgebirges – dort müßte Wasser kommen. Wenn nicht, das wußte Leo Picard, wäre er erledigt.

Also wurde dort gebohrt. »Sie müssen sich vorstellen, daß es damals noch nicht diese hochtechnisierten und starken Maschinen gab wie heute – daran gemessen, war die Ausrüstung eher primitiv. Aber immerhin hatte ich für jene Zeit eines der besten Geräte, die es gab.«

Das war 1939.

Leo Picard wies seine Leute an zu bohren. »Ich sagte ihnen: ›In hundert Meter Tiefe werdet ihr auf Wasser stoßen!‹« Bis da hinunter dauerte es seine Zeit, und als das Ziel erreicht war, kriegte er die Hiobsbotschaft: »Wir sind hundert Meter tief – aber kein Wasser!« – »Da habe ich gesagt: ›Geht noch ein paar Meter tiefer!‹ und habe mich schlafen gelegt. Am nächsten Morgen ging das Telephon: ›Wasser! Wasser! Wasser!‹ – Das war der Durchbruch, seitdem bin ich der ›Wassermann!‹«

Von da an, und erst recht nach Gründung des Staates Israel, wurde Leo Picard gerufen, wann immer es galt, Wasser zu suchen. Es gab kaum einen Kibbuz, kaum eine Siedlung, die ihn nicht anforderte. Der »Wassermann« bekam ein Institut, führte Korrespondenzen mit ausländischen Fachkoryphäen, ging auf Reisen in alle Welt, hielt Vorträge in Europa und Amerika und – führte Geologie als Hauptfach an der Universität von Jerusalem ein.

Dreimal schwer heimgesucht von Malaria – »Tertiana tropica!« -, fünfzehn Jahre von Amöben befallen – »scheußlich, aber man war jung, und dann geht alles« –, hat sich der Neunzigjährige, wie er da so sprudelnd vor mir sitzt in der Jerusalemer Wohnung, seine Spannkraft, seinen Optimismus und seine Lebensfreude erhalten, ein ebenso beispielhaftes wie beneidenswertes Phänomen, das kündet von der konservierenden Kraft glückhaften Daseins, wenn Leben und Beruf so ineinander verschmelzen wie hier.

Zum Abschluß des Kollegs erhalte ich noch einen Überblick über die drei großen Wasserressourcen Israels, an deren Erschließung Leo Picard so entscheidenden Anteil hatte: das Jordan-Kinneret-Reservoir, mit dem See Genezareth als zentralem Speicher, das Grundwasservorkommen im Sandstein der Küstenregion, und ein drittes Reservoir im Kalkstein unter den Bergen der Westbank.

Diesen riesigen Vorrat aufzuspüren war eine Sache, die Grundlage für eine Versorgung, die es heute jedem Israeli erlaubt, jährlich 400 Kubikmeter Wasser zu verbrauchen (etwa das Fünffache dessen, was den Menschen in den arabischen Nachbarländern zur Verfügung steht). Eine andere Sache dagegen war es, das Wasser den Haushalten, der Landwirtschaft und der Industrie zuzuführen. Und das eben geschah in jener logistischen Anstrengung ohnegleichen, die sich in den Begriffen

Mekorot und National Water Carrier symbolisiert und materialisiert.

Am Anfang aber war der »Wassermann« gewesen, Professor Leo Picard, der faltenlose Fasthundertjährige, der beschlossen hatte, in der Wüste Wasser zu finden, der jeden Jüngeren, der pessimistische Thesen vertritt, Mores zu lehren bereit ist, und der stolz auf eine Gruppe von 300, 400 Geologen im Lande blickt, die er »gemacht« hat.

Zwei von ihnen hat der »Wassermann« mir genannt, und auf das Stichwort hin hatten beide sich sofort erboten, mich in ihre Arbeit einzuweihen – praktisch.

Wer ungebeten eindringt, kommt lebend nicht heraus

Von der Straße Tel Aviv-Haifa geht es vor Hadera ab, durch die gebirgigen Ausläufer des Carmel in Richtung Megiddo und Emek Israel – erste Etappe einer Reise entlang der großen Lebensarterie Israels.

Im Fond des Wagens sitzen Elijahu W. und Nachum M., Pioniere des Carrier, beide Wissenschaftler, Geologe der eine, Chemiker der andere, Lebensfreunde, aber äußerlich von einer Gegensätzlichkeit, wie man sie sich extremer nicht vorstellen kann. Elijahu W., Jahrgang 1935, Sohn jüdischer Immigranten aus Polen, sieht mit seiner wilden Mähne, dem grauen Bart und der barocken Figur aus wie ein Seeräuber; Nachum M. dagegen, zwei Jahre älter, Vater aus Wilna, Mutter aus Rostow am Don, ist der hagere Prototyp eines Wissenschaftlers, von dem man annimmt, daß er nichts als seine Aufgabe kennt und unentwegt über sie spricht.

Elijahu W. hat seine Jugend in einem Kibbuz zugebracht – »symbolischerweise nahe den Quellen des Jordan!« –, an der Hebräischen Universität Jerusalems Geologie und Hydrologie studiert, geheiratet, zwei Kinder gezeugt und längere Zeit in Südamerika, Afrika und im Fernen Osten verbracht, ehe er nach Israel zurückkehrte und sich der Wasserversorgung des Landes verschrieb. Nachum M. hat die Technische Hochschule in Jerusalem absolviert, sein Diplom in Landwirtschaft und

Umwelttechnik gemacht und sich von jung an mit Wasserplanung beschäftigt, vor allem im Norden, dem biblischen Galiläa.

Jetzt sitzen sie vereint hinter mir, freudig bereit, ein Teil des gewaltigen Systems an Ort und Stelle vorzuführen, Informanten von schier unerschöpflichem Fachwissen und mit einem Unterton verschämter Sentimentalität, wenn die Rede auf Leo Picard kommt.

Plötzlich ein riesiges blaues Auge in der Hügellandschaft des Galil, daneben, nur durch einen Damm getrennt, aber ebenso aquamarinfarben, ein kleineres Becken. Über das zum Wasser abfallende Gelände verstreut einige kahle Gebäude; vor dem größten ein aus dem Rasen geschnittenes »M«, für Mekorot, die zentrale staatliche Wasserbehörde – das Eschkol-Reservoir des National Water Carrier!

Ursprünglich hieß die Station »Bet Netofa«, ist dann aber nach dem ersten Direktor von Mekorot und 1969 verstorbenen ehemaligen Ministerpräsidenten Levi Eschkol umbenannt worden.

Wie sich herausstellt, erwartet man uns hier nicht, unsere Voranmeldung über das Hauptbüro in Tel Aviv ist nicht durchgekommen. Aber Eschkol ist ein *restricted area*, absolutes Sperrgebiet, in das nie Touristen und nur in Ausnahmefällen Journalisten hineingelassen werden – es geht ein bißchen zu wie bei der Armee. Telephonate, die zerknirschten Gesichter von Elijahu W. und Nachum M., denen nicht das mindeste vorgeworfen werden kann und die jedermann hier kennt, trotzdem... Den gordischen Knoten löst der herbeigeeilte Mosche B., seines Zeichens Leiter von Eschkol. Er hat die Verfilmung der »Bertinis« gesehen, identifiziert mich von meinen Fernsehinterviews her und verkündet lapidar, daß wir zu allem Zugang hätten. Er selbst übernimmt die Führung.

Mosche B. ist 57, arbeitet seit 35 Jahren bei Mekorot und ist unverbergbar stolz auf das ganze »System«. »It's completely sophisticated!« – was heißen soll: »Wir sind auf dem höchsten Stand von Wissenschaft und Technik!«

Im Hintergrund ein Bergrücken, der im Dunst verschwimmt, hier vorne Wind, der kühl die Gräser bewegt, und das große Becken. Es faßt dreieinhalb Millionen Kubikmeter Wasser, ist von einem Betonrand umwallt und von Vögeln umflogen. Sie flitzen über die Oberfläche dahin, tauchen in sie ein oder stürzen steil herab, um mit der Beute im Schnabel davonzufliegen – Fische. »Ja, Fische«, lacht Mosche B., als er mein verblüfftes Gesicht sieht, »Fische in einem Trinkwasserreservoir – pfui Teufel! Aber ihr Verhalten gibt uns über Sensoren Aufschluß über die Beschaffenheit des Wassers, ebenso wie es das Benehmen der Mäuse tut, die hier am Beckenrand leben.« Mosche B. sucht, findet aber keine Maus. »Die Tiere sind wichtig für die Vorklärung. Aber so, wie es hier ist, kommt natürlich kein Tropfen Wasser in die Leitungen.«

Die Reinigung übernehmen drei große Maschinen. Sie filtern das Wasser, indem sie es unter hohem Druck durch Netze pressen, in denen sich fängt, was nicht weitertransportiert werden soll. »Was wir nicht haben wollen, kommt nicht in das Rohrsystem.« Vor den Maschinen sind mächtige Tore, die geschlossen werden können, wenn der Zufluß gestoppt werden müßte.

Über einen Steg geht es zu einem Gebäude, das ganz im Wasser steht und dessen Apparaturen der endgültigen Reinigung dienen. Auch davor wieder Tore, die geschlossen werden können. »Falls es Anschläge gäbe, zum Beispiel das Wasser vergiftet worden wäre«, erklärt Mosche B., fügt aber rasch hinzu: »Das ist noch nie passiert und wird auch nicht geschehen. Wer hier ungebeten eindringt, kommt lebend nicht heraus.«

Ein Satz, der in der Luft stehenbleibt. Klar, das hier ist nicht die Edertalsperre im Hessischen.

In dem Gebäude ticken Präzisionsgeräte, monoton, rhythmisch, Technik mit sieben Siegeln, ein wissenschaftliches Laboratorium für Chlorination, chemische und biologische Zusätze, operative Funktionen. »Das ist genau aufeinander abgestimmt«, erklärt Nachum M. »Früher wurde nur Chlor ins Wasser getan, und schon dachte man, alle Probleme seien gelöst. Chlor war sozusagen das ›Aspirin‹ für uns Wasseringenieure und -chemiker. Heute wissen wir, daß Chlor, gebunden an bestimmte andere Partikel, krebserregend ist, und wieviel Aluminiumsulfat zugesetzt werden muß, um das Wasser zu reinigen.«

Dabei spielen auch hier drinnen faszinierenderweise Fische eine wichtige Rolle, und zwar nicht irgendwelche, sondern ganze bestimmte Arten. Sie schwimmen in Aquarien, stammen aus Ostafrika, sind klein, farbig und lassen an ihren elektrischen Impulsen erkennen, ob das Wasser die gewünschte Qualität hat. »Wenn nicht, geben sie Alarm, und wir wissen über empfindlichste Sensoren sofort Bescheid über die Störung«, sagt Mosche B. »Was Eschkol nach Süden verläßt, ist reines Trinkwasser.«

Ich stehe vor den Aquarien, die ständig von dem Außenstrom gespeist werden. Da sausen die winzigen Geschöpfe vom Stamme der Pisces unermüdlich in ihrem Element herum, jedes von ihnen nur wenige Gramm wiegend, und helfen, einer ganzen Nation die Gesundheit zu erhalten – phantastisch!

Als wir herauskommen, scheint sich Eschkol in ein wahres Vogelparadies verwandelt zu haben. Überall flitzt, blitzt und jagt es durch die Luft, darunter, größer als alle anderen, ein storchähnliches Tier. Aber die lärmende Wolke konzentriert sich über dem anderen, etwas kleineren Becken, das an das erste grenzt und eineinhalb Millionen Kubikmeter faßt. Mosche M. starrt auf das Vogelgewimmel und verzieht das Gesicht. »Wir müssen uns gegen die Biester wehren. Manchmal gelingt es uns, sie durch einen bestimmten Ton zu verscheuchen, aber sie kommen immer wieder.«

Dann erklärt er, warum die Vögel sich über diesem Becken dichter ballen als über dem größeren: Hier finden sie mehr Nahrung an der Oberfläche. Denn das kleinere Becken von Eschkol ist die erste Etappe der Purifikation, der großen Reinigung. Hier setzen sich die Schmutzteile des Zuflusses ab, der aus dem Norden hereinströmt über eine offene Rinne, den Jordan-Bet-Netofa-Kanal. Er hat Trapezform, mit einer Breite von 12,50 Meter oben und 2,50 Meter auf dem Grund, und mündet, 45 Kilometer vom See Genezareth entfernt, in das kleinere Becken. Das Wasser durchläuft es, strömt vorgereinigt in das größere Becken und tritt von dort den langen Weg nach Süden an – bis in den Negev. Das Eschkol-Reservoir ist also nur ein Teil jenes gigantischen und ausgetüftelten Systems, das Israel mit einem Netz von Pumpstationen, Tunneln, Kanälen, Staubecken und Rohrleitungen überzieht und Wasser, dieses wichtigste Lebensmittel des subtropischen Landes, über feinste

Kapillaren auch dem letzten Haushalt zuführt – durch den National Water Carrier. Er wurde von 1953 bis 1964 unter Federführung der Mekorot in einem technischen und finanziellen Kraftakt sondergleichen geschaffen.

Die seither ständig vervollkommnete Hauptarterie der Nation hat etwas von der Krönung menschlichen Erfindungsgeistes zum Wohle aller an sich, eine beispiellose Schöpfung, die jeder Bewunderung wert ist.

Und ich habe die besten Lehrmeister, in ihre Chronik einzudringen – die beiden Wasserwissenschaftler Elijahu W. und Nachum M., und den Praktiker Mosche B.

Es begann mit dem Ausbau von Tabgha, der großen Pumpstation am See Genezareth – ein Anblick, wie die Region ihn nie zuvor erlebt hatte. Auf der Wasserfläche schwammen zunächst Ansaugröhren von drei Meter Durchmesser, stahlummantelt, in fünf Meter lange Abschnitte gegossen und dann zu 60 Meter langen Stücken von je 300 Tonnen Gewicht zusammengefügt. Von zwei Schleppern zu ihrem Bestimmungsort gezogen, sanken die Rohre langsam ab, während Taucher die Unterwasserleitung in die richtige Position brachten und jedes Rohr mit dem vorangegangenen verbanden. Dann wurden die Verschlußklappen geöffnet, sogenannte *velocity caps*, in die das Wasser von allen Seiten einströmen kann – und die in eine ausgeschachtete Felshöhle am Nordwestufer gesprengte Sapir-Pumpstation nahm ihre dröhnende Arbeit auf.

Die unterirdische Haupthalle – klimareguliert! – mit ihren riesigen Ausmaßen: 80 Meter lang, 20 Meter breit und 21 Meter hoch, der Phalanx der drei hintereinander aufgereihten Pumpen und Generatoren, den automatisch operierenden Regulierungsvorrichtungen und den schmalen Tunneln, diese Halle macht den Eindruck einer technischen Geisterstadt auf einem fremden Planeten. Hier befördern 30 000 PS das angesaugte Wasser aus der Tiefe des Sees (minus 212 Meter) auf eine Höhe von 44 Metern über dem Meeresspiegel – das Niveau des ersten, des Jordankanals. Das 2200 Meter lange Rohr, in dem das Wasser hochgepreßt wird, ist betonumhüllt wie der Raum zwischen ihm und den Wänden des ausgehöhlten Felsens, Vorsichtsmaßnahmen gegen Erschütterungen – die Pumpstation liegt in einem tätigen Erdbebengebiet. Elijahu W., der Geologe, verspricht mir nähere Informationen, später.

Der Jordankanal, nächste Etappe des großen National Water Carrier nach Süden, ist sechzehn Kilometer lang und hat ein Gefälle von sechzehn Zentimetern pro Kilometer, eine Schrägung, die genügt, um die Schwerkraft zu mobilisieren. Dieses Naturgesetz wird an zwei Stellen des Kanallaufs durch Wadis außer Kraft gesetzt – die Nahal Amud (150 Meter tief) und die Nahal Zalmon (50 Meter). Um die Hindernisse zu überwinden, kamen die Ingenieure auf eine besondere Idee: Sie ließen Stahlleitungen anfertigen, in denen das Wasser nach dem Prinzip der kommunizierenden Röhren auf der einen Seite der Schluchten hinein- und auf der anderen wieder hinausfließt.

Von der nächsten Station, dem Tsalmonreservoir, muß das Wasser 115 Meter auf die höchste Erhebung des National Water Carrier emporgehoben werden, nämlich von den 37 Metern des Beckens bis auf die 152 Meter des 17 Kilometer langen Ya'akovtunnels bei der Stadt Eilabun. Von da führt der Jordan-Bet-Netofa-Kanal zum Eschkol-Reservoir, unserer Ausgangsstation. Nach der großen Reinigung dort verschwindet der National Water Carrier unter die Erde, durchbricht die Nazarethhügel, durchquert das Israeltal – Emek Israel – und findet nach 77 Kilometern, über weitere Tunnel und Pumpstationen, bei Rosch Ha'ayin in der Nähe von Tel Aviv den Anschluß an das Jarkon-Negev-System.

Dort, in der Nähe von Tel Aviv, teilt es sich in eine westliche Leitung, die bei Mivtachim endet, und eine östliche, die an Beer Scheva vorbeiführt und weitverzweigt den Nord- und Mittelteil der großen israelischen Wüste versorgt – Sde Boqer, Dimona, Nizzana, Mizpe Ramon. Die Länge des Hauptsystems von Sapir (Tabgha) aus beträgt 130 Kilometer und hatte bis 1964 147 Millionen Dollar verschlungen, das größte Entwicklungsprojekt des Landes.

Der südliche Teil des Negev hat ein eigenes System. In seinem Zentrum Elat arbeitet übrigens seit Jahrzehnten eine Meerwasserentsalzungsanlage, anzusehen wie ein vorsintflutliches Ungetüm, lärmend und lokal nützlich, aber viel zu teuer, um daraus eine Versorgungsquelle für das ganze Land machen zu können.

Vom Eschkol-Reservoir ab, wo wir uns befinden, ist oberirdisch kein Wasser mehr zu sehen, es verschwindet als Stoff sozusagen von der Bildfläche. Aber überall, im ganzen Land, gurgelt es, tritt Israels große Wasserarterie, die Hauptschlagader seiner Agrarwirtschaft und Industrie, der National Water Carrier, aus seinem unterweltlichen Styx-Lauf an das gleißende Licht des Tages. Denn überall hocken seine ungeheuren Tanks, gewaltige Behälter mit Milliarden-Liter-Volumen – auf dem Carmel, in den Ebenen des Israel- und des Hulatals, in den Dörfern und Städten des Galil, an der Küste von Aschkelon und Aschdod, auf den Hügeln und Bergen Jerusalems und im Weichbild von Tel Aviv, Wahrzeichen einer technischen Zivilisation von ungeahnter Leistungskraft.

Die landwirtschaftliche Produktion Israels ist heute, zu Beginn der neunziger Jahre, 58 mal so groß wie zur Zeit der Staatsgründung. Plastisch: Die gesamte Menge, die 1948 an Wasser geliefert wurde, wird heute in weniger als einem Tag verbraucht. Noch plastischer: Das Wasserquantum von 1938 (ein Jahr nach Gründung von Mekorot) wird heute in einer einzigen Stunde produziert.

Aber dennoch ist dieses lebenswichtigste System Israels äußerst verletzbar und schwer gefährdet – durch Natur und Mensch.

Die verhinderte Jordan-Jarmuk-Ableitung

See Genezareth – Yam Kinneret – Sea of Galilee.

Wie ein flüssiger Saphir liegt er da, der große Spender, abgeschirmt vom rötlich schimmernden Wall des Golan und gefächelt von verstreuten Palmenensembles, die einen nach Ostafrika versetzen wollen. Die Ufer – ein Paradies grüner und gelber Anbauteppiche; überall der vertraute Eukalyptusbaum, dessen wassersaufende Wurzeln mithalfen, den versumpften, malariaverseuchten Galil trockenzulegen; auf der Höhe rechts, wenn man wie wir von Westen kommt, die Kreuzfahrerfeste

Belvoir hoch über dem Lauf des Jordan, und im Norden die Ahnung des Hermon.

Egal von welcher Himmelsrichtung aus – an den Anblick dieses zeitlosen Gestades, der Schönheit seines landschaftlichen Panoramas, werde ich mich nie gewöhnen. Wir steigen aus, verweilen, schweigen, bevor es die Serpentinen hinab zur Südspitze des Sees geht.

Und dann sieht es auch der Laie: Der Spiegel des Sees muß tief, sehr tief gesunken sein. Hier, am Ausfluß des Jordan, wo an mancher Ufermarkierung frühere Wasserstände abzulesen sind – durch die Färbung von Steinen oder das Niveau der Vegetation –, sind die Vorboten einer Wasserkatastrophe zu erahnen. Elijahu W., von außen unerschütterlich in seinem verwegenen Seeräuberhabitus, kraust die Stirn und gibt, lapidar, aber beunruhigt, von sich: »Ziemlich niedrig.«

Hier am *outlet*, also der Stelle, wo der Jordan den See verläßt, muß die Szenerie für erwartungsvolle Gemüter ziemlich ernüchternd sein mit den Sperrtoren, der vielbefahrenen Uferstraße und mancher häßlichen Baustelle. Über einen kleinen Wasserfall macht sich der Fluß auf den Weg nach Süden, aber seine Strömung ist so schwach, daß man sie kaum wahrnimmt. Unbeeindruckt davon bleibt nur der notorische Tourismusrummel ganz in der Nähe, am Temporary baptismal point, also der Stelle, wo Johannes der Täufer gewirkt hat und Jesus begegnet sein soll. Da versammeln sie sich denn alle Tage wieder am Ufer, vor allem Amerikaner, beten, halten Schilder hoch, tauchen ihre Hände ein und füllen mit entrückten Mienen Jordanwasser in Flaschen verschiedener Größen. So auch heute.

In der Luft liegt ein ständiges, unangenehmes Geräusch. Es rührt, schräg über die Straße, von einer Pumpstation her, die zunächst von hier aus nichts erblicken läßt als einen ungeheuren Eukalyptus, aus dessen Mutterstamm vier selbständige Bäume gewachsen sind. Aber dann ist der Platz, ungeachtet seiner subtropischen Bougainvilleakaskaden, doch ganz Mekorot, ganz National Water Carrier: Haupt- und Nebengebäude, große Röhren und Flanschen, und in der Pumpstation drinnen ein Höllenlärm, gegen den auch die in die Ohren gestopften Finger nichts ausrichten.

Der Boß soll ein Jekke sein, also ein deutschstämmiger Israeli (über die Herkunft des Wortes an anderer Stelle mehr). Er gilt als Perfektionist, glänzt aber zum Unmut meiner beiden Begleiter durch Abwesenheit, obwohl wir angekündigt und auf die Stunde genau eingetroffen sind. Die Berufsveteranen Elijahu W. und Nachum M. reagieren auf ihre Weise. Sie ziehen, kaum sichtbar, mokante Mienen, als sie auf die strenge Ordnung der subtropischen Flora und die schnurgeraden Beete einer Gärtnerei hinweisen, und dann sagt Elijahu W. mit achtungsvoller Hinterhältigkeit: »Alles andere ist hier genau so *in Ordnung* «, wobei er die Betonung der zweiten Hälfte seiner Aussage mit einer barocken Gebärde über Platz und Gebäude hin begleitet.

Dennoch war der Besuch nicht umsonst – ich entdecke, nahe dem Eukalyptusriesen, die Reste einer römischen Wasserleitung. Es sind ausgehöhlte Steinkörper, antike Rohre, deren Bruchstücke noch erkennen lassen, wie eines an das andere gefügt wurde, und zwar so exakt, daß an der Nahtstelle kein Wasser austreten konnte – seltsam rührend angesichts der lärmenden Hochtechnik des National Water Carrier ringsherum.

Dann fahren wir, vorbei an Dattelhainen und Bananenstauden, auf der Ostseite des Sees nach Norden. Zur Rechten die Buckel des Golan, drüben verschwimmend das Westufer, Tiberias im Dunst, und jetzt, am frühen Nachmittag, das Licht von fast unirdischer Leuchtkraft.

Am Ufer sichtbar die Pumpstationen, die die Siedlungen auf der Golanhöhen versorgen. Die Pipelines, durch die das Wasser Hunderte von Metern nach oben gedrückt wird, sind im Landschaftsbild nicht zu sehen – alle Leitungsrohre liegen unter der Erde. Das einzige, was sie bezeugt, ist ein schmaler Pfad bergauf, und auch den erkennt man nur, wenn man genau hinschaut. So umweltbewußt geht es in Israel jedoch keineswegs immer zu.

Nach einigen Kilometern stoßen wir auf die menschenleere, vollautomatische Hauptstation am Ostufer des Sees. Schon von der Straße her, noch ehe wir das abgesperrte Terrain betreten, sehe ich über dem Boden zwei mächtige Rohre, die nach etwa fünfzig Metern im Wasser verschwinden. Elijahu W., der aus einem klirrenden Bund mit einer Vielzahl von Schlüsseln imponierenderweise sofort den richtigen findet und das Tor im Drahtzaun aufschließt, sagt mit bedenklicher Miene: »Die Ansaugrohre sollten mit Wasser bedeckt sein.« Seine Worte sind schwer zu verstehen, da die sechs elektrisch betriebenen Pumpen einen ungeheuren Lärm machen – sie pressen das Wasser mit fünfzig Atmosphären in die Leitungen nach oben. Es ist übrigens dafür gesorgt, daß Fische und anderes Getier nicht mit hochgeschwemmt werden.

Das teilt der Wasseringenieur Nachum M. mit, der an diesem Ort das Aufklärungswerk übernimmt – was mir ein bißchen mehr Mühe macht, da der ostische Akzent seines Englisch schwerer zu verstehen ist als die zwar robustere, aber originalgetreuere Aussprache des Geologen Elijahu W.

Hier unten kriegt man einen Schreck, weil das Dilemma so sichtbar wird – durch den breiten Uferstreifen. Vor uns liegt der Nervus rerum der israelischen Wasserversorgung: das gesamte System der Entnahme aus diesem tiefstgelegenen Süßwassersee der Erde hat einen Spielraum von nur 5 Metern – nämlich zwischen minus 208 und minus 213 Metern. Sinkt der Spiegel des Lake Kinneret auf minus 214 Meter, muß das Pumpsystem ausgesetzt werden, denn aus dem Grund (minus 260 Meter) sprudeln heiße Quellen, die bei zuviel Entnahme von oben den See versalzen und damit Israels Lebensquelle irreparabel beschädigen würden. Das aber träte ein, so die Wissenschaftler, wenn bei einer Oberfläche von unter minus 213 Metern weiter Wasser abgesaugt würde. Weit entfernt von dieser Marge kann es nicht mehr sein.

Israels Wassersituation ist derzeit bedenklich.

In den Jahren 1989/90 waren die Niederschläge in den kurzen Wintermonaten (Oktober bis Februar) um enttäuschende 25 Prozent geringer als normal. Zunächst fehlten Hunderte von Millionen Kubikmeter Wasser, aber bald stieg das hydrologische Defizit über die Milliardengrenze. Das erzwang unpopuläre Maßnahmen, wie Kürzung des Verbrauchs und Tarifsteigerungen für Haushalte, Industrie, Handel und – für die Landwirtschaft. Sie konsumiert allein 1,4 von den 2 Milliarden Kubikmetern Wasser, die die Wirtschaft insgesamt benötigt, ist also mit fast 75 Prozent der weitaus größte Wasserverbraucher

Israels. Kein Wunder, daß die mächtige Agrarlobby sich am heftigsten gegen geringere Zuteilung und wachsende Kosten wehrt, und zwar meist mit Erfolg. Alle Kabinette und Ressortminister haben bisher große Zurückhaltung gezeigt, sich gerade mit ihr anzulegen. Also subventioniert die öffentliche Hand den Wasserverbrauch der israelischen Landwirtschaft mit etwa 120 Millionen Schekel im Jahr – was weder die Begünstigten zum Sparen anreizen noch die Steuerzahler zu jubelnder Zustimmung hinreißen kann.

Um der chronischen Not und Bedrohung Herr zu werden, ist man auf Ideen gekommen, die Völkern mit selbstverständlichem Wasserreichtum abwegig vorkommen mögen, so etwa auf das Recycling. Was bedeutet, die Abwässer der Nation nach mechanischer und automatischer Reinigungsprozedur, und zwar bis zur Trinkwasserqualität, wieder dem Verbrauch zuzuführen. Auf diesem Weg, der auch für andere Länder wichtig sein kann, ist Israel am weitesten vorangeschritten. Mit entsorgten Abwässern wird bereits in großem Maß Baumwolle gezüchtet und die Tropfbewässerung gespeist. Die Reinigungsanlagen liegen außerhalb der Städte und führen das Wasser in großen Rohren seiner Bestimmung zu, zum Beispiel von Tel Aviv in Richtung Aschkelon bis nach Gaza, mit vielen Abzweigungen unterwegs, um es auf die Felder zu bringen. Für die Erweiterung des Recycling (auch »zweiter Carrier« genannt) ist wohl das wissenschaftlich-technische Know-how da, nicht aber das Geld für Bauten, Filter, Leitungen.

Um dieses lebenswichtige Problem zu lösen, hat Mekorot in- und ausländische Experten um ihren Rat gebeten. Die Reaktionen darauf waren Denkmodelle, die nur auf den ersten Blick abenteuerlich erscheinen, bei näherem Hinsehen aber nichts als die chronische Wassernot Israels dokumentieren. So etwa ein Plan, der unter vielen anderen von den Fachleuten als der aussichtsreichste bezeichnet wird, nämlich Wasser aus dem Ausland anzukaufen. Die engere Wahl fiel dabei auf die Türkei – sie besitzt genug Wasser, und die Lieferroute wäre kurz. Es sind sogar schon konkrete Ziffern genannt worden: 2 Millionen Kubikmeter Wasser pro Jahr für 200 Millionen Dollar. Die Türkei zeigte sich bereit, für 50 Millionen Dollar eine Rohrleitung von

12 Kilometern anzulegen, die in einem künstlichen See an der Küste enden soll. Mit Anfertigung der Containerschiffe, dem Transport und seinen Kosten würde nach den Berechnungen israelischer Wasserwirtschaftler der Kubikmeter des so gelieferten Wassers 19 bis 22 US-Cents kosten, gegenüber derzeit 27 Cents. Das Geschäft ist nicht abgeschlossen, und es bleibt angesichts der politischen Situation im Nahen Osten auch fraglich, ob daraus in nächster Zukunft, wenn überhaupt, je etwas werden wird. Sollte es aber zustande kommen, so böte sich das monströse Spektakel eines Konvois von riesigen, 800 Meter langen Kähnen, die, im Schlepptau aneinandergereiht, von einem Leitschiff durch die Wogen des östlichen Mittelmeers an die Gestade Israels gezogen werden! Daß dergleichen erwogen wird, ja in das Stadium konkreter Planung getreten ist, zeigt, wie herb die Realitäten sind und welchen enormen Belastungsproben die Wasserwirtschaft des Landes ausgesetzt ist – bis zum Szenario ihres Zusammenbruchs, aus dem es ohne fremde Hilfe kein Entrinnen gäbe.

Die Niederschläge für Israel kommen immer von Westen und von Norden. Aber ob sie gerade an diesem Küstenstrich des alleröstlichsten Mittelmeers abregnen – das ist das Problem.

Nun war die Regensaison 1990 /91 besser als in den Jahren zuvor, so daß sich die Lage zur Stunde dieser Niederschrift etwas entspannt hat. Eine dauerhafte Beruhigung bedeutet das jedoch nicht, zumal Israels Wasserversorgung keineswegs nur von der Natur bedroht wird, sondern auch von seinen feindlichen Nachbarn Syrien und Jordanien.

Elijahu W. und Nachum M., meine beiden lebenden Lexika auf dieser Mekorottour, winken mich, bevor sie die Frage beantworten, von der großen Pumpstation zurück zum Wagen: »Weiter!«

Nördlich des Kibbuz »Ein Gev«, schon auf ehemals syrischem Gebiet, geht es von der Uferstraße rechts ab in die Höhe, nach Osten. Drüben gesäumt von den Bergen des Galil, liegt der See immer tiefer unter uns, sonnenüberflutet, glitzernd, mit leichter Brandung und zärtlich vom Wind gekosten Bäumen und Büschen.

Aber die Straße, auf der es hinaufgeht, verjagt alle Romantik. Nach dem Sechstagekrieg neu gebaut, zieht sie sich mitten durch Minenfelder, die von der syrischen Armee gelegt, aber nie geräumt worden sind. Immer noch, 23 Jahre danach, warnen also zu beiden Seiten Schilder, auf grellem Gelb schwarze Zickzack-Zeichen, die auf die Gefahr hinweisen, der jeder ausgesetzt wäre, der die Straße auch nur um wenige Meter verließe.

In großen Schleifen läuft sie höher und höher, läßt den Yam Kinneret mal zu unserer Linken, mal zur Rechten auftauchen und führt bis zu einer Pumpstation, die nach der Eroberung hier als erste installiert worden war. Ein steinernes Monument zeigt, wie der Golan Zug um Zug mit Wasser versorgt wurde, jedes Reservoir ist mit einem blauen Punkt eingemalt - ich zähle die Punkte und komme rasch auf 25.

Elijahu W. und Nachum M. stehen hinter dem Monument, in ein Gespräch vertieft, wie auf der ganzen Fahrt, sofern sie mich nicht mit Informationen füttern. Auch wenn sie es nie zugeben würden, sie sind bewegt, weil das, was wir auf dieser Tour abgehen und abfahren, nicht zuletzt ihr Werk ist. Altbekannte sind sie einander, Freunde, die sich einer Sache verschrieben haben, von der das Leben der Nation abhängt. Sie würden darüber nicht reden, aber ich sehe es so, sehe diese beiden Gestalten samt ihrer biographischen Integration in die Geschichte des Staates Israel da vor mir – den verwegen aussehenden Geologen und den etwas spinösen Chemiker, die sich seit vielen Jahrzehnten kennen, fast täglich zusammen sind und doch so intensiv miteinander kommunizieren, als hätten sie sich nach langer Trennung zum erstenmal wieder getroffen.

Und dann erblicke ich die Pistole im Gürtel von Elijahu W. Er entblößt die Waffe durch eine Geste der Erregung. Er hat sich geärgert über den Müll, der am Monument herumliegt, Papier, Dosen, Flaschen; geärgert vor allem, weil es vom Personal der Station hinterlassen worden sein muß, da hierher niemals Touristen kommen. Der Geologe hat das Jackett wütend zurückgeschlagen, und dabei habe ich die Pistole gesehen. Ich bin jetzt schon so lange in Israel, gebe aber zu, daß ich mich an solchen Anblick nicht gewöhnt habe.

Es geht noch höher hinauf, auf ein Plateau, von dem aus man

einen weiten Blick nach Westen und Norden hat. Und dann sprechen Elijahu W. und Nachum M. vom Krieg, den es hier schon um Wasser gegeben hat und von dem sie fürchten, daß es nicht der letzte gewesen ist.

Weit hinten, in einigen Kilometern Entfernung, auf einem Gegenplateau, verläuft eine Art Trasse in der Landschaft, eine Grabung, die weit zurückliegen muß, aber ihre Spuren hinterlassen hat. Dort drüben hatten die Syrer, nach etlichen Androhungen, damit begonnen, das Wasser des Jordan umzuleiten, so daß er nicht mehr in den See Genezareth, sondern über einen langen Kanal in den Jarmuk fließen würde.

Das wäre ohne jede Pumpstation möglich gewesen. Über den geplanten Kanal hätte das Jordanwasser, einfach dem Gesetz der Schwerkraft folgend, vom Hermon nach Süden in den Grenzfluß zwischen Syrien und Jordanien geleitet werden können. Damit wären auch die Quellflüsse des Jordan, Dan, Snir und Hermon, vom See Genezareth abgeschnitten worden, was seine Austrocknung bedeutet hätte. Schon der Versuch war der Casus belli – und tatsächlich wurde geschossen. Israel machte damals den Syrern klar, wie es diesen Austrocknungsversuch begriff, worauf die Ableitungsversuche eingestellt wurden.

Der Plan ist zwar bis heute nicht ausgeführt worden, zeigt aber die Gefahren, die das Wasser unter den verfeindeten Staaten des Nahen Ostens heraufbeschwören kann. Darin eingeschlossen sind übrigens auch der Libanon und die Türkei. Diese vor allem mit der Stauung des Euphrat durch den neuen gigantischen Atatürk-Damm im Südosten Anatoliens, ein Riegel, der dem Irak, aber auch Syrien die lebenswichtige Zufuhr sperren könnte.

Für Israel gefährlicher als alle anderen ist dabei Syrien, das seit den fünfziger Jahren alles blockiert, was zu einer vernünftigen Aufteilung der Ressourcen zwischen ihm, Jordanien und dem Judenstaat führen könnte. Was Syrien bisher daran hinderte, seine Ableitungs- und Austrocknungspläne zu verwirklichen, dürfte kaum etwas anderes gewesen sein als die militärische Überlegenheit Israels – keine sichere Grundlage für alle Zeiten. Die wird nur der Frieden schaffen.

Wie weit aber die Gegenwart von ihm entfernt ist, dafür liefert unsere Weiterfahrt auf der Spur von Mekorot nur allzu deutliche Zeichen.

Die vulkanischen Höhen des Golan, 1100 bis 1300 Meter über dem Spiegel des Sees Genezareth, waren, wie bereits erwähnt, vor dem Sechstagekrieg ein einziges syrisches Fort. Noch heute sind, außer den schon geschilderten Minenfeldern, überall Bunker und Festungen zu sehen. Um so überwältigender aber ist der Gegensatz, der sich auftut, wenn man diesen Todesgürtel hinter sich läßt, ein Wandel, der sich seit den Tagen der Eroberung vom 9. bis zum 12. Juni 1967 vollzogen hat und der nur möglich wurde durch Wasser, das es vorher auf diesen Höhen nie gegeben hat.

Die Lehre von Kfar Arob

Überall blüht es auf dem Hochplateau, zerstäuben und sprühen, mechanisch aufgewirbelt, hunderttausend Wasserfunken, dehnen sich Plantagen von Mandelbäumen, Weizenfeldern, dahinter Mais - grün, so weit das Auge reicht. Wir halten am Rand der Straße, bei einer Maschine von verblüffender Beschaffenheit: ein langgestrecktes Gerüst, das ein Feld von 300 Metern in seiner ganzen Breite bewässern kann. Es bewegt sich auf großen Rollen aus Gummi, hat flexible Rohrleitungen, aus denen es immer wieder nachströmt. Der Golan – das ist heute das Land israelischer Kibbuzim.

Einer davon heißt »Kfar Arob« – er bietet *die* Aussicht von der Höhe über den See. Aus dem Fenster des Speisesaals sehe ich auf seine Fläche tausend Meter tiefer, getönt von den Strahlen einer kräftigen Nachmittagssonne; weit hinten der Berg Tabor; Tiberias, ein leuchtender Steinklecks am gegenüberliegenden Ufer; der Hermon im Norden aber immer noch verdeckt.

Dafür aber liegt drunten am Oststrand der Kibbuz »Ein Gev« gestochen scharf da, jedes Haus, jeder Mensch sichtbar von hier oben – und für die syrischen Kanonen bis vor 23 Jahren wie auf dem Präsentierteller! Von dieser überlegenen Naturfeste aus, dem Golan, hatten die Syrer seit 1949 bis zu ihrer militärischen Vertreibung achtzehn Jahre später die israelischen Ansiedlungen in der Ebene des Galil unter Feuer genommen, haben sie auf die Männer, Frauen und Kinder des Kibbuz »Ein Gev«, überhaupt auf jedes bewegliche Ziel in der Ebene wie auf Hasen Scharfschützenjagd gemacht – und dabei so manches Opfer gefunden.

Ich schaue hinunter und denke: Wieso haben die Israelis sich diese Abknallerei eigentlich so lange gefallen lassen? Wieso haben sie diese Höhen nicht schon vor 1967 gestürmt? – wozu sie doch militärisch befähigt waren. Und weiter denke ich: Welche Rolle spielt in diesem Konflikt zwischen Israelis und Arabern eigentlich der Neid der Zurückgebliebenen? Wo, wie und wann schlägt ein durch Entwicklungsgefälle entstandenes kollektives Minderwertigkeitsgefühl in Aggression um? Ferner: Wie weit ist sich die arabische Aggression dieser Kehrseite bewußt? Und schließlich: Was haben nicht nur die übermächtige »weiße Welt« und ihre lange Vorherrschaft, sondern auch die arabischen Regimes, Staaten und Völker selbst, ihre Sitten, Traditionen, ihre Religion, zu diesem Entwicklungsgefälle und seinen massenpsychologischen Folgen beigetragen? Denn natürlich tragen sie auch Eigenverantwortung dafür. Nichts aber scheint den arabischen Völkern samt ihren Herrschern ferner zu liegen als diese Erkenntnis. Und so verkörpern sich für sie in Israel jene überlegenen Kräfte, als deren Opfer sie sich fühlen – und deren Standard sie dennoch anstreben.

So oder ähnlich muß die Gefühlsmixtur beschaffen gewesen sein, mit der die syrischen Muschiks in ihrem elenden Soldatenleben auf dem Golan hinuntergeschaut und mitangesehen haben, wie das Land da unten kultiviert und bewässert wurde, die Felder prangten, Dörfer und Städte entstanden, während sie selbst keinen anderen Anteil daran hatten, als zu versuchen, da unten alles in ständiger Angst zu halten, wenn schon die völlige Zerstörung nicht möglich war. Und diese Wut, das sei prophezeit, wird ein weit längeres Leben haben als die Palästinenserfrage.

Ich schaue vom Kibbuz »Kfar Arob« hinunter auf den Kibbuz »Ein Gev« und denke: Es wird keine Lösung des Konflikts geben, wenn der Minderwertigkeitskomplex der Araber gegenüber den Israelis nicht überwunden wird. Die Voraussetzungen dazu aber können nur geschaffen werden, indem die arabischen Länder die ungeheure Entwicklungslücke aufholen. Auch das wird, erst recht, ohne Frieden nicht gehen.

Nach ihm sieht es hier oben allerdings nicht aus. Mitten im Kibbuz hockt ein wahrer Trumm von einem Bunker, auf dessen Dach lauter lose Steine gelegt worden sind. Darauf sollen Granaten oder Raketen zerplatzen, noch ehe die Geschosse die Bunkerdecke erreichen. Dennoch atmet alles jene tiefe trügerische Ruhe aus, die mich während meines Aufenthalts in Israel in wachsendem Maß beunruhigt, ja mehr und mehr entsetzt, weil sie in so krassem Gegensatz steht zur wahren Situation des Landes.

Daß dazu die Menschen dieses Landstrichs nicht nur durch die eigene Gattung, sondern auch noch durch die Tektonik bedroht werden, das erfahre ich nun von Elijahu W.

Die Erdkruste des Galil und des Golan bewegt sich, jedoch nicht in der gleichen Richtung. Dabei dreht es sich nicht etwa um die afrikanisch-asiatischen Platten, sondern um die gespaltene levantinische. Eine Scholle drängt nach Norden, die andere nach Süden, eine Verschiebung gegeneinander von 125 Kilometern in den letzten 25 Millionen Jahren. In Tiberias hat sie mehr als einmal schwere Schäden angerichtet, Safed wurde von ihr 1927 völlig zerstört.

So doziert Elijahu W., dem ich stundenlang zuhören könnte, hart am Steilhang von Kfar Arob, und schließt dann: »Man sollte meinen, daß die gemeinsame Gefahr auch zu gemeinsamem Handeln führte, aber so war es nicht. Zwei Jahre später, 1929, hat ein arabisches Pogrom Safed und seiner jüdischen Bevölkerung für lange Zeit den Rest gegeben.«

Danach steigen wir zur letzten Etappe unserer Mekorot- und National-Water-Carrier-Reise in den Wagen, zum Grenzdreieck Syrien-Jordanien-Israel und zum Jarmuk, einem der Zubringer des Jordan.

Auch auf dieser Strecke bestätigt sich: Die Fahrt durch den Golan ist eine Fahrt durch ein Land, das die Israelis aus einer Wildnis in einen blühenden Garten verwandelt haben. Ich horche in mich hinein und gestehe mir: Ein Israel ohne Gaza und die Westbank kann ich mir vorstellen, wenn dafür Garantien gegeben würden. Den im Dezember 1981 zum israelischen Staatsgebiet erklärten Golan zurück an Syrien aber kann ich mir nicht vorstellen. Es sei denn in einer Zukunft, die mit dem Nahen Osten unserer Epoche keine Ähnlichkeit mehr hat, weil Grenzen ihre Bedeutung verloren haben. Das aber steht in den Sternen.

Die Pistole des Elijahu W.

Erst an seinem Südende verwandelt sich das Plateaugebirge drastisch, stürzt es in einen wahren Höllenschlund, versinkt es in einer schründigen Felsspalte, die sich von Nordost nach Südwest zieht. Auf ihrer Sohle fließt der Jarmuk, ein Miniatur-Colorado, was die Wassermenge betrifft, aber in einer Landschaft von heroischer Großartigkeit.

Es geht eine uralte Serpentine hinab, die von einem bestimmten Punkt an den Blick klaftertief freigibt auf das Tal und seine berühmten Sulfatquellen – heiße Wasser mit sieben verschiedenen Temperaturen zwischen 27 und 52 Grad, deren Heilkraft durch die Zeiten genutzt wurde, von den Römern bis in die Gegenwart. Da wird auch schon der Kurort erkennbar, aus der Ferne so idyllisch, daß man sich einen Moment in der alpinen Schweiz wähnen könnte. Das jedoch nur für Sekunden, dann gemahnt einen die Wildheit der Landschaft, wo man sich wirklich befindet – und ein Stacheldrahtzaun.

Draht, wohin man blickt, Draht hier oben links der Straße, obwohl die Grenze zwischen Jordanien und Israel unten, in der Mitte des Jarmuk, verläuft, Draht nach Norden und nach Süden, ganz nach dem topographischen Auf und Ab des Paßwegs, Draht, so weit das Auge blickt, eine Art moderne Chinesische Mauer über Stock und Stein und so endlos, scheint's, wie diese. Oben zwitschernde Vögel, aller Grenzen spottend, und in der Ferne die Überbleibsel eines Viadukts – die verrostete Brücke der alten Eisenbahnlinie von Damaskus über Amman zu den Heiligen Städten Mekka und Medina auf der Arabischen Halbinsel. Davon ist nichts geblieben, keine Schwelle, keine Schiene, nur die tote Brücke über den Jarmuk aus der Türkenzeit.

Drüben, auf der gegenüberliegenden Seite, wölben sich ungeheure Felswülste, darunter Geröllhänge, die, wie alles hier, förmlich zum Fluß hinunterzuschießen scheinen. Und dann ein Damm, eine Staumauer – ein jordanisches Kraftwerk. »Was immer hier ungewiß ist«, sagt Nachum M. und zeigt hinüber, »eines ist gewiß: Wir sehen den Posten nicht, aber er sieht uns.«

Auf dem Weg zum Zusammenfluß des Jordan mit dem Jarmuk ein Schild: »Frontier ahead«, militärisches Sperrgebiet, Betreten streng verboten. Als ich stoppen will, winkt Elijahu W. lachend ab: »Don't worry – go on.« Dann stehen wir auf der Brücke über dem Kanal, der die beiden Flüsse verbindet – ich bin tief enttäuscht. Statt einer romantischen Vereinigung häßlichstes Menschenwerk, diese Betonwanne da unten, die den Naturlauf ersetzt hat, und ebenso die Staumauer, deren wuchtige Endgültigkeit aus der Nähe noch babylonischer wirkt.

Die Gegend hat etwas Unheimliches an sich. Hier fließen zwei Lebensadern Israels unter martialischem Ambiente zusammen, wird etwas sichtbar von den Schwierigkeiten verfeindeter Staaten in wasserarmen Regionen, lastet Stille wie die Ruhe vor einem Sturm, der jederzeit ausbrechen kann, lokal, regional oder auch kontinental.

Der Eindruck wird noch verstärkt durch eine israelische Patrouille, die auf einem großen Militärjeep langsam herankommt und hält. Elijahu W. und Nachum M. brauchen nicht einmal ihre Ausweise vorzulegen. Die Soldaten sprechen eine Weile mit ihnen, jeder einzelne, lachen und fahren dann rasch weiter, nicht ohne uns aufzufordern, vor Dunkelheit das Feld zu räumen.

Sie boten, wie ich fand, ein bewegendes Bild, und zwar wegen ihrer auffallend unterschiedlichen Hautfarben, die von weiß über milchschokoladebraun bis tiefschwarz reichten.

Der Geologe, scharfer Beobachter, klärt mich auf, als die Patrouille entschwunden ist: »Einer dieser israelischen Soldaten kam aus Marokko, ein anderer aus Indien, der dritte aus Äthiopien, der vierte ist Beduine, und die Eltern des fünften stammen aus Osteuropa. Und da werden wir von irgendwelchen Ignoranten der UNO als Rassisten bezeichnet.«

Es war in der Tat ein unglaublicher Anblick gewesen, diese verschiedenen Tönungen der Jeepbesatzung, wie ein Symbol der israelischen Herkunftsvielfalt und ihrer Integrierung durch die Zahal, die Armee, den Schmelztiegel der Nation.

Es ist Abend geworden, und so fahren wir zurück. Vor Afula hängt die niedrige Sonne schwer wie eine überreife Orange am Horizont. Im Fond sitzen die beiden Wasserveteranen Elijahu W. und Nachum M., die unterschiedlichsten Typen, die man sich vorstellen kann, Verkörperung einer schlechthin nicht zu überschätzenden nationalen Leistung, und ununterbrochen parlierend über das, was ihr Dasein ausgemacht hat und weiter ausmachen wird: Mekorot und der National Water Carrier, das nasse Band zwischen Nord- und Südisrael, zwischen dem Galil und dem Negev.

Bevor wir uns in Jerusalem verabschieden, will ich es wissen und klopfe von außen gegen Elijahu W.s Jackett, wo seine Pistole steckt: »Warum?«

Das scheint die einzige meiner heutigen Fragen zu sein, die ihn erstaunt. Denn in seinem Piratengesicht zieht sich fast unmerklich eine Braue hoch, ehe er antwortet: »Wir haben es nicht getan, aber wir hätten ja auch durch die Westbank zurückfahren können – deshalb. Ich glaube, da fährt keiner von uns durch ohne eine Waffe.«

Vom Westirak ist die 31. Scud-Rakete auf Israel abgeschossen worden. Sie wurde von einer »Patriot« in der Luft getroffen, aber der Sprengkopf blieb unversehrt. Er schlug in einem Wohngebiet Tel Avivs ein, verletzte viele Menschen und zerstörte 150 Wohnungen. Aus Amman berichtet ARD-Korrespondent Marcel Pott, daß vornehmlich Frauen aus den gehobenen Schichten der jordanischen Gesellschaft demonstriert und den irakischen Raketenbeschuß auf israelische Städte mit Sprechchören wie diesen bejubelt hätten: »Geliebter Saddam, erschüttere Tel Aviv mit Giftgasbomben. Mit Chemikalien, Saddam, sollst du den Schlaf der Zionisten stören.« Die Flächenbombarde-

ments der schweren B 52 auf die irakischen Stellungen in Kuwait gehen unvermindert weiter. Wann kommt die Bodenoffensive der alliierten Koalition am Golf?

In immer mehr Einzelheiten offenbart sich das ganze Ausmaß sowjetischer und westlicher Technologie- und Rüstungslieferungen an den Irak, dabei in vorderster Front Unternehmen aus der alten Bundesrepublik. Die Verantwortung dafür, daß Saddam Hussein chemische Massenvernichtungsmittel besitzt, aber ist gesamtdeutsch. Honeckers Politbüro und die Nationale Volksarmee haben mit der Ausbildung auf dem Übungsgelände Storkow bei Berlin das technische und wissenschaftliche Knowhow, westdeutsche Firmen die Materialien für den Giftgaskrieg geliefert. Die Täter erweisen sich, wie erwartet, als geständnisunfähig. An der augenzwinkernden Komplizenschaft der Kohl-Regierung und der zuständigen Wirtschaftsbehörden kann es keinen Zweifel mehr geben. Wenn Juden abermals durch Gas umkommen sollten, so wären dafür, unvorstellbar, wieder Deutsche mitverantwortlich. Bei meinen Telephongesprächen mit den Freunden in Tel Aviv, Haifa, Sde Boqer und Jerusalem gibt es nur diese eine Sorge, diese eine Angst: Giftgas.

Israel, um Himmels willen, Israel!

Yad Vashem

Das Photo von Gardelegen

Yad Vashem, die Gedenkstätte für den Völkermord an den europäischen Juden im deutsch besetzten Europa während des Zweiten Weltkriegs, liegt am südwestlichen Rand Jerusalems, in der Nähe von Theodor Herzls Grab.

Es ist ein nebliger Tag, und es ist das erste Mal, daß ich Yad Vashem besuche. Von Aufenthalt zu Aufenthalt in Israel habe ich den Weg immer wieder aufgeschoben, von einer inneren Hemmung daran gehindert, mich der Stätte zu nähern. Auch heute ist die alte Blockade da, heftiger denn je sogar, und deshalb lasse ich mich von Mischkenot Scha'ananim mit einem Taxi hinfahren – am Steuer des eigenen Wagens, so fürchte ich, würde die Courage nicht reichen.

Der Taxichauffeur ist 55 Jahre alt, sieht aber aus wie siebzig. Er blickt auf sieben Generationen in diesem Land zurück, ist also kein Überlebender des Holocaust, und scheint dennoch vollkommen verwachsen zu sein mit der Stätte. Ohne mich zu fragen, lenkt er das Taxi nicht zum Eingang, sondern zu einem Platz unterhalb von Yad Vashem, aber ihm zugehörig – zum »Tal der Gemeinden«.

Ich steige aus und befinde mich zwischen riesigen Felsblökken, dramatischen Steingebilden, hoch aufeinandergeschichtet und mit Namen versehen. Ich lese Lwow, Sosnica, Sanow, Odessa, Belgorod, Czestochowa, Tschernobil – und hundert andere. Niemand außer mir ist hier, der Taxifahrer ist zurückgegangen. Ich starre die zyklopischen Mauern und Quader an, schrecke zurück vor einem Stein mit der eingemeißelten Inschrift »Babi Yar«, und fühle mich wie in einem Labyrinth, aus dem es kein Entkommen gibt. Ich habe keinen schriftlichen Leitfaden für Yad Vashem, aber der ist hier auch nicht nötig. Es ist klar und schreit aus der totalen Stille heraus: Ich bin an einem Ort, der an eine untergegangene, ausgemordete Welt erinnern soll – die Welt des Ostjudentums, des polnischen, ukrainischen, weißrussischen und baltischen »Schtetels«, die

Schauplätze der Literatur eines Mendele Mojcher Sforim, Scholem Aljechem und Isaac Singer – die Welt des Jiddisch! Vernichtet, Geschichte, totale Zerstörung, Erfüllung der Hitlerschen Prophezeiung, Europa »judenfrei« zu machen. Und was aus Zeitmangel ihm nicht gelungen ist, hat der Stalinismus vollendet. Bis hinein in die Ströme der jüdischen Immigration aus der Sowjetunion von heute nach Israel sind Folgen und Erbschaft des Antisemitismus zu spüren.

Um hier herauszufinden, muß ich rufen. Der Nebel draußen ist so dicht, daß auf dem Weg zum Eingang nichts zu sehen ist, nur die weiße Mauer des auf Jerusalem herabgesunkenen Himmels.

Etwas lichter ist es auf dem Gelände von Yad Vashem – was wörtlich übersetzt übrigens »Ein Denkmal und ein Name« heißt, nach Jesaja, Kapitel 56, Vers 5, hier aber »Dauerndes Gedenken« bedeuten soll. Ohne Plan gehe ich die »Allee der Gerechten unter den Völkern« hinunter, so genannt zu Ehren der Nichtjuden, die unter Gefahr des eigenen Lebens Juden gerettet haben. Der Wille, hier durchzuhalten, ist da, aber ich merke, wie es mich würgt und dauernd an meinen Fluchtinstinkt appelliert.

Rechts die Stätte zur Erinnerung an die eineinhalb Millionen ermordeten jüdischen Kinder – errichtet von Eltern, deren Sohn 1944 in Auschwitz getötet wurde. Ich schaue auf eine Wand dreidimensionaler Photos, lachende, ernste, bedeckte und unbedeckte Köpfchen, Augen, die strahlend, nachdenklich, neugierig in die Welt gucken, was sie wohl zu bieten haben wird. Hier war es nichts als der Tod, so früh, so rasch, und geblieben sind nur die Namen, die von einer Stimme genannt werden, zusammen mit Alter und Geburtsland: drei Jahre, sieben, elf, fünf, zwei; Polen, Holland, Jugoslawien, Deutschland, Belgien, Frankreich, Tschechoslowakei – eine endlose Aufzählung.

Es ist ganz dunkel auf einem Steg zwischen Glas, zu beiden Seiten. Kerzenflammen widerspiegeln sich darin. Wieder draußen dann das Tageslicht, unwirklich, grell, obwohl über Jerusalem noch alles grau in grau ist.

Es regnet.

In der Nähe das Mal für Janusz Korczak, den Arzt, Schriftsteller und Erzieher, der sich nicht von den ihm anvertrauten Kindern trennte, was die SS ihm anheimgestellt hatte. Am 5. August 1942 traf er mit seinen Schützlingen im Todeslager Treblinka ein, wo er zusammen mit ihnen ins Gas ging. Auf einer Tafel: »... where he was murdered together with them.«

Ich betrete das Historische Museum. Es enthält die Chronologie der *schoah*, der Vernichtung des europäischen Judentums, in Gegenständen, Photographien und Dokumenten. Nach wenigen Minuten ist mir klar: All die Photos kennst du, oder doch fast alle, kaum eines, bei dem ich nachdenken müßte, ob es mir schon begegnet sei. Und dennoch hat dieser Gang hier keine Ähnlichkeit mit den Situationen, unter denen ich bisher solche Bilder gesehen habe. Ich komme mir vor wie neben mich selbst getreten, als stanzte sich das Erschaute ganz neu in mich ein, Momentaufnahme um Momentaufnahme. Marschierende Nazistudenten; ein eingeblendeter Hitler; der Einmarsch ins Rheinland; ein junger Mann mit einem Schild vor der Brust »Ich werde mich nie wieder bei der Polizei beschweren«; Bänke »Nur für Juden«; Österreich 1938, ein Wiener Knabe, der an die Wand »Jude« schreiben muß, umgeben von Gleichaltrigen und bewacht von einem dickbäuchigen Nazi mit Hakenkreuzbinde.

Wieso wirken die Photos von der Reichspogromnacht des 9. auf den 10. November 1938 so neu auf mich? Wie auch die bekannten Aufnahmen des Hitler-Stalin-Pakts vom August 1939, hundert-, tausendmal vorher gesehen – der Georgier neben Ribbentrop und Molotow. Aber da, endlich, ein Photo, das ich noch nicht gesehen zu haben glaube – deutsche Soldaten im Zug, und an der Wagenwand »Wir fahren nach Polen, um Juden zu versohlen«. Daneben: »Final aim« – Heydrichs Telegramm, das zum erstenmal den Terminus »Endziel« nennt (noch nicht »Endlösung«).

Das Warschauer Getto, wenige Quadratkilometer groß, auf denen eine halbe Million Juden zusammengepfercht waren, bei einer Gesamtbevölkerung von 1,3 Millionen. Gehenkte; mit Toten hochbeladene Karren; Judensterne aus Stoff, hier hinter

Glas; Soldaten und immer wieder Soldaten – die unauflösliche Beziehung zwischen Krieg und Holocaust, zwischen der deutschen Wehrmacht und der *schoah*, zwischen den deutschen Siegen und dem Völkermord an den Juden im deutsch besetzten Europa. Ohne die Armee hätte es diese Photos nie gegeben, wäre das verbrecherische NS-System nie über die deutschen Grenzen hinaus expandiert – erst die territorialen Erfolge der Wehrmacht haben den Holocaust möglich gemacht!

Kinderphotos, die ersten Opfer von Hunger und Kälte; nackte Frauen, die zur Kamera hinüberstarren, wenige Sekunden vor der Erschießung; das Blutbad im litauischen Kowno, Juden, die mit Eisenstangen erschlagen werden, die meisten schon in ihrem Blut ausgestreckt, einer noch halb erhoben, aber über ihm schon der Todesprügel des Mörders. Und im Hintergrund, grinsend und photographierend, deutsche Soldaten.

Das Photo mit dem Einsatzgruppenpistolero, der seine Waffe in der ausgestreckten Hand hält, den Finger am Abzug – wenige Zentimeter entfernt von der Mutter, die sich mit einer unendlich hilf- und hoffnungslosen Bewegung abwendet, um ihr Kind im Arm zu schützen. Die Wandkarte mit den KZ- und Todeslagern in Europa – Chelmno, Treblinka, Sobibor, Belzec, Maidanek und Auschwitz-Birkenau – die Vernichtungslager rot, die anderen gelb.

Die ungarischen Juden an der Rampe von Auschwitz, Männer, Frauen und Kinder, immer wieder Kinder. Der Brillenberg, der Schuhberg, der Prothesenberg. Die Visagen weiblicher SS aus Bergen-Belsen, Irma Greese und Mitmörderinnen – sie konnten es genauso»gut« wie Männer.

Aber dann ist es soweit.

In der Mitte des Historischen Museums von Yad Vashem spüre ich, daß ich es nicht länger aushalte, daß ich gegen meinen Selbsterhaltungstrieb gehandelt habe – aber weg kann ich nicht, es ist, als wäre ich ohne Willen. Hier, ich habe es gewußt, könnte mich meine Vergangenheit einholen, hier könnte sie mich überwältigen, und davor habe ich mein ganzes Leben seit der Befreiung am 4. Mai 1945 in Hamburg Angst gehabt. In Yad Vashem nun muß ich erleben, wie berechtigt sie war.

Mir bleibt gerade soviel Kraft, meine Gedanken in das Gerät zu sprechen, aber nicht genug, um umzukehren. Nach hinten wäre es so weit wie nach vorn, und meine Klaustrophobie, diese schreckliche Hypothek der Einsperrungen durch die Gestapo, treibt mich nahe an den Kollaps. Das einzige, was mich vor der Ohnmacht bewahrt, ist das Empfinden, aus der eigenen Haut geschlüpft zu sein und Yad Vashem so zu erleben - wie neben mich selbst getreten.

Und dann sehe ich das Photo von der Scheune bei Gardelegen 1945, ein Bild, das mich aus allen Konstruktionen des Selbstschutzes herauskatapultiert: der Feuertod der eingesperrten KZ-Häftlinge, eine Stunde vor der Befreiung durch amerikanische Soldaten – umgekommen in dem von der SS benzingetränkten und dann angezündeten Holzgebäude. Von der Tragödie drinnen wird nichts sichtbar als der verkohlte Kopf und der verbrannte Arm eines Häftlings, der vergeblich dem Glutinferno unter der Scheunenwand hindurch zu entkommen suchte – der ganze unbeschreibliche Flammenschmerz geronnen in einer verkrallten Hand.

Unter diesen Toten hätte auch meine Familie, hätte auch ich sein können.

Gardelegen liegt wenige Kilometer entfernt von jenem Dorf in der Altmark, in das wir nach der Hamburger Ausbombung im Juli 1943 geflüchtet waren. Dort wären wir möglicherweise im Chaos der schweren Luftangriffe auf Deutschland bis Kriegsende von der Gestapo unentdeckt geblieben, wenn der Gemeindediener von Bösdorf, ein Nichtparteigenosse und dennoch fanatischer Nazi, uns nicht mit seinem unerbittlichen Haß verfolgt und schließlich als »Rassenschänder« bei der Geheimen Staatspolizei in Gardelegen denunziert hätte. Nur die Untersuchung eines human gebliebenen Gendarmeriewachtmeisters aus dem nahen Öbisfelde rettete unser Leben, um den Preis der Deportation nach Hamburg, in die Zwangsarbeit und das letzte, das schrecklichste der zwölf Jahre. (Ich schildere auch das, romanhaft verfremdet, in meiner autobiographischen Familiensaga »Die Bertinis«.) Wenn die Gestapo uns verhaftet hätte, so wären wir mit großer Wahrscheinlichkeit in das KZ-Nebenlager bei Gardelegen gekommen.

Das Schreckensphoto begegnet mir hier auf halbem Wege durch das Historische Museum. Der Schock darüber ist so groß, daß in mir jener Mechanismus wirksam wird, mit dem ich mich erprobterweise aus Alpträumen in die Wirklichkeit reißen kann: Ich fahre wieder in die eigene Haut, finde mich ohne innere Schutzvorrichtung in Yad Vashem wieder und weiß: Hier mußt du raus, so schnell wie möglich, sonst bringt es dich um.

Da ich den Ausgang nicht gleich finde und in falsche Richtungen herumirre, stehe ich plötzlich vor dem gewaltigen Monument zu Ehren der jüdischen Soldaten und Partisanen, dann vor der ebenso gigantischen Gedenkmauer für den Warschauer Gettoaufstand, und finde mich schließlich am Ausgang in dem Taxi wieder, das mich hergebracht hat. Der 55jährige Israeli der siebten Generation, solche oder ähnliche Zusammenbrüche wohl gewohnt, legt seinen Arm um meine Schultern, führt mich in den Wagenfonds, bleibt einen Augenblick neben mir sitzen, steigt dann nach vorn und fährt mich ohne ein Wort zurück – aber nicht nach Mischkenot Scha'ananim.

Er steuert auf das Gelände des riesigen Hadassah-Krankenhauses – Qiryat Hadassah – südlich von Yad Vashem, dort auf einen Parkplatz, und bittet mich auszusteigen. Dann nimmt er mich am Arm und zieht mich mit sich – erst jetzt bemerke ich, daß er gehbehindert ist und ein Bein nachschleift.

»Sie müssen das sehen«, sagt er, »Sie müssen das sehen.«

»Was sehen?« frage ich.

»Das Chagall-Fenster«, antwortet er, leidenschaftlich, plötzlich atemlos, »das Chagall-Fenster!«

Und dann stehe ich vor diesem Fenster, in der Hadassah-Synagoge – und bin wie verzaubert. Das dominierende Rot, das fast gleichberechtigte Blau, der jüdische Leuchter, Farben und Motive, die allesamt eines darstellen: die zwölf Söhne des Patriarchen Jakob, von denen die zwölf Stämme Israels abstammen sollen: Ruben, Simeon, Levi, Juda, Sebulon, Issachar, Dan, Gad, Ascher, Naphtali, Joseph, Benjamin. Der Taxifahrer steht, es bereitet ihm sichtlich Beschwerden, aber er steht. Dabei schaut er unverwandt auf mich und auf das Fenster, dieses grandiose Großgemälde, das jetzt erleuchtet wird von der Sonne, die endlich den Nebel abgelöst hat.

Zusammen mit seinem Assistenten Charles Marq hat Marc Chagall zwei Jahre daran gearbeitet. Das Motiv ist biblisch, aber auch dieses Werk kann die Erinnerung an seine Heimat, seinen Geburtsort Liosno im Gouvernement Witebsk, nicht verleugnen. Auch in diesem zwölfmal unterteilten Fenster ist sie wieder da, die Welt des Chassidismus, der russischen Märchen, der farbenberstenden Träume, die jüdische Tragödie. Tiere, Fische, ein Schiff, eine Schlange, Pferde, Waffen. Goldgelb und Rot, Grün, hartes Blau, weiches Blau – empfunden nach biblischen Sprüchen – »Juda ist ein junger Löwe« – »Naphtali ist ein schneller Hirsch und gibt eine schöne Rede« - »Benjamin ist ein reißender Wolf«, deshalb in der linken unteren Ecke seines Fensters dieses Tier.

Der Taxifahrer steht da mit dem versehrten Bein, und als mir das klar wird, springe ich auf, beschämt, daß ich gesessen habe. Aber da kommt er rasch auf mich zu, drückt mich nieder und flüstert: »Bleiben Sie noch eine Weile. Wann werden Sie es je wiedersehen?«

Der Israeli neben mir starrt auf das Chagall-Werk mit einem Blick, der keine Zweifel läßt: Das ist *sein* Fenster, ist *sein* persönliches Eigentum, ist Heimstätte, Subjekt der Bewunderung, der Hingabe und des Trostes. Bevor ich dem Taxi vor Mischkenot entsteige, sagt er: »Ich habe schon manchen in die Hadassah-Synagoge geführt. Aber von keinem Platz hat ein Jude das so nötig wie von Yad Vashem.«

»Sie werden uns Juden töten – alle, alle, alle!«

Ich liege da im Gästehaus der Jerusalemer Stadtverwaltung und kann nicht schlafen. Aber nicht wegen des Verkehrslärms, den ich mit verstopften Ohren zu überlisten gelernt habe, auch nicht wegen der von mir gerade gefütterten, aber dennoch unersättlichen und inzwischen vielfach vermehrten Katzen von Mischkenot, deren Greinen und Miauen selbst durch die Ohrenpfropfen dringt. Ich kann nicht schlafen, weil ich von den letzten sieben Monaten der Anne Frank lese, vom Tag ihrer Entdeckung am 3. September 1944 bis zu ihrem Tod Anfang März 1945 in Bergen-Belsen.

Sechs holländische Leidensgefährtinnen haben davon berichtet, und ein Holländer hat es aufgeschrieben. Kurz vor meiner Abfahrt nach Israel hatte ich, nach Jahren, wieder Anne Franks »Tagebuch« durchgearbeitet, für eine Rundfunksendung. Die Familie war vom berüchtigten Westerbork nach Auschwitz deportiert worden. Die Mutter kam dort am 6. Januar 1945 um, während Anne und ihre Schwester Margot nach Beginn der großen Winteroffensive der Roten Armee am 12. Januar mit über 1300 weiblichen Häftlingen auf den Marsch nach Westen gesetzt wurden.

Die sechs Frauen schildern, wie es den beiden Mädchen erging in Bergen-Belsen, wo 125 000 Menschen, meist Juden, zusammengepfercht waren, von denen 50 000 sterben sollten, 13 000 noch nach der Befreiung durch britische Truppen.

Anne und Margot Frank waren abgemagert, kahlgeschoren, bis zur Unkenntlichkeit verändert, sie froren und wurden von Tag zu Tag schwächer. Anne, erzählt eine der Frauen, habe keine Tränen mehr gehabt. Immer wieder habe sie gesagt, ihr graue so vor den Tieren in ihren Kleidern, also Läusen, so sehr, daß sie ihre Lumpen wegwerfen wollte, was den Tod nur um so rascher herbeigeführt hätte. Es war ein kalter Winter, und Anne und ihre Schwester hatten den ungünstigsten Platz in der Baracke, nahe der Tür. Man hörte sie dauernd schreien: »Tür zu! Tür zu!«

Margot Frank, die Schwester, starb zuerst. Sie fiel aus dem Bett auf den Steinboden und hatte nicht mehr die Kraft, sich zu erheben. Anne Frank starb einen Tag später. Ihre Leichen wurden in eine große Grube, ein Massengrab, geworfen.

Die Zeuginnen, die Bergen-Belsen überlebt hatten und nun befragt wurden, standen unter starkem seelischen Druck. Sie haben trotzdem gesprochen.

Ich liege da und denke: Es gibt ein unlösbares Band zwischen dem Mädchen Anne Frank und dem Staat Israel, über den ich ein Buch schreiben will, mit all seinen Problemen, denen der katastrophalen Vergangenheit und denen der bedrohten Gegenwart und Zukunft. Und wer dieses Band bestreitet, dem fahre ich an die Kehle, ganz egal, ob Deutscher, Palästinenser oder welcher Nationalität und Herkunft auch immer.

Ich war in den sechziger Jahren in Amsterdam gewesen, im Hinterhaus in der Prinsengracht, wo die Franks mit einer anderen jüdischen Familie seit 1942 untergetaucht waren. Auch da, in diesen Räumen, war mir, als ginge ich auf Watte, als wäre ich völlig allein inmitten der anderen Besucher, die ebenfalls kein Wort sprachen. Es war eine geradezu fürstliche Unterkunft, wenn ich sie verglich mit jenem rattenverseuchten Keller, in dem mein Vater, meine Mutter, meine beiden Brüder und ich im Norden Hamburgs in der Obhut einer ehemaligen Nachbarin dahinvegetierten – frierend, hungernd und schließlich äußerlich ohne Ähnlichkeit mehr mit menschlichen Wesen. Aber – wir waren durchgekommen, waren nicht verpfiffen worden, durften die Befreiung erleben.

Wann, frage ich mich hier in Mischkenot Scha'ananim, wann habe ich zum erstenmal gehört vom Holocaust, von der *schoah*, vom Völkermord an den Juden Deutschlands und Europas durch die Nazis? Wie war das mit meinen Kenntnissen, damals, ohne daß in diese Frage Wissen einströmen soll, das erst später erworben worden ist, nach der militärischen Zerschmetterung Hitlerdeutschlands und den öffentlichen Aufdeckungen, die dann, bis heute, folgten?

Der Antwort geht eine Vorantwort voraus. Sie lautet: Die Meinen und ich haben den Nazis alles zugetraut, alles, ohne Rest, auch daß sie Menschen in Massen töten würden. In dem Haus in Hamburg-Barmbek, das wir zwanzig Jahre lang bis zur Ausbombung 1943 bewohnten, war gleich 1933 ein junger Sozialdemokrat aus dem vierten Stock abgeholt worden, der nach einiger Zeit als Krüppel zurückkehrte. Er konnte seinen linken Arm nicht mehr bewegen. Trotz strengsten Verbots, über die Haftzeit zu sprechen, erfuhren wir von ihm, wie mit ihm und anderen Häftlingen im »Kolafu« – dem Konzentrationslager Fuhlsbüttel – umgegangen worden war. Sein Vertrauen zu meiner Familie muß groß gewesen sein, denn ich, damals zwölf, war dabei, als der Nachbar sagte: »Ich hatte Glück, daß ich überhaupt davongekommen und entlassen worden bin. Sie haben die Menschen erschlagen, einfach erschlagen, neben mir, wie man Tiere totschlägt.«

Dieser Satz war für mich eine Grunderfahrung, die erste

Stufe der Gewißheit, daß jedes Verbrechen möglich war. Sie setzte keineswegs die Kenntnis einer Morddimension wie der des Holocaust voraus. Aber sie kann erklären, warum ich später nicht überrascht war, als ich Einzelheiten erfuhr, die eine Ahnung der *schoah* aufkommen ließen.

Die zweite Etappe waren eigene Erfahrungen mit der Geheimen Staatspolizei und ihren Verhören. Es hat deren drei gegeben – im September 1939, im November 1941 und im August 1943. Es sind die fürchterlichsten Daten meines Lebens, mit keinen anderen sonst vergleichbar, das schlimmste davon das zweite Verhör im Hamburger Stadthaus, körperlich und seelisch. Fürchterlicher aber als die »Behandlung« selbst war das Warten auf sie, war die durch die Erwartungsdauer institutionalisierte Angst vor dem Zugriff, die Angst vor der jede Sekunde möglichen Gewalt und ihren Folgen bis zum Tod. Diese Angst, der das Individuum hoffnungslos unterlegen ausgeliefert war, wurde zum bestimmenden, zum prägenden Lebensgefühl, nicht nur bei mir und meiner Familie, sondern überhaupt für die Verfolgten. Wir zweifelten nie daran, daß jene, die diese Angst in uns gelegt hatten, zu allem fähig waren.

Beim ersten Verhör, im September 1939, konnte ich keine Kenntnis vom Holocaust gehabt haben, einfach, weil er noch nicht stattgefunden hatte. Stattgefunden aber hatte die Reichspogromnacht vom 9. auf den 10. November 1938, und sie genügte, um die Gewißheit zu festigen, daß die Synagogenanzünder auch Menschen verbrennen würden. Nur das Wie und Wann standen noch aus. Seit Ende 1938 war mein Leben von dieser Frage geprägt. Ich war damals fünfzehn.

Die Initialkenntnis vom Holocaust erhielten wir Ende 1941, von einer Nachbarin in unserer Straße, mit der wir durch jenen Spürsinn zusammengekommen waren, der für Verfolgte typisch ist: Sie riechen einander sozusagen, erkennen sich an einer bestimmten äußeren Haltung, ohne Näheres zu wissen, entwikkeln eine Art Magnetismus, der sie verbindet. So war es meiner Mutter mit einer Frau ergangen, die sie beim Anstehen nach Lebensmitteln gesehen hatte. Sie wohnte am anderen Ende der Hufnerstraße, jenseits der großen Eisenbahnbrücke, und war, wie sich herausstellte, nachdem sie einander vorsichtig angesprochen hatten, eine Jüdin aus Rußland, verheiratet mit einem Deutschen. Ich habe ihn in Erinnerung als einen Mann, der mit knappen Worten das bestätigte, was sich mir längst als Tatsache darstellte, nämlich daß die Nazis zu jedem Verbrechen fähig seien. Nun schälte sich das Erwartete zum erstenmal als konkrete Nachricht heraus: In der Sowjetunion, hinter den weit nach Osten vorgerückten deutschen Fronten, würden Juden zu Tausenden von eigens dafür geschaffenen Mordkommandos umgebracht, von Nord bis Süd, an der ganzen ungeheuer langen Kampflinie zwischen Ostsee und Schwarzem Meer.

Das erzählte die Frau, in ihrem harten Deutsch, mit wuchtigen Armbewegungen, verzerrtem Gesicht und schlotternden Gliedern. Woher sie die Nachricht hatte, sagte sie nicht, und wir fragten sie auch nicht danach. Vom stummen Nicken ihres Mannes begleitet, brach es dann am Ende aus ihr heraus: »Sie werden uns Juden töten – alle, alle, alle!«

Ich war vollkommen überzeugt davon, daß sie recht hatte, daß das die Absicht der Nazis war, und ich habe von dem Tag an daran gedacht, wie meine Familie zu retten sei. Es war die Stunde, in der ich mich entschloß, für unser Überleben aktiv zu werden. Das hatte nicht das geringste mit Widerstand zu tun, nicht das mindeste. Mir war nie der Gedanke gekommen, die ohnehin vorhandene Gefährdung noch zusätzlich durch Aktionen gegen das Regime zu vergrößern. Dazu hatte sich inzwischen viel zu tief in mir eingebrannt, daß unser »Verbrechen« einfach in unserer biologischen Existenz bestand, darin, daß wir da waren auf der Welt, völlig unabhängig davon, was wir täten oder ließen. Bei uns bedurfte es keines Widerstands, keiner Aktion gegen die herrschende Macht, um von ihr hoffnungslos stigmatisiert und tödlich bedroht zu sein – die physische Existenz genügte.

Retrospektiv, aus der Sicht späterer Kenntnisse, war die Nachricht von der Massentötung hinter der deutschen Ostfront historisch zutreffend. Ohne daß der Begriff »Einsatzgruppen« bekannt war, hatte die mit einem Deutschen verheiratete Jüdin aus Rußland Sinn und Funktion der mobilen Mordkommandos als Teil des Vernichtungsapparats unter dem

Dach des Reichssicherheitshauptamts zutreffend charakterisiert.

Zu diesem Zeitpunkt, Herbst 1941, hatte die Deportation der Juden aus Deutschland in den Osten gerade begonnen. Ich war grundüberzeugt davon, daß die »Verschickten« nie wiederkehrten, daß sie getötet würden. Ebenso überzeugt war ich, daß die sogenannten »Mischehen«, bei denen ein Elternteil »arisch« war, wie bei uns der Vater, gleich nach der abgeschlossenen Deportation der volljüdischen Familien an die Reihe kämen, daß also der Unterschied zwischen diesen und uns in nichts anderem lag als einem späteren Termin für die Vernichtung – was dann ebenfalls historisch durch die Pläne der Nazis bestätigt werden sollte.

Einen Hinweis auf den Massenmord an den Juden durch die Einsatzgruppen von der BBC London oder von Radio Moskau hatte ich damals noch nicht. Sollten sie davon berichtet haben, war es mir entgangen, was ich aber nicht glaube, weil die Stationen ständig von mir abgehört wurden. Später dann gab es aus diesen Quellen Berichte, die die schlimmsten Befürchtungen bestätigten, ohne daß je das volle Ausmaß des Holocaust für mich sichtbar wurde. Das geschah auf andere, persönlichere Weise.

Meine Urgroßeltern und Großeltern mütterlicherseits hatten vor und nach dem Ersten Weltkrieg ein – wie man damals sagte – »Dienstmädchen« in ihrem Haushalt beschäftigt, Franziska, eine Jüdin, die einen evangelischen Christen geheiratet und mit ihm zwei Kinder hatte. Auch nachdem Franziska nicht mehr im Hause meiner Urgroßeltern und Großeltern arbeitete, blieb die Verbindung zwischen ihrer und unserer Familie erhalten, zumal wir nicht weit voneinander entfernt wohnten. So wurden wir zu Zeugen ihres Schicksals.

Es nahm seinen Lauf, als der ältere der Söhne beschnitten und Mitglied der Jüdischen Gemeinde Hamburg wurde, eine Konzession des christlichen Ehepartners an seine Frau. Der Zweite – eine Konzession der Mutter an ihren Mann – blieb unbeschnitten, trat der Gemeinde also nicht bei.

Aber obwohl von derselben Mutter und demselben Vater, waren die beiden Söhne vor den im September 1935 erlassenen

Nürnberger Rassengesetzen nicht gleich. Der Ältere galt seiner Beschneidung und seiner Mitgliedschaft in der Jüdischen Gemeinde wegen als »Volljude«, während der Jüngere, auf den beides nicht zutraf, nach der nationalsozialistischen Rassenarithmetik als »Mischling 1. Grades« eingestuft wurde.

1941, mit einem der ersten Schübe, wurde der ältere Sohn in den Osten deportiert – der jüngere blieb zurück. Beide Eltern waren inzwischen gestorben. Die Verzweiflung der Brüder war angesichts des näherrückenden Deportationstermins täglich gewachsen, die Trennung dann, vor unseren Augen, eine Tragödie, das Warten des Bruders auf Nachricht unerträglich, bis an den Rand des Wahnsinns.

Im Sommer 1942 schließlich kam ein Zeichen, in Form eines ebenso absenderlosen wie unadressierten Umschlags, den ein Unbekannter unter die Wohnungstür des Bruders geschoben haben mußte. Darin steckte ein Zettel mit der Schrift des Deportierten, der Abschiedsbrief eines Todgeweihten und Todbereiten, wenige Worte, die am Massencharakter seines individuellen Schicksals keinerlei Zweifel ließen und die mit den Worten endeten, daß er nach allem, was er gesehen habe, nicht mehr leben wollte und bald sterben würde. »Wir werden uns nie wiedersehen.«

Mit diesem Brief kam der jüngere Bruder zu uns, und mir fiel es zu, die geheime Botschaft zu entschlüsseln. Jeder erste Buchstabe der drei Absätze, aus denen sich der Todesbrief zusammensetzte, hatte eine andere Form als die übrigen, auch als die anderen großen Buchstaben. Die drei waren herausgehoben, nicht zu stark, aber doch so, daß der Leser auf sie aufmerksam werden konnte: ein G, ein A und ein S – GAS.

Nein, keiner von uns hat damals gewußt, daß es sich um Gaskammern handelte, wie überhaupt die Details und das volle Ausmaß des Holocaust nicht erkannt sein konnten, auch später nicht. Ein großer Teil der potentiellen Opfer selbst hat noch an der Schwelle der Gaskammer wohl tatsächlich an Desinfektion geglaubt, und wenn auch alle möglichen Ahnungen da waren, dann doch nicht die, daß aus den »Duschen« oben in der Decke gleich Zyklon-B kommen würde.

Als ich endlich dann davon erfuhr, detailliert und voller konkreter Hinweise, auf der Zwangsarbeit, da war es eher wie die Vervollständigung von etwas bereits Gewußtem. Es geschah übrigens im November 1944, in dem Monat also, in dem die Vergasungen eingestellt wurden.

Eine Hamburgerin, die nach Auschwitz gekommen war, hatte Ende 1943 ein langes Schreiben an ihren Vater herausschmuggeln können. Der, ein älterer Herr, hatte auf dem Hegestieg in Hamburg-Eppendorf mit mir und vielen anderen »Jüdisch Versippten« und »Jüdischen Mischlingen 1. Grades« unter Gestapoaufsicht krumme Nägel geradezuklopfen. Wir freundeten uns an, und ich glaube nicht, daß er dort außer mir noch jemanden einweihte.

Das geschah in drei längeren Gesprächen, die vieles von dem enthielten, was später Allgemeinkenntnis wurde: die Topographie von Auschwitz – Stammlager (Lager I); Birkenau (Lager II), der Vernichtungskomplex mit den Gaskammern und den Krematorien; Monowitz (Lager III); das Flüßchen Sola; die Vielfalt der Nationalitäten, die aus den Zügen auf die Rampe traten; die Schilderung des »Aussortierers« (die gut auf Joseph Mengele zutreffen konnte, dessen Name damals unbekannt war); die Kontinuität der Vergasungen, oft Tag und Nacht, ohne Unterbrechungen; die Prozeduren des Ablaufs; die Häftlingskommandos, die die Vergasten herausholen mußten, um nach einer bestimmten Zeit selbst ermordet zu werden.

Mein Informant auf dem Hegestieg, ein etwa sechzigjähriger Mann, zeigte ein seltsames Gebaren während seines flüsternd und doch fest vorgebrachten Berichts. Seine Augen glühten dabei, und er sprach wie in Trance, aus der er erst erwachte, wenn er endete. Dabei wiederholte er immer wieder ein Wort: »Giftküche« – sein Synonym für Auschwitz.

Aus dem Rückblick vom Anfang der neunziger Jahre sage ich, daß die Zeit seither gar nichts geheilt hat. Das empirisch gewachsene Wissen um den Holocaust noch während seiner fürchterlichen Existenz bis zur Befreiung, seine selbstverständliche Nähe während der endlosen Tage, Wochen, Monate und Jahre bis dahin, die Vervollkommnung der Kenntnisse im Lauf der Nachkriegszeit, auch durch Begegnungen mit Überlebenden der Vernichtungshöllen – all das ist zum Zentrum des Daseins geworden. Sein Kompaß heißt Auschwitz, samt allem, was diese größte Schädelstätte der Geschichte symbolisiert und materialisiert.

Hoffnung auf Erholung, Heilung, gar Rettung davon gibt es nicht. Im Gegenteil, die Bilder des Schreckens rücken immer näher, je größer die Zeitdistanz zum realen Geschehen wird, die Träume geraten immer alptraumhafter, ihre Abstände werden immer kürzer, während die Furcht, ihnen schließlich doch noch zu erliegen, ständig wächst.

Das ist, in Kürze, die Vorgeschichte meines ersten Besuches in Yad Vashem. Sie begann im Jahr 1933 und macht 58 meiner bisherigen 68 Lebensjahre aus.

Ich bin hier in Israel all diesen Problemen auf Schritt und Tritt begegnet, nur verdichtet wie nie zuvor und nirgends sonst.

Wo ist das Schaf, das geschächtet wird?

22. April, Jerusalem, zehn Uhr morgens – die Sirenen heulen.

Das Taxi, in dem ich mich gerade auf der King George V. Street, befinde, hält an, wie alle anderen Fahrzeuge auch. Ich steige aus und bleibe stehen, wie alle anderen Passanten - so verharren wir, zwei Minuten lang.

Das geschieht einmal im Jahr – ein ganzer Staat erstarrt unter dem schrillen Dauerton, ein ganzes Volk hält den Atem an, ein ganzes Land schweigt, von Elat im Süden am Roten Meer bis zur libanesischen Grenze im Norden. Überall, in den Ämtern, den Betrieben, den Restaurants, den Kibbuzim, erheben sich die Menschen und senken die Köpfe – im Gedenken an die Millionen ermordeten Juden des Holocaust.

Was aber ist mit den Überlebenden der *schoah*, denen, die den Vernichtungshöllen entkommen sind? Und was mit ihren Kindern und Kindeskindern?

»Die israelische Gesellschaft hat das Problem bis heute nicht gelöst, sie ist damit nicht fertig geworden, und wir müssen das ehrlich bekennen.«

Der Mann, der da in Mischkenot Scha'ananim vor mir sitzt und das erklärt, heißt Manfred Klafter, ist an die Sechzig, in Holland geboren, seit 1965 in Israel und – 1987 – Gründer von »Amcha«, was übersetzt »Dein Volk« lautet. Die Organisation brauchte ein Jahr, bis genug Geld da war, um mit der Arbeit anzufangen, und befaßt sich vor allem mit Überlebenden, die zu psychiatrischen Fällen zu werden drohen.

Heute verfügt Amcha über einen Stab von 22 Sozialarbeitern und Psychologen, 7 festen und 15 ehrenamtlichen, wird von mehreren europäischen Ländern finanziell unterstützt, darunter von der Schweiz, von England, Holland, nicht von der Bundesrepublik, und findet wachsendes Interesse in Israel selbst.

»Das war nicht gleich so und läßt immer noch zu wünschen übrig, nur allmählich bewegt sich etwas. Das mag Ausländer verwundern, Menschen, die denken, daß in Israel alles, was mit dem Holocaust zu tun habe, selbstverständlich anerkannt und ohne Probleme sei. Aber das ist ein großer Irrtum.«

Manfred Klafter spricht, mit unverkennbar holländischem Akzent, ein hartes, aber gut verständliches Deutsch. Vor mir sitzt ein Mann, der wie kaum ein anderer Israeli von heute in dieses Thema eingedrungen ist und aus seiner Kenntnis heraus behauptet, daß die Überlebenden des Holocaust von der israelischen Gesellschaft über Jahrzehnte hin nicht wahrgenommen worden seien.

Manfred Klafter nennt die Zusammenhänge, aus denen sich dieses Geheimnis des Schweigens erklärt, *schoah* (Untergang, Vernichtung) und *gvurah* (Heldentum, Heroismus). Nur langsam komme ich dahinter, was gemeint ist, und muß mir gestehen, daß ich die Tragödie, die hier bloßgelegt wird, so gut wie nicht gekannt habe, ungeachtet meiner häufigen Aufenthalte in Israel und der ununterbrochenen Beschäftigung mit seinen Problemen seit der Staatsgründung im Jahr 1948.

Nach der Befreiung strömten Hunderttausende Juden aus den Sammellagern Europas und des geschlagenen Deutschlands nach Palästina, Männer, Frauen und Kinder, die nichts besaßen als das, was sie auf dem Leib trugen, und das waren oft genug nichts als Lumpen. Ich habe sie nur zu gut in Erinnerung, die Gestalten auf dem Gelände des befreiten KZ-Lagers Bergen-Belsen, abgerissen, abgemagert, verstört, tastend in der drangvollen Enge, wie nach Verlorenem suchend, Eindrücke unsagbarer menschlicher Not. Es gab nur einen Gedanken, einen Trost, eine Vision für die Entwurzelten: Erez Israel!

Noch fürchterlicher dann die Bilder der Zurückgewiesenen, die das Land, die Küsten ihrer Sehnsucht, ihrer allerletzten Hoffnung, schon erreicht glaubten, aber nicht betreten durften, von der britischen Mandatsmacht verfrachtet nach Zypern, nach Europa, ja, unglaubliches Verbrechen, nach Deutschland. Die Passagiere der »Exodus« im Hamburger Hafen - nie werde ich ihren Anblick vergessen, ihre Verzweiflung, ihre Gegenwehr – vom Unglück gekrümmte Körper, deren Augen irre in die Welt starrten, ohne Verständnis für das, was ihnen da geschah, geworfen in eine Wirklichkeit, die übermächtig auf sie einschlug – nach allem, was schon hinter ihnen lag.

Viele von ihnen erreichten ihr Ziel schließlich doch, landeten zwischen Haifa und Aschkelon, betraten den geliebten, ersehnten Boden, manche nach weiteren Irrfahrten, aber sie kamen an, noch in das Palästina der auslaufenden Mandatszeit, andere in den eigenen, den jüdischen Staat. Der mußte gegen die Briten erstritten werden und danach behauptet in einem Kampf auf Tod und Leben gegen sechs arabische Armeen 1948/49, der Beginn einer Kriegsgeschichte, die bis in unsere Gegenwart andauert.

Schon dieses Israel der ersten Zeit brauchte als Idole seiner staatlichen Existenz Kämpfer, brauchte als Vorbilder Soldaten, Sieger, woran sich wegen der äußeren Gefährdung Israels bis heute nichts geändert hat.

»Verstehen Sie?« fragt Manfred Klafter mich. »Verstehen Sie, daß die israelische Gesellschaft glaubte, nichts anfangen zu können mit den skelettösen Gestalten, die da massenhaft ins Land kamen, geschlagen, verlaust, gebrochen an Leib und Seele? Menschen, die reden wollten von dem, was sie erlebt, was sie gerade hinter sich hatten, und wovon sie ganz erfüllt waren – die aber niemand in diesem ständig bedrohten und von

Aufbaulärm erfüllten Israel hören wollte? Machos und Machas waren verlangt, Männer und Frauen als Überwinder und nicht als Überwundene. Was aber waren die Überlebenden des Holocaust anderes als Überwundene, nur durch Zufall dem Tod entkommen, und das noch ohne eigene Initiative – oft genug war ja die Rede davon, daß sie sich wehrlos zur Schlachtbank hätten treiben lassen. Noch Ben Gurion hat das gesagt!

Also – wenn *schoah*, dann gefälligst in Zusammenhang mit *gvurah* – Untergang und Heldentum! Wenn die Rede war und ist von der Vernichtung der Juden, dann vor allem in Verbindung mit Widerstand, mit Gegenwehr, mit dem Kampf der Partisanen in Polen und Rußland gegen die übermächtige deutsche Wehrmacht, mit dem Heroismus der Gettokämpfer. Schauen Sie sich Yad Vashem an – was sehen Sie da? Monumente, die dominieren! Nicht nur das für den Warschauer Aufstand oder für die jüdischen Soldaten und Partisanen, oder das ›Tal der Gemeinden‹ - die ganze Anlage ist monumental. Einen Mann gibt es da, der aussieht wie ein Skelett und völlig entmenscht ist. Das war und ist in der Vorstellung der israelischen Gesellschaft vielfach immer noch der Überlebende des Holocaust, der Nebbich. Ihm gegenüber steht der kraft- und gesundheitsstrotzende Jungisraeli, der der ganzen arabischen Welt getrotzt und ihr erfolgreich standgehalten hat. Gefragt sind Kämpfer, wie Bar Kochba gegen die Römer oder die Makkabäer in ihrem unvorstellbaren Heldentum gegen die seleukidischen Nachfolger Alexanders des Großen, oder die Widerständler im französischen Maquis und in den russischen Wäldern.«

Amcha, dessen Klientel den Gegentypus verkörpert, hat das zu spüren bekommen, wie ich den Worten Manfred Klafters entnehmen kann. Vor einiger Zeit hatte auf seine Initiative hin ein holländischer Minister Israel besucht, um die Organisation finanziell zu unterstützen und zusammen mit ihr etwas zu unternehmen. Die Reaktion des damaligen israelischen Sozialministers war: Hände weg davon!

Man habe Angst davor, man kenne die Konsequenzen nicht. Diese Haltung hätten Politiker, so Manfred Klafter, bis heute beibehalten, sogar Mitglieder des Parlaments, die selbst Überlebende des Holocaust sind. »Die haben mir gesagt: ›Bist du verrückt geworden? Wir hoffen ja, daß dir deine Aufgabe gelingt, aber helfen können wir dir dabei nicht.‹ Und so geht das weiter. Da ist bei uns vor ein paar Tagen im Parlament, wie jedes Jahr am 8. Mai, der Sieg der Alliierten gefeiert worden. Auch Überlebende des Holocaust haben in der Knesset gesprochen. In Yad Vashem gar waren 1500 Menschen versammelt, Juden von überall, nicht nur aus Israel, die in den Armeen der Alliierten gekämpft haben, Partisanen, Gettokämpfer – *schoah* und *gvurah*. Untergang plus Heldentum, dazu hat unsere Gesellschaft eine Beziehung, aber zu den Überlebenden der *schoah* nicht. Und deshalb verstummten die dann, verstummten hier in Israel und haben geschwiegen, all die Jahrzehnte, wie die Täter in Deutschland, wenn auch aus ganz anderen Motiven.«

Ich bin wie vom Donner gerührt. Etwas gänzlich Unerwartetes hat sich da plötzlich aufgebaut, etwas gut gehütet Verborgenes ist dahin, eine Illusion zerstoben – Israel und der Holocaust.

In diese Erschütterung hinein sagt Manfred Klafter: »Daß das so war und noch ist, wie ich es schildere, daß es sie gab und noch gibt, diese Idole und dieses Schweigen, das hatte seine guten Gründe und auch seine Berechtigung. Es war eine Notwendigkeit für die israelische Psyche. Ohne die Verknüpfung von *schoah* und *gvurah* hätte Israel seine bisherige Geschichte, den Kampf um seine Existenz, nicht bestehen, nicht überstehen können. Aber die Überlebenden und ihre Seelen sind dabei auf der Strecke geblieben.«

Ich denke: In Israel ist ihr Anteil an der Bevölkerung immer noch größer als irgendwo sonst – 150 000 sind es heute, früher waren es weit mehr, viele sind inzwischen gestorben. Wie konnte und kann eine Gesellschaft eine solche Wirklichkeit ignorieren, einfach wegschieben, und seien die Gründe noch so verständlich? Wie geht das im täglichen Umgang mit diesen Menschen?

»Es geht«, sagt Manfred Klafter, »es geht einer besonderen jüdischen Fähigkeit wegen – der Verdrängung von Wirklichkeit. Das machen nicht nur die Deutschen, mit ihren Vorzeichen, das machen auch wir, mit unseren. Wenn die Juden das nicht gekonnt hätten, dann hätten sie die Diaspora nicht überlebt. Der Jude kann Wirklichkeit wegstecken, das hat er gelernt, das liegt ihm im Blut. Er glaubt immer, ›den letzten Zug‹ nehmen zu können. Ich habe diese Realitätsverweigerung den ›Isaak-Komplex‹ genannt. Was das heißt? Isaak, Abrahams Sohn, steht auf dem Berg Moriah neben seinem Vater, der das geschliffene Messer in der Hand hat, bereit, auf Gottes Befehl das eigene Kind zu opfern. Weit und breit ist niemand außer den beiden. Und doch fragt Isaak: ›Wo ist das Schaf, das geschächtet werden soll?‹ Sehen Sie – das meine ich mit Negierung von Realität, eine Fähigkeit, deren Funktion in den 2000 Jahren des Galuth, der Verbannung aus dem Land der Väter, notwendig war, um an der schlimmen Wirklichkeit nicht fortwährend zu verzweifeln.«

Impossibile possibile est

Dieser Israeli, der so bestürzende Erkenntnisse ausspricht, ist der Sohn von in Polen geborenen Eltern, die vor dem Ersten Weltkrieg in Karlsruhe ansässig wurden, nach 1917 nach Holland gingen und dort an Krankheit starben. Keiner der drei Brüder des Vaters hat die deutsche Besetzung überlebt, alle wurden getötet.

Manfred Klafter ging in Holland aufs Gymnasium, diente dort in der Armee, studierte und wurde Ingenieur und Ökonom. Er hat sein Leben unter ein Motto gestellt, das lange als Spruch an die Wand geheftet war, ehe er unter der deutschen Besatzung zum illegalen Ahasver wurde: »Impossibile possibile est« – »Das Unmögliche ist möglich«. Er wäre umgekommen, wenn er nicht danach gehandelt hätte.

Was Hitler mit den Juden vorhatte, wußte schon der junge Klafter – war er doch, elementares Erlebnis, im November 1938 Zeuge der Reichspogromnacht geworden. Er hatte die Angst in den Augen der Verfolgten gesehen und die Brutalität ihrer Verfolger. Von da an wußte er: Wenn die nach Holland kommen, sind wir verloren, seitdem half er deutschen Juden über die Grenze. Als Holland überrannt wurde, ging er mit falschen Papieren in den Untergrund. Dort plante er sein Überleben – generalstabsmäßig. Das wichtigste war der unerkannte, von keiner Behörde registrierte Aufenthalt. Da er herausbekommen hatte, daß nach sechs Wochen Name und Adresse des Mieters an die Polizei gemeldet werden mußten, wechselte er den Wohnort jedesmal vor Ablauf dieser Frist. Sein ganzer Besitz bestand aus einem Anzug, der immer fadenscheiniger wurde und doch nicht als verkommen auffallen durfte, einem Hemd und einem Harmonikabett, also einer zusammenfaltbaren Liege, die ihm notfalls auch unter freiem Himmel als Lager dienen konnte. Geld hatte er nicht, und wenn er trotzdem durchkam, dann nur wegen der Solidarität vieler – nicht aller - Holländer mit ihren jüdischen Mitbürgern und gegen das deutsche Regime.

Den »Judenstern« trug Manfred Klafter natürlich nicht. Dennoch wurde er verhaftet, 1944, aus einem Zug heraus, in das Oranien-Hotel von Scheveningen verbracht und dort verhört vom berüchtigten »Juden-Fischer«, einem der Drei von Breda, die nach dem Krieg von der holländischen Justiz zu lebenslanger Haft verurteilt worden sind.

Der junge Klafter überstand die Tortur und wurde in die holländische Durchgangsstation nach Auschwitz und Sobibor eingeliefert: Westerbork. Dort traf er seinen Bruder wieder, der damals nicht mit ihm hatte fliehen wollen und bisher nur dadurch überlebt hatte, daß er dem Lagerpersonal zugeteilt war - was keinerlei Garantie bot, nicht jederzeit deportiert zu werden, wie es zahlreichen Leidensgenossen neben ihm ergangen war. Abtransport bedeutete den Tod, alles andere, wußte er, war Lüge: Über BBC London hatte Manfred Klafter von den Massentötungen in Gaswagen auf polnischem Territorium gehört. Aber auch ohne diese Kenntnis hätte sein Plan festgestanden, von vornherein: Flucht aus Westerbork – also das Unmögliche möglich machen.

Dazu mußte der Bruder, der sonst das Opfer sicherer Strafmaßnahmen geworden wäre, mitflüchten. Der wollte zunächst nicht, willigte dann aber schließlich doch ein – und rettete damit sein Leben. Denn das Unmögliche, die Flucht aus Westerbork, auch sie von Manfred Klafter generalstabsmäßig vorbereitet und durchdacht, gelang beiden.

Die Geschichte wäre ein Buch für sich, kann aber hier nur kurz gestreift werden. Die Schilderungen des erfolgreichen Ausbruchs aus dem niederländischen Warteraum für den Holocaust, über Zäune und elektrische Drähte hinweg, vorbei an Wachttürmen oder unter ihnen hindurch, ungefunden von huschenden Suchscheinwerfern und hechelnden Hunden, sich schon verloren gegeben und doch entkommen über Stock und Stein, Wasser und Festland – diese Schilderungen zählen zu dem Atemberaubendsten, was mir von Überlebenden des Holocaust je berichtet worden ist.

Manfred Klafters Mutter kam aus Theresienstadt zurück, der Vater wurde in Auschwitz ermordet.

Briefe aus Israel.

Einer von Angelika Schrobsdorff, geschrieben wenige Tage vor Ausbruch des Golfkriegs in Jerusalem, aber später abgeschickt und noch später hier in Köln eingetroffen (mit einer Beilage »Richtlinien zur Errichtung eines palästinensischen Zentrums für israelische und jüdische Studien«): »Wenn Sie die ›Richtlinien‹ von Mohammeds friedensförderndem Zentrum erhalten, haben wir vielleicht schon Krieg. Die Ausländer haben das sinkende Schiff bereits verlassen, die Israelis isolieren ihre Fenster mit Klebestreifen und stürmen Läden und Märkte. Die Frommen beten in den Synagogen um Israels Überleben, und die Piloten sitzen Tag und Nacht startbereit in ihren Maschinen. Freunde im Ausland und in Israel beschwören mich, Israel – und Freunde im Inland, mein Haus zu verlassen, da das ja nun sehr exponiert ist. Zum erstenmal verstehe ich, wie es möglich war, daß so viele der deutschen Juden in der Falle geblieben sind. Da setzt ein ganz eigenständiger Mechanismus ein: Die Phantasie schrumpft, der Fatalismus wächst, man glaubt plötzlich an Wunder, wie an den Sieg menschlicher Vernunft und Moral. Man behauptet, sich auf seinen Instinkt, seine Intuition, sein Gefühl verlassen zu müssen und so weiter und so fort. Die eigene Haut und das Zuhause, vorausgesetzt, daß man es liebt, sind wohl gleichbedeutend... Aber zurück zu Mohammed und seinem ›Zentrum‹. Eigentlich verdient er nach zweijährigem, le-

bensgefährlichem Kampf um friedliche Verständigung den Friedensnobelpreis, doch den hat ja nun schon Gorbatschow. Ich kann nur hoffen, daß es Mohammed ohne Friedenspreis bessergehen wird als Gorbatschow mit. Was ich allerdings, der hiesigen Lage entsprechend, bezweifele. Es ist wirklich der ungünstigste Moment, den Palästinensern die Juden nahezubringen. Aber vielleicht wird sich nach dem Krieg – oder was immer kommen mag – die Lage ändern und die Israelis endlich gezwungen werden, das bis dahin als unlösbar dargestellte Palästinenserproblem zu lösen. In dem Fall läge Mohammed auf der richtigen Linie – Gott, Allah, und wie sie alle heißen, gebe es... Haben Sie Ihr Buch beendet? Geht es Ihnen gut? Denken Sie an Israel, um Gottes willen, Israel! Mohammed und ich grüßen Sie herzlich.

Postscriptum: Inzwischen ist der Krieg drei Wochen alt, und die Raketen fliegen.«

Der greise Dramatiker Max Zweig schreibt: »Nun ist der unvermeidliche Krieg ausgebrochen. Natürlich begrüße ich es zuhöchst, daß Israel, wenigstens vorläufig, von kriegerischen Handlungen absieht, obwohl bereits mehrere Raketen auf israelisches Gebiet abgefeuert wurden. Ich hoffe natürlich von ganzem Herzen, daß wir auch weiterhin davor bewahrt bleiben, aktiv an den Kriegshandlungen teilzunehmen. Soweit solche Beobachtungen möglich sind, darf ich den Israelis (ich meine dem Mann auf der Straße) das beste Zeugnis ausstellen. Sie verhielten sich vor Ausbruch des Krieges durchaus gefaßt und vertrauensvoll, frei sowohl von Hysterie wie auch von Nationalismus. Leider, leider ist zu befürchten, daß es ein langer Krieg werden wird, da der Irak eine sehr starke, kriegsgewohnte Armee und einen größenwahnsinnigen ›Führer‹ à la Hitler besitzt. In einen langen Krieg aber wird Israel, wie zu befürchten ist, einbezogen werden. Hoffentlich ist der Krieg zu Ende, ehe Ihr Buch über Israel erscheint. Jedenfalls wird es zusätzlich von höchster Aktualität sein.«

Meine beiden alten Jekke-Freunde, das Ehepaar Heinrich und Sara Schupler (»Vereinigung ehemaliger Kölner und Rheinländer«!) schreiben aus Haifa: »Ihr Telephonanruf von Sonntag hat uns ganz besonders gefreut. Wir in Israel, und auch in

Haifa, stehen seit Beginn des Krieges in vorderster Frontlinie. Fast jede Nacht haben wir Raketenalarm, und die damit verbundenen Folgen konnte man auch im Fernsehen in Augenschein nehmen. Dabei besteht, den Ankündigungen des irakischen Tyrannen nach, die berechtigte Gefahr einer Ausweitung des Krieges, nicht nur räumlich, sondern auch mit schrecklicheren Vernichtungswaffen. Wir rechnen seit Anbeginn mit der Verwendung von Giftgasen und haben daher stets die schützenden Gasmasken an der Hand. Zu wissen, daß die Herstellung und die Belieferung dieser mörderischen Kampfmittel weitgehend von Firmen in der Bundesrepublik Deutschland erfolgte, ist besonders schmerzlich. Die Erfahrung aus dem Holocaust wird also weiter geschäftlich ausgenutzt.«

Die Ungleichheit des Luftkrieges am Himmel über Kuwait und dem Irak ist nicht mehr zu überbieten. Die Alliierten schalten und walten nach Belieben. Furchtbare Bilder über die Wirkungen. Das irakische und kuwaitische Volk tragen die größten Opfer. Man mag nicht mehr auf den Bildschirm schauen, obwohl die Zensur nur einen winzigen Ausschnitt der Leiden erkennen läßt. »The battle field is prepared!« verlautet aus dem Hauptquartier der multinationalen Streitkräfte am Golf, und das ist gemünzt auf die Bodenoffensive der alliierten Armee. Wann kommt sie?

Saddam hat zum erstenmal von einem Rückzug aus Kuwait gesprochen, dies aber von unannehmbaren Bedingungen abhängig gemacht. Dennoch hat sein Schachzug diplomatische Aktivität ausgelöst, an ihrer Spitze der Iran und die Sowjetunion. Was aber, wenn sich der Aggressor mit seinen ABC-Waffen und intakter Militärmacht durch Rückzug aus Kuwait straflos davonmachen und auf neues Unheil sinnen könnte? Dann wehe der Welt, wehe der Region, wehe dem irakischen Volk – und wehe Israel!

Die Spätschäden der Überlebenden des Holocaust sind: Schlaflosigkeit, Alpträume, Depressionen, Einsamkeitsempfindungen und der Argwohn, nicht anerkannt zu sein, nicht als gleichberechtigt angesehen zu werden. Sie haben das Gefühl, »nicht zu funktionieren«, können sich oft nur schwer konzentrieren und zeigen psychosomatische Gefühle der Unlust am Leben. Mit zunehmendem Alter verstärken sich diese Symptome bei vielen Israelis noch, zumal oft die ganze Verwandtschaft ermordet worden ist und nie wieder normale Familienverhältnisse geherrscht haben. Diese Menschen haben keine Großmütter gehabt, keine Eltern, keine Onkel und Tanten, keine Geschwister, Cousinen und Neffen. Sie konnten keine Geburtstage feiern außer dem eigenen, und es gibt keine Gräber, die sie besuchen könnten. Ein besonderes Kapitel sind die sogenannten *child survivors*, Menschen, die, heute zwischen fünfzig und sechzig, den Holocaust als Kind zu ertragen hatten, Mutter und Vater, Schwestern und Brüder mit fünf oder zehn Jahren verloren haben und bis zu ihrer Befreiung von Lager zu Lager verschleppt worden sind. Manche haben all diese Verluste und inneren Bedrängnisse nicht überwunden und deshalb Selbsttötung begangen. »Mit diesem Ende«, sagt Manfred Klafter, »hat Hitler es dann schließlich doch noch geschafft.«

Zum Erlöschen des Lebenswillens bei einem Teil der Entkommenen trägt bei, daß sie sich in der überaus dynamischen Gesellschaft Israels nicht für »konkurrenzfähig« hielten und überhaupt viele Überlebende finanzielle Schwierigkeiten zu beklagen hatten und haben. Auch das ergibt sich aus ihrer Lebensgeschichte: Sie haben keine Verwandten, die ihnen helfen könnten, und jene unter ihnen, die nicht dem deutschen Kulturkreis angehören, also die meisten, haben auch nie das bekommen, was mit dem scheußlichen Wort »Wiedergutmachung« belegt ist. Sie müssen deshalb die Sozialhilfe in Anspruch nehmen, und die ist in Israel, mit seinem privaten Wohlstand und seiner öffentlichen Armut, noch kleiner als anderswo.

Eine allgemeine Erscheinung sind die präzisen Erinnerungen der Überlebenden an die Schreckenszeit, bis hinein ins kleinste und nebensächlichste.

»Meine Mutter«, berichtet Manfred Klafter, »ist 93 Jahre alt. Wenn ich sie anrufe und bitte, dies oder jenes zu tun, ich käme in der nächsten halben Stunde zu ihr – dann halte ich das ein, sie aber hat meinen Anruf vergessen, sie erinnert sich an nichts mehr. Sie kann jedoch heute noch bis in alle Einzelheiten rekonstruieren, wie sie sich vor fünf Jahrzehnten im Lager um drei Uhr früh kalt abgewaschen hat, um keinen Typhus zu bekommen! Was gestern passiert ist, weiß sie nicht mehr, aber was vor einem halben Jahrhundert war, das steht ihr vor Augen, als sei der Holocaust erst 24 Stunden her. Er ist der *breeding ground*, wie wir sagen, das Grunderlebnis, die Brutstätte für alles, was danach kam, das Fundament ihres Daseins – also ein sehr schlechtes.«

Manfred Klafter hat Amcha gegründet, weil er selbst ein Überlebender des Holocaust ist und deshalb sein Leben als neu geschenkt betrachtet, als zweite Geburt sozusagen, »denn wir waren bereits abgeschrieben«. Der Tatmensch war nach der Befreiung geschäftlich erfolgreich, in Holland bis Mitte der sechziger Jahre, danach in Israel. Er sagt, er habe das Dasein voll genossen, aber immer gespürt, daß das nicht genüge.

So gründete er Amcha.

Die Mitarbeiter hören sich die Erlebnisse der Entkommenen an, nehmen die Berichte auf Band auf und werten sie zur Erweiterung ihrer Erkenntnisse aus, ehe sie wieder mit den Betreffenden sprechen. Diese Arbeit kann nur von starken Naturen verrichtet werden, mit strapazierfähigen Nerven und großer innerer Anteilnahme am Schicksal der Beladenen. Denen bedeutet es schon eine ungeheure Hilfe, daß ihnen überhaupt zugehört wird, ihnen, die nie auf Geduld stießen, wenn sie ihre Geschichte erzählen wollten, immer wieder dieselbe Geschichte, ihre Begegnung mit dem Holocaust, die ihr ganzes Leben bestimmt hat. Und so quillt es denn förmlich aus manchen heraus wie ein Wasserfall, wie ein Rohrbruch, etwas lang Angestautes, das sich endlich Bahn brechen kann, während andere wieder nur mühsam Wort an Wort, Satz an Satz reihen, als erlitten sie durch die verbale Wiedergabe das Schreckliche noch einmal, unterbrochen von Schluchzen und Weinkrämpfen, von Fluchtversuchen und Ohnmachten.

Da war der Fall eines jüdischen Ehepaars in Polen, das zwei Kinder hatte und nach der deutschen Besetzung untergetaucht war. Um das Risiko in der Illegalität zu verteilen, trennte sich die Familie – die Kinder kamen bei einer christlichen Familie unter, Vater und Mutter wurden von einem Kloster aufgenommen. Die Kinder wurden entdeckt, kamen nach Auschwitz und wurden dort ermordet. Die Eltern überlebten.

Sie wanderten nach Israel aus, bauten sich hier eine neue Existenz auf, bekamen zwei Kinder und gaben ihnen die Namen der beiden umgekommenen. Was geschehen war, verheimlichten die Eltern vor ihnen. Dann verunglückte der Mann tödlich, und die Frau war allein mit Tochter und Sohn. Sie hat, wie der Vater, nie mit ihnen sprechen können über das, was damals geschah, und kann es jetzt erst recht nicht. Die Kinder, inzwischen erwachsen und bewußter geworden, merken an ihrem Verhalten, daß etwas nicht stimmt, wissen aber nicht, was das ist. Sie haben es immer gespürt, aber jetzt, nach dem Tod des Vaters, tritt es am Benehmen der Mutter noch deutlicher hervor. Die Frau, über ein ganzes Dasein hin bereits von Schuldgefühlen und Selbstvorwürfen zerfressen – »Hätten wir die Kinder bei uns behalten, wären sie noch am Leben« –, muß nun auch die Ursachen dafür in der Familie verbergen. Der innere Druck wird übergroß und tritt dementsprechend immer offener hervor, ohne daß zwischen Kindern und Mutter Klarheit geschaffen wird – sie kann es nicht.

Hier werden die Folgen des Holocaust für die zweite Generation sichtbar. Ob sie nun wissen oder nicht wissen – sie werden von beidem belastet. So kehrt sich das Verhältnis um: Nicht die Eltern helfen den Kindern, sondern die Kinder den Eltern. Oft können sie die ungeheuren Erwartungen, die solche Väter und Mütter an ihre Nachkommen stellen, nicht erfüllen, eine zusätzliche Schwierigkeit.

Die Mutter drohte durch den Konflikt zerstört zu werden – und kam zu Amcha. Daß sie angehört wird, rettet ihr vielleicht das Leben.

Unter denen, die dort Hilfe suchen, sind auch Kinder von Überlebenden, Söhne und Töchter der zweiten Generation, die, ohne den Holocaust erlebt zu haben, doch von seinen Folgen schwer betroffen sind. Das war der Fall einer 35 jährigen Israelin, in deren Tränenfluß lange jeder Versuch ertrank, bei Amcha über sich und ihre Not zu sprechen.

Sie hatte vor einigen Jahren geheiratet, aber die Ehe war unglücklich geworden. Die Frau brauchte Hilfe und wandte sich an ihren Vater, einen Überlebenden des Holocaust, der in New York wohnte. Sie bat ihn, nach Israel zu kommen, endlich, denn er war noch nie hier gewesen, auch zur Hochzeit nicht, angeblich, weil ihm der Schwiegersohn nicht paßte. Diesmal gab die Tochter nicht nach und bohrte so lange nach den Gründen der Verweigerung, sie in Israel zu besuchen, bis der Vater sein Geheimnis schließlich preisgab: Er war ein jüdischer Kapo gewesen, also ein Angehöriger jener in den Gettos und Lagern von den Deutschen perverserweise errichteten innerjüdischen Aufsichtsorganisation, die die Befehle der SS durchzuführen hatte und dabei unweigerlich in die schwersten Konflikte geraten mußte. Allerdings hatte ein Kapo einen gewissen Spielraum, so oder so zu verfahren, was dieser nun, der Vater, nach allem, was die Tochter in Erfahrung brachte, für ein besonders schlimmes Regime genutzt haben mußte. Und so stand er denn all die Jahrzehnte nach 1945 unter ständigem Druck, von etwaigen Überlebenden seiner Opfer entdeckt zu werden. Diese Gefahr fürchtete er in Israel eher als in New York, und so hatte er seine Tochter nie besucht, ohne ihr die Wahrheit gesagt zu haben.

An ihr eben droht sie zu zerbrechen, ihr Leben ist verwüstet.

Ein weiterer Fall, der einer Frau und Mutter, die damals im Lager Bergen-Belsen ein Brot gestohlen hatte von einem Mithäftling, der schon vom Tod gezeichnet war, aber mit dem Brot vielleicht doch hätte überleben können. Sie entwendete es ihm und teilte es mit ihrer Schwester. Dadurch blieben die beiden bis zur Befreiung durch britische Truppen am Leben, während der Bestohlene vorher starb.

Die Frau hatte immer wieder versucht, ihren Kindern davon zu berichten, um ihr Gewissen zu erleichtern, hatte es aber nicht geschafft. Schließlich sprach sie die Geschichte auf ein Videoband, das sie einem Rechtsanwalt übergab mit der Anweisung, es ein Jahr nach ihrem Tod der versammelten Familie vorzuspielen.

Damit war die Holocaust-Not der Mutter an die Kinder, an die zweite Generation weitergegeben, ja eigentlich an die dritte schon, denn die zweite hatte bereits Söhne und Töchter.

Es gibt aber auch Beispiele, an denen sich durch die Begegnung mit Amcha direkte therapeutische Wirkung zeigt, spürbare Erleichterung, ja Wiedergewinnung des Lebensmuts.

So jener ältere Herr, der in regelmäßigen Abständen von weit her nach einer Busfahrt von fünf Stunden in Jerusalem eintrifft und sich dabei meist um eine halbe Stunde verfrüht. »Wir sehen ihn dann draußen auf und ab gehen und uns von dort, wenn wir uns bemerkbar machen, grüßen. Aber in der Tür steht er erst zur abgemachten Zeit, auf die Minute pünktlich. Dann kommt er herein, wir sprechen miteinander, und er geht wieder weg. Vorher gibt er jedem die Hand, küßt die Sekretärin und kann wieder weiterleben – bis zum nächsten Mal.«

Ich hätte mich auch wie ein Schaf benommen

Manfred Klafter hat mich verlassen, ich bin wieder allein in Mischkenot Scha'ananim.

Amcha kann sich im Jahr gerade um 500 Überlebende und ihre Nöte kümmern, bei 150 000, die von ihnen gezeichnet sind – ein Tropfen auf dem heißen Stein. Ein Lichtblick aber ist, daß sich das öffentliche Bewußtsein Israels der Überlebenden in den letzten Jahrzehnten deutlicher angenommen hat als in der Zeit davor. Auch in Israel mußten offenbar, wie in Deutschland mit seinen Vorzeichen der Aufarbeitung, vierzig Jahre vergehen, bis die Gesellschaft sich der physischen und psychischen Folgen des Holocaust angenommen hat. Und erfreulicherweise gilt das auch für die jungen und jüngeren Generationen Israels – wovon ich mich selbst überzeugen konnte.

Ein bewegendes Beispiel dafür sind Oschrit R. und ihr Mann Assaf R., kürzlich Vater und Mutter einer Tochter geworden. Die Wiege steht neben dem Tisch, und ich darf sie vorsichtig schaukeln.

Ich hatte die junge Frau auf einer internationalen Kunstausstellung in Jerusalem kennengelernt – ihre Arbeiten, wunderbare Metallornamente, Leuchter, Kerzenständer, ziselierte Ritualien, hatten mich fasziniert. Wir waren ins Gespräch gekommen, und sie hatte mich in ihre kleine Wohnung eingeladen. Beide sind Mitte der Zwanziger, schön anzusehen in ihrer Jugendlichkeit, Oschrit R. von einer beseelten Sanftheit, hinter der ein starker künstlerischer Wille steckt, Assaf R. von energischer Bestimmtheit, aufmerksam und denkbereit gegenüber den Argumenten und Meinungen seines Gegenübers. Beide sind von jener Ernsthaftigkeit, die nach meinen Beobachtungen für einen beträchtlichen Teil der israelischen Jugend typisch ist, ohne daß sie die Fähigkeit einschränkt, sich zu freuen und fröhlich zu sein. Dennoch ist der Unterschied zur Haltung vergleichbarer Jahrgänge in den Ländern Europas offensichtlich.

Assaf R. hat als Offizier vier Jahre in der Armee gedient, ein Jahr über die israelische Wehrpflicht hinaus, jetzt leistet er seinen Reservedienst in Nablus, dem biblischen Schechem. Er sagt: »Es war dort ruhig. Was passiert und wie es passiert, das hängt oft genug von den Soldaten ab. Wir sind bemüht, einen Weg zu wählen, der es der Gewalt schwermacht zu eskalieren – und dazu gehört eben auch unser Verhalten. Bei aller Verständigungsbereitschaft müssen wir uns aber darüber im klaren sein, daß die arabische Welt und die unsere grundverschieden sind. Selbst wenn wir alle, Juden und Araber, besten Willens wären, auch dann wäre es immer noch schwierig genug.«

Während Assaf R. spricht, den Unterschied näher definiert – »Schon wenn man nur die Hand eines Mädchens berührt, kann es in der arabischen Gesellschaft zu Komplikationen kommen, Lebensweisen, die vollkommen inakzeptabel sind« –, denke ich: Welche Jugend hat sich mit solchen Problemen herumzuschlagen, was steht ihr noch bevor, wieviel Unjugendliches bürdet die Geschichte des Nahen Ostens ihr auf - und den jugendlichen Palästinensern?

Auf den Holocaust kommen wir, nachdem Oschrit R. eingeworfen hatte, daß es für eine Bevölkerung, die selbst unter Ausnahmebedingungen lebe wie die palästinensische, schwer sein müsse, die Leidensgeschichte eines anderen Volks zu begreifen, schon ganz und gar, wenn sie sich von diesem unterdrückt fühle.

Binnen kurzem erkenne ich hier in der Wohnung von Oschrit und Assaf R., daß der Holocaust etwas ist, das die beiden jungen Israelis vollständig in ihr Denken und Fühlen integriert haben, mit höchster Schmerzempfindlichkeit und einer Art heiliger Zurückgenommenheit, darüber zu sprechen – ein unveräußerlicher Teil ihres Daseins. Nichts da mehr von der Pose jener Sabres, hier geborener und gleichsam im Dauerkampf aufgewachsener Israelis, die mit dem Gewehr in der hochgereckten Faust fassungslos den Überlebenden und den Toten vorwarfen, sich nicht gewehrt zu haben – eine Ignoranz gegenüber den Bedingungen und Umständen, unter denen sich die Ausrottung isolierter Zivilisten durch die stärkste Militärmacht ihrer Zeit vollzog, die mich stets noch aufs äußerste aufgebracht hat. Nichts davon nun, keine Spur, bei Oschrit und Assaf R., die beide sicher sind, daß ihre Einstellung heute der der meisten jungen Israelis entspricht.

»Dieses Verständnis war nicht immer da«, sagt Assaf R., »auch bei mir nicht, zum Beispiel. Auch ich habe gedacht: Wie können denn Millionen ermordet werden, ohne daß das bedeutet, sie hätten sich tatsächlich passiv in ihr Schicksal ergeben? Also, wir pflegten zu sagen: Sie hätten sich wie Schafe zur Schlachtbank treiben lassen. Wir haben gefragt: Warum seid ihr nicht geflohen? Warum wart ihr so ruhig?«

»Abgesehen davon, daß sie nicht ruhig waren«, unterbreche ich Assaf R., »wohin sollten sie fliehen? – Millionen! Ihre Haltung entsprach der Übermacht, der sie ausgeliefert waren.«

»Gerade das«, sagt Assaf R., »war für uns so schwer vorstellbar, da wir uns doch immer gewehrt haben, uns wehren konnten und auch wehren werden, wenn es nötig ist. Das also war nicht leicht zu verstehen. Aber dann habe ich es verstanden.

Eines Tages habe ich einen Onkel gefragt, einen Überlebenden des Holocaust, ob er geflohen sei. Er verneinte das. Darauf fragte ich ihn, warum nicht? Er aber fragte zurück: ›Und was wäre mit meiner Mutter gewesen, meiner Frau, meinen Kindern? Ich hätte vielleicht fliehen können – aber auch sie, alle, die ganze Familie, die ganze Sippe? Siehst du, darum bin ich nicht geflohen.‹«

Assaf R. schweigt, schaut auf seine Frau, auf sein Kind, das selig entschlummert ist, und sagt dann: »Wenn ich in dieser Lage gewesen wäre – ich hätte mich auch wie ein Schaf benommen. Ich hätte meine Frau und mein Kind nie allein gelassen. Wir jungen Israelis haben über Menschen geurteilt, von deren Situation wir keine realistische Vorstellung hatten. Deshalb ist es zu diesen törichten Fehlbeurteilungen gekommen. Die sind heute überwunden, bei vielen jedenfalls, bei den meisten, aber es hat lange gedauert. Bis dahin haben wir Unrecht getan.«

Ich sitze da und kann nichts sagen.

Es ist Sabbat. Wir haben die Kippa auf, es wird ein kurzes Gebet gesprochen, dann ohne weitere Rituale gegessen.

Später führt mich Oschrit in ihre Werkstatt – ein kleines Zimmer. Aufgrund ihrer Arbeiten, die ich auf der internationalen Kunstausstellung gesehen hatte, war ich des Glaubens, sie müsse einen großen Raum haben mit einer Menge Materialien für die Vielfalt ihrer Kreationen, mit Licht und weiten Fenstern als Voraussetzung ihrer Inspiration. Statt dessen finde ich eine winzige Kammer vor, ein Kabuff, in dem sich alles drängt, was benötigt wird: Werkzeuge, Metalle, eine Miniaturdrehbank, Pinsel, andere Gegenstände, deren Funktion ich nicht ergründen kann. Und über allem leuchtet das sanfte, wache, wunderschöne Gesicht der jungen Frau.

Beim Abschied umarme ich Oschrit und Assaf R.

»Als wir jung waren«, sagt Awiwah M., »waren wir beschämt, weil sich die europäischen Juden nicht gewehrt haben. Heute schäme ich mich darüber, daß wir so gedacht haben.«

Ich sitze mit der Israelin orientalischer Herkunft, Amir M.s Frau, wieder auf der Terrasse der Cinemathek, großer internationaler Filmtreffpunkt Israels in Jerusalem, gleich unterhalb von Mischkenot Scha'ananim gelegen. Drüben, über das Hinnomtal hinweg, liegt die Mauer der Altstadt in der hellen Nachmittagssonne, erhebt sich links über den Zinnen der David-Turm, brandet der Verkehr über die Chativat Jeruschalajim zum Jaffator hoch, so daß wir unsere Stimmen anheben müssen.

Awiwah, die dunkle Tochter eines Vaters aus Syrien, Aleppo, und einer Mutter aus dem Irak, Bagdad, liebt ihre Arbeit in der Cinemathek. Sie geht ganz darin auf, macht notorisch Überstunden und freut sich auf das Flair eines internationalen Filmfestivals, das hier bald stattfinden soll und für das sich zu ihrer Freude gerade der international berühmte italienische Regisseur Bernardo Bertolucci angesagt hat. Sie lacht wie ein Kind, und dabei wird etwas sichtbar von jenem Isolationsgefühl, das viele Israelis trotz aller Weltoffenheit und jedweder Art von Reisefreiheit haben.

Wir hatten uns hier verabredet auf meinen ausdrücklichen Wunsch hin, etwas über Awiwahs Verhältnis zum Holocaust zu erfahren.

»Ja, ich schäme mich darüber, daß wir so gedacht haben«, wiederholt Awiwah jetzt, »es entsprach jener Haltung, in der wir jungen Israelis aufgewachsen sind – Sieger zu sein! Wir sagten damals: ›*Wir* hätten uns gegen die Deutschen gewehrt.‹ Dem entsprach die Behandlung, die Überlebende des Holocaust Ende der vierziger, Anfang der fünfziger Jahre erfuhren, zum Beispiel, wenn sie in einen Kibbuz kamen, also in eine Gemeinschaft, die sich ohnehin als Vorkämpfer der Geschichte Israels empfand und empfindet. Man hat sie herablassend behandelt, sicherlich nicht immer, aber häufig genug, und nicht nur dort, sondern überall.«

Dann und wann kommen Kolleginnen, die Awiwah etwas fragen, Anweisungen haben wollen, aber sie reagiert nur kurz, will den Faden nicht abreißen lassen. Ich merke, daß wir von einem Thema sprechen, mit dem sie sich fortwährend beschäftigt, das ihr wichtig ist, sie angeht.

»Wir haben diese Menschen zunächst überhaupt nicht begriffen, und das lag an uns, an unserer Beschränktheit und Borniertheit. Ein Beispiel aus meiner Kindheit. Da gab es in unserer

Nachbarschaft einen Mann, einen Überlebenden des Holocaust, von dem wir wußten, daß sein Kühlschrank immer bis oben vollgestopft war, obwohl er wenig aß. Er war dürr wie eine Latte, und wir haben nie gesehen, daß er etwas zu sich genommen hätte. Aber wir sahen, wie er Lebensmittel anschleppte, immer neue, und daß er nach einer Zeit große Beutel in den Müll steckte – verdorbene Nahrung oder solche, die er entfernen mußte, weil das, was er nachkaufte, sonst nicht in den Kühlschrank gepaßt hätte. Obwohl unsere Eltern uns gesagt hatten, daß der Mann unter Hitler im Lager großen Hunger gelitten und über Jahre zuwenig zu essen gehabt hatte, haben wir uns über ihn mokiert, haben ihn gehänselt und gedemütigt. Ich sage dir, der neue Israeli, das kann ein Monster sein. Wir jedenfalls waren welche.«

Awiwah wird abberufen, geht, um zu telephonieren, kommt aber bald zurück – ein bißchen zu »vollschlank«, ihr großer Kummer, schöne dunkle Augen, ein elfenbeinfarbener Teint, dichtes schwarzes Haar und vor Intelligenz sprühende Augen.

Es geht auf die alltägliche Rush-hour zu, hinaus aus Jerusalem, und der Verkehrslärm schwillt so an, daß Awiwah fast schreien muß, um sich verständlich zu machen.

»Ich will dir einen anderen Fall erzählen, aus einer Zeit, als ich schon größer war. Wir lebten damals in Holon, im Süden von Tel Aviv. Einer unserer Nachbarn dort war Überlebender des Holocaust, von dem wir wußten, daß er seine Frau und vier Kinder verloren hatte. Er hatte in Israel wieder geheiratet, eine Jüdin aus Polen, die ebenfalls zwei ihrer Kinder im Holocaust verloren hatte. Er kam aus Deutschland und hieß Fuchs. Und nun der Punkt: Der Mann konnte Kinderlärm nicht ertragen, konnte unser Geschrei einfach nicht aushalten. Dauernd beschwerte er sich bei den Eltern, wir seien zu laut, und damit müsse es Schluß sein. Und was taten wir? Wir schmissen Steine auf ihn und nannten ihn einen Nazi! Vor allem zwischen zwei und vier Uhr nachmittags hatte er sich Ruhe ausbedungen. Wenn wir dann trotzdem zu laut waren, hat meine Mutter uns ermahnt. Aber wie tat sie das? Sie sagte: ›Seid ruhig, der Nazi hat seine Schlafstunde.‹ Das waren ihre Worte. Später allerdings hat sie uns in diesen beiden Stunden eingesperrt, wenn wir nicht parierten, und wenn einer von uns zu laut sprach, kam sie mit einem großen Stock und schlug damit. Im Lauf der Zeit hatte meine Mutter gelernt, den Mann zu respektieren – und wir auch.«

Awiwah schlürft nachdenklich an ihrem Strohhalm, der in einem schnell schmelzenden Eiskaffee steckt. Es ist heiß wie in einem Brutofen.

»1967, während des Sechstagekriegs, ging der Mann bei Alarm nicht in den Bunker. Er begründete das damit, daß ihn nichts mehr überraschen könne, der Tod sei ihm etwas so Vertrautes, daß er vor ihm nicht mehr weglaufe. Damals war ich schon größer und habe ihn und seine ganze Verhaltensweise viel besser verstanden, auch, warum ihn Kinderlärm so störte. Natürlich – wenn er Kinder sah, dachte er an die eigenen ermordeten und seine Frau auch. Sie starb übrigens bald darauf. Als sie abgeholt wurde ins Krankenhaus, fragte ich, ob ich sie besuchen dürfe. Aber sie winkte ab und sagte nur: ›Nein, gib mir noch einen Kuß, denn ich komme nicht wieder – und das ist gut so.‹

Wir hatten uns inzwischen mit den beiden angefreundet, was auch bedeutete, daß wir ihre Probleme als Überlebende des Holocaust im Lauf der Zeit viel besser verstanden. Ich hatte dabei den Eindruck gewonnen, als wenn diese Menschen eigentlich gar nicht wirklich lebten, sondern sich ständig wie in einem Traum befanden.«

Über uns knallt es wieder, und während Awiwah keine Reaktion zeigt, zucke ich immer noch zusammen. Sie aber scheint die akustische Differenz zwischen einer Bombenexplosion und dem Knall eines Überschalljägers genau zu kennen.

Dann sagt sie etwas, was mich an meine Mutter erinnerte.

»Als wir Schulkinder waren, machten bestimmte Klassengefährtinnen unsere Ausflüge nicht mit. Wir verstanden das nicht, wurden aber auch nicht informiert, aus welchem Grund das geschah, obwohl wir fragten. Die betreffenden Schülerinnen wichen aus, und auch die Lehrer sagten nichts. Natürlich kam es schließlich doch heraus: Es waren sämtlich Kinder von Holocaustüberlebenden! Ihre Eltern hatten immer Angst, sie zu verlieren, und das dauernde Bedürfnis, sie zu beschützen. Der Weg allein zur Schule wurde gerade noch hingenommen, aber darüber hinaus nichts. Stell dir vor, einer der Väter hat seinem Kind im Garten ein Zelt aufgebaut – als Ersatz für den entgangenen Ausflug.«

Ich hatte Mühe, meine Bewegung zu verbergen. Denn just diese Haltung war typisch gewesen für meine Mutter, Lilly Giordano, die ihre Söhne erst spät unbeaufsichtigt auf die Straße ließ; ihnen bis zu ihrem elften, zwölften Lebensjahr verbot, sie allein zu überqueren, dann beim ersten Mal gluckenhaft auf dem Balkon stand und genaue Anweisungen erteilte, wann wir hinüberlaufen durften und wann nicht – laufen natürlich, nicht gehen, weil das die Gefahr nur verlängert hätte.

Awiwah mußte etwas gemerkt haben. »Hast du was?

«Ja», sagte ich, »aus diesen Eltern höre ich meine Mutter heraus«. Am liebsten, erzähle ich, hätte sie uns Kinder – die sie so auch noch nannte, als wir schon über fünfzig waren – stets im Bett gesehen, bis an ihr Lebensende vor zwölf Jahren. Nur dort konnte uns nichts geschehen, ihrer Ansicht nach, und darauf hatte sie uns von früh an getrimmt. Ich schildere das in meinen »Bertinis«. Sie hatte dafür den sogenannten »Schnobtag« eingeführt, auch »Muttertag« genannt, und zwar jede Woche, mindestens jedoch alle vierzehn Tage. Es war ein genau eingehaltenes Ritual. Sie raschelte mit Papier, mit den Tüten, in denen sie die Gaben hatte, auf die wir so versessen waren, und sofort zogen wir Brüder uns blitzschnell aus, sprangen in die Betten und warteten mit glühenden Wangen, was da nun kommen sollte. Und es kam die Mutter mit Tabletts, auf denen es belegte Brötchen gab, Obst, Eis und Brause. Strahlend kam sie, rundherum zufrieden und selig, daß wir, unter unseren Decken dort, schmausend, nun von jeder Gefahr frei seien – eine jiddische Mamme wie im Buche, durch und durch.

Awiwah lacht. »Du hast soeben ein paar Millionen von ihnen beschrieben.«

Sie begleitet mich hoch zur Straße. Vor dem Abschied sagt Awiwah: »Es gibt kaum Filme über den Holocaust, die von Juden gemacht sind, aber einen von ihnen habe ich gesehen. Daraus ging hervor, daß die Überlebenden dachten, sie würden nach ihrer Ankunft hier gefragt werden, wie das alles gewesen sei mit ihnen, in Europa, unter der Todesdrohung der Nazis. Aber dann fragte sie niemand, keiner war interessiert. Das muß eine fürchterliche Erfahrung für sie gewesen sein. Es ging nur darum, aufzubauen. Verdrängung, wie in Deutschland, natürlich mit anderen Vorzeichen. Aber das hat sich geändert, wirklich, das hat sich geändert.«

Gestern, am 37. Tag des Golfkriegs, habe ich aus einem Telephongespräch mit einem Freund in Tel Aviv erfahren, daß die Psychiater und Psychotherapeuten Israels nach den Raketenangriffen aus dem Irak dreimal soviel Zulauf zu verzeichnen hätten wie gewöhnlich, und daß darunter Überlebende des Holocaust weit überproportional vertreten seien. Unter ihnen sei die Zahl der Selbstmordgefährdeten weit größer als in anderen Bevölkerungsgruppen.

Hatte Manfred Klafter recht?

Yad Vashem, zweiter Versuch.

Diesmal komme ich hierher als ein Sehender, spüre ich, daß beim ersten Mal die Furcht, von der Gedenkstätte überwältigt zu werden, mich in eine gewisse Entrücktheit versetzt und vor alles Schichten von Schleiern gelegt hatte, schon bevor ich den Ort fluchtartig verließ.

Jetzt gehe ich die »Allee der Gerechten unter den Völkern« entlang und fühle mich besser gewappnet.

Das zentrale nationale Institut Yad Vashem entsprang einer Idee, die schon während des Zweiten Weltkriegs aufgekommen war, im Kibbuz »Mischmar Ha-Emek«, ein Plan, der dann im August 1945 in London vom ersten Zionistischen Kongreß nach dem Holocaust angenommen wurde. Acht Jahre später, genau am 15. August 1953 (das war im Monat Elul des Jahres 5713 nach dem jüdischen Kalender) gaben in der Knesset zu Jerusalem die Vertreter aller Parteien dem »Gesetz zum Andenken an die Holocaust-Märtyrer und Helden – Yad Vashem« ihre Zustimmung. Es war unterzeichnet von Staatspräsident

Jizchak Ben Zwi, dem Außenminister und Stellvertretenden Ministerpräsidenten Mosche Scharett sowie dem Erziehungs- und Kultusminister Benzion Dinur.

Im Text heißt es, daß mit Yad Vashem ein staatliches Institut errichtet werde »zum Gedächtnis an die sechs Millionen Juden, die den Märtyrertod durch die Nazis und ihre Helfer erlitten. (...) An die Gemeinden, Synagogen, Bewegungen und Organisationen, die kulturellen, erzieherischen, religiösen und wohltätigen Institutionen, die in der Absicht vernichtet wurden, den Namen und die Kultur Israels auszulöschen. (...) An das Heldentum jüdischer Soldaten und Untergrundkämpfer in Städten, Dörfern und Wäldern, die ihr Leben im Kampf gegen die Naziverbrecher, ihre Helfer und Helfershelfer einsetzten. (...) An den heroischen Widerstand der Gefangenen und Kämpfer der Gettos, die sich erhoben und die Flamme des Aufstandes entfachten, um die Ehre ihres Volkes zu retten in den Gettos. (...) An das mutige und hartnäckige Ringen der Massen des jüdischen Volkes, die, die Vernichtung vor Augen, um menschliche Würde und jüdische Kultur kämpften. (...) An die verzweifelten Bemühungen der Bedrohten, das Land Israel trotz aller Hindernisse zu erreichen. (...) In Gedenken an die, die auszogen, die Überlebenden zu retten und zu befreien, und an die Edlen aller Völker, die ihr eigenes Leben aufs Spiel setzten, um Juden zu retten.«

Als ich diesen Text las, bevor ich wieder hierherkam, wurde ich erinnert an die Stimmen, die einen anderen Untergang beklagten, den der Indianer Nordamerikas – am Ende ihres langen und aussichtslosen Kampfes gegen die weiße Übermacht über drei Jahrhunderte hin von der atlantischen Küste bis zum Pazifik. Ohne diesen Vernichtungskampf, seine Chronik und seine Motive mit dem industriellen Serien-, Massen- und Völkermord der Nazis vergleichen zu wollen – ich führe ihn hier an, weil die Stimmen der Untergangsgeweihten, bewegende Klagen über den Verlust ihrer Freiheit, ihrer Heimat, ihres Volkes, den gleichen epischen Tenor haben wie die Gründungsurkunde von Yad Vashem. Es ist die Anklage derer, die alles und jedes Recht auf ihrer Seite hatten und dennoch verloren, weil sie schwächer waren als der Feind. Aber wie das beschworen wird, das hat etwas vom Klang einer ungeheuren historischen Glocke an sich.

Heute liegt von Anfang an heller Sonnenschein über Yad Vashem, und diesmal komme ich auch, um zu prüfen, ob Manfred Klafter mit seiner Kritik an der einzigartigen Gedenkstätte für ein einzigartiges Verbrechen recht hat oder nicht. Es sind an diesem schönen Tag viele Besucher da.

Am Ende der »Allee der Gerechten unter den Völkern« ein Schiff, ein Boot – was hat das hier zu suchen? Es ist das Relikt einer Aktion, die nicht ihresgleichen hat und den Rettern von damals zu ewigem Ruhm gereicht. Mit solchen gebrechlichen Fischerbooten hatte die dänische Untergrundbewegung am 1. Oktober 1943 die Juden ihres von der Wehrmacht besetzten Landes über die Ostsee nach Schweden gebracht und sie so vor der »Endlösung« bewahrt. Nur ein paar Unglückliche, die an sie nicht glauben wollten, blieben – und kamen um.

Das Boot steht hier seit Oktober 1983, dem 40. Jahrestag der Rettung.

Auf einem Wall von riesigen Natursteinen, unbehauenem Basalt, ein klobiges flaches Dach – die Gedenkhalle. Drinnen, unter einer zeltartigen Decke, auf dunkelgrauem Mosaikboden – Namen: der 22 größten Konzentrations- und Vernichtungslager, in lateinischen und hebräischen Buchstaben. Darunter mir bekannte – Auschwitz, Treblinka, Sobibor, Belzec und Chelmno, aber auch solche, die ich nicht kannte: Ponari, Jasinowac, Transnistria. Dieses, ein Getto für die Juden von Bessarabien und der Bukowina, war gleichzeitig Arbeits-, Straf- und Vernichtungslager, in dem mehr als 300 000 rumänische und ukrainische Juden umgebracht worden sind.

In der Mitte der Gedenkhalle, unter einem quadratischen Lichtfenster, brennt in einem Bronzekelch die Ewige Flamme, neben einer Gruft, in die Asche aus den Todeslagern versenkt wurde. Ich kann es auch jetzt, auch diesmal, hier nicht lange aushalten.

Dann das Monument für die Soldaten, Partisanen und Gettokämpfer. Wie sind diese gewaltigen sechseckigen Steinblöcke, je drei und drei, aufeinandergetürmt worden, wie bearbeitet, behauen, transportiert? Dazwischen der spitz zulaufende Pylon, darunter die Inschrift »Glory be to jewish soldiers and partisans who fought against Nazi-Germany«, auch auf russisch, französisch, hebräisch.

Neben dem Kollektiven, Anonymen, Stellvertretenden immer wieder in Yad Vashem auch Individuelles, Schilder mit Namen von Gefallenen aus Frankreich, Polen, Holland, Griechenland, Deutschland – Juliana N. Paats, Father Jean-Baptiste Janssens, Otto Nickel. Eineinhalb Millionen Juden haben im Zweiten Weltkrieg an allen alliierten Fronten gegen Hitlerdeutschland gekämpft, Tausende von ihnen fielen, wie in den Gettos und den Partisanenverbänden auch. Ihnen ist das Mal gewidmet, und es bedarf keines Kommentars.

Dasselbe Empfinden habe ich vor Nathan Rapoports Gedenkmauer und seinem Relief »Der letzte Weg« – rote Ziegelsteine als Symbol für die Gettomauern, die gebeugten Gestalten auf dem Marsch in die Gaskammern, in die Gaswagen und vor die Exekutionskommandos der Einsatzgruppen. Und links dann, Abschluß der Gedenkmauer, das andere, zweite Relief: der große Warschauer Aufstand. Eine Ballung von Frauen und Männern, in den Posen des Widerstands und der Verzweiflung, der in Stein gehauene Wille, sich zu wehren, geformte Wucht, die von oben nach unten wächst.

Wieder draußen, am Rand des ausgedehnten Platzes zwischen der Gedenkhalle und dem Museum – Nandor Glids Denkmal für die Opfer der Vernichtungslager. Ich habe nie etwas Bizarreres gesehen, weit mehr noch als die Skulptur auf dem Gelände des ehemaligen KZ Dachau, die den Künstler für Yad Vashem inspirierte: ausgestreckte, ausgemergelte Leiber, auf den Rücken gestreckt, die Köpfe nach hinten und unten gereckt, die Finger ausgespreizt im höchsten Schmerz. Aber das ist nur ein schwacher Versuch, den Anblick wiederzugeben. Diese horizontal und vertikal strichdürren Leiber, sie sind die Verkörperung jener Sekunde, in der sich Leben und Tod mischen, das eine in das andere kippt, das Bewußtsein für die Wirklichkeit noch da ist, aber die Auslöschung viel näher – und völlig gewiß. Es ist ein Mal, vor dem man nur erstarren kann. Ich kenne nichts, was die Kostbarkeit des Lebens tiefer, schreiender, lautloser demonstriert als diese Dornenlandschaft todgeweihter Juden.

Ich stehe davor, umgeben von vielen Besuchern, in der flirrenden Sonnenflut des Sommerhimmels über Jerusalem, und denke: Die Lügner von der »Auschwitz-Lüge« – hier werden sie sich nie einfinden, vor der unwiderlegbaren Wahrheit von Yad Vashem schotten sie sich ab, fliehen sie, fehlt ihnen alles, um damit fertig zu werden: Mut, Charakter, Humanität. Gleichzeitig kocht in mir siedender Zorn hoch auf die zweite deutsche Demokratie, die es den Lügnern von der »Auschwitz-Lüge« jahrzehntelang gestattet hat, den Holocaust und seine Schädelstätten zu minimalisieren oder ganz zu leugnen, allen voran die »Deutsche National-Zeitung« aus München. Erst in den achtziger Jahren bastelte die konservativliberale Regierung ein Gesetz, in dem die Behauptung, es habe den Holocaust nicht gegeben, unter Strafe gestellt wird – mit der erbärmlichen Hinzufügung, das gleiche gelte für die Vertreibung der Deutschen aus dem Osten. Als wenn die in diesem Verdrängerdeutschland je bezweifelt oder gar geleugnet worden wäre.

Wieder im Historischen Museum.

Sein Archiv birgt 50 Millionen Dokumente, die umfassendste Materialsammlung über den Holocaust in der Welt. Mit 80 000 Bänden in 50 Sprachen besitzt die Bibliothek die größte Sammlung von Büchern und Zeitschriften, die sich mit dem Völkermord an den Juden und seiner Vorgeschichte befassen. Darunter die offiziellen Veröffentlichungen der NS-Rassenpolitik und -gesetzgebung sowie Dokumente der Alliierten samt den Protokollen des Nürnberger Prozesses 1945/46.

Die Ausstellung ist chronologisch geordnet – von Hitlers Aufstieg zur Macht, der territorialen Expansion von 1935 bis 1939 und der Judenverfolgung in diesen Jahren über den Ausbruch des Zweiten Weltkriegs, dessen riesige Landeroberungen deutscherseits die Voraussetzung für die europäische Dimension des Holocaust war, bis in die hochtechnisierte Ausrottungspraxis – und den jüdischen Widerstand gegen sie.

Neu für mich sind Aufnahmen vom Warschauer Getto, die ein deutscher Wehrmachtsangehöriger namens Heinz Jöst gemacht hat, 129 Photos. Er hat sie kommentiert und Israel im Jahr 1980 übergeben. Sieben Jahre später gelangten sie in den

Besitz von Yad Vashem und werden hier im Historischen Museum nun zum erstenmal ausgestellt.

Sie zählen zu den grauenvollsten Bilder, die ich je gesehen habe, obschon ich mit ähnlichen oft genug befaßt war, auch als Fernsehautor: Leichen am Straßenrand; uralte Gesichter auf skelettartigen Kinderkörpern, verhungert und zerlumpt; das ganze Elend von 400 000 Menschen, die auf einem 4 Quadratkilometer kleinen Areal zusammengepreßt waren – also auf 2,4 Prozent der gesamten Warschauer Fläche ein Drittel der gesamten Hauptstadtbevölkerung von 1,2 Millionen.

Heinz Jösts Photos zeigen nichts Neues, vertiefen in mir aber bereits Gesehenes: Tote als alltägliche Selbstverständlichkeit, in Holzkisten verfrachtet, Wagen hoch voll mit Leichen, abgemagert bis auf die Knochen, Hungertote, also eines »natürlichen« Todes Gestorbene, was hier heißen soll: nicht durch Gas oder Kugel – 85 000, davon 20 000 Kinder. Nie gesehene Plätze Warschaus, wo die Massengräber ausgehoben worden sind, außerhalb des Gettos. An der Haltung der Bestatter spürt man die Reaktion auf den uniformierten Photographen – gebückt, gebeugt, sprungbereit, seinen Anweisungen nachzukommen.

Im Historischen Museum werden konkrete Zahlen genannt. In der ersten Hälfte des Jahres 1941 kamen zu der obligatorischen Ziffer von 400 000 Insassen des Warschauer Gettos noch 86 500 dazu, so daß die halbe Million voll war. Dann wurde die Nahrungsmittelzufuhr fast ganz unterbunden. Allein in den Sommermonaten Juli bis September starben hier 15 500 Menschen an Hunger und Krankheit, davon 1800 Kinder. Die baldige Zukunft aber machte diese furchtbaren Zustände fast zur Idylle – von Juli bis September 1942 wurden von hier 265 000 Menschen nach Treblinka deportiert und dort ermordet.

Die »Halle der Namen« individualisiert den Holocaust wieder, schafft die personalisierte Konfrontation mit den Opfern, und macht sie damit erneut fast unerträglich für mich.

Hier sind Hunderttausende von Ermordeten auf Gedenkblättern verewigt. Der Raum, in dem sie sich befinden, ist abgedunkelt, aber es ist genug Licht da, um die Gesichter derer zu erkennen, die den Aktengebirgen in Form von Paßbildern und anderen Photos entsteigen. Ich blicke in ein Kindergesicht, ein

Mädchen mit einer Schleife im Haar, geboren am 21. Juni 1933 in Prag – über Theresienstadt nach Auschwitz verschleppt, ist es keine zwölf Jahre alt geworden. Mikos Cohen aus Budapest, geboren am 29. September 1928 – dieser ungarische Jude durfte keine sechzehn werden. Unter den Älteren, die länger gelebt haben, ehe das Zyklon-B der I.G. Farben sie erstickte – Hilde Cahn, verheiratete Hoffmann, aus Hoisdorf nahe Ahrensburg bei Hamburg, geboren am 25. Juni 1915.

Hat Manfred Klafter mit seiner Kritik an Yad Vashem recht oder nicht?

Ja und nein. Es ist wahr, hier dominieren die »großen Steine«. »Sie wollen Monumente«, hatte der Israeli holländischer Herkunft gesagt, »immer mehr Monumente. Die will man, aber die Seelen der Überlebenden...«

Gleichzeitig hatte er erklärt, was die Ursachen für das »Geheimnis des Schweigens« im kämpfenden und bedrohten Israel gewesen sind, und wie wichtig für die Geschichte des Judenstaats die Idolisierung von Kämpfern, von Helden war – und hatte Verständnis dafür gezeigt.

Ich frage mich in Yad Vashem, ob nicht beides möglich gewesen wäre, ob die notwendige Kampfbereitschaft inmitten feindlicher Nachbarn nicht hätte verbunden werden können mit dem Verständnis für die Überlebenden des Holocaust. Und ob nicht gerade aus dieser Verbindung Kraft gewachsen wäre für die einen und für die anderen. Das ist Geschichte, das läßt sich für viele nicht mehr aufholen, aber was bleibt, ist, daß Israels Gesellschaft die Lehren aus ihren Versäumnissen zieht.

Hinsichtlich des Vorwurfs, Yad Vashem heroisiere die Geschichte des Holocaust, kann ich dem Leiter von Amcha nicht ohne Abstriche zustimmen. Gewiß sind die Monumente der große Blickfang, die Kristallisationskerne der Gedenkstätte, ihr eigentlicher Mittelpunkt. Und dennoch kommt auch immer wieder der einzelne hervor, inkarniert sich, artikuliert sich das ermordete Individuum, steht statt des kollektiven Grauens an vielen Stellen das individuelle Schicksal im Vordergrund. Aber darüber kann man wohl verschiedener Meinung sein.

Sicher ist nur, daß es mir nach zwei Besuchen in Yad Vashem schwerer fallen wird, nach Deutschland zurückzukehren.

Mit diesen Gefühlen trete ich aus dem Historischen Museum wieder nach draußen in das augenschmerzende Licht. Ich sehe feuchte Augen, weinende Kinder, die aus der Halle kommen, sich mühsam zu fassen versuchen, die Hände vor die Augen geschlagen halten und von innen her geschüttelt werden. Gleichzeitig sehe ich einen Mann mit Gewehr, offenbar ein Lehrer, der auf einem Stein sitzt, wacht, beobachtet. Er versucht die Kinder aufzumuntern, erhebt sich dabei, balgt sich mit ihnen. Dabei rutscht ihm das Gewehr von der Schulter, klirrt auf die Erde, ist aber gleich wieder hochgerissen und mit einer lässigen Bewegung in die vorherige Position gebracht – wie etwas Gewohntes, Langerfahrenes, etwas, das so selbstverständlich geworden ist wie die morgendliche Mitnahme eines Taschentuchs, der Brille, der Autopapiere. Und kein Kind, kein einziger dieser Jungen, kein einziges dieser Mädchen, schaut hin, denn die Waffe gehört so dazu wie das Taschentuch, die Brille oder die Autopapiere.

Heute nacht mitteleuropäischer Zeit hat der Bodenkrieg der alliierten Streitkräfte am Golf begonnen. Wird Saddam Hussein mit Giftgas reagieren? Wird er in letzter Verzweiflung chemische und biologische Waffen verwenden? Wird er seine von deutschen Technikern modernisierten Scud-Raketen damit bestücken und in Richtung Westen abfeuern?

Aus Tel Aviv erfahre ich: Der berühmte jüdische Geiger Isaac Stern hat wenige Stunden vor Ausbruch der alliierten Offensive ein Konzert gegeben. Plötzlich fingen die Sirenen an zu heulen. Der große Virtuose winkte das Orchester ab, wandte sich um, bat die Zuhörer, Gasmasken aufzusetzen – und spielte dann allein auf seiner Geige weiter.

Israel, um Himmels willen, Israel!

Masada

Masada wird nie wieder fallen

Auf dem Weg von Jerusalem zum Toten Meer.

Lange vor der Abzweigung nördlich nach Jericho, in der Ferne - die gewaltige Barriere der Berge Moabs. Von nun geht es nur noch abwärts, nichts als abwärts, dem tiefsten Punkt der Erdoberfläche zu. Es ist ein Höhenunterschied von gut 1200 Metern auf wenigen Kilometern: die Heilige Stadt liegt 800 Meter über dem Meeresspiegel, der salzige See aber rund 400 Meter darunter.

Es ist die Landschaft der Bibel, doch wird von ihr, zugegeben, auch der glaubenslose Humanist gepackt. Trockene Hügel; Ziegenherden, schwarze und braune Tiere; ein Esel mit verbundenem Hinterlauf; unten braune Beduinenzelte, oben thronende Siedlungen mit der Fahne Israels; am Straßenrand und an den Hängen bläuliche Blütenfelder.

Aber die Blume des Friedens wächst da nicht – hier sind Hakam und ich auf unserer Fahrt nach Nazareth mit Steinen beworfen worden, und vor wenigen Tagen wurde etwas weiter vorn ein Bus, zum Glück schadlos, von einer Benzinbombe gestoppt.

Jetzt wird der Blick über die Jordansenke frei, dann auf das Nordufer des Toten Meers und bald auf die Wasserfläche – die nach Süden hin im Dunst verschwimmt. Nahe nun der Doppelwall am Ostufer, schon Jordanien, eine erste, niedrigere Steinbarriere, über der sich eine zweite, höhere aufbaut. Dann ist die Ebene erreicht, der tiefste Punkt, der See – noch 56 Kilometer bis Masada!

Dieser Fels am Westufer des Toten Meers ist mein Ziel – das große Symbol des Judenstaats Israel und seiner Freiheit.

Dort, in der Abgeschiedenheit der Wüste Judäas, hat sich eines der großen Dramen der Antike zugetragen, haben sich vor neunzehn Jahrhunderten während des jüdischen Aufstands gegen die Römer im Jahr 66 einige hundert jüdische Männer, Frauen und Kinder zurückgezogen, willens, lieber zu sterben, als sich zu ergeben.

Zunächst schien es, als wären sie vergessen über die großen Kämpfe, die im ganzen Land tobten, um den Aufstand niederzuschlagen, und die im Jahr 70 zur Eroberung Jerusalems und zur Zerstörung des Tempels führten. Aber zwei Jahre später setzte sich der römische Gouverneur der Provinz Neujudäa, Flavius Silva, an die Spitze der legendären 10. Legion mit ihren 15 000 Mann, umzingelte die 434 Meter hohe Felsenfestung, auf deren Plateau die jüdischen Verteidiger ausharrten, mit einer gewaltigen Mauer und acht umwallten Lagern. Nachdem Sturm auf Sturm die unzugänglichen Steilhänge hinauf abgeschlagen worden war, ließ Flavius Silva auf der Westseite Masadas eine Rampe aufschütten, Millionen Tonnen von Sand und Gestein, eine Trasse mit einer Steigung von etwa 45 Grad, auf der die römischen Kriegsmaschinen bis nahe an die Mauer hochgezogen wurden und ihr zerstörerisches Werk beginnen konnten.

Als die Rampe vollendet war und die riesigen Schleuderbrocken abschußfertig bereit lagen – an diesem Tag blieben die Mauern Masadas von jeglichem Verteidiger entblößt. Und als die Römer dann im Morgengrauen stürmten, regte sich keine Hand gegen sie. Was die Legionäre auf dem öden Hochplateau fanden, waren 960 Männer, Frauen und Kinder, die sich selbst entleibt hatten – angesichts reicher Vorräte an Lebensmitteln und Wasser. Den römischen Soldaten und ihrem Feldherrn sollte klargemacht werden, daß die Verteidiger von Masada den Tod der Versklavung vorgezogen hatten.

Aus dieser von dem jüdischen Historiker Josephus Flavius überlieferten Tragödie hat der 1948 errichtete Judenstaat den Umkehrschluß gezogen: »Masada wird nie wieder fallen!«

Das ist die Botschaft, die Israel sich und der Welt verkündet, wenn alljährlich Angehörige der Zahal, der Armee Israels, auf Masadas Höhe vereidigt werden – eine Zeremonie, die sich erhabener und pathetischer nicht vorstellen kann, wer Masada auch nur einmal erklommen und mit der Kenntnis seiner Geschichte den Blick ringsum auf eine Landschaft von überwältigender Größe geworfen hat.

Ich war zweimal hier: 1967 und 1976. Jetzt, nach fünfzehn Jahren also, bin ich wieder auf dem Weg dorthin, spüre, daß kein anderer Platz in Israel, die Klagemauer eingeschlossen, mich innerlich tiefer berührt und bewegt als Masada.

Ich fahre mit offenem Wagenfenster und Schiebedach nach Süden, rechts der Felsrand der judäischen Wüste, ein bröckelndes Gebirge, in voller Abwitterung begriffen; links das Tote Meer, der winzige Brandungsschaum schwer von Salz und die Ufer weit zurückgetreten. Vor 24 Jahren habe ich mit Teamkollegen in der Lake gelegen – auf dem Rücken, in beiden Händen eine Zeitschrift hochhaltend und mit den Füßen weit über dem Wasserspiegel. Man will es ja nicht glauben, daß der Salzanteil des Toten Meers jede Schwimmbewegung überflüssig macht.

Jetzt öffnet sich zwischen zwei Felsmassiven ein breiter Seehorizont, und weiter geht es. Aus den Bergen kommen Wadis und kreuzen die Straße, die in der Regenzeit, den Warnschildern nach, oft überflutet sein muß. Gewarnt wird auch vor wilden Tieren – hier soll es noch Panther geben. Der See wechselt dauernd seine Farben – vorn herrscht ein helles Grün, das gegen Osten immer dunkler wird, changierend bis ins Blaugrüne.

Die Straße steigt höher hinauf, und da ist auch schon Ein Gedi mit seinem Palmenwald, die biblische Oase, heute Naturschutzpark, dessen uralte Quelle ich unbedingt noch während meines Israelaufenthalts besuchen will.

Und dann sehe ich, im Norden, gegen den dunstigen Himmel, abgespalten vom Rotbraun der jüdäischen Wüste, in herrischer Isolation und Inselhaftigkeit – Masada.

Schon von hier aus ist sie gut zu erkennen, die römische Rampe, wohl etwas niedergewittert in fast 2000 Jahren, aber immer noch ein mächtiger Rücken, auf dem der Tod zu den Eingeschlossenen kam. In mir ist ein Gefühl, das ich nicht beschreiben kann. Es ist das dritte Mal, daß ich Masada sehe, und es ist doch wieder, nach so langer Zeit, ganz neu, ganz anders als damals. Nie wird der Felsklotz für mich ein gewöhnlicher Anblick werden, nie wird es für mich etwas geben, was sich vergleichen ließe mit diesem Widerstandsnest, dessen Uneinnehmbarkeit nur von der Erfindungsgabe menschlicher Destruktion übertroffen werden konnte – eben durch die

Rampe, dieses langsam hochkriechende Ungeheuer, auf dessen Vervollständigung die Belagerten mit wachsendem Grauen hinabgeblickt haben müssen, gewiß, daß sie in einer Todesfalle saßen.

Auf dem Weg zwischen Ein Gedi und dem Ziel verschwindet der Felsen, taucht dann aber mit seiner nördlichen Spitze und der Aufschüttung an seiner westlichen Flanke immer wieder auf, bis der Wagen schließlich direkt vor dem ungeheuren Massiv stoppt. Und dann liegt die Bergzitadelle vor mir, in ihrer unbeschreiblichen Majestät, schattenhaft abgehoben gegen die Sonne über dem Kamm der Steinwüste Judäas und von ihr in Millionen Jahren abgespalten wie von einem Meister der Fortifikation. So wuchtet es da, ein Denkmal der Natur für die Tragödie des Menschen – Masada.

Ich biege rechts ab, fahre näher heran und parke den Wagen am Fuß des Bergs, in der Nähe des Restaurants, das den Ort nicht gerade verschönert. Wie auch die Seilbahn nicht, die hier an zwei Strängen zum Hochplateau hinauf- und wieder hinabführt, landschaftlich störend, aber doch nützlich, weil das *cable car* hier auf der Ostseite, der Hauptbesucherseite, für viele die einzige Möglichkeit ist, auf den Gipfel zu gelangen. Sonst gäbe es nur den sogenannten Schlangenpfad, einc strapaziöse und nicht ungefährliche Strecke, unbegehbar für ältere oder gar alte Leute, einst jedoch die einzige Verbindung nach oben.

Jetzt kommt eine lange Kette von Menschen herab, alle schwarz gekleidet, orthodoxe Juden offenbar. Die meisten sind jung, Schüler und Schülerinnen, etwa fünfzig an der Zahl. Sie tollen und lachen, ihre Stimmen schallen herab, sie springen auf dem schmalen Pfad hin und her, ohne Schwierigkeiten mit dem Gleichgewichtssinn und benehmen sich, wie sich Kinder überall benehmen. Ihre Busse warten hier unten schon – Masada muß laut Hausordnung um 15 Uhr 30 von Besuchern geräumt sein. Das scheint hier aber so genau nicht genommen zu werden, denn obwohl es schon fast soweit ist, wird es noch eine gute halbe Stunde dauern, bis der Schlangenpfad leer sein wird.

Der zieht sich den mächtigen Hang hoch, als wollte er seinen Namen rechtfertigen – gewunden und in Serpentinen, ein Schleichweg, gleichsam verstohlen und doch frech in seiner unangefochtenen Funktionalität – weder rechts noch links von ihm gäbe es irgendeine Chance, nach oben zu kommen.

Die Einzigartigkeit des Platzes, seine grandiose Abgeschiedenheit und extreme Verteidigungsfähigkeit hatten nicht erst die jüdischen Aufrührer gegen Rom entdeckt. Es war ein König der Hasmonäer, der schon im 1. Jahrhundert v. u. Z. auf dem acht Hektar großen Plateau eine Festung errichten ließ, um die Süd- und Ostgrenzen seines Reiches Judäa zu schützen. Damals erhielt der Fels den Namen Masada. Er entstammt dem hebräischen Wort Mezada – Festung.

Dann nahm sich ihrer Herodes an, genannt der Große, nachdem er die Hasmonäer vertrieben und sich selbst zum König gemacht hatte. Der Herrscher von Roms Gnaden ging nicht zuletzt deshalb in die Geschichte als vom Volk vielgehaßter Bauherr ein, weil er Masada sechs Jahre lang zu einer Prunkfeste ohnegleichen ausbauen ließ durch ein Heer von Sklaven und mit ungeheurem Material- und Kostenaufwand – Burg und Königsschloß in einem. Aber dazu später mehr.

Herodes verfolgte mit Masada zwei Zwecke gleichzeitig: Schutz der südlichen Flanke seines Reiches gegen Angriffe aus dem Sinai, vor allem durch das Ägypten seiner Erzfeindin Kleopatra, und gepanzerte Zufluchtsstätte im Fall eines Bürgerkriegs. War er doch schon einmal, 40 v. u. Z., aus solchem Anlaß von Jerusalem nach Masada geflohen. 36 Jahre später starb Herodes, ohne daß sich seine Befürchtungen als berechtigt herausgestellt hatten. Die ganz im Sinn der römischen Politik von ihrer Königsdynastie doppelt geknechteten Juden waren noch nicht aufstandsreif. Bis dahin sollten weitere Jahrzehnte vergehen. Aber dann, im Jahr 66, fiel Masada als erste römische Festung in die Hände der Aufrührer – der Jüdische Krieg hatte begonnen.

Jetzt sind die jugendlichen Besucher und Besucherinnen näher gekommen, sind am unteren Ende des Schlangenpfads angelangt - es ist wie der Auszug der Kinder Israels.

Assoziationen kommen und gehen: Was wäre gewesen, wenn die jüdischen Verteidiger von Masada sich ergeben hätten? Hätte Flavius Silva den Mut und die Ausdauer der Belagerten damit belohnt, daß er ihnen das Leben gelassen hätte? Und wäre Masada in diesem Fall überhaupt in die Geschichte eingegangen, hätte es irgendeine Symbolkraft gehabt? Müssen Menschen erst sterben, um aus der Vergangenheit in die Zukunft zu leuchten? Wird ihr Schicksal erst dann kostbar für die Nachgeborenen, wenn es blutig war?

Mit den Kindern, die da heruntersteigen, sind Erwachsene, vielleicht die Lehrer einer Talmud-Thora-Schule. Sie sind genau so ausgelassen wie ihre Zöglinge, singen, lachen, machen Tanzschritte – freudiger Lärm am Fuß des schweigenden Bergs.

Die Seilbahnen, die eine rot, die andere gelb, die eine hinauf, die andere hinab. Die Schatten beider bewegen sich aufeinander zu, gleiten über den wilden, abschüssigen Geröllhang, treffen sich und sausen in entgegengesetzter Richtung davon – die Gondeln fahren sehr schnell. Die rote ist oben angekommen, es mag kaum drei Minuten von hier unten gedauert haben. Das letzte Wegstück zum Gipfel muß der Gondelfahrer selbst erklimmen. Über der Station erhebt sich ein Holzgerüst, dessen Treppen auf das Plateau führen.

Ich kenne den Blick von dort, und denke jetzt: Hatten die Bausklaven des Herodes je Sinn für die Schönheit der Landschaft gehabt, in der sie fronten? Konnten die umzingelten Zeloten, religiöse Eiferer, da oben die Großartigkeit der ungeheuren Senke mit ihrem salzverkrusteten See und der felsigen Erhabenheit wahrnehmen?

Es ist eine lange Kette von Israelis, die da heruntersteigen, alle in Schwarz und Hand in Hand nun. Die Spitze hat den Grund erreicht, und dort stieben sie auseinander, schwenken die Arme, laufen, wissen nicht, wohin mit ihrer Energie, ihrer Lebenslust, ihrer überschüssigen Kraft.

Ursprünglich wollte ich sie fragen, was sie über Masada zu sagen hätten, was sie empfunden hätten da oben und hier unten, was ihnen der Berg und seine Symbolik bedeuteten. Aber es geschieht nicht, ich frage sie nicht, irgend etwas hindert mich daran. Und plötzlich sind sie verschwunden, sind die Busse bestiegen worden und abgefahren. Außer mir steht niemand mehr am Fuß von Masada.

Allein mit ihm, will der Berg einen erschlagen. An der Südseite erscheint er noch viel steiler als an der Nord- oder Westseite, aber die Wahrheit ist, daß Masada von überall unbesteigbar ist, der Schlangenpfad täuscht lediglich darüber hinweg. Man käme nur bis zu einer bestimmten Höhe hinauf, dann müßte man abbrechen. Und wenn da oben noch Verteidiger wären...

Ich habe Masada schon von allen Seiten betrachtet, um nach einer Stelle zu spähen, an der ein Aufstieg möglich gewesen wäre, habe aber keine Stelle gefunden, wo ein bewaffneter Legionär es hätte schaffen können, selbst wenn er auf keinen Widerstand gestoßen wäre. Gegen Widerstand gab es nur einen Weg hinaufzugelangen – über die Rampe, da drüben, auf der anderen Seite. Von hier kann man dorthin nicht zu Fuß gehen, zu unwirtlich, kantig, schroff und schründig ist es rings um den Felsklotz. Es bleibt ein Rätsel, wie die Römer angesichts dessen die Mauer ziehen konnten, die weder Zutritt noch Entkommen zuließ.

Sie hatten keinerlei Einblick in das Geschehen oben. Nirgends ringsum ist es höher als das Masadaplateau, auch hier an der Südspitze nicht, wo das Gebirgsmassiv der judäischen Wüste dem Riesenklotz noch am nächsten kommt.

Ich fahre zurück auf die große Straße am Toten Meer – 17 Kilometer bis Ein Gedi, 70 Kilometer bis Jericho, 94 Kilometer bis Jerusalem. Die Sonne ist hinter Masada verschwunden, aber ihre Strahlen umfingern es mit einem Kranz von Licht, das die ganze Breitseite in tiefes Schwarz hüllt. Auf dem Plateau ragen Gebäude hervor, drei Silhouetten, wie kleine Buckel. Deutlich hebt sich das Profil der Terrassen an der Nordspitze ab. Dort hinauf soll es bei meinem nächsten Besuch gehen – es wäre der vierte. Beim letzten Mal wurden hier Rekruten der Zahal vereidigt.

Es stimmt, der Felsen ist das Symbol aller Israelis. Aber vor allem das der Armee.

»Masada wird nie wieder fallen!«

Mosche F. ist der erste Offizier, mit dem ich bei diesem Israelaufenthalt spreche. Er ist einer der Pressesprecher der Armee, residiert im Jerusalemer Bet Agron, der großen Schaltzentrale für Public Relations, und hat mich auf meinen Wunsch, die Verbindung zur Zahal herzustellen, dorthin bestellt.

Mosche F., Sohn eines tschechischen Vaters und einer ungarischen Mutter, ist in Tel Aviv geboren und seit 1978 bei der Armee. Er hat eine Kippa auf dem Kopf, wirkt jünger, als er mit seinen dreißig Jahren ist, schwächt den Eindruck aber ab, wenn er spricht. Dann zeigt sich ein Ernst, der ihm eine Reife über sein wahres Alter hinaus geben will, und das wiederum steht in Gegensatz zu einem Gesicht, in dem ich noch deutliche Spuren des Kindes Mosche F. erblicke.

Was er sagt, läßt sich allerdings nur ernsthaft mitteilen. Zum Beispiel: In Israel gibt es eine strikte Teilung zwischen Politik und Militär; die eigentliche Bedrohung kommt nicht von den Palästinensern und der PLO, sondern von den arabischen Staaten. Der größte Teil des Militärbudgets geht in die Rüstung gegen die Hauptfeinde Syrien und Irak, die Armee muß jeden Tag bereit sein, einem Angriff von dort standzuhalten. Eine andere Herausforderung ist die Grenze zum Libanon mit seiner Pufferzone – kein demokratischer Staat kann tatenlos zusehen, wenn seine Bevölkerung von Krieg und Unruhe im Nachbarland bedroht wird.

So Mosche F., stehend hinter seinem Schreibtisch, zu mir im Bet Agron in Jerusalem – all das hat er mit gleichem Text tausend anderen auch schon gesagt, das ist Gebetsmühle. Dennoch fühle ich mich keineswegs gelangweilt. Vor mir steht der neue Israeli.

Seine nächste Lektion für mich: über den Aufbau der Armee. Es herrscht allgemeine Wehrpflicht in Israel, drei Jahre für Männer, zwei für Frauen, die sich jeweils um ein Jahr verlängert, wenn die Offizierslaufbahn eingeschlagen wird. Dann sind es also vier beziehungsweise drei Jahre. Der Reservedienst geht bis zum 55. Lebensjahr, jedes Jahr fünf Wochen, dies auch unter Frontbedingungen, zum Beispiel in der Auseinandersetzung mit dem Libanon. Der Reservedienst, so erfahre ich, heißt Miluim. Achtzig Prozent der israelischen Armee von rund einer halben Million Soldaten und Offizieren sind Reservisten.

»Und die Intifada?« frage ich. »Was ist mit der Armee und der Intifada?«

Mosche F. weicht aus: »Es gibt zweierlei Arten von Sicherheit, für die die Armee zu sorgen hat – eine für jeden Tag, also was die innere Sicherheit anbetrifft, und eine gegen militärische Bedrohung, also die äußere Sicherheit. In den *territories* stehen nur etwa fünf bis neun Prozent unserer Streitkräfte.«

Ich will wissen, ob sie dort für die innere Sicherheit stehen, oder ob die Intifada zur äußeren Bedrohung zählt.

Mosche F. antwortet indirekt: »Ich schaue in die ›Jerusalem Post‹ von gestern und sehe, daß es im pakistanisch-indischen Konflikt 300 Tote gegeben hat. In der Weltpresse werden Sie davon nicht viel mehr lesen als die nackte Mitteilung. Das ist ganz anders, wenn bei uns etwas in Zusammenhang mit der Intifada passiert – das kommt bestimmt unter die große Linse. Die Einseitigkeit der Berichterstattung über die Intifada ist für Israel eine alltägliche Erfahrung. ›Araber schlägt Araber‹ ist kein Thema, auch ›Araber schlägt Juden‹ nicht. Aber ›Jude schlägt Araber‹ - das sind die Nachrichten.«

Und dann sagt Mosche F.: »Wir stehen nicht unter Naturschutz gegenüber Kritik. Aber auf die Überlegung, warum wir in den *territories* stehen, darauf kommen die Kritiker nicht. Sonst müßten sie ja darüber berichten, daß als Motiv noch etwas anderes in Frage kommt als die israelische Freude, über zwei Millionen Menschen zu herrschen, die ganz offensichtlich von uns nicht beherrscht werden wollen. Daß dahinter der völlig berechtigte Gedanke stehen könnte, daß sich bei Aufgabe der Gebiete die Bedrohung für uns erhöhen könnte – darauf wollen die Kritiker nicht kommen.«

Mosche F., dreißig, Sabre, der Typ des neuen Israeli, cool, Sprecher der IDF – der Israel Defence Forces –, Mosche F. hat nun ein anderes Gesicht bekommen. Das offizielle hat er abgelegt, und dahinter kommen sehr menschliche Züge zum Vorschein, wie Wut, Enttäuschung, Ratlosigkeit, Entsetzen. Die plötzlich aufgebrochene Physiognomie des Mosche F. im Bet

Agron zu Jerusalem sagt mir mehr als ein Dutzend Leitartikel, welches Problem die Intifada für die israelische Armee darstellt.

Weltweit im Fernsehen übertragen wurde die Szene, wie ein israelischer Soldat versucht, einem gefangenen Palästinenser mit einem Stein die Knochen zu brechen. Das war in einem Außenbezirk von Nablus auf der Westbank gewesen, nachdem sich die Gegner stundenlang gegenübergestanden und die einen mit Steinen geworfen und die anderen mit Tränengas und Gummigeschossen reagiert hatten. Der Soldat, der mit dem Stein in der Faust zugeschlagen hat, heißt Saguy Harpas. Er wurde geboren im Kibbuz »Gescher«, am Jordan gelegen, auf halber Strecke zwischen Bet Schean und dem See Genezareth. Dort wuchs er heran mit der Erfahrung häufiger Beschießungen von jenseits der Grenze und wurde Zeuge, wie mancher Kibbuznik aus den Kriegen nicht zurückgekehrt ist. Als Achtzehnjähriger hatte er sich freiwillig zur Eliteeinheit der Fallschirmjäger gemeldet.

Saguy Harpas wurde im Mai 1988 von einem israelischen Militärgericht zu fünf Monaten Haft verurteilt.

Der Mann, der seine Tat gefilmt hatte, mit einem Teleobjektiv, heißt Mosche Alpert. Er war Mitglied des Nachbarkibbuz »Afiqim« und von Beruf Kameramann, der vornehmlich Naturfilme drehte. Als er herausbekam, daß die amerikanischen Fernsehgesellschaften auf sensationelle Bilder aus sind, spezialisierte er sich darauf. Die Zufallsaufnahme des Versuchs von Saguy Harpas, dem Palästinenser Osama Judi mit einem Stein die Knochen zu brechen, ist wahrscheinlich zum Filmschuß seines Kameramannlebens geworden. Es war die CBS, die ihn bekam und weltweit verkaufte, mit den bekannten Reaktionen der Empörung rund um den Erdball.

Es wäre seltsam, wenn sie anders ausgefallen wären. Trotzdem bleibt es der Ausschnitt aus einer Szene physischer Brutalität, die nicht auf die israelische Seite beschränkt ist. Der Informierte fragt sich, wie die Welt auf palästinensische Greuel reagieren würde, wenn sie von ihnen optisch so Kenntnis erhielte wie von der Tat des Saguy Harpas. Was geschähe dann? Aber es liegt in der Natur der Sache, daß keine Kameras laufen, wenn tatsächliche oder vermeintliche Kollaborateure auf der Westbank oder in Gaza – nein, nicht getötet, sondern regelrecht geschlachtet werden. Die Einzelheiten, dem Leser nicht zuzumuten, lassen keinen Zweifel daran, daß die Verwendung des Wortes »schlachten« gerechtfertigt ist.

Solche Gegenüberstellung taugt nicht zur Aufrechnung, sie beleuchtet nur die Ungleichheit von publizierter und nichtpublizierter Wirklichkeit in der israelisch-palästinensischen Auseinandersetzung. Gleichzeitig kommt hierbei die Frage der Akzeptanz oder Nichtakzeptanz von Grausamkeiten ins Spiel, und die Antworten darauf verraten wiederum etwas über die Charaktere der Gegner, die sich in der Kampfszene gegenüberstehen. Es zählt für mich zu den niederschmetterndsten Erfahrungen meiner Israelreise, daß sich mir gegenüber kein einziger der zahlreich befragten Palästinenser eindeutig und unmißverständlich distanziert hat von den entsetzlichen Morden, die unter der Anklage der Kollaboration begangen worden sind – kein einziger. Auch dort, wo Abscheu oder Empörung sichtbar wurden, blieb ein Rest von Verständnis, der unheimlich genug war. Mich hat die Bekanntschaft mit solcher Haltung konsterniert.

Wir sind auf einem tiefen Grund der israelisch-arabischen Auseinandersetzung angelangt, nämlich bei einem ethischen Gefälle, das in den arabischen Gesellschaften völlig andere Vorstellungen vom Wert des Individuums offenbart als in der israelischen. Es hieße, das Wesen der großen Auseinandersetzung im Nahostkonflikt gefährlich zu verkennen, wenn man diesen Gegensatz unterschätzte. Er erklärt Entscheidendes in der Haltung der Israelis gegenüber dem Gegner.

Der Zusammenstoß der Intifada mit der israelischen Armee bringt vieles an den Tag, darunter manches, was Israel kritisch aufstören und zu Zukunftsüberlegungen zwingen kann, die es nur ungern anstellt. Besagter Gegensatz aber ist eines der essentiellen Hemmnisse bei der Überwindung der Feindseligkeiten, und es sieht nicht so aus, als ob die arabische Seite sich dessen bewußt sei. Ein lange Geschichte gewalttätiger Herrschaftsformen, elementare Aufklärungsdefizite, nicht zuletzt eine Religion, die die größten Schwierigkeiten mit Moderne und Demokratie hat, haben zu dieser Kluft beigetragen. Die fatale Dialektik der Situation besteht darin, daß sie nur aufgefüllt werden kann durch das, was gerade sie wesentlich mit verhindert – Frieden.

Wie tief die Irritationen israelischerseits gehen, bestätigt eine Verbindung, die Mosche F. für mich hergestellt hat – mit der Armeeschule »Bet Feldman« südlich von Netanya, an der Küste des Mittelmeers.

Ich bin von Jerusalem eineinhalb Stunden gefahren und stehe nun vor dem Gebäude des Education center for soldiers, also einem Erziehungszentrum der Zahal, an dessen Eingang ein Schild verkündet, daß es da sei zum »Wohle der Soldaten Israels«. Hier werden Kommandeure ausgebildet, vor allem in der Offiziersschule, die keinen Kasernencharakter besitzt. »Bet Feldman« ist vielmehr eine Art Ideologiezentrum für die Israel Defence Forces. Ich muß allerdings gestehen, daß ich nicht herausbekommen habe, welche Ideologie hier gemeint ist, obwohl mir darüber ein etwa halbstündiger Vortrag gehalten wurde. Der sich redlich darum mühte, war ein Lieutenant-Colonel, dessen Name ungenannt bleiben soll – ein 39jähriger Mann von angenehmem Äußerem, der es in der Armee rasch zum Zugführer gebracht hatte, im Jom-Kippur-Krieg von 1973 an der ägyptischen Front war und nun, gemäß seinem Studium, als Armeepsychologe arbeitet.

Es kann nicht an ihm gelegen haben, daß ich so gut wie kein Wort von der Zahalphilosophie verstand, die mir beizubringen der Lieutenant-Colonel tapfer versuchte. Aber die Wahrheit ist, daß ich während seiner Rede Sätze in mein Sprechgerät diktierte, die sich später, bei der schriftlichen Übertragung, als so wirr entpuppten, daß ich die Abschreiberei mit dem vernehmlichen Kürzel »Sch...« beendete.

Ein Grund zur Traurigkeit bestand dennoch nicht, weil auf meine Fragen nach dem Verhältnis zwischen der Intifada und der Armee etliches Interessante herauskam. Dies ist die Quintessenz der Reflexionen des Lieutenant-Colonel von »Bet Feldman«: Die Intifada bedeutet für die Armee ein Problem auf mehreren Ebenen. Sie hat ein Selbstverständnis, dessen hohe Qualität sich ergibt aus ihrer Geschichte und ihren Siegen über ihre Feinde in fünf Kriegen. Durch den Aufstand der Palästinenser auf der Westbank und im Gazastreifen aber geht die Armee ab von ihrem primären Ziel, der Auseinandersetzung mit einem bewaffneten Gegner. Statt dessen bekämpft sie eine Revolte von Zivilisten. Die Armee wird also nicht mit ihrer eigentlichen Aufgabe betraut, sondern hat quasi solche der Polizei zu übernehmen. Jede Aktivität aber, die sich gegen Zivilisten richtet, versetzt die Armee in einen unguten, sozusagen zweckentfremdeten Zustand und entfernt sie von ihrer eigentlichen Funktion, nämlich das eigene Volk vor äußerer Bedrohung zu schützen. Die Begründung des Kampfes gegen die Intifada ist jedoch eine politische.

Durch diese Diskrepanz entstehen gerade bei einer hochqualifizierten Truppe psychologische Gefahren: Der Zivilist ihm gegenüber ist für den Soldaten die Wurzel der Zweifel am eigenen Tun, und diese Empfindungen richten sich dann gegen den, der sie auslöst. Das aber bedeutet, den zivilen Gegner immer weniger in menschlichem Licht zu sehen.

Der Charakter der Auseinandersetzung ist dazu noch so, daß es keine klaren Linien zwischen Sieg und Niederlage gibt – die Situation ist »interpretierbar«. Da diesbezüglich kein deutlicher Schnitt erfolgen kann, kommt eine gewisse Frustration auf, eine Situation, die die Gefahr in sich birgt, Extreme zu begünstigen. Unmenschliches Verhalten im Kampf gegen die Intifada kann unmenschliches Verhalten in anderen Zusammenhängen hervorrufen, in der Gesellschaft, in der Armee, in der Familie, am Arbeitsplatz. Eine substantielle Beschädigung durch dieses Wirkungsgefüge ist in Israel aber nicht zu erkennen. Das in Tausenden von Jahren entwickelte jüdische Wertesystem, das sehr unterschiedlich ist von dem der Länder um Israel herum, erweist sich als beständig – so der Lieutenant-Colonel.

»Denn natürlich könnten wir die Intifada an einem einzigen Tag zerstören«, fügt er an, »wie es jeder jüdischen Intifada in jedem arabischen Land ergehen würde.«

»Und warum tut die israelische Armee das nicht?«

»Weil das nicht nur eine furchtbare Tragödie für die Palästinenser bedeutete, sondern weil wir uns damit auch in unser jüdisches Herz schießen würden. Wir könnten das gar nicht. Jede objektive Analyse der Armeeaktivität in den *territories* würde ein hohes Maß von humanem Benehmen der Soldaten unter äußerst provokatorischen Bedingungen belegen.«

Als ich das Gebäude des »Educational center for soldiers« in Netanya verlasse, weht ein wunderbar kühler Wind vom Meer her, fächelt die Palmen, bläst mir feinen Sand ins Gesicht und formt eine herrliche Brandung. In diesem Klima verweilen...

Aber ich muß nach Sde Boqer, in die Hitzehölle des Negev, heute noch, zu einer lange getroffenen Verabredung – über Intifada und Armee.

Dies ist ein verrückter Krieg

Drei Stunden später sitzt mir der Wasserfachmann Gideon O. in seiner Klause im Jacob-Blaustein-Institut gegenüber. Der Fünfzigjährige ist als Offizier aktiv im Militärdienst und erst vor wenigen Tagen nach fünfwöchiger Konfrontation mit der Intifada zurückgekehrt. Während meiner vorangegangenen Aufenthalte in Sde Boqer hatten wir den heutigen Tag als Gesprächsdatum festgelegt, der einzige freie im Terminkalender Gideon O.s für längere Zeit.

Jetzt krempelt er seinen rechten Ärmel hoch und zeigt mir am Oberarm einen großen Fleck, der in allen Regenbogenfarben schillert. »Da hat mich ein Stein getroffen.«

»Was haben Sie dabei gespürt?«

»Als der Stein mich traf – gar nichts. Wenn die Steine fliegen, merkt man das nicht. Erst eine Stunde später begann es zu schmerzen.« Gideon O. streift den Ärmel wieder herunter.

»In diesem Kampf hat sich die Welt total einseitig auf uns, die Israelis, eingeschossen. Dabei ist es unglaublich, wie wir uns zurückhalten, wie wir versuchen, in solchen Situationen nicht zu verwunden, nicht zu töten. Das aber ist schwer, sehr schwer. Stellen Sie sich vor, es trifft mich ein Stein, andere fliegen mir um den Kopf, treffen auch – und ich halte mich zurück. Ich bin schwerbewaffnet, ich könnte die Steinewerfer töten, ein Fingerdruck... Die sind da zwanzig Meter vor mir, ich sehe jeden einzelnen von ihnen, aber ich drücke nicht ab, ich tue es nicht. Ich schieße, wenn überhaupt, vorbei. Ich sage Ihnen, das ist ungeheuer schwer. Und ich sage Ihnen noch etwas: Unsere Armee ist unglaublich nobel in diesem Kampf, unglaublich! Wenn man das nicht erlebt hat, ist es schwer zu begreifen. Die Welt hat offenbar keine Ahnung davon. Bis einer von uns schießt, das dauert lange, sehr lange.«

»Es hat seit Ausbruch der Intifada bisher etwa 400 tote Palästinenser und Palästinenserinnen gegeben.«

»Ja, das stimmt. Aber wie viele Tote hätte es geben können, wenn wir nicht so reagiert hätten, wie wir es taten und tun? Was hätten andere Armeen in unserer Situation getan, wenn sie jahrelang mit Steinen beworfen worden wären – die amerikanische, die britische, die deutsche, die französische Armee? Hätten sie unsere Geduld gehabt? Und was wäre geschehen, wenn es eine jüdische Intifada in den arabischen Ländern gegeben hätte? Das kann ich Ihnen sagen: Es hätte am ersten Tag jene 2000, 3000 Toten gegeben, die die palästinensische Intifada schon am Abend des 9. Dezembers 1987 hätte haben können – wenn sie nicht der israelischen, sondern jeder anderen Armee gegenübergestanden hätte. Das wäre dann die ›24 -Stunden-Intifada‹ gewesen – und aus. Nur, wir können das nicht, mit uns geht das nicht. Das bedeutet eine hohe Moral, und deshalb bin ich stolz darauf, ein Teil dieser Armee zu sein. Araber würden so nicht handeln.«

»Dennoch – die Armee kann den Zustand nicht bis in alle Ewigkeit aushalten. Es gibt es keine militärische, sondern nur eine politische Lösung. Wie soll die aussehen?«

Gideon O. nickt. »Wir müssen mit den Palästinensern sprechen, anders geht es nicht. Ich habe ja sozusagen das Weiße in ihren Augen gesehen – die kämpfen immer weiter, weil sie nichts zu verlieren haben. Die stehen schon mit dem Rücken an der Wand, dahinter ist nichts mehr. Man muß die Emotionen der jungen Generation gegen uns erlebt haben! Sie wird mit zweierlei geboren: Steine zu schmeißen und ›Manjak, Manjak‹ zu rufen, ein böses arabisches Schimpfwort. Sie werden nicht aufgeben, und sie werden etwas erreichen.«

»Einen eigenen Staat?«

»Nein, jedenfalls nicht, wenn es nach mir geht. Autonomie, Selbstverwaltung – ja, aber keinen eigenen Staat. Und auch bei der Selbstverwaltung könnte das israelische Besatzungsstatut nicht ganz aufgehoben werden, für lange Zeit nicht.«

»Warum nicht?«

Gideon O. steht auf, krempelt seinen rechten Ärmel wieder hoch, geht zum Hahn, dreht ihn auf und betupft die Wundfläche mit Wasser, wobei er das Gesicht verzieht. »Weil man sich auf das Wort von Arabern nicht verlassen kann – darum. Das klingt schrecklich, und ich höre schon, wie die Welt schreit: ›Rassist! Rassist!‹, aber es ist so. Man kann ihnen nicht trauen. Bloße Übereinkünfte auf dem Papier wären nicht genug. Wenn wir bestimmte Plätze aus Sicherheitsgründen nicht behaupteten, dann könnten wir uns nicht sicher fühlen. Das hängt auch mit dem Verhältnis der Araber zur Realität zusammen. Sie nehmen sie einfach nicht wahr, wenn sie ihnen nicht paßt, und sie sind bereit, ihr Wort von gestern zu brechen. Es ist schwer, mit solcher Mentalität zu verhandeln, glauben Sie mir, es ist sehr schwer.«

Ich muß heute noch zurück nach Jerusalem. Draußen, beim Abschied, sagt Gideon O.: »Das ist ein ›verrückter Krieg‹. Und ich weiß nicht, was daraus wird. Keiner weiß es. Das kann auch eine Armee zermürben.«

Die psychologischen und moralischen Folgen der Intifada auf die Angehörigen der Zahal und ihre Familien haben sowohl Israels Psychologen mobilisiert als auch manche Selbsthilfeorganisationen hervorgebracht. Eine davon heißt Parents against erosion, ein Zusammenschluß von Eltern, die in Sorge um ihre Soldatensöhne sind. Während das Diktionär das Wort »erosion« mit »Auswaschung«, »Verschleiß« und »Abnutzung« ins Deutsche übersetzt, verstehen die israelischen Mütter und Väter darunter ein »Ausbrennen der Seelen«, und zwar durch Situationen, denen sich ihre Kinder häufig nicht gewachsen fühlen. Die Beispiele sind erschreckend, und sie werden von den Eltern öffentlich bekanntgemacht.

Da ist ein Vater, der seinen höchsten Respekt vor der Armee bekennt, von ihrer Notwendigkeit als Verteidigungsinstrument überzeugt ist, aber sich selbst bei Überlegungen ertappt, auf welchen Wegen sein Sohn dem Militärdienst entgehen könnte. Es gibt ja in Israel die Möglichkeit, sich vom Wehrdienst befreien zu lassen, zwar nicht aus Gewissensgründen, wohl aber aus religiösen. In dieser Richtung hatten die orthodoxen Parteien im vergangenen Jahrzehnt große Erfolge zu verzeichnen, zum Beispiel für die Leute von Mea Schearim. Dieser Vater nun, alles andere als orthodox, bricht auf einem Psychologenkongreß weinend zusammen bei seinem öffentlichen Geständnis: »Das sind Gedanken, die ich vorher nie gehabt habe – erst seit der Intifada!«

Es gibt auch gegenteilige Beispiele, in denen sozusagen die Flucht nach vorn angetreten wird, und dies sogar häufig. Davon zeugt der starke Zulauf zu den Eliteeinheiten der Armee in den letzten Jahren. Er wird psychologisch gedeutet als die Selbstversicherung: »Wenn ich dies tue, dann kann ich auch alles andere tun«, also ein Versuch, die Angst vor der Intifada zu überwinden oder es doch jedenfalls zu versuchen.

Generell besteht der Konflikt für die Soldaten darin, daß jene Vorstellungen und Sitten, die zu Hause galten, gegenüber der Intifada nicht mehr gelten sollen. Wie diese Spannung überwunden wird oder nicht, hängt häufig vom jeweiligen Vorgesetzten ab. Sein Einfluß ist groß, haben die Psychologen herausgefunden, und widerspiegelt sich meist getreulich in der Haltung seiner Untergebenen, da militärische Einheiten in der Regel fest zusammenstehen. So kommt es, daß jemand, der sonst Gewalt widerstanden hätte, ja sie verabscheut, bereit ist, sie auszuüben, wenn die Kameraden es auch tun. Gefährliche Konfrontationen mit Steinewerfern tragen dann zu einem Automatismus bei, der die angelernten humanen Verhaltensweisen unter dem Zwang der Umstände rasch überwinden hilft.

Es ist diese schleichende Enthumanisierung durch den »verrückten Krieg«, die viele israelische Eltern um ihre Kinder fürchten läßt. Mit viel Grund und Berechtigung. So wurde berichtet von dem Angehörigen einer Fallschirmjägertruppe, der böse wurde und seinen Ärger lautstark ausdrückte, als er sah, wie Paratroopers einer anderen Einheit einen Palästinenser mißhandelten. Aber dann stellte sich heraus, daß sich seine Empörung nicht etwa gegen die Mißhandlung richtete, sondern dagegen, daß seine Leute zuschauten, statt die von der eigenen Einheit gefangengenommenen Palästinenser einer gleichen Prozedur zu unterwerfen.

Die Gefahr besteht darin, daß inhumane Handlungen gegen die Intifada sich allmählich in dem uniformierten Individuum festsetzen und sich so auch nach Beendigung des Militärdienstes im zivilen Leben fortsetzen. Als ich davon hörte, erinnerte ich mich sofort daran, wie Daphna A. von den Women in black in unserem langen Gespräch mit allen Anzeichen des Entsetzens ausgerufen hatte: »Die Soldaten, die in den besetzten Gebieten auf anderen Leute herumhacken, die kommen nach Hause und hacken auf ihren Frauen und Kinder herum! Wenn Achtzehnjährige da draußen einen Knüppel nehmen und auf Palästinenser einhauen, dann hauen sie auch auf ihre eigene Familie ein. Seit der Intifada sind die Leute bei uns viel aggressiver geworden, das heißt: Wir sind die eigentlichen Opfer der Intifada – wir!«

Studien beweisen, daß es eine direkte Verbindung gibt zwischen der Intifada und vermehrten Selbsttötungen unter Soldaten. Gestern erst stand in der »Jerusalem Post« wieder der Fall eines 21jährigen Soldaten, der sich den Revolver an die Schläfe gesetzt und abgedrückt hatte. Die Leiche wurde von der Mutter gefunden, als sie von der Arbeit nach Hause kam. Der Tote war Stabsfeldwebel, in Tel Aviv stationiert und häufiger mit der Intifada konfrontiert gewesen. Ein Fall von vielen, die in der Presse Israels offen diskutiert werden.

Wie sehr sich schon Jugendliche Gedanken machen, bevor sie zum Wehrdienst eingezogen werden, belegt das Beispiel eines sechzehnjährigen Schülers, der in einem Interview gefragt worden war, wie er als Soldat auf die Intifada reagieren würde. Er antwortete: »Als ich zwölf war, habe ich einem Klassenkameraden einen Zahn ausgeschlagen – und bin damit bis heute nicht fertig geworden. Wie soll ich dann mit der Intifada fertig werden?«

Bei den Wehrpflichtigen kommt ein anderes Problem hinzu: zu unterscheiden zwischen Befehlen, denen man gehorchen muß, und anderen, denen man nicht gehorchen dürfte, weil sie, so ein Urteil des höchsten Gerichts aus dem Jahr 1956, »so sträflich sind, daß ein Soldat, der ihnen gehorcht, sich kriminell verhält«. Aber wann ist in der Grauzone zwischen legalem und illegalem Befehl dieser Punkt erreicht? Psychologen haben herausgefunden, daß es fünf Wege gibt, auf denen israelische Soldaten versuchen, solche Komplikationen aufzulösen:

Erstens: Der Konflikt wird in militärische Kategorien übertragen, er wird also buchstäblich militarisiert und damit im Sinne der eigenen Ent-Antwortung an den »Apparat« delegiert;

zweitens: Haß auf den Gegner, der einen in den Konflikt führt;

drittens: Verlagerung der Verantwortung auf den direkten Vorgesetzten (und nicht, siehe oben, auf den anonymen »Apparat«).

viertens: Selbstbrutalisierung, die sich rechtfertigt aus der Brutalität und den Aggressionen des steinewerfenden Gegners, und schließlich

fünftens: Depressionen, mit all ihren klinischen Folgen.

Jeder dieser fünf Wege aber bedeutet, daß der Konflikt für den Soldaten von einer mehr oder weniger entfernt stattfindenden Auseinandersetzung zur persönlichen Angelegenheit wird, der man nicht mehr ausweichen kann.

Die Konsequenzen sind verschieden. Die meisten Angehörigen der Armee, die mit der Intifada konfrontiert werden, nehmen den Zusammenstoß als unvermeidlich hin und handeln entsprechend. Es gibt aber auch Fälle, in denen Soldaten bereit sind, eher ins Gefängnis zu gehen, als noch einmal an die Intifadafront zurückzukehren – wie jener Israeli, der nach drei Monaten Aufsicht über das Flüchtlingslager Deir el-Balah in Gaza diesen Entschluß bekundete.

Es ist nicht schwer, sich den Konflikt von Soldaten vorzustellen, die sich mit allen Fibern zur Armee bekennen, dann aber erleben müssen, daß bei Hausdurchsuchungen auf der Westbank und in Gaza ihr bloßer Anblick schon bei Frauen und Kindern zu allen Anzeichen des Entsetzens führt – eine direkte Attacke auf jene humanitären Werte, aus denen die bisherige Pädagogik bestand und mit denen das Leben auch übereingestimmt hatte.

Von einer Psychologenkonferenz wird berichtet, daß während einer besonders intensiven Diskussion über die Intifada, mit drastischen Schilderungen ihrer Folgen auf beiden Seiten, ein junger Palästinenser und ein junger Israeli aus dem Saal rannten. Draußen fanden sie dann zueinander, sprachen darüber, was sie erlebt hatten, der Israeli als Soldat, der Palästinenser auf der Gegenseite, und umarmten sich schließlich unter Tränen. Auf diesem Treffen sagte ein palästinensischer Lehrer aus Ramallah: »Wir sind Verwandte, Araber und Juden, und wir haben einander kennenzulernen.«

Die Wirklichkeit ist weit entfernt davon.

Bei der Arbeit am Buch hier angelangt, wird das Ende des Golfkriegs gemeldet. Der Blitzlandkrieg in des Wortes wahrster Bedeutung hat hundert Stunden gedauert, in seinem Kern drei Tage, und stieß nur auf geringen Widerstand des Gegners. Es wird von Hunderttausenden von Toten und Gefangenen gesprochen. Die alliierte Übermacht war ungeheuer, zu Wasser, zu Lande und erst recht in der Luft. Saddams Armee, eingeschlossen die Republikanische Garde, hat sich als Papiertiger entpuppt. Die furchtbarsten Verluste haben das irakische und das kuwaitische Volk zu tragen. Die Nachrichten von Folterungen, Vergewaltigungen, Massen- und Geiselmorden während der Besetzung Kuwaits und vor dem Rückzug der entfesselten irakischen Soldateska an Männern, Frauen, Kindern und alten Menschen lassen einem das Blut in den Adern erstarren. Was wäre geschehen, wenn diese Armee über Israel gekommen wäre – oder kommen würde?

Ich kann meine Gefühle über den Ausgang des Golfkriegs nicht schildern, die Erleichterung darüber, daß die schreckliche Bedrohung Israels durch Raketen und chemische Kampfstoffe vorüber ist. Es kommt mir vor wie in einem Traum – die wenigen Wochen seit dem 17. Januar zählten hundertfach, ein Nachtmahr.

Heute bin ich telephonisch zu meinen Freunden Schlomit und Gaddy Parnass im Kibbuz »Ein Haboresh« durchgekommen, dem Bruder und der Schwägerin meiner lieben Freundin Peggy

Parnass in Hamburg. Sie waren wie beklommen vor Glück über den Sieg der alliierten Koalition. Manche der Scud-Raketen in Richtung Tel Aviv und Haifa sind über ihnen hinweggezischt, und die Erschütterungen der Einschläge waren im Kibbuz, von beiden Städten etwa fünfzig Kilometer entfernt, zu spüren gewesen.

Der Krieg am Golf ist vorbei, der Irak geschlagen, aber schon lügt der Diktator die größte militärische Niederlage der Geschichte nach dem Zweiten Weltkrieg in einen persönlichen Sieg um. Wieviel Gültigkeit haben die Märchen aus Tausendundeiner Nacht in der arabischen Welt immer noch? Und wann wird Saddam Hussein gestürzt, verhaftet und vor ein internationales Tribunal gebracht?

Man ist nicht ungestraft Besatzungsmacht

Für mich individualisiert sich der Konflikt zwischen der Intifada und Israels Armee in Gestalt von Jonathan C., zwanzig Jahre alt, wenige Monate vor der Entlassung aus dem Wehrdienst – drei Jahre, die ihn verwandelt haben.

Ich lerne Jonathan C. im Kreis seiner Familie kennen. Der Großvater ist ein berühmter Jurist und Richter Israels gewesen, der Vater ist Fachmann für Nahostfragen im Außenministerium.

Jonathan C. sagt: »Der erste Stein, der gegen dich geschleudert wird und die Scheibe des Fahrzeugs zersplittert, der ist neu für dich. Der zweite auch noch. Aber der dritte, der ist dann schon wie alle folgenden.«

»Sie sprechen aus eigener Erfahrung?«

»Natürlich spreche ich aus eigener Erfahrung.«

Zusammengefaßt mündet sie in der Erkenntnis: Die Soldaten der israelischen Armee auf der Westbank und im Gazastreifen sind nicht motiviert. Diese Haltung ist die Regel. Danach kommen Unterschiede. Für Jonathan C. gibt es dort zwei Gegner: die steinewerfenden Palästinenser und – die Siedler. »Bei jedem Lösungsversuch werden sie das große Problem sein«, sagt er, »denn sie wollen nicht unter palästinensischer Herrschaft leben. Andererseits bin ich überzeugt, daß die Palästinenser nicht mit ihnen zusammenleben wollen, oder nur unter Bedingungen, die für die Siedler nicht akzeptabel wären. Wo gäbe es da eine Lösung? Daran denke ich, wenn sich da draußen, bei Hebron, Nablus oder Jenin mir, dem israelischen Soldaten die Frage aufdrängt: Versuchst du hier nicht mit militärischen Mitteln zu lösen, was nicht einmal politisch zu lösen ist?«

Wir sitzen in der geräumigen Wohnung der Großeltern väterlicherseits, inmitten einer der Villengegenden Jerusalems. Ich habe diese Leute gern, den aus Deutschland stammenden ehemaligen Juristen am Obersten Gerichtshof Israels, für mich das Urbild jener Linksliberalen, die die humanen Rechtstraditionen Europas während eines langen und erfolgreichen Berufslebens in die Justiz des Judenstaats eingebracht haben; seine beherzte, politisch aktive Frau, die mir so manche wertvolle Verbindung für mein Buch verschafft hat; Jonathans Vater, dessen persönliche Zurückhaltung fast vergessen läßt, daß es sich bei ihm um einen Profi der Nahostpolitik mit enormen Kenntnissen handelt.

Aber was ich hier eigentlich wahrnehme, ist das beklommene, traurige, ratlose Gesicht des jungen Jonathan C. mir gegenüber am Tisch. Alle diese Empfindungen spiegeln sich in seiner Sprache wider, was er sagt, und wie er es sagt.

»Wir kommen in Situationen, denen auch viel Ältere, Reifere nicht gewachsen wären. Da weht auf einem Elektrizitätsmast die palästinensische Flagge. Die kann da oben nicht bleiben, also muß sie heruntergeholt werden. Damit wird ein Araber beauftragt. Der klettert hinauf, weil ihm das befohlen wird, hat aber keinen Stock und faßt deshalb die Fahne mit der Hand an. Dabei kriegt er einen elektrischen Schlag und wird entweder verletzt oder getötet – das ist auch schon vorgekommen. Ich kenne einen Offizier, der für solchen Tod verantwortlich ist – dessen Leben hat sich dadurch total verändert. Der Mann wird das nie vergessen können, er ist gezeichnet für alle Zeiten.«

Niemand unterbricht Jonathan C.

»Und dann der Gegner, der uns gegenübersteht. Der Palästinenser, der da vom Mast gefallen ist, der ist ein Sieg für die *Sache*. Je mehr herunterfallen, desto besser. Jede Frau, jedes Kind, die von uns geschlagen werden oder denen Schlimmeres passiert – sie sind ein Sieg für die *Sache*. Je mehr geschlagene Kinder und Frauen, desto mehr Märtyrer, wie sie es nennen, desto besser für die Fahne der Palästinenser. Was sind das für Leute, was ist das für eine Organisation, die PLO? Schauen Sie sich an – oder besser nicht –, wie die Palästinenser umgebracht werden, die im Verdacht stehen, mit uns zusammenzuarbeiten. Wer entscheidet das? Wer sind die Ankläger? Wie wird das geprüft? 200 etwa sind bisher getötet worden. Man könnte es aber auch anders nennen.«

Jonathan C. stockt, schluckt und fährt dann fort: »Mein Krieg ist das nicht, er ist uns, den Enkeln, von den Vorvätern aufgeladen worden, und nun müssen wir damit fertig werden. Dabei weiß ich keine Lösung.«

Es ist jetzt einige Zeit her, aber während ich dieses schreibe, habe ich es noch genau vor mir, das beklommene, traurige, ratlose Gesicht des Jonathan C. – es ist das Gesicht eines nicht unbeträchtlichen Teils der Zahal im Kampf gegen die Intifada.

Ein wirkungsvolleres Partisanentum, als Kinder, Frauen und Jugendliche an die Front zu schicken, hat es in der Geschichte wohl nie gegeben. Aber Erfolg und Dauer der Intifada haben ihre Wurzeln in einem Gegner, der sie nicht auslöscht, nicht auslöschen kann, obwohl er die Mittel dazu hätte. In diesem Sinne ist die Intifada eine Spekulation auf Israels Moralität.

An den Schwierigkeiten für die Armee ändert das jedoch nichts.

Der Mann, der das zeitgenössische Dilemma Israels in die Nußschale einer einzigen Definition bringt, heißt Joseph Walk – 1914 in Breslau als Mitglied einer traditionell zionistischen Familie geboren, 1936 nach Palästina gekommen, Erzieher, Professor und Leiter des Leo-Baeck-Instituts in Jerusalem.

Ich sitze dort einem vitalen 76jährigen gegenüber, Mitglied von »Os ve schalom« (»Stärke und Frieden«), einer Organisation, die um Ausgleich bemüht ist, den Palästinensern praktische Unterstützung angedeihen läßt, ihnen zum Beispiel dabei hilft, Kindergärten oder Krankenhäuser einzurichten, und die sich dadurch natürlich im Zwist befindet mit der offiziellen Regierungspolitik.

Os ve schalom tritt nicht für Kriegsdienstverweigerung ein, trotz innerer Hemmungen, in die besetzten Gebiete zu gehen, sondern versucht, in der Armee Einfluß zu nehmen, wie auch in Schulen und unter Jugendlichen überhaupt. Dabei bleibt die Existenzsicherung Israels das oberste Gebot. »Wir sind nur der Meinung, daß alles vermieden werden muß, was den Frieden aufhalten könnte.«

Ich drücke auf die Taste meines Tonbandgeräts.

»Die Intifada macht mich besorgter um uns selbst als um die Araber. Eines Tages kommt ein junger jemenitischer Jude, der eher rechts steht, ganz verstört aus den besetzten Gebieten zurück, wo er als Soldat war, und sagt zu seiner Mutter: ›Zwei Wochen lang habe ich ausgehalten, daß man Steine auf mich geworfen hat, wahre Blöcke darunter; daß man mich bepinkelt, mich beschimpft hat (als orientalischer Jude versteht er arabisch). Aber eines Tages konnte ich nicht mehr. Ich habe mich auf den ersten besten Jungen gestürzt und ihm die Hand gebrochen. Und jetzt träume ich jede Nacht davon, daß ich das getan habe.‹ Verstehen Sie? Solange er davon träumt, ist es gut. Aber wie lange wird er noch davon träumen?

Das heißt: Wir gehen an uns selbst zugrunde. Das ist ein Prozeß, der immer bedrohlicher wird. Letzte Woche habe ich in der Zeitung gelesen, daß 59 Prozent der israelischen Bevölkerung für *transfer* sind, also für die Ausweisung der Araber aus den besetzten Gebieten, 50 Prozent für den Anschluß der Gebiete an Stammisrael und 43 Prozent dafür, daß den arabischen Israelis das Wahlrecht entzogen wird. Daran ist zu erkennen, wohin die Entwicklung geht. Wir müssen uns so schnell wie möglich aus Gaza zurückziehen und dann eine Lösung für die Westbank finden – sonst gehen wir, ich wiederhole es, an uns selbst zugrunde.« Und dann spricht Joseph Walk den denkwürdigen Satz: »Man ist nicht ungestraft Besatzungsmacht.«

Meine Kenntnisse genügen, um die Wahrheit dieses Wortes sofort zu begreifen. Jeschajahu Leibowitz, Chaim Cohen, Yochanan Meroz, Lotte Salzberger und viele andere Israelis hatten es mir auf ihre Weise gesagt und begründet. Und ich hatte einen winzigen Schimmer des Grauens mitbekommen, das da tagtäglich aufs neue geboren wird – durch mein Erlebnis in Gaza, als die israelische Militärpatrouille mich aus der palästinensischen Umklammerung herausholte. Genug, um die furchtbare Trostlosigkeit des Soldatendaseins zu spüren, die Öde neben der ständigen Gefährdung. Was muß das für ein Dienst sein, schwerbewaffnet inmitten einer Bevölkerung, von der man weiß, daß man von ihr gehaßt wird, ständig gezwungen, Augen und Ohren aufzuhalten, und den Finger ewig am Abzug? Was ist das für ein Dasein, was sind das für Aussichten?

Der größte Sieg in der Militärgeschichte Israels – der von 1967 – hat sich als schweres Erbe erwiesen. Hinter der Behauptung der territorialen Eroberungen muß mehr stehen als die Genugtuung, über zwei Millionen Menschen zu herrschen, die von Israel nicht regiert werden wollen. Ob es sich historisch als richtig oder falsch erweisen wird, sei dahingestellt, aber das Beharren auf den Eroberungen muß sich durch das Argument legitimieren, daß sich ohne sie die Position Israels in seinem Existenzkampf irreparabel verschlechtern könnte. Ich spüre, daß ich nicht in der Haut des israelischen Staatsmanns stecken möchte, der darüber zu entscheiden haben wird. Denn der Status quo Israels ist unhaltbar – aber könnte der künftige es nicht auch sein? »Wie, Professor Walk, kommt man da heraus?«

»Jedenfalls nicht durch die nationale Unabhängigkeit der Palästinenser, wie sie im allgemeinen interpretiert wird, also Gaza und Westbank für sich. Das könnte sich weder politisch noch wirtschaftlich, noch militärisch behaupten. Auch eine bloße Autonomie im Sinn von Camp David wird die Araber niemals befriedigen, und von ihrer Seite aus haben sie damit recht. Ich war schon damals der Meinung, daß dort jeder jeden irgendwie betrogen hat. Die Palästinenser hatten mehr erhofft als die kommunale Autonomie, aber bis heute haben wir ihnen nicht mehr geboten. Die ideale Lösung wäre deshalb eine Konföderation zwischen einem Palästinenserstaat, Jordanien und Israel. Die Palästinenser müssen das Gefühl nationaler Selbständigkeit haben, obwohl sie ursprünglich keine solche Identität hatten –

aber nun haben sie dieses Gefühl, und zwar als dialektisches Ergebnis des israelischen Nationalismus. Wir haben ihre Identität erst richtig erzeugt, und das ist nicht mehr rückgängig zu machen.«

»Welche Rolle soll dabei die PLO spielen?«

»Solange aus ihrer Charta nicht der Satz verschwindet, daß Israel ausgelöscht werden muß, ist mit ihr nicht zu verhandeln. Aber wenn dieser Zustand zu lange dauern wird, birgt er die Gefahr in sich, daß wir statt mit der PLO mit den Fundamentalisten der Hamas zu tun haben werden – und mit denen ist überhaupt nicht zu verhandeln. Unsere Armee aber muß raus aus ihrem Intifadadilemma, sie muß da heraus!«

Das Leo-Baeck-Institut liegt in einem dieser Viertel Jerusalems, die für mich eine unbeschreibliche Ruhe ausströmen, obschon auch hier Parkplätze nur schwer zu ergattern sind. Es ist die Einbettung der Gebäude in die Vegetation, das viele Grün, das den Eindruck der Gelassenheit und der Würde hervorruft.

Joseph Walk hat mich bis an die Pforte geleitet. Und dort, beim Abschied, bringt er das historische Drama Israels von gestern, heute und morgen abermals in die Nußschale des Satzes: »Man ist nicht ungestraft Besatzungsmacht.«

Monolog des ehemaligen Panzerkommandanten Jossi P.

»Ich bin der Sohn orientalischer Juden, mein Vater ist in Kairo geboren, meine Mutter in Syrien. Ich bin also das, was man einen sephardischen Juden nennt, und das brachte Probleme – mit den Aschkenasim, denen aus Europa, aus der ›weißen Welt‹. Natürlich sind wir alle Israelis, ich bin hier geboren, vor 38 Jahren. Doch was ist mit meiner Identität? Gibt es schon eine israelische Kultur oder nur eine Menge verschiedener Kulturen, die noch nicht zusammengefunden haben? Und wenn es eine Menge von Identitäten gibt – was ist davon meine? Trotzdem, wenn ich gefragt werde: Was bist du? dann antworte ich: Ich bin Israeli! Daß ich das sagen kann, ehrlich, hängt in erster Linie mit meinem Dienst in der Armee zusammen, klar. Ich bin Panzerkommandant gewesen, in zwei Kriegen, gegen die

Ägypter, als sie uns überfallen hatten an Jom Kippur, und im Libanon. Ich war verantwortlich für andere und für mich, unter lebensgefährlichen Bedingungen, und was ich an Reife habe, das habe ich vor allem aus dieser Zeit. Ich war Soldat, aber ich habe mich nicht als Held gefühlt, obwohl wir gesiegt haben.

Ich habe drei Jahre in der Armee gedient, als Reservist auch gegen die Intifada. Das erste, was ich empfand, als ich die steinewerfenden Kinder und Frauen vor mir sah, war: Das muß beendet werden, das muß so schnell wie möglich beendet werden. Ich gebe zu, daß ich dabei an mich selbst gedacht habe, also nicht politisch, nicht ›für das Land, für Israel‹. Ich habe ganz einfach gedacht: Laßt uns alle zusammen damit Schluß machen, weil es nicht auszuhalten ist. Das habe ich gedacht, als mir die Steine um die Ohren flogen und ich jeden da vor mir hätte totschießen können, jeden und jede, leicht. Die hatten nur Steine und brennende Reifen und ihre Schleudern, aber die Knarren, die hatten wir. Ich habe sie nicht gebraucht, ich hätte das nicht gekonnt. Ich glaube, auch in Notwehr hätte ich noch in die Luft geschossen. Doch genau wissen kann das selbstverständlich keiner. Ich war zwar in gefährlichen Situationen, aber in wirklicher Notwehr war ich nicht. Deshalb will ich für das, was ich hier sage, nicht meine Hand ins Feuer legen. Es hat ja unter uns mancher geschossen, der vorher glaubte, er könnte das nicht.

Die Intifada ist für die Armee derzeit das schwerste Problem. Wenn es gegen einen äußeren Feind ginge, gegen andere Soldaten, gegen fremde Armeen, die syrische, die jordanische, die irakische, glauben Sie mir – ich hätte nicht die geringsten inneren Schwierigkeiten, nicht die geringsten. Keiner von uns hätte die. Sie kennen doch den Spruch: ›Masada wird nie wieder fallen!‹ Und es wird nicht wieder fallen. Ein Kampf dafür wäre eben etwas ganz anderes, als mit einem Schießprügel hinter fliehenden Frauen und Kindern herzulaufen.

Aber das ist nicht das einzige, was mich kratzt. Die eigentliche Schwierigkeit besteht darin, daß die *troubles*, die du mit der Armee hast, in einem ganzen Nest von anderen stecken.

Ich will mal versuchen, Ihnen das zu verklickern. Israel ist ein Land, dessen Politik und Leben mich verwirren. Es stellt so viele Fragen, und ich weiß darauf meist keine Antwort. Warum sind die Dinge nicht einfacher? Ich hab' das bereits gesagt: der Vater aus Nordafrika, die Mutter aus dem Vorderen Orient – damit fing es schon mal an. Wir wohnten in Beer Scheva, unter anderen Juden orientalischer Herkunft – niedrigster sozialer Standard in Israel. Wir waren anders als die Aschkenasim, und das haben die uns spüren lassen. Später sagte ich: Du bist Israeli, aber ich habe damit auch etwas in mir betäubt. Ich war nicht mehr so sephardisch wie meine Eltern, aber wegzukriegen war das Sephardische in mir doch nicht, auch wenn es im Lauf meines Lebens immer weniger geworden ist – damals war es stärker. Am wenigsten übrigens habe ich es in der Armee empfunden. Da war es so gut wie weg, da waren wir alle gleich, nichts als Israelis, nur Israelis. Das war eine entscheidende Erfahrung, eine Lebenserfahrung sozusagen.

Ich habe dann den Sprung geschafft, oder ehrlicher: Israel hat mir die Chance dazu gegeben. Mein Vater war Polizist, aber ich habe an der Uni in Beer Scheva studiert – Erziehung und Geschichte – und heute bin ich Lehrer, an einer Schule in Bet Schemesch. Sie waren doch mal da, ich habe Sie gesehen, mit den Frauen von Sovlanut, als unsere Schule über die Frage debattierte: Gespräche mit Palästinensern – ja oder nein? Erinnern Sie sich? Na also!

Zuerst war ich Lehrer in einem ganz kleinen Ort bei Dimona, dann war ich arbeitslos, sechs lange Monate, eine bittere Zeit. Ich bin keine passive Person, ich bin ein aktiver Mensch. Ich wußte, ich mußte Arbeit finden. Ich habe dann alles mögliche gemacht, im Ministerium für Tourismus, in einem Hotel, aber das war nicht das, was ich suchte. Es war kein richtiges Leben. Richtiges Leben ist, etwas zu tun, was du fühlst und was du dir wünschst. Das ist richtiges Leben, alles andere ist Verlust. Ich liebe nun einmal Kinder, ich kann das nicht rational erklären, es ist eben so, und deshalb wollte ich immer auch Lehrer werden. Seit September 1989 bin ich es wieder, eben an dieser Schule in Bet Schemesch. Aber schon bin ich wieder in der Zwickmühle. Ich kann die Kinder nicht dahin erziehen, daß Krieg etwas Gutes sei, natürlich nicht. Krieg ist etwas Schlechtes, Schlimmes. Aber zu Pazifisten kann ich sie auch nicht erziehen in der Situation, in der sich Israel befindet und wahrscheinlich noch lange befinden wird. Also was tun?

Ich denke, wir müssen mit den Arabern, mit den Palästinensern reden, darum kommen wir nicht herum. Die Mehrheit unserer Schülerinnen und Schüler waren auf dem Meeting damals ja auch dafür. Ich habe mich darüber gefreut, und Sie auch. Ich habe Sie beobachtet, von Anfang an, denn ich kannte Sie ja vom Fernsehen, als die Verfilmung Ihres Buches lief – ›The Börtinies‹ –, die ich natürlich auch gesehen habe. Daher kannte ich Sie.

Ich frage mich also dauernd: Was sagst du den Kindern? Und ich antworte: Wir müssen mit den Palästinensern sprechen. Ich bin besorgt um unsere Demokratie, daß die kaputtgeht, wenn das Problem nicht gelöst wird und wir dauernd zu Mitteln greifen müssen, die eigentlich nicht zu uns passen und dem Geist widersprechen, in dem Israel errichtet worden ist. Verstehen Sie, das ist es, was mich kaputtmacht, und nicht nur mich.

Unsere Regierung macht die dümmsten Sachen, ich kann Ihnen gar nicht sagen, was für dumme Sachen sie macht. Zum Beispiel, daß sie den Religiösen alles in den Rachen stopft, Hunderte von Millionen von Schekel, nur damit die Orthodoxen bei den fast ausgeglichenen Wahlproportionen zwischen Likud und Maarach das Zünglein an der Waage spielen – unser Geld, unsere Steuern. Ich könnte aus der Haut fahren.

Dann dieses Schwarzweißdenken – nur was du selbst sagst, denkst, meinst, ist richtig. Und natürlich ist man selbst immer bei den ›Richtigen‹, da mache ich gar keine Ausnahme. Aber mit den Palästinensern müssen wir sprechen – müssen wir! Denn wir haben den glorreichen Sechstagekrieg von 1967 nicht gewonnen, wir haben ihn verloren. Historisch haben wir gewonnen, 7 Tage lang, genaugenommen. Aber politisch haben wir diesen Krieg verloren, und das nun bald schon 25 Jahre lang.

Ich glaube, ich habe schon gesagt, daß ich Soldat war in den *territories*, wie es bei uns heißt, um nicht ›besetzte Gebiete‹ sagen zu müssen. Aber was ändert das an der Tatsache, daß sie es sind? Da haben sie Steine geworfen, und ich habe gedacht: Das hältst du nicht aus! Was macht man denn damit? Also – Juden und Araber müssen miteinander sprechen.

Ich weiß nicht, was werden wird, wenn die Palästinenser einen eigenen Staat haben werden, aber ich denke, wenn sie ihn haben, werden sie so klug sein, ihn nicht durch Feindseligkeit uns gegenüber zu gefährden. Wie die Dinge jetzt liegen, haben sie nichts zu verlieren, stehen sie mit dem Rücken an der Wand.

Was müßte eigentlich geschehen, damit die Betonköpfe bei uns und bei den Palästinensern weggepustet werden? Ich fürchte, es wird wieder mal nichts geschehen. Ich fürchte, die Siedler würden im Fall einer palästinensischen Regierung auf der Westbank ihre Schießprügel nehmen und losdonnern, und dasselbe geschähe in Gaza, obwohl es da nicht so viele Siedler gibt.

Ich glaube, es gibt auf unserer Seite noch dieses verdammte Überlegenheitsgefühl gegenüber den Arabern, ein richtiges Problem, man selbst ist davon nicht frei. Aber das gibt es nicht nur bei uns, das gibt es überall, auch unter den Arabern, und selbst unter Juden. Wer weiß das besser als die Israelis aus den orientalischen Ländern? Diese Minderwertigkeitskomplexe haben übrigens viele Israelis kulturell gegenüber Europa, weniger gegenüber Amerika, aber gegenüber Europa. Warum eigentlich? Was zum Beispiel die Musik betrifft, da hat Israel den höchsten Standard, ist es Weltspitze. Sollte ich also sagen, die europäische Kultur mußt du dir aneignen? Wir haben schon ganz schön selbst was vorzuweisen.

Den Arabern macht es der Entwicklungsunterschied natürlich schwerer, ihre Minderwertigkeitskomplexe zu überwinden, also müssen wir ihnen helfen, da herauszukommen – und sie sich selbst auch. Aber wenn ich so darüber spreche, dann muß ich zugeben, daß ich keine großen Hoffnungen habe. Auch weil es wirklich so starke Unterschiede gibt.

Ich habe als Soldat Palästinenser bewacht, die in Lagern gefangengehalten wurden, etwa hundert. Ich hatte dabei kein gutes Gefühl, aber das wurde nach einiger Zeit beiseite gedrückt durch das Verhalten der Gefangenen. Die Palästinenser riefen uns laut ins Gesicht: ›Palästina – ja! Israel – nein!‹ Und dann verbrannten sie ihre Zelte. Wir haben sie gelassen. Und nun stellen Sie sich vor: israelische Gefangene in arabischen Lagern, und die würden ihren Wächtern ins Gesicht schreien: ›Israel –

ja! Syrien oder Jordanien oder Irak – nein!‹ Was würde geschehen? Sie würden in die Israelis hineinschießen, sie würden sie töten. Und stellen Sie sich die Intifada mal umgekehrt vor – woran ich übrigens oft gedacht habe, wenn die Steine flogen. Stellen Sie sich eine jüdische Intifada in Damaskus, in Bagdad oder Amman vor! Was würden die Regierungen da tun? Sie würden jeden Juden töten. Das meine ich mit ›Unterschied‹. Er ist riesenhaft, was den Wert des einzelnen Menschen betrifft, und Toleranz und Demokratie, riesenhaft.

Ich will jetzt Schluß machen, ich habe schon zuviel geredet. Ich möchte aber noch sagen, daß bei all dem, was ich da erzählt habe, nicht herauskommen soll, wir Juden seien bessere Menschen. Davon kann keine Rede sein. Wir sind wie alle anderen auch, aber das bedeutet, daß sich alle anderen in unserer Situation so benehmen würden, wie wir es tun, mit all den Fehlern, die dabei gemacht werden.

Ich sage noch einmal, wir müssen mit den Palästinensern reden, Schluß mit der Intifada. Ich will Frieden. Doch sage ich auch: Wenn uns ein arabisches Land angreift, wenn es uns an die Wäsche will, dann fallen die ganzen Bedenken von mir ab, restlos, dann bin ich da, zur Stelle – als Panzerkommandant. Das war ich ja schon einmal, genau zweimal. Aber ich glaub', das hatte ich schon erzählt, ja?«

Die phantastische Story des Eli Cohen

Noch einmal auf den Golan.

Aber diesmal nicht mit Wissenschaftlern, sondern mit einem Militär – Zwi Sch., 55, Oberstleutnant der Zahal. Wir hatten uns früh um sieben im Hilton Tel Aviv verabredet und uns gleich auf die Autobahn nach Norden gemacht – Route Hadera-Afula-Tiberias. Der See Genezareth liegt schon hinter uns, es geht durch die Dörfer, Ortschaften und Städte Obergaliläas, unser erstes Ziel ist Qiryat Schmona. Vom Fuß des Hermon dann wollen wir durch den Golan in seiner ganzen Ost-West-Breite und Nord-Süd-Ausdehnung. Zwi Sch. kennt die Höhen wie seine Westentasche.

In den zweieinhalb Stunden von Tel Aviv bis hier – im Westen sehe ich, auf der Höhe, Safed – habe ich die wesentlichen biographischen Daten meines uniformierten Begleiters kennengelernt. Sie sind erstaunlich.

Der Ursprungsname des 1935 in Wien geborenen Oberstleutnants lautete Manfred Schmidt, Sohn jüdischer Eltern, die nach der Annexion Österreichs in verschiedene Lager kamen, aber 1945 befreit wurden – mit ihrem Kind. Das ging, achtzehnjährig, nach Israel, und seither steckt der bald Umbenannte im Fallschirmjägertuch der Armee – als Rekrut, als Unteroffizier, als Offizier.

Daß der Mann noch alle seine Glieder beieinander hat, ist ein schieres Wunder – so oft hat es ihn erwischt. Am dritten Tag des Sinaifeldzugs von 1956 traf den 21jährigen Offiziersschüler der Splitter einer Panzergranate in die rechte Hand – abgeprotzt von den eigenen Leuten. 1957 erhielt er während des Dienstes im Negev einen Kopfstreifschuß am linken Auge entlang. Ein Jahr später lief er dort, bei Nizzana, auf eine Doppelmine und wurde schwer verletzt: zwei Rückgratfrakturen, linkes Bein und rechte Schulter gebrochen, am linken Schenkel eine erschreckend große Fleischwunde. Heraus kamen elf Monate Krankenhaus, zwei Jahre Krücken und danach lange der Stock.

Von all dem ist Zwi Sch. heute nichts mehr anzumerken. Er ist seit 28 Jahren verheiratet und Vater von vier Kindern, zwei Töchtern, 22 und 24, und zwei Söhnen im Alter von 20 und 11 Jahren. Beide Töchter waren Offiziere, die ältere Kommandantin eines Panzers, die jüngere als zweite Generation in jenem Bataillon, in dem der Vater als Rekrut begonnen hatte. Alles, was ich da erzählt bekomme, während wir auf der Straße nach Qiryat Schmona fahren, klingt ziemlich militärisch, aber militaristische Untertöne höre ich nicht heraus, obwohl meine Sinne dafür geschärft sind, wie immer im Umgang mit Soldaten.

Da sitzt ein bewegtes und verwegenes Leben neben mir. Es hat mitgebaut an dem großen Zaun an der jordanischen Grenze, der die Infiltration durch palästinensische Fatahkrieger verhindern soll, elektrisch geladen, fünf Kilometer vom Grenzfluß Jordan entfernt und mit »Festungen« genannten Stützpunkten versehen, die in Sichtweite zueinander errichtet worden sind.

Was ich davon auf der Fahrt mit Hakam Fahoum nach Metulla gesehen habe – Drahtverhau und Sandstreifen –, wird jetzt kommentiert von einem Augenzeugen und Mitakteur.

Jeden Morgen gingen die Patrouillen das gesamte Jordantal ab. Der Sandweg wurde stets, wie auch heute noch, geharkt, falls Tier- oder gar Menschenspuren seine Glätte versehrt hatten (die Assoziationen zur verblichenen deutsch-deutschen Grenze sind für einen Angehörigen meiner Generation unvermeidlich). Wenn der Zaun berührt wurde, gab es einen elektrischen Impuls, der die Streifen alarmierte – das konnte auch durch Wild geschehen. Wenn aber Fußspuren entdeckt wurden, hielt der Alarm 24 Stunden an. Dann stiegen Helikopter in die Lüfte, und auf der Erde machte man sich auf die Suche nach den durchgeschlüpften Palästinensern.

»Wir hatten dabei oft beduinische Pfadfinder, die genau Bescheid wußten und übrigens Armeeangehörige waren, sogar Offiziere. Denen gingen wir nach über Stock und Stein, immer hinterher, zu Fuß und mit Hubschraubern, bis wir die Eindringlinge gefunden hatten.«

Links von der Straße jetzt Metzudat Jescha, der Hermon muß bald in Sicht kommen, das Wetter ist glänzend.

»Unsere Verluste waren damals, zwischen 1967 und 1971, ziemlich hoch«, fährt Zwi Sch. fort, »unsere Division hatte 41 Gefallene, davon mehr als die Hälfte Offiziere. Das hing damit zusammen, daß die Fatahleute zunächst einmal im Vorteil waren. Niemand wußte, wo sie sich versteckt hielten, aber sie sahen uns, wenn wir ihnen nahe kamen. Den ersten Schuß haben immer sie abgegeben, und der traf meist, der kostete uns immer Tote oder Verletzte. Dabei ist mein Bataillonskommandeur gefallen, und einer meiner Söhne hat einen Arm verloren. Die Jordanier haben die Fatah übrigens nicht unterstützt, im Gegenteil, sie hatten kein Interesse, sich mit uns anzulegen. So ist die Infiltration immer geringer geworden, besonders nach dem Schwarzen September 1970, als König Hussein den Palästinensern gezeigt hat, wer der Herr im Hause Jordanien ist.«

Wir sprechen deutsch miteinander, obwohl Oberstleutnant Zwi Sch. es nicht mehr seine Muttersprache nennt – die ist das Hebräische, Iwrith. Manchmal, selten, stockt er, noch seltener muß ein englischer Ausdruck zu Hilfe kommen. Daß die Ursprungssprache so gut erhalten blieb, hängt damit zusammen, daß Zwi Sch. vier Jahre lang in Deutschland die Flugsicherung der El Al in Händen hielt und dabei Freunde gewonnen hat, mit denen er in Kontakt steht. Sein fließendes Englisch ergibt sich aus einem dreijährigen Aufenthalt als militärischer Berater in Uganda – »Vor Idi Amin!« stellt der israelische Oberstleutnant klar.

Hinter Qiryat Schmona geht es vor Metulla nach Nordosten auf die Straße zum Hermongebirge. Mein alter Ford hat jetzt fast 200 000 Kilometer mit demselben Motor hinter sich, davon seit meiner Ankunft in Israel gute 11 000, aber er schnurrt wie eine Katze.

»Ich möchte Ihre Meinung über die Intifada kennenlernen«, bohre ich den Informationsfluß weiter an, »als Militär – und überhaupt.«

Zwi Sch. lacht. »Wo ist da der Unterschied? Ich war mein ganzes bisheriges Leben beim Barras. Wo soll da was anderes herkommen?« Dann wird er ernst.

»78 Prozent der israelischen Rekruten wollen zu Eliteeinheiten, zu Spezialtruppen – Fallschirmjäger, Froschmänner, Piloten. Das kann auch mit der Intifada zu tun haben, da mit ihr meist die ›gewöhnliche Infanterie‹ zusammenstößt. Es kann also bedeuten, Schutz vor der Konfrontation mit der Intifada zu suchen. Der Soldat soll ja sein Vaterland verteidigen, aber tut er das gegen steinewerfende Kinder, Jugendliche und Frauen? Die Rekruten, die da vom Gymnasium kommen, gerade achtzehn Jahre alt, sind ja selbst noch Kinder. Und die stehen nun drei, vier Monate lang an dieser ›Front‹ - mit ungleichen Waffen. Ihre dürfen die Soldaten erst benutzen, wenn sie selbst in Lebensgefahr sind, vorher nicht. Aber wann ist man das? Sie müssen mal vor einer solchen Meute gestanden haben, um zu wissen, was das für ein Anblick ist. Das ist schwer zu beschreiben. In den Augen der Welt und ihrer Presse sind immer nur wir die Bösen, die Buhmänner, und die Palästinenser sind die Guten. Als die Iraker im Krieg gegen den Iran ein ganzes kurdisches Dorf mit 5000 Menschen vernichtet haben, waren das für die großen Zeitungen sieben, acht Zeilen. Die Schlagzeilen dagegen berichteten, daß zwei Palästinenser bei Hebron erschossen worden seien... Ich habe das aufbewahrt, weil es so typisch ist dafür, wie einseitig man sich auf uns eingeschossen hat.«

Jetzt sehe ich ihn, den Mount Hermon, kurz hinter dem Kibbuz »Hagoschrim«, von der Brücke über den Dan, einen der Quellflüße des Jordan. Die beiden Gipfel, eher gigantische Buckel, 2700 Meter im Libanon, 2200 in Israel, sind schneefrei. Und doch, auch so bloß und kahl, grüßt das Vulkangebirge majestätisch genug herüber.

Südlich, ein Elefantenrücken, der Golan und seine Höhen. Wir sind ausgestiegen, an das Brückengeländer gegangen und haben hinuntergeschaut – der Dan führt jetzt, im Juli, keinen Tropfen Wasser mehr.

Wieder im Wagen, sage ich: »Mein Gerät läuft.«

»Die Intifada hat uns Israelis verändert, aber nicht allein uns, sondern auch die palästinensischen Strukturen«, fährt Zwi Sch. neben mir fort. »Nehmen Sie nur den Vater in der arabischen Gesellschaft, eine ungeheure Respektsperson – haben Sie das mal erlebt? Das Machtwort des Vaters war alles für den Sohn – die Töchter zählten ohnehin nicht –, und das auch, wenn der Sohn selbst Kinder hatte und seinerseits Vater geworden war. Heute hat, nein, nicht die palästinensische Gesellschaft, wohl aber ein Teil von ihr, die Macht des Vaters abgeschüttelt, und bewirkt hat das die Intifada. Der Vater, der Großvater, sie sagen zu den Söhnen und den Enkeln: Tu das und das nicht! Natürlich sind sie, entgegen der offiziellen PLO-Propaganda, in Sorge um ihre Kinder. Ich bin sicher, die älteren Leute haben das Ganze ohnehin satt, sie können nicht arbeiten, verdienen nichts, müssen ihren Lebensstandard kürzen und trotz des von der PLO ausgerufenen Streiks ihre Familien ernähren, und das unter Bedrohung: Wenn du gegen unsere Aufforderung zur Arbeitsniederlegung verstößt, wirst du aufgehängt oder erstochen oder erleidest Schlimmeres. Wirklich – die Älteren haben das satt. Viele von ihnen wollen nicht auch noch, daß ihre Kinder dran glauben müssen. Aber die? – die tun ›es‹ doch, die sind nicht zu halten. Es gibt keine Traditionskraft, die dagegen aufkommt. Und das wird Folgen haben, wenn die Intifada mal vorbei sein wird.«

Von Norden her ist der Eindruck noch stärker als auf der Fahrt mit den beiden Wasserwissenschaftlern vor einigen Wochen, als wir von der Mitte her eindrangen und nach Süden abschwenkten – der Golan war eine einzige syrische Festung. Zäune, Minenfelder, Bataillonsstände, Kommandobunker, ausgebrannte Stellungen, als wären sie gestern erst verlassen worden. Die Höhen waren übersät von Forts, Riegeln, Dynamitbarrieren, Wacht- und Spähtürmen – Maginotlinie und Atlantikwall en miniature. Eines aber fällt mir heute besonders auf, etwas, das ich schon auf der ersten Reise wahrgenommen hatte, das sich aber erst jetzt als Frage zwingend aufdrängt: Weshalb sind alle diese Befestigungen von Eukalyptusbäumen umgeben? Warum stehen überall um sie herum die großen Bäume mit ihren charakteristischen Lederblättern und dem braunfarbenen Holz? Wer hat sie hier gepflanzt, die starken Wassersäufer, mit deren Hilfe drunten das Hulatal und seine Malariasümpfe trokkengelegt worden sind, Voraussetzung für die Verwandlung Galiläas in einen modernen Garten Eden?

Auf diese Frage erfahre ich von Oberstleutnant Zwi Sch. die phantastische Geschichte von Eli Cohen, Israels Meisterspion.

Systematisch vom legendären Mossad, dem Geheimdienst, für seine spezielle Aufgabe aufgebaut – in das Regierungs- und Kommandosystem in Damaskus zu gelangen –, wurde Eli Cohen in den fünfziger Jahren nach Argentinien geschickt, wo es eine starke syrische Kolonie gibt. Dort wurde er als Sproß einer aus Syrien eingewanderten Familie eingeführt, ein Großkaufmann, der das Land seiner Vorfahren stets im Herzen behalten hat. Das war alles so umsichtig bedacht, daß der Plan aufging. Eli Cohen wurde von der Regierung nach Syrien geholt, war binnen kurzem in wichtigen Positionen, pflegte Umgang mit Ministern und Militärs und hatte Zugang zu den höchsten Stellen, eingeschlossen den Präsidenten.

So nahm er auch ganz selbstverständlich teil an einem konspirativen Besuch führender Offiziere auf dem Golan. Während der Inspektion machte Eli Cohen einen so nachdenklichen Eindruck, daß er gefragt wurde, was ihn denn beschäftige. Darauf antwortete er: Er mache sich Sorgen um Syriens Armee auf den

Golanhöhen – es gebe hier keinen Baum, die Soldaten würden in der Sonne verbrennen. Das müsse anders werden, da müsse Schatten her. Und dann schlug Eli Cohen den Generälen vor, überall dort, wo es militärische Einrichtungen gab – Bunker, Unterstände, Artilleriestellungen, Kommandozentralen –, Bäume zu pflanzen, und zwar Eukalyptusbäume, da sie besonders schnell wüchsen. Und so geschah es dann. Oberstleutnant Zwi Sch.: »Etwas Besseres konnten wir uns 1967 bei der Eroberung der Golanhöhen gar nicht wünschen. Überall, wo Eukalyptus war, befanden sich syrische Stellungen, Soldaten, Kriegsmaterial...«

Die phantastische Story des Eli Cohen, Israels Meisterspion! Leider ging sie übel aus für ihn. Schon fünf Jahre vor dem Sechstagekrieg war Eli Cohen aufgeflogen. Der Zorn der Geprellten muß ungeheuer gewesen sein, denn alle Versuche Israels, ihren Mann in Damaskus herauszuhauen, schlugen fehl - 1962 wurde Eli Cohen in der syrischen Hauptstadt öffentlich gehenkt. Die Rache der Getäuschten reichte sogar noch über Cohens Tod hinaus. Denn auch Israels Angebote, nach den Siegen von 1967 und 1973, wenigsten den Leichnam gegen syrische Gefangene einzutauschen, wurden eisig abgelehnt.

Sie konnten uns mit Steinen töten

So berichtete Zwi Sch., bevor er mich plötzlich abbiegen läßt - auf ein Armeecamp zu. »Military area – no photographies«. Bevor das Tor erreicht ist, fordert Zwi. Sch. mich auf: »Sie müssen trinken, hier oben spüren Sie nicht, wieviel Flüssigkeit Sie verlieren, aber Sie verlieren sie.«

Dann verschwindet er in dem Wachthaus und winkt mich nach einer Minute ins Camp.

Panzer, Panzer mit gewaltigen Kanonen, Stacheldraht, Hütten, Militärwagen, und lauter freundliche Leute in Uniform. In der Luft knallt es dreimal – Jäger ziehen am Himmel dahin. Von hier, einer strategischen Höhe, kann der Blick weit schweifen, bis zum Hermon, der ganz entzaubert daliegt in seiner sommerlichen Nacktheit, statt jenes Schneediadem zu zeigen, mit dem in friedlicheren Zeiten der Nahosttourismus seine Kunden aus Amerika, aus Europa und aus dem Libanon gelockt hatte.

»Bis Anfang Juni war er noch weiß«, sagt der Kommandeur des Panzerstützpunkts, 21, Dienst in der Zahal seit drei Jahren. Eines hat er noch nach als Offizier.

Ich darf mich bewegen, wo und wie ich will.

Die Panzer werden gewaschen, draußen und drinnen – der Blick hinein ist frei. Eine gemütliche Klause ist das nicht, aber auf dem Boden wird herumgewischt, als wäre es die gute Stube. Solche Reinigung findet regelmäßig statt, sagt der 21-jährige *operation officer*, der Panzer ist die zweite Heimat des Soldaten, sein Haus, seine Wohnung. Die Granaten sind im Turm an der Seite gestapelt. Ich erfahre, daß die Feuerbefehle per Computer gegeben und ebenso die Ziele gesucht werden. Die Soldaten lächeln mich an. Nach je drei Wochen Dienst gehen sie auf Urlaub, freitags, vor Sabbat, und kommen Sonntagabend wieder. Die in der Nähe wohnen haben es besser, weil sie zu ihren Familien können. Dies in Zeiten, da es friedlich zugeht, sonst sind sie hier, wird mir versichert, im Sommer »festgebrannt« und im Winter »eingefroren«. »Lassen Sie sich nicht täuschen«, sagt der *operation officer* und zeigt in den glühenden Himmel, »hier kann es sehr kalt werden, sehr matschig sein und stark regnen.«

Jetzt allerdings rinnt jedem der Schweiß herunter.

Wenn Manöver stattfinden, wird den Syrern über die UNO Bescheid gegeben, und umgekehrt. »Dies ist die ruhigste Grenze seit 1973 «, sagt der Kommandeur.

Unten in den Tälern und an den Hängen entdecke ich Häuser, Ansiedlungen, Kibbuzim, auch Safed in der Ferne. Und während ich schaue, werde ich mit Informationen gefüttert. Daß Leuchtpatronen hochgeschossen werden, wenn sich etwas Verdächtiges tut, und das geschieht jede Woche, aber bisher meist harmlos. Jeder Zug hat seine Unterkünfte, für Spiel und Sport ist mit Basketball- und Fußballplatz gesorgt. Sechzehn Frauen tun hier Dienst, von denen ich bisher keine gesehen habe, dafür eine Bank aus Geschoßhülsen und einen kleinen Gedenkplatz für die Gefallenen. »Es waren 2000 auf dem Golan 1967 «, sagt der Kommandeur. »Wir haben unsere Lektion gelernt.«

Der ganze Stützpunkt ist eingezäunt. Außerhalb, auf freiem Feld, wird geschossen. Vor einem hohen Wall sind Scheiben aufgestellt. Die Kugeln spritzen Erde auf. Es wird in allen Stellungen geschossen – liegend, kniend, stehend. Die Handfeuerwaffen werden »korrigiert« – das lange Gewehr heißt Galil, das kürzere Gilon.

Ich bin zum erstenmal in meinem Leben in einer Einheit der israelischen Armee. Es weht ein leichter Wind, dennoch ist es erstickend heiß – über den Hügeln des Golan flimmert die Luft.

Auch hier, unabweisbar, der Gedanke, der mir immer beim Anblick von Soldaten kommt: Vergeudung menschlicher Energie und Mittel, Verlust von Produktivität, von Wertschöpfung, verbunden mit Gefahr für Leib und Leben. Ob sich das je ändern wird? Dann sehe ich die erste Frau hier, ein Mädchen, lieblich, achtzehn Jahre alt. Sie kommt aus England, Oxford, Vater Jude. Sie konvertierte, hat die Insel verlassen, fühlt sich jüdisch und kann noch kaum Iwrith. Aber sie wird es lernen, sagt sie bestimmt, und die jungen Israelis um uns herum nicken eine Spur zu betont dazu. Es ist die hübscheste Engländerin, die ich je gesehen habe.

Abschied.

Ich bin noch nicht zum Tor hinaus, da denke ich an Jossi P.s Worte – und finde sie in mir bestätigt. Ja, die israelische Armee ist die motivierteste der Welt. Bei einem Angriff von außen würden die Erfahrungen mit der Intifada wie weggewischt sein, sie hätten keinerlei Bedeutung mehr, als wären sie nie dagewesen, ein folgenloser Spuk. Im Kampf gegen einen äußeren Feind stellten die Spuren der Intifada keinerlei Belastung dar für die israelische Armee. Aber bestätigt nicht gerade diese Gewißheit nur noch einmal, welche schier unüberwindbare Aufgabe der Aufstand der palästinensischen Zivilisten für die Streitkräfte bedeuten muß?

Wir fahren jetzt auf Kuneitra zu, in das von den Blauhelmen der UNO besetzte Niemandsland, ein Terrain beispielloser Verödung und Menschenleere, wie ich nach Ankunft feststelle, der Puffer zwischen Israel und einem Feind, den der Oberstleutnant neben mir für den gefährlichsten hält, gefährlicher noch als den Irak, da Israel mit diesem keine gemeinsame Grenze hat. »Keine Armee ist so gut ausgerüstet wie die syrische«, sagt Zwi Sch., »und ihre Soldaten sind bekannt als die grausamsten unter Israels arabischen Feinden.«

Kuneitra ist absolutes Sperrgebiet, aber der Offizier braucht sich darum nicht zu scheren – wir fahren schnurstracks auf die *forward line* der beiden Staaten zu. Noch ehe wir den einsamen Posten, der hier Wache hält, erreicht haben, sagt Zwi Sch.: »Ein Österreicher. Man erkennt sie an ihren Steyr-Gewehren.«

Der Junge ist zwanzig, kommt aus Salzburg und hat sich nach Absolvierung seiner Wehrpflicht für diesen Dienst freiwillig gemeldet, »weil ich etwas für die Menschheit tun möchte«. Die Dienstzeit beträgt acht Monate. Außer Österreichern liegen hier auch Kanadier. Die beiden Camps sind getrennt. Allzu enge Beziehungen, so der Salzburger, gebe es nicht.

Kuneitra, bis heute nichts als eine Ruine, war 1967 von Israel erobert, dann jedoch mit seiner und syrischer Einwilligung zur entmilitarisierten Zone unter dem Schutz der UNO erklärt worden. Sie kontrolliert auf beiden Seiten, ob keines der Heere mehr Panzer und Soldaten in der Gegend hält als verabredet.

Wir stehen an der Schranke und schauen hinüber. Nichts regt sich drüben.

»Die Syrer bleiben unser Hauptproblem, militärisch gesehen«, sagt Zwi Sch., die Hände auf den Schlagbaum gelegt. »Für sie ist es das wichtigste, den Golan zurückzuerobern. Damaskus liegt nur 65 Kilometer von hier entfernt. Präsident Assad hält aus internen Sicherheitsgründen den größten Teil seiner Armee um die Hauptstadt versammelt. Wenn seine T-72 -Panzer morgens um acht die Motoren anlassen und in den ersten Gang schalten, dann könnten sie in zweieinhalb Stunden an der Stelle sein, wo wir jetzt sind. Unser Problem besteht darin, daß wir trotz dieser gefährlichen Nähe nicht dauernd den Teil unserer Armee und ihrer Reservisten, der zur Abwehr nötig wäre, auf den Golanhöhen halten können, sondern nur das Minimale, das gebraucht wird. Die Syrer könnten uns also fertigmachen, indem sie zweimal im Monat die Motoren anließen und bloß die Hälfte der Strecke in Richtung Grenze fahren würden. Durch dieses Pokerspiel würden sie uns zwingen, jedesmal alle Reserven zu mobilisieren und auf die Golanhöhen zu schicken, um zum Kampf bereit zu sein. Das würde uns ganz schön erschöpfen.«

»Und warum tun sie es nicht?«

»Weil sie wissen, daß sie damit unseren Gegenschlag auslösen würden, den Casus belli, darum. Wie damals, seit 1950, als sie uns das Wasser abgraben, die Zuflüsse des Jordan umleiten und den See Genezareth trockenlegen wollten. Die Syrer hatten dafür große Maschinen herantransportiert, aber wir haben ihnen jedesmal einen Strich durch die Rechnung gemacht, mit Panzern, Artillerie und wochenlangen Gefechten, die ganzen siebzehn Jahre bis 1967.«

Bestätigung einer bereits vorhandenen Kenntnis aus dem Munde eines Zahaloffiziers.

Bevor Oberstleutnant Zwi Sch. seine Hände vom Schlagbaum löst, sagt er: »Wir hätten Damaskus leicht erobern können, beide Male, 1967 und 1973, ja ganz Syrien. Wir haben es nicht getan. Was hätte Israel auch damit anfangen sollen? Aber wenn die gekonnt hätten – die hätten ganz Israel besetzt.«

Wir fahren langsam aus Kuneitra heraus. Auf einer Mauer des ehemaligen Krankenhauses sind Namen verewigt, Graffiti: Hofegger, Anton – Michael Bach – auch Telephonnummern. Ein Schild, auf iwrith: »Stehenbleiben – Grenze«. Mein Gott, denke ich, kann diese Stätte wahr sein, dieses Kuneitra und alles, was es symbolisiert? Die Öde der Feindschaft, die Last der Verwahrlosung, die Ewigkeit von Ruinen? Ist diese Stille Wirklichkeit, diese grauenvolle Stille, die bis an den Himmel reicht und sich anhört, als wüchse in ihrem Schoß etwas, das brüllend, fauchend und berstend explodieren könnte, irgendwann, eines Tages, eines Nachts, wenn nicht Frieden hergestellt wird? Wie tief reicht die Vereisung zwischen Israelis und Syrern? Würde sich unter anderen Bedingungen nicht herausstellen, daß man, bei aller Verschiedenheit, sich dennoch nicht die Köpfe einzuschlagen brauchte? Daß man sich in die Augen schauen könnte, jeder neugierig auf den anderen?

Weiter durch den Golan, nach Süden.

An der Straße nahe entlang der syrischen Grenze sind riesige Wälle errichtet, Steine aufgetürmt, Bunker gebaut und unter die Fahrbahn Rohre gelegt worden – Schutz gegen feindlichen Artilleriebeschuß.

Beiderseits der Straße Warnung vor Minen, links Gebäude, auf denen die UNO-Flagge weht. Im Rückspiegel sind die Gipfel des Hermon zu sehen, der syrische deutlich höher als der israelische. Auf den aber ist eine Station gepflanzt, ein Stahlgerüst, dessen Zweck auch dem Laien keine Rätsel aufgibt, technisches Wahrzeichen menschlicher Spannungen, eines der Augen und Ohren Israels bis weit hinein in den Osten.

Und dann stehe ich wieder am Westrand des Golan, hoch über dem See Genezareth, auf dem Territorium des Kibbuz »Kfar Arob«, vor mir das betörende Panorama Galiläas und unten, wie gestochen, der Kibbuz »Ein Gev«.

»Schauen Sie«, sagt Zwi Sch., »die Syrer brauchten hier von der Höhe gar nicht zu schießen – sie konnten uns mit Steinen töten! Aber natürlich haben sie geschossen, neunzehn Jahre lang. Die Kinder da unten wollten auch nach der Eroberung weiter in Bunkern schlafen, sie vermochten sich etwas anderes nicht vorzustellen. Wer 1948 geboren wurde, der war 1967 fast zwanzig. Hier mußten Psychologen her, um den Kibbuzniks klarzumachen, daß es keinen Grund mehr gab, nachts die Bunker aufzusuchen, daß die Höhen, von denen es heruntergeknallt hatte, nun nicht mehr von den Syrern, sondern von unseren Truppen besetzt waren.«

Und dann erfahre ich, hier oben am Rand von Kfar Arob, wie die Eroberung des Golan vor sich gegangen ist.

Am 1. Juni 1967 hatte der ägyptische Präsident Nasser den Golf von Tiran geschlossen und damit Israel den einzigen Wasserweg nach Elat und die Verbindung mit der östlichen Welt versperrt.

»Das war der eigentliche Kriegsanfang. Aber wir warteten noch sechs Tage, damit die Welt Nasser klarmachen konnte, daß dies ein Kriegsakt gegen Israel sei und er die Straße von Tiran wieder aufzumachen habe. Als das nicht gelang, schlugen wir zu, wir hatten keine andere Wahl. Wir hatten eine große

Rechnung mit den Syrern zu begleichen, und da wir im Moment des Vormarsches befürchten mußten, daß die UNO einen Waffenstillstand machen wollte, zog Mosche Dayan die Hauptkräfte vom Sinai ab und brachte sie an den Fuß des Golan. Im Süden war der Krieg trotz der kampfstarken ägyptischen Truppen beendet, als unsere Armee am vierten Tag den Suezkanal erreicht hatte. Für die Eroberung dieser Höhen hier brauchten wir nur drei Tage.«

Es gab damals keine Straße von der galiläischen Ebene auf den Golan. Deshalb gingen den israelischen Kampftruppen Pionierbataillone voran, um mit großen Traktoren die Wege für die Infanterie und die Panzer vorzubereiten und gleichzeitig Schneisen durch die Minenfelder zu schlagen. Als das gelungen war, in den ersten Stunden schon, griff die Armee mit drei Panzerkeilen an – im Norden, in der Mitte und im Süden der etwa siebzig Kilometer langen und 25 Kilometer breiten Gebirgskette. Die Verluste waren ziemlich hoch, aber nachdem die ersten beiden Linien durchstoßen waren, brach das gesamte syrische Befestigungssystem auf den Golanhöhen zusammen.

»36 Stunden nach Ausbruch der Kampfhandlungen hatten wir Kuneitra erreicht. Niemand hätte unsere Panzer hindern können weiterzufahren. Aber wir taten es nicht. Es ging uns um die Pufferzone«, sagt Zwi Sch. neben mir, hoch über dem See Genezareth.

Die Sonne steht tief.

Wir fahren zurück über das bizarre Jarmuktal und das syrisch-jordanisch-israelische Grenzdreieck, vorbei an Belvoirs Kreuzfahrerzitadelle und durch das hauptsächlich von Arabern besiedelte Gebiet zwischen Afula und Hadera, mit den vielen Minaretten, die aus den weißen Häusern hochstechen. Hoch am Berg, besonders malerisch, Tira.

In Tel Aviv verabschiede ich mich von Zwi Sch. und fahre auf die Autobahn nach Jerusalem, eine Straße der Überraschungen, sooft ich sie auch schon gefahren bin. Zunächst geht es durch die Küstenebene, auf dem Weg, den sie alle nahmen zur Heiligen Stadt, die Pilger und die Krieger, in der flachen

Landschaft vor sich das Gebirge im Osten, die Berge Judäas, die jetzt im kupferfarbenen Licht daliegen.

Kurz hinter Latrun beginnen die *foothills*, geht es in die Höhe, doch die Steigung in dem sich verengenden Tal setzt nicht vor Bet Schemesch an, da wird es schluchtig links und rechts. Der große Aufgang nach Jerusalem aber nimmt erst bei der Schoreschkreuzung seinen Anfang, dehnt sich auf der langen Geraden bis zur Abzweigung von Abu Gosch, immer bergan, durch Brüche und Felsmassive, die der Verbreiterung der uralten Straße im Wege gestanden hatten – hier ist gesprengt worden, hat Dynamit gearbeitet. Aber dann beginnt ein wahres Verwirrspiel von auf und ab. Vor der Hemedkreuzung – man fragt sich, wieso – geht es noch einmal hinunter, dann vorbei an Harel Interchange und Mevasseret Zion steil hoch, doch dahinter, man will es nicht glauben, abermals tief hinab in den Orkus, obschon die Vorstädte von Jerusalem, ja das Hilton schon zu erblicken waren. Dennoch senkt sich die Straße noch einmal weit herunter, so sehr, daß man denkt: Wie kommt man je wieder hinauf und – hat man nicht den falschen Weg gewählt? Doch dann, wahrhaftig, wird es serpentinenhaft, steigt und steigt man nichts als himmelwärts, obschon es immer noch ein ganze Weile dauert bis zur Stadtgrenze und der Kampf mit den Ampeln und den Staus dir verkündet: Jerusalems Verkehrsinfarkt hat dich endlich wieder.

Ich mußte heute zurück sein. Morgen treffe ich meinen palästinensischen Freund. Er wird mir von seinen Erfahrungen im Gewahrsam der israelischen Armee berichten. Es ist die letzte Möglichkeit vor meiner Rückreise.

Das Credo meines Buches

Dies ist der Bericht Hakam Fahoums über seine Haft in Gewahrsam der israelischen Armee:

»Die Soldaten kamen um zwei Uhr morgens, verhafteten mich und brachten mich, mit vier anderen, zu einem Jeep. Als ich mich in dem Fahrzeug auf eine Bank setzen wollte, wurde ich zu Boden geworfen und verprügelt, lange. Als die Soldaten innehielten, sagte ich zu ihnen: ›Warum schlagen Sie mich, warum nehmen Sie mich in Haft? Ich bin Journalist.‹ Sie beachteten es nicht.

Wir kamen in ein Militärgefängnis bei Ramallah, alle vier, und wurden in ein Zelt eingesperrt. Wir schliefen auf dem nackten Boden, ohne Wolldecken. Die Soldaten hatten uns mit Schuhbändern gefesselt, gleich als sie kamen, die Hände auf dem Rücken. Im Zelt nahmen sie uns dann die Schuhbänder wieder ab und banden uns dafür mit Plastik, die Hände wieder auf dem Rücken. Wenn man sich bewegt, wenn man freikommen will, dann hat Plastik die Eigenschaft, daß es sich immer enger zusammenzieht, immer fester. Die Hände eines der Gefesselten schwollen dadurch dreimal so dick an wie normal. Seine und unsere Hände fingen an zu bluten und wurden wund gescheuert. Wir riefen und schrien, damit das abgestellt werde, aber bis zum Morgen kam niemand.

Wir blieben drei Nächte in dem Zelt und mußten unsere Notdurft in den Kleidern verrichten, weil unsere Hände gefesselt blieben. Die einzige Nahrung, die wir während dieser Zeit bekamen, war ein Stück Brot mit Marmelade. Da wir wegen unserer gefesselten Hände nicht selbst essen konnten, mußte das ein zwölfjähriger Palästinenser übernehmen, der die Brote schmierte und sie uns in den Mund stopfte. Die Temperaturen in dem Zelt waren am Tag sehr hoch, aber in der Nacht war es kalt. Ich war vollgepißt und vollgeschissen und muß fürchterlich gestunken haben.

Es waren Soldaten einer Spezialtruppe. Ich trug damals einen Bart, woraufhin sie schrien: ›Khomeini! Khomeini!‹ Sie haben mich und andere dabei mit langen Stöcken geschlagen. In der vierten Nacht haben sie uns die Augen verbunden und in Busse gebracht, die Hände auf dem Rücken. Dann wurden wir von Ramallah in ein Gefängnis bei Hebron gebracht, das hieß Dahiriah.

Das erste war der *medical check*, die ärztliche Untersuchung, eine Farce. Da sitzt ein Doktor an einem Tisch, und vor den bringen dich zwei Soldaten. Dann mußt du alles ausziehen, ganz schnell, sonst schlagen sie dich, wenn du mehr Zeit brauchst. Dann nennst du dem Arzt deine Nummer, und der sagt: ›Dreh dich um – du bist in Ordnung.‹ Das war der *medical check* in Dahiriah.

Draußen hatten sich zwanzig Soldaten aufgestellt, alle mit Stöcken. Wir Gefangenen waren inzwischen viel mehr geworden, etwa 200. Dann schlugen sie auf uns ein. Der Trick ist, durch dieses Spalier hindurchzulaufen, ohne getroffen zu werden. Aber das war unmöglich, jeder von uns wurde getroffen. Danach mußten wir uns in einem großen Hof an die Wand stellen, die Hände im Nacken, den Kopf zwischen die Beine, von elf Uhr nachts bis zehn Uhr morgens. In dieser Stellung so lange auszuharren, war die furchtbarste Erfahrung, die ich je mit meinem Körper gemacht habe. Du fühlst dich schon wie tot, aber du stirbst nicht, du hast die ganze Zeit diese Schmerzen.

Ich wurde mit 35 anderen in einen Raum gesperrt. In einer Ecke war ein Faß für die Notdurft von uns allen. Wir bekamen keine Zeitung, kein Buch, kein Radio, wir waren völlig isoliert. Fünfmal am Tag kamen Soldaten in den Raum und riefen unsere Nummern auf. Wir saßen auf der Erde, mit dem Kopf zwischen den Knien, die Hände im Nacken, und hatten zu rufen: ›Yes, Sir!‹

Am achten Tag haben sie mich entlassen, um sieben Uhr abends. Du kannst dir vorstellen, wie ich ausgesehen habe und wie ich roch. Ich habe dann Leute gefunden, die sich meiner angenommen haben, nachdem ich mich acht Tage nicht waschen konnte.

Was ich hier berichte, geschah zwischen dem 16. und 24. März 1988. Ich autorisiere dich, es in deinem Buch zu veröffentlichen mit meinem vollen Namen – Hakam Fahoum.«

Ich habe nicht gefragt, aus welchen Gründen die Soldaten die vier Palästinenser, darunter meinen Freund, aus Ostjerusalem in Haft genommen haben. Die Wahrheit hätte ich ohnehin nicht erfahren. Aber ich bin der Meinung, daß es überhaupt keine Rechtfertigung für eine solche Behandlungsweise gibt, gleichgültig, was immer von jemandem getan worden ist. Ich zweifle nicht an dem, was Hakam Fahoum mir geschildert hat, da es zahlreiche andere Aussagen von Palästinensern gibt, die seinen Bericht bestätigen. Wir wären gut beraten, das nicht als »Greuelpropaganda« abzutun. Ich bin hier an einem neuralgischen Punkt meines Buches, ja meiner Existenz überhaupt angelangt: dem Konflikt zwischen meiner Liebe zu Israel und der Unteilbarkeit der Menschenrechte. Zunächst einmal gestehe ich ihn ein, obschon er dem Leser, der der Lektüre bis hierher gefolgt ist, nicht verborgen geblieben sein kann.

Der Charakter des Konflikts besteht darin, eine Kritik zu äußern, die der Liebe weh tut. Deshalb stellt er eine dauernde Versuchung der eigenen Ehrlichkeit dar. Soll der Menschenrechtler offenbaren – und damit vielleicht auch Vorurteilen, Ignoranz, Haß und Feindschaft weitere Nahrung geben –, was der Liebende gern verschwiegen hätte?

Noch einmal: Ich gestehe diesen Konflikt ein, den ich in mir fühle. Aber ich sage auch die Wahrheit, wenn ich erkläre, daß ich mir von vornherein über seinen Ausgang im klaren war, darüber, wie ich mich entscheiden würde: für die Unteilbarkeit der Menschenrechte, für die Unteilbarkeit der Humanitas.

An keiner Stelle des Buches habe ich die Spannung zwischen meiner Liebe zu Israel und meiner Kritik an ihm so heftig, so schmerzhaft empfunden wie bei der Schilderung des palästinensischen Freundes über seine Behandlung im Gewahrsam der israelischen Armee. Aber seit ich den Bericht kenne, war ich auch entschlossen, ihn in mein Buch einzubringen.

Ein Freibrief für falsche Bundesgenossen, mir auf die Schulter zu klopfen, ist das Geständnis jedoch nicht. Ich kritisiere als Liebender, und das schmerzt mehr als die Kritik eines Feindes. Ich akzeptiere niemandes Kritik an Israel, der mir nicht nachgewiesen hat, was ihm und seiner Sache die Menschenrechte wert sind, und daß auch für ihn die Humanitas unteilbar ist.

Gleichzeitig verwahre ich mich dagegen, die Veröffentlichung dieser Schilderung als eine Denunziation der gesamten Streitkräfte mißzuverstehen. Was die Armee Israels auszeichnet, sind Gesittung und Gerichtsbarkeit, die keineswegs über solche Verstöße hinweggehen, sondern ihnen in einem Geist begegnen, den man in den Armeen ihrer Feinde vergeblich suchen würde. Die ungeheuerlichen Greueltaten der irakischen Soldateska während der Besetzung Kuwaits haben nur noch einmal jene unschließbare Kluft aufgetan zwischen den arabischen Armeen und der israelischen.

Gerade deshalb aber: Warum solche Szenen, wie Hakam Fahoum sie schilderte, warum solche Erniedrigungen, Torturen, Demütigungen wehr- und waffenloser Gefangener? Hat die Zahal das nötig? Was ist krank an der israelischen Armee, was ist krank an diesem ganzen Nahostkonflikt, daß es in einer hochzivilisierten Gesellschaft wie dieser dazu kommen kann?

Das sind Kernfragen, zu deren Beantwortung Israel beitragen muß, und zwar je dringender, desto höher sich das Erbe des Golfkriegs türmt.

Meine Liebe zu Israel kann durch die Maßnahmen abwählbarer Regierungen nicht angetastet werden. Das könnte nur durch eines geschehen: Wenn ich meine Kritik an Israel unterdrücken, sie verbergen, sie geheimhalten würde, auch vor mir selbst. Erst dadurch könnte diese Liebe versehrt, ja zerstört werden.

So lautet das Credo meines Buches.

Wird Masada nie wieder fallen?

Heute komme ich von Westen, via Beer Scheva-Arad. »17 km« steht am Anfang der festen Straße, die von dieser Seite zum ungeheuren Felsklotz am Südufer des Toten Meers führt, hin zum Symbol des modernen Israel – Masada.

Hinein in die Bergwüste Judäas, zwischen ihre Tells, die knochentrockenen, zerbröselnden Hügel, und über Serpentinen auf den tiefsten und heißesten Punkt der Erde zu – noch dreizehn Kilometer bis Masada. Wie kann die kahlste Landschaft auf dem Globus immer noch kahler werden? Man erschrickt förmlich vor Zeichen von Leben, vor Eseln und Kamelen, die hier und da zu beiden Seiten der Straße auftauchen, und die Hütte dort, eine verwahrloste Beduinenunterkunft, will einem fast wie eine Fata Morgana erscheinen – so überlegen, so gebieterisch, so majestätisch gibt sich diese schweigende Natur.

Noch neun Kilometer bis Masada.

Oben, auf einem der Plateaus, ein Observatorium, hier auf der Straße eine grüne Barriere, und hinter ihr kommt – es kann nicht wahr sein – ein Radfahrer auf mich zu! Für welche Olympiade wird hier trainiert? Konsternierte Begrüßung – na Prost, wenn der Sportsfreund noch die Piste bis Arad hochstrampeln will.

Für mich, mit Pferdekräften Gott sei Dank, sind es noch vier Kilometer bis zum Ziel. Und dann, nach der x-ten Felsnase, hinter der man jedesmal den ersehnten Anblick vermutet, nun endlich, klar erkennbar mit dem weißen Strich auf dem Rampenbuckel – Masada!

Auf dieser, der westlichen Seite, war ich zuletzt 1967. Ich erinnere mich an die Einsamkeit der Stätte damals – und an ihre touristische Unversehrtheit. Das hat sich inzwischen geändert, und nicht zugunsten des Platzes, wie anzumerken wäre. Da räkelt sich ein häßlicher Parkplatz, der von einem noch häßlicheren Wassertank überragt wird, während eine Restaurationsmöglichkeit, so dringend sie benötigt werden mag, die Gegend ebenfalls nicht gerade verschönert.

Hier kann offenbar Trubel sein, auch Kulturbedürfnis wirken.

Ein stark verwittertes, aber noch lesbares Plakat berichtet von einem großen Konzert, das, lang ist's her, am 13. Oktober 1988 stattgefunden hat – mit Israels Philharmonischem Orchester, Gustav Mahlers 2. Sinfonie, Zubin Mehta als Maestro, dem amerikanischen Schauspieler Gregory Peck als »master of ceremony« und seinem französischen Berufskollegen Yves Montand als Ehrengast.

Unbeeindruckt von allem Menschenwerk, segelt ein weißer Vogel hinter dem scharfgratigen Nordrelief Masadas hervor, hin über die Fläche des Toten Meers, in immer gleicher Höhe, kleiner und kleiner werdend, bis das Gefieder irgendwo am anderen Ufer in den Spalten der Berge Moabs verschwindet.

Unbeeindruckt von allen Ewigkeiten, lastet der Berg da, die römische Rampe, ein Fremdkörper einst, aber längst verwachsen mit der Festung, die zu besiegen sie gebaut worden war.

Auf ihrem Rücken steige ich nun hinauf.

Es kann keinen Platz auf der Erde geben, an dem es im Juli heißer wäre als auf dem 434 Meter hohen Plateau von Masada, auch in der Gangesebene Nordindiens nicht, wo ich bis heute glaubte, die Hitzeklimax meines Lebens erlitten zu haben. Aber die topographische, historische und politische Kulisse, die sich hier oben in voller Dramatik erhebt, läßt alle Strapazen vergessen.

Dabei ist auf den ersten Blick für den Unkundigen wenig zu sehen, Gemäuer wohl, aber ganz ruinenhaftes, und weite Flächen auf dem etwa 600 Meter langen und 200 Meter breiten Gelände sind eigentlich nur leer.

Das hat einst ganz anders ausgesehen!

Nach der Vertreibung der Hasmonäer hatte Herodes, der sich der Große nannte, auf dem Plateau ein atemberaubendes Refugium errichten lassen, Feste und Königsschloß zugleich: luxuriöse Paläste an der Nordspitze und auf der Westseite; Badehäuser mit Kalt- und Warmwasserräumen, Mosaikfußböden und freskengeschmückten Ankleideräumen; ein riesiger Lagerbereich, in dem Vorräte aller Art für Jahre gesammelt wurden – Getreide, Wein, Öl, Datteln, Mehl, Oliven, Salz; Zisternen und Naturhöhlen auf der Gipfelfläche, die mit Mörtel verkleidet waren und 50 000 Kubikmeter Wasser speichern konnten. Daneben gab es Reservoirs, die auf der Bergseite in den Fels gehauen worden waren und in die sich die Sturzfluten ergossen, die auf die winterlichen Berge Judäas herabregneten.

Die Synagoge, im nordwestlichen Teil gelegen und die älteste, die in Israel je ausgegraben wurde, enthielt Schriftrollen aus Häuten, die in Löcher gesteckt waren und deren zwei als das Buch Hesekiel identifiziert werden konnten.

Die architektonische und ästhetische Sensation aber war der Nordpalast, dessen drei Terrassen hinter seinen massigen Hauptgebäuden in die Spitze Masadas hineingebaut worden sind, durch Treppen verbunden, mit Malereien geschmückt und einen unvergleichlichen Ausblick über das Tal des Toten Meeres bietend.

Ich stehe am Rand der oberen Terrasse und sehe weit hinten die Oase Ein Gedi, darin die schon in der Bibel erwähnte Quelle, die ich noch aufsuchen werde. Das Panorama von hier oben, die tiefblaue Wasserfläche, bis an den Horizont eingefaßt von der wilden Bergwelt zur Rechten und zur Linken, will einem den Atem rauben.

Hauptgebäude der herodianischen Zeit aber war der Westpalast, das administrative und zeremonielle Zentrum. Seltsamerweise wird er mit keinem Wort erwähnt von Josephus Flavius.

Daß es heute seiner Vergangenheit entrissen ist, daß seine Geschichte vor uns liegt wie ein aufgeschlagenes Buch, ist das unvergängliche Werk Yigael Yadins, Professor des Archäologischen Instituts der Hebräischen Universität Jerusalems, samt seinen Hunderten von Freiwilligen aus vielen Ländern. Von 1963 bis 1965 haben sie fast die Gesamtheit der bebauten Fläche Masadas freigelegt.

Dabei kam heraus, daß der Felsen von einer 1300 Meter langen Doppelmauer umgeben war, auf der dreißig Türme standen, die aber nur zwei Tore hatte – ein einfaches auf der Seeseite, oberhalb des Schlangenpfads, und ein prächtiges Portal auf der Landseite, das direkt zum Westpalast führte – dort, wo der höchste Teil der Rampe an den Felsen stößt.

An ihrem entgegengesetzten Ende war das Hauptlager des römischen Feldherrn Flavius Silva aufgeschlagen, der die 15 000 Mann seiner berühmten 10. Legion in sieben weiteren *castra* untergebracht hatte. Etliche von ihnen sind noch heute mit ihren Umwallungen deutlich von hier oben auszumachen. Wie erst von den belagerten Zeloten, den Eingeschlossenen, die Tag und Nacht beobachten konnten, was da unten getan wurde, um sie zu besiegen – von der Mauer, die unten rings um den Berg gezogen worden war, und aus der alle hundert Meter ein Wachtturm herausragte, bis zu dem langsamen, aber stetigen Wachstum der Rampe, die das Schicksal der eingeschlossenen Juden besiegeln sollte!

Wohl fand sich bei den Ausgrabungen oben ein Arsenal von bearbeiteten Steinen und rohen Felsbrocken an, die auf die Angreifer heruntergewälzt werden konnten, aber gegen die Kriegsmaschinen, die da auf der aus Sand, Erde und von jüdischen Sklaven errichteten Schräge hochgezogen wurden, gegen die Katapulte und Rammböcke der Angreifer waren die Eingeschlossenen machtlos. Dabei hätten sie sich von ihren Vorräten noch jahrelang ernähren können...

Josephus Flavius schildert das Ende der 960 Aufständischen ziemlich eingehend in seinem »Jüdischen Krieg« – wie sie ihren Besitz vernichteten und unter ihrem Anführer Eleazar ben-Ya'ir beschlossen hatten, kollektiven Selbstmord zu begehen. Dazu waren zehn Männer ausgewählt worden, deren Aufgabe es war, erst die anderen zu töten und dann die gleiche Regel auf sich selbst anzuwenden: Nachdem einer von ihnen den anderen neun die Kehlen durchschnitten hatte – dies war die Tötungsart für alle –, steckte der letzte den Palast in Brand und trieb sich dann das Schwert in den Leib.

So der jüdische Historiker Josephus Flavius.

Er überlieferte sogar die letzte Botschaft des Kommandanten Eleazar ben-Ya'ir an die Todgeweihten, in wörtlicher Rede, deren Authentizität der Wissenschaftler skeptisch gegenüberstehen mag, deren Sinn jedoch wahrscheinlich der Wirklichkeit entsprochen hat. Gab es doch einige wenige Überlebenden, die sich vor der Massenmetzelei versteckt hatten und von den verblüfften Römern gefunden worden waren. Sie mögen von der Ansprache des Eleazar ben-Ya'ir berichtet und dabei ihren Tenor getroffen haben: »Es ist klar, daß mit dem Morgengrauen unser Widerstand enden wird.«

Aus dieser Rede gehen hervor: eine Religiosität, wie sie heute selbst der Orthodoxeste nicht mehr empfinden könnte (»vor langer Zeit entschlossen wir uns, weder den Römern noch sonst jemandem außer Gott zu dienen«); der Stolz von Rebellen (»wir waren die ersten, die sich erhoben haben«); eine metaphysisch gedeckte Unerschrockenheit (»jetzt ist die Zeit gekommen, durch Taten unsere Entschlossenheit zu beweisen«); ein eingeborenes Unabhängigkeitsgefühl (»laßt uns diese Welt als freie Menschen zusammen mit unseren Frauen und Kindern verlassen«) und – Fatalismus: »Wir wurden geboren, um zu sterben.« Sich vorzustellen, was das in der Nacht vor dem Sturm der Römer gegen die Festung bedeutete, dazu reicht keine menschliche Phantasie aus.

Es sind in Israel Stimmen laut geworden, die den Symbolwert von Masada angezweifelt haben angesichts dieses historischen Ausgangs, nicht nur, weil die Juden dort schließlich doch besiegt wurden, sondern auch, weil es sich bei den aufständischen Zeloten um religiöse Eiferer handelte, um Blindgläubige, deren orthodoxe Nachfahren den modernen Judenstaat nicht repräsentieren. Doch durchgesetzt haben sich solche Stimmen nicht.

An der allgemeinen, tiefgehenden Anerkennung des Symbols ist im Israel von heute nicht zu deuteln. Man braucht nicht selbst den nächtlichen Fahneneid der Zahalrekruten und -offiziere auf dem Gipfel miterlebt zu haben, um sich von der unvergleichlichen Eindruckskraft dieser Stätte und ihrer Geschichte für die Israelis von heute überzeugen zu lassen:

»Masada wird nie wieder fallen!«

Ich stehe auf dem Plateau über der Rampe und schaue auf sie hinab. Ich habe das nie gekonnt, ohne daß mir kalte Schauder den Rücken herunterlaufen, wie jetzt.

Dann gehe ich den Weg hinunter, auf dem ich gekommen bin – auf dem Pfad an der Seite der Rampe.

Unten bleibe ich stehen und denke an das, was Hakam Fahoum über Masada gesagt hatte, damals auf der Fahrt, als wir aus dem Flüchtlingslager in Gaza nach Jerusalem zurückkehrten:

»Die Juden hatten die Wahl, in Freiheit zu sterben oder zu Sklaven der römischen Besatzer zu werden. Aber das, was da in Masada passiert ist, hat keineswegs nur Bedeutung für die Israelis, es ist genauso wichtig für uns Palästinenser. Denn heute sind wir die Leute von Masada, und die Israelis sind die Römer; heute stehen wir vor der Wahl, vor der ben-Ya'ir und seine Mitkämpfer damals standen: entweder in Freiheit zu sterben oder unter der Besatzung versklavt zu bleiben. Aber so wenig, wie die Israelis heute das damalige Ende akzeptieren, so wenig tun wir das. Wir können nicht mehr unter der Besatzung leben, wir wollen unsere Freiheit. Der große Unterschied zwischen den Juden auf Masada und uns ist: Wir wollen keinen Selbstmord begehen.«

Ich lasse den Motor an und fahre auf die Straße nach Arad. An der Biegung, vor Kilometer 4, bleibe ich stehen und schaue zurück. Da liegt der Klotz in seiner schrecklichen Erhabenheit.

Und wenn es so kommt, wenn ein Palästinenserstaat errichtet werden würde – wird es dann im Nahen Osten Ruhe geben,

Frieden, Prosperität? Wäre dort wirklich alles in Ordnung, wenn sich Israel nur kompromißbereit gäbe? Ist das Ende des Nahostkonflikts tatsächlich allein eine Angelegenheit seines guten Willens? Oder ist Israels Bedrohung durch die Palästinenser nicht vielmehr eingebettet in seine Bedrohung durch die arabischen Staaten?

Da liegt der Felsen, dessen Anblick mir ans Herz geht, da liegt er, wie vor 1900 Jahren, rötlich und stumm. Wird er je erklommen werden, ohne daß man an die aktuellen Bezüge seiner fürchterlichen Geschichte für Israel denken muß? Kann nicht erst dann von Frieden gesprochen werden, wenn die Stätte ihren Symbolwert verloren hat, für jedermann?

Wird Masada wirklich nie wieder fallen?

Erste schwere Unruhen nach dem Ende des Golfkriegs in Gaza – wieder Tote und Verletzte unter den Palästinensern. Die Intifada war durch das Ausgehverbot während der Kampfhandlungen nur unterbrochen, nicht aufgehoben, wie sich jetzt zeigt. Zusammen mit der PLO hatte die Mehrheit auf die Karte Saddam Hussein gesetzt, eine Fehleinschätzung, die nun maßlose Enttäuschung zur Folge hat – soweit die Wirklichkeit akzeptiert wird. Das geschieht nicht überall. Der Realitätsverlust der Palästinenser zeigt eine pathologische Dimension.

Israelische Kampfflugzeuge haben eine Palästinenserstellung im Südlibanon angegriffen. Es war der erste Angriff seit Ende des Golfkriegs.

In Westjerusalem hat ein 25jähriger Araber fünf jüdische Frauen mit einem Fleischermesser überfallen und vier von ihnen getötet. Der Mörder soll der fundamentalistisch-islamischen Terrorgruppe Hamas angehören. Er wurde von einem Polizisten gestellt und nach einem Bauchschuß festgenommen.

Israel, um Himmels willen, Israel!

Israel, mein Israel!

»14 000 Kilometer sind Sie gefahren? In diesem kleinen Land? Ist das denn überhaupt möglich?« Es ist möglich, habe ich jedem geantwortet, der die Gesamtstrecke am Ende meines viermonatigen Aufenthalts bezweifelte.

Israel – ein kleines Land?

Ich behaupte, Israel ist größer als jedes andere Land der Erde! Vom Tanur-Wasserfall im Norden bis zum Türkis des warmen Meers im Süden sind es nicht nur die rund 500 Kilometer, die die Straßenkarten ausweisen, es ist eine Fahrt durch unser Jahrhundert und seine fürchterlichsten Phasen – und durch die jüdischen Jahrtausende, die dahinter warten. Darum braucht man mindestens vier Monate, um von der libanesischen Grenze bis Elat, um von Tel Aviv nach Jerusalem zu kommen. Sprich dazwischen, mit wem du willst, und sofort bist du in der Weltgeschichte! Die Israelis sind verschwistert mit ihr, die Schicksalsdichte, die du unter ihnen findest, hat nicht ihresgleichen auf dem Globus.

Die Biographie des Budenbesitzers, der dir in Metulla Eis verkauft, beginnt bei der Ausmordung der Juden des Rheintals durch die frommen Pilger des ersten Kreuzzugs im Jahr 1097, und setzt sich fort mit der Flucht der Überlebenden in den Osten Europas. Verläßt du dann die Stadt an der Grenze zum Libanon mit einem fernen Ziel – du kommst nicht weit, denn du verhakst dich bald an lauter antiken Überbleibseln längs deines Weges: Tel Qedesch, Tel Hazor, Sepphoris.

Der Taxifahrer in Tel Aviv zeigt dir die Bilder seiner Urgroßeltern aus dem zaristischen Rußland, Photopatina mit dem Braunstich aus der Ära der frühen Daguerreotypie, heilig wie Reliquien. Und als dich im Foyer des Hotels »Desert Inn« in Beer Scheva der Araber endlich losläßt, der dir über seinem israelischen Paß die Kette seiner Ahnen bis Mohammed aufzählt, bist du schon Unzeiten deines Daseins unterwegs. Den Rest bis hin zum exakten Datum der Gegenwart brauchst du mindestens, um zu begreifen, daß auch im Negev kein Mensch mit israelischer Staatsbürgerschaft lebt, von dem behauptet werden könnte, er führe ein rein privates Leben und habe mit dem, was die Welt unserer Tage erschüttert, nichts zu tun.

Riesig ist Israel, unergründlich, geheimnisvoll und banal, aufregend, abstoßend und völlig unvergleichlich in allem und jedem, was es einer staunenden und verstimmten, einer anteilnehmenden und begrifflosen, einer begeisterten und haßerfüllten Welt darbietet – an Größe und Torheit, an Zerstrittenheit und Einigkeit, an Landschaften, an Städten, an Menschen.

Der Maler und Sammler Jacob Pins!

Geboren in Höxter an der Weser, heute Jerusalem, Ethiopia Street 5 – altes Haus aus der Türkenzeit, schmiedeeiserne Gitter, drei Balkons (einer davon muß der von Romeo und Julia gewesen sein), wildromantisches Ambiente, die enge Straße voll orientalischer Architektur aus der osmanischen Ära, alles überwuchert von schlingendem Grün.

Drinnen italienischer Marmor, Carrarafußboden, die lichten Räume mit den hohen Decken voll von Ostasiatica, ein fernöstliches Museum: Figuren, Köpfe, chinesische Skulpturen - »7. und 8. Jahrhundert!« –, Gestalten aus der Tschongzeit - »960 bis 1278!« –, japanische Holzschnitte, japanische Malereien; in der Mitte des Hauptraumes, von oben angeleuchtet, die herrliche Statue einer Frau – »›Göttin der Barmherzigkeit‹, von mir gekauft als Stück aus dem 6. Jahrhundert, tatsächlich aber von 1920, eine Fälschung, aber schön gefälscht!«

Es blieb die einzige.

Der Mann, der mich zwischen all den Kostbarkeiten herumführt und sie knapp kommentiert, steckt in Arbeitskluft: verschmierte Hose, aufgekrempelte Ärmel, Pinsel in der Hand – Jacob Pins ist bei der Arbeit. Er unterbricht sie aber sofort und gern, denn Besuch aus Deutschland ist so häufig nicht.

Aus dem Grammophon – Orff, nicht meinetwegen, der altertümliche Kasten lief schon, als ich hereinkam.

Jacob Pins, klein, gemütlich beleibt, an die Siebzig bei blühendem Aussehen, ist hier seit 1965, das große Haus beherbergt Wohn- und Arbeitsräume, darunter eine Malerwerkstatt von genialischer Unordnung. Hier läßt sich's leben, hier läßt sich's sein. Aber so gnädig war das Pinssche Dasein keineswegs immer.

Der Vater, Tierarzt in Höxter, galt als angesehener Bürger, bis solcher Status von 1933 an staatlich verneint wurde. Jacob Pins, der Sohn, roch das kommende Unheil früh und wanderte aus – 1936, nach Palästina. Er sollte die Eltern nie wiedersehen. Denn die kamen nicht heraus aus Deutschland. Sie hätten ein Papier vorweisen müssen, das ihnen die Einreise nach Palästina gestattete. Als Voraussetzung dafür forderte die britische Mandatsverwaltung in Palästina, daß Jacob Pins dort über ein Mindesteinkommen von zwölf Pfund im Monat verfügte – was auf den armen, von seiner Malerprofession besessenen Sohn nicht zutraf. In der Frage von Sein oder Nichtsein des Vaters und der Mutter entschied das fehlende Zertifikat für den Tod.

Davon ahnte Jacob Pins noch nichts, als er hierherkam, Mitglied eines Kibbuz in der Nähe von Tel Aviv wurde und sich in einer Landschaft ohne Baum und Strauch sah. »Heute ist das dort ein Garten Eden«, sagt er, nachdem er mir einen selbstgefertigten Kuchen samt meinem Lieblingstee serviert hat, »aber damals, in den Jahren nach meiner Ankunft, habe ich furchtbar gelitten. Ich war doch im Weserbergland aufgewachsen, in der herrlichen Umgebung von Höxter. Ich habe in der Weser geschwommen und bin im Wald groß geworden, mit Eidechsen und Schlangen, Mäusen und Feuersalamandern. Wir haben Stieglitze gefangen! Und dann diese Öde – keine Berge, wie ich sie kannte, sondern nur Hügel, und keine Bäume. Zwei Monate Grün im Frühling, danach nichts als Gelb – und der Chamsin, der fürchterliche Wüstenwind.«

Noch schlimmer aber war der Hunger.

»Den sind wir im Kibbuz richtig strategisch angegangen. Heute heißt es: ›Friß die Hälfte‹, um abzuspecken, und genau das war unsere Losung damals, wenn auch aus gegenteiligem Grund, weil nämlich nichts da war. Also hieß es eines Tages: ›Ab morgen kein Frühstück mehr‹, jedenfalls für alle, die nicht auf Außenarbeit gingen. Essen gab es nur noch um zwölf, und Abendbrot um sieben. Das hört sich großartig an, war aber mittags nichts weiter als eine halbe Scheibe Brot und eine Wassersuppe, in der, wenn man Glück hatte, ein Stückchen Mohrrübe schwamm, und abends ein Griesbrei ohne Milch und Zucker, dafür aber mit Salz gewürzt, und wieder eine halbe Scheibe Brot. Das ging eine ganze Zeit so.«

Jacob Pins wollte nie etwas anderes als Maler werden, und deshalb war der Kibbuz der falsche Ort für ihn. Was zunächst nichts anderes bedeutete, als daß der Versuch, sich selbständig zu machen, die Hungerära verlängerte. »Ich hatte das Überleben zu einer richtigen Kunstform entwickelt. Morgens Brot und Margarine, abends Margarine und Brot, mittags gelegentlich das Festmahl einer Linsensuppe. Und einmal die Woche Würstchen, oder so etwas Ähnliches – köstlich!«

Dann kamen die ersten Ausstellungen, die ersten Erfolge, und »seit Mitte der fünfziger Jahre konnte ich von meiner Kunst leben, nicht immer luxuriös und pompös, aber auch nicht schlecht. Und ich konnte reisen.« Mit der Sammlerwut im Nacken. Diese Leidenschaft hat Jacob Pins längst zu einem wohlhabenden Bürger werden lassen. »Was damals ein paar Cents kostete, hat heute den hundertfachen Wert, was du damals bei Sotheby's für fünf Schillinge erstanden hast, brächte dir jetzt Tausende von Dollar.«

Aber von Pins' Schätzen wird nichts verkauft werden – nach seinem Tod kommt, so ist es testamentarisch geregelt, das ganze Kulturgut in den Besitz des Israel-Museums in Jerusalem, samt den 1500 Bänden japanischer und chinesischer Malereien und Schriften.

»Haben Ihre Reisen Sie auch nach Deutschland geführt?«

»Öfter, wenn ich in Europa war, bei Freunden in Italien und in der Schweiz – auch nach Höxter. Ich mußte dahin, ich hatte das Gefühl, ich hätte dort meine Kindheit, meine Jugend verloren. Insgeheim, in meinem Schädel, wußte ich, daß das Blödsinn war, aber mein Herz sagte mir: Ich muß es noch einmal sehen. Man hatte mich gewarnt in Israel, Freunde, die das schon selbst erlebt hatten und kannten. Ich kam mit der Eisenbahn, aber ich war noch nicht aus dem Zug, da wollte ich schon wieder umkehren. Ich fand dann Höxter so klein, viel kleiner, als ich es in Erinnerung hatte. Ich habe einige Leute besucht, einige wenige, von denen ich wußte, daß sie keine Nazis waren. Aber nach zwei Tagen war ich auf und davon.«

Dennoch kam Jacob Pins wieder nach Höxter, auch um auszustellen. Ich kannte viele seiner Arbeiten schon, bevor ich sie hier in seinem Haus wiedersah. Auf einer meiner Lesungen war ich auch in die Weserstadt gekommen und am Morgen danach vor seine Arbeiten geführt worden: Gemälde, kräftige Farben, Aquarelle, Zeichnungen, Farbholzschnitte – Jüdisches und seine tragische Geschichte, Tiere in Bewegung, Menschenköpfe, israelische Landschaften, der Negev, Licht und Schatten in Akko und Jerusalem, auch Höxter, schwarzweiß. Das alles war schon, außer in Israel, in London, New York und Amsterdam gezeigt worden, in Chicago, Köln, Rio de Janeiro und vielen anderen Städten der Welt.

Einmal wurde Jacob Pins gerufen um einer Ausstellung willen, die nicht die eigene sein sollte, sondern eine, die sich mit der Geschichte der Höxter Juden befaßte. »Sie wollten unbedingt, daß ich kam, und so holten sie mich. Irgendwas war anders als sonst, das spürte ich. Diesmal besuchte ich auch die ehemalige Synagoge der Stadt. Sie war in der Nacht vom 9. auf den 10. November 1938 nicht angezündet worden, aber nur, weil sie inmitten einer Hausreihe steht, die sonst mitverbrannt wäre. Da wohnen heute Privatleute drin, die haben die ornamentalen Fensterrahmen herausgenommen und achtlos weggeworfen. Das hatten die Organisatoren der Ausstellung gesehen, die Rahmen an sich genommen, geschliffen und geölt, und dann als Element der Ausstellung ›Juden in Höxter‹ verwendet. Ich war davon sehr angetan.«

Und dann stieß Jacob Pins auf etwas, was ihn noch weit mehr erregte – auf ein Foto in einer Bielefelder Zeitung von 1942: seine Eltern, die sich auf dem Wege nach Riga befanden, ins Nichts, in den Tod.

»Als ich das sah auf dieser Ausstellung, war ich ungeheuer bewegt, ich kann Ihnen gar nicht sagen, wie.«

Wir gehen auf einen der Balkone, dem über der Ethiopia Street, und schauen in das idyllische Viertel. Drüben, auf der Terrasse eines anderen Hauses türkischer Bauart, steht ein Maler vor einer Staffelei; ringsum Zypressen, Kiefern, naturbelassenes Grün, durch keine Schere gestutzt. Um meine Beine streicht einer von drei Katern, die hier seit langem die Herrschaft angetreten haben, legt sich dann quer über meine Schuhe, voller Vertrauen, und läßt sich kraulen.

Als wir ins Zimmer zurückgehen, sagt Jacob Pins, das Foto seiner ermordeten Eltern in der Hand: »Israel ist meine Heimat, ohne Abstriche, auch wenn es lange gedauert hat, bis ich Hebräisch sprechen konnte. Aber – einmal Jekke, immer Jekke...«

Meine Freunde, die Jekkes!

Niemand weiß mehr, woher dieser Name für Juden aus Deutschland kommt, ob von »Jackett«, weil sie dafür berühmt waren, daß sie es stets anbehielten, auch bei schweißtreibenden Arbeiten, korrekt und förmlich, wie sie waren, oder ob es mit dem rheinischen Karneval und den Narreteien seiner Jecken zu tun hat, was viel unwahrscheinlicher ist. Jedenfalls handelt es sich bei den Jekkes um eine Gruppe, ohne die die Vorgeschichte und die Errichtung des Staates Israel nicht denkbar gewesen wäre. Sie haben in allen Berufen gearbeitet, und es ist keine Mär, daß die vielen Akademiker unter ihnen auch Straßen gefegt und Schnürsenkel verkauft haben, nachdem sie aus Hitlerdeutschland geflohen waren und in ein Palästina kamen, das nach heutigen Begriffen als Entwicklungsland par excellence gelten konnte. Was nicht heißt, daß sie später ihrem neuen Vaterland nicht auch als Botschafter, Generaldirektoren, Richter, Wirtschaftskapitäne und Bankiers gedient hätten.

Umstritten waren sie immer, die Jekkes, nicht zuletzt wegen »typisch deutscher« Eigenschaften, die mit persönlichem Aufwand verbunden sind – wie Ordnungsliebe, Pünktlichkeit, Verläßlichkeit –, die sich aber beim Aufbau eines eigenen Staates doch als höchst notwendig, wenn auch weiterhin beschwerlich erwiesen. Gemeinsam war fast allen Jekkes die Schwierigkeit mit der neuen Sprache, dem Iwrith, eine Barriere, die zusammenhing mit ihrer tiefen Verwurzelung in der deutschen Hochkultur und entsprechendem Sprachbewußtsein.

Heute eine aussterbende Gattung – wie alle aus der Diaspora nach Israel gekommenen Ursprungsnationalitäten –, waren die

Jekkes einst berühmt als Städtegründer. Eine ihrer Gründungen ist Naharya, nördlich von Haifa und Akko, fast an der Grenze zum Libanon.

Dort traf ich Siggi K., seines Zeichens Vizebürgermeister a. D., Mitglied des Stadtrats und Vorsitzender der Israelisch-Deutschen Gesellschaft.

Siggi K., 1919 in Polen geboren, aber in Deutschland aufgewachsen, 1936 von Berlin nach Palästina gekommen, Lehrer, Polizist, Gewerkschaftssekretär, ist heute ein weißhaariger Mann mit großen lebhaften Augen hinter Brillengläsern, der mit raumgreifenden Bewegungen und vehementem Mienenspiel den Eindruck macht, als stünde er dauernd unter Strom. Er führt mich auf den Balkon seiner Wohnung und sagt dort, gegen das Gezwitscher eines Vogels, dessen Lautstärke die Verständlichkeit seiner Worte erheblich erschwert: »Eine Sache mußt du wissen – viele sogenannte ›Ostjuden‹, die wie ich in Deutschland aufwuchsen, sind noch jekkischer als die ›geborenen‹ Jekkes. Ich bin nicht nur für die Begriffe von hier ein Jekke, ich bin es auch vor mir selbst. Es ist scheußlich, aber ich wasche mir am Tag hundertmal die Hände und bin pedantisch bis zur Unerträglichkeit. Glaubst du, daß ich ein Stück Papier auf dem Boden sehen kann, ohne daß ich es aufhebe? Ich bin schon so lange hier, rechne nach, 55 Jahre! Nutzt alles nichts – ich bleib' ein Jekke. Es gibt viele, die sich besser umstellen konnten, zum Beispiel meine Brüder, die fühlten sich wie neugeboren. Aber ich, ich bin irgendwie hängengeblieben.«

Siggi K. unterstreicht das mit kreisenden, nach vorn gerichteten Handtellern und einer Physiognomie beglücktester Verzweiflung. Dann führt er mich in seinem Wagen ein in die Geschichte der Stadt Naharya.

Als die ersten aus Deutschland geflüchteten Juden 1934 hier ankamen – Ärzte, Rechtsanwälte, Kaufleute –, gab es nichts als Sumpf. Bezeichnenderweise war das erste öffentliche Gebäude ein Wasserturm, der dann auch zum Wahrzeichen Naharyas wurde. »Die Leute wohnten in Holzkisten, in den Verpackungen ihrer Möbel, die sie mitbekommen hatten, und in Zelten. Am Anfang etwa 1400 Menschen.«

Das erste Kaffeehaus hieß »Pinguin«, zunächst ein ganz primitives Holzgebäude, aber es gab dort Erdbeertorte mit Schlagsahne. Außerdem jeden Tag frische Brötchen – eine Sensation in der Gegend.

Erste Anfänge eines bescheidenen Tourismus scheiterten daran, daß Strandkörbe à la Norderney beschafft wurden, also bedachte, während die Temperaturen an der Ostküste des Mittelmeers höchstens Schattendächer zuließen.

Dann wurde ein Postamt eingerichtet, dessen erster Direktor der Jurist Dr. Hirschfeld war. Aus dieser Frühzeit der deutschen Gründung Naharya gibt es eine Erinnerung, die nach Siggi K. keine Anekdote, sondern die reine historische Wahrheit sein soll.

Das Postamt wurde morgens um acht Uhr geöffnet, und die Leute von Naharya konnten ihre Uhren danach stellen, so pünktlich kam Dr. Hirschfeld und schloß auf. Eines Tages ging ein gewaltiger Wolkenbruch nieder, gerade als er die halbe Strecke des Weges von seiner Wohnung zum Postamt zurückgelegt hatte. Da der Postmeister keinen Regenschirm bei sich hatte, sahen die Leute von Naharya ihn plötzlich laufen und – nachdem er einen Blick auf seine Uhr geworfen hatte – vor der Tür des Amtes verharren.

»Es war zwei Minuten vor acht. Und was glaubst du, tat Dr. Hirschfeld? Er blieb im strömenden Regen stehen bis Punkt acht. Erst dann drehte er den Schlüssel um!«

Siggi K., mit mir im obersten, dem neunten Stockwerk des Rathauses, über den Dächern von Naharya, sieht mich beifallheischend an, als bezöge sich der fast sechzig Jahre zurückliegende Vorfall auf ihn.

Ich blicke aus dem Fenster, nach Süden, sehe den Höhenzug des Carmel-Gebirges, im Osten die Berge Galiläas, im Westen das Meer und unter mir die Stadt, die heute 35 000 Einwohner zählt, von denen nur noch ein verschwindender Teil aus Jekkes besteht.

Den Clou hat Siggi K. sich bis zuletzt aufgespart – das »Museum German Jews« im siebten Stock des Rathauses. Dort treffe ich Israel Sch., 1901 in Berlin geboren, 1927 nach Palästina gekommen, ein drahtiger, blitzwacher Neunzigjähriger, eines jener faltenlosen Phänomene, wie sie mir nur in Israel begegnet sind, und Leiter einer Stätte, die einem nichts als Tränen in die Augen treiben kann.

In diesem Museum finde ich die Geschichte der deutschen Juden von Beginn des 19. bis in unser Jahrhundert nahezu komplett dokumentiert, alles hinter Glas: Photos über Photos, Gemälde, Zeichnungen, Orden, Ehrenzeichen und die Liste der Verluste jüdischer Soldaten in den Kriegen von 1870/71 und 1914/18.

Es fehlt hier kein jüdischer Schriftsteller und keine Schriftstellerin, von Ludwig Fulda und Karl Wolfskehl über Else Lasker-Schüler, Alfred Döblin, Franz Werfel und Kurt Tucholsky bis zu Nelly Sachs. Natürlich sind auch die Schauspieler, Sänger und Regisseure vertreten – Elisabeth Bergner und Richard Tauber, Ernst Deutsch und Ernst Lubitsch, um nur diese zu nennen.

Israel Sch. bleibt neben mir, erklärt, kommentiert, ein Nachhilfeunterricht, den ich nicht nötig hätte, aber eher würde ich mir die Zunge abbeißen, als den Gründer, Leiter und Konservator dieses »Museums Deutsche Juden« zu unterbrechen.

Im siebten Stock des Rathauses von Naharya gibt es außerdem eine Abteilung, die schildert, was deutsche Juden nicht nur hier, sondern auch im ganzen Land getan und erreicht haben, in der Industrie, der Landwirtschaft, im Rechtswesen – von Teddy Kollek, dem Bürgermeister von Jerusalem, bis zu Chaim Cohen, den großen Juristen. Ferner Photos vom Kampf der Jekkes um die Unabhängigkeit Israels, dazu in natura Waffen, mit denen sich die Bürger von Naharya verteidigt haben, Revolver, Maschinengewehre, Karabiner, leichte Mörser – uralt, wie das Fernrohr, das daneben liegt.

»Museum German Jews« – schwer zu beschreiben die Empfindungen, mit denen ich es verließ.

Von Naharya zurück nach Haifa.

Im Westen, über der See, steht die Sonne schon tief; zu beiden Seiten längs der Straße mächtige Eukalyptusbäume, Wahrzeichen der Urbarmachung und der Trockenlegung. Auf dem Beifahrersitz mein Begleiter, der mich in Naharya eingeführt hat – Heinrich Schupler, an dessen Türschild in Haifa der Vorname Zwi steht, neben dem seiner Frau Sara, beide aus Köln und beide Prototypen für die Jekkes in Israel.

Der heute 83jährige Heinrich Schupler, 1935 von Triest auf der »Galiläa« nach Palästina ausgewandert, ist der Motor der »Vereinigung ehemaliger Kölner und Rheinländer« in Haifa, und nach wie vor, unbeeindruckt durch die jahrzehntelange Abwesenheit, spricht er unverkennbar Kölsche Mundart wie seine Frau.

Wir haben rasch Freundschaft geschlossen.

Sara Schupler hat mir einmal berichtet, welcher Eingebung sie und ihr Mann das Leben zu verdanken haben: dem Schock, den der »Tag des Boykotts« in ihnen ausgelöst hatte, der 1. April 1933, als sich SA-Männer vor jüdischen Geschäften aufpflanzten mit Schildern wie »Kauft nicht bei Juden« und Drohreden gegen jeden, der es dennoch wagte. Die widerlichen Uniformierten, diese massenhafte Personifikation von Brutalität, gepaart mit Dummheit, die zerschlagenen Fensterscheiben und das Bild, wie ein guter Freund der Schuplers vom Oberlandesgericht auf einem Dreckskarren durch Köln geschleift wurde: »Da wußten wir, daß wir nicht mehr bleiben konnten. Es war die Atmosphäre, die furchtbare Atmosphäre, die uns klarmachte – die sind zu allem fähig.«

Diese rechtzeitige Erkenntnis rettete den Schuplers das Leben.

Nachdem sie dafür gesorgt hatten, daß die jüngeren Geschwister Deutschland verlassen konnten, wanderten Heinrich und Sara Schupler nach Palästina aus, landeten in Haifa und blieben dort. Blieben in einer Stadt, wo einem die Jekkes sozusagen an jeder Ecke auf den Fuß treten können, ein Menschenschlag, den ich schon von weitem erkenne, an allem: an ihrem Habitus, ihrer Gestik, ihrem Stil, noch ehe es mir durch die Sprache bestätigt wird.

Die beiden Schuplers rühren mich auf besondere Weise, ihrer unverfälschten »Jekkischeit« wegen, die sich, ungeachtet so vieler anderer Eindrücke, Erlebnisse und Erfahrungen über die weitaus größte Strecke ihres Lebens, unabgenutzt erhalten hat. Ihre Wohnung ist wie ein Ausweis dafür, sie könnte in Köln stehen, in der Stadt, die sie vor mehr als 55 Jahren verlassen haben, aber doch nie vergessen konnten, wie verwachsen sie auch immer mit Haifa, mit Israel sind.

Ich habe später einige denkwürdige Tage mit dem Ehepaar in der Domstadt am Rhein verbracht, und da war sie handgreiflich individualisiert, die Tragödie der Juden, für deren Familien Deutschland über viele Generationen hin das unangezweifelte Vaterland war – um 1933 dann grausam eines Besseren belehrt zu werden.

Es mag der natürliche Gang der Dinge sein, aber mich bewegt es, daß die Ära der Jekkes in Israel zu Ende geht, und das mit Riesenschritten.

Plastisch empfand ich das noch einmal auf einer Veranstaltung der »Vereinigung ehemaliger Kölner und Rheinländer«, zu der die beiden Schuplers mich mitgenommen hatten – zu einem Vortrag von Professor Zwi Silberstein über »Das Bild des Kosmos – Mythos und Realität«. Selten habe ich etwas Spannenderes, Faszinierenderes gehört über die Entwicklung des antiken Weltbildes von der Mythologie in die Rationalität, und über die Erkenntnisse der Alten von der Beschaffenheit des Universums, so etwa, daß die Erde sich um die Sonne dreht, eine Wahrheit, für die Giordano Bruno noch 2000 Jahre nach Anaximander auf dem Campo dei fiori zu Rom von der katholischen Inquisition auf den Scheiterhaufen geschickt wurde.

Dennoch fand ich Zeit, das Auditorium zu beobachten, 20 bis 25 Frauen und Männer, Jekkes in Reinkultur, aber ein Bild der Überalterung, das einen wehmütig stimmen konnte.

Ich habe kurz vor meiner Abreise in Haifa dann über meine Erfahrungen in Israel gesprochen vor einer größeren und durch und durch jekkischen Zuhörerschaft. Auch das ein unvergeßliches Bild, das in absehbarer Zeit erloschen sein wird: Juden, die das Land, aus dem sie stammen, vertrieben, verfolgt, beschimpft, das ihre Familien und Verwandten ausgerottet hat – und das sie dennoch weiter in sich tragen, eine offene Wunde das ganze Leben lang.

Ich habe dort auch gespürt, daß die Grenzen der Kritik an Israel viel enger als gewöhnlich in diesem Land gezogen sind. Ich habe es gespürt durch Reaktionen auf den von mir gebrauchten Ausdruck »faschistisch« für Juden, nämlich für die Gegner der Women in black bei den Zusammenstößen auf der Jerusalemer King George Street (auf Juden träfe solcher Ausdruck nicht zu, das sei unmöglich, so in Briefen, die mich danach aus Haifa erreichten). Und ich habe eine noch höhere Sensibilität als die ohnehin schon hohe durchschnittliche gegenüber Schilderungen palästinensischer Opfer der Intifada gespürt, neben denen ich natürlich die jüdischen nicht zu erwähnen vergaß. Trotzdem...

Ich habe diesen Jekkeskreis verlassen mit dem Gefühl, größte Zurückhaltung üben zu müssen bei allen Gegenwartsfragen, in denen sich eine prekäre persönliche Bedrohung ausdrückt, und das, bevor auch Haifa von Saddams Scud-Raketen getroffen worden war.

Der Grundeindruck, den ich von den Jekkes in Israel mitgenommen habe, ist, daß die Vertreibung aus Deutschland sie heillos versehrt und tief in ihnen etwas zerbrochen hat, das sie nie wieder zusammenkitten konnten.

Keiner von ihnen hat mich mehr gerührt und bewegt als der heute 99jährige Dramatiker Max Zweig, den ich mehrere Male in seiner Jerusalemer Wohnung besucht habe. Der kleine Mann kann fast nichts mehr hören, aber seine Augen sind hellwach und die rhetorischen Fähigkeiten unvermindert.

Es ist ein erstaunliches Leben, das da vor mir sitzt, von einer persönlichen Tapferkeit gezeichnet, die ihresgleichen sucht, und da ich genug von ihm weiß, bin ich froh, daß der beinahe Hundertjährige nun endlich in angenehmer Umgebung wohnt und umhegt wird von Wilhelmine Bucherer, Schweizerin, treusorgende Ehefrau und begnadete Harfenistin.

Max Zweig, 1892 in Mähren geboren, Jurastudium in Wien, Promotion in Prag, hat seinen erlernten Beruf nie ausgeübt – er wollte immer schreiben, immer Dramatiker werden. Es ist ein Hungerleben geworden, da Max Zweig nie das hatte, was man Erfolg zu nennen pflegt, obwohl er über zwanzig Dramen geschrieben hat, das bekannteste davon »Die Marranen«, und die meisten auch aufgeführt worden sind in Europa, in Nord- und Südamerika und in Israel. Dennoch hat es nie gereicht. Max

Zweig hat das so kommentiert: »Ich fand es nur billig, die Freiheit meines Schaffens mit einem armen und gefährdeten Leben zu bezahlen. Im Innersten hatte ich die Gewißheit, daß mir Hilfe zuteil würde, solange ich mir treu bliebe. Ich hatte meine Dramen anzubieten, eine Ware, für die keine Nachfrage bestand.«

Das hat der 1938 nach Palästina ausgewanderte Jekke durchgehalten – was für eine Geschichte! Ich schaue aus dem Fenster, das einen weiten Blick über den Südwesten Jerusalems gestattet, während hier vorn, auf dem Balkon, zwei wundersam bunte Vögel im Wasser eines Blumentopfs baden, Max Zweig mit klarer Stimme aus seinem Leben erzählt und seine Frau unermüdlich und unaufdringlich um ihn herum ist. Das Wunder, das sich hier tut nach einem Leben der Entbehrung und der Not, ist möglich geworden durch die Entschädigung, die Max Zweig aus Deutschland erhalten hat – und so stehe ich denn in diesem Fall restlos, lichtdicht und ohne jede Einschränkung hinter dem scheußlichen und mißverständlichen Wort »Wiedergutmachung«.

Von dieser Begegnung nehme ich etwas mit, was ich in so konzentrierter Form selten erlebt habe, und was mich bereichert hat. Es ist das Verhältnis Max Zweigs zu dem Land, das ihn aufgenommen hat und dessen Bürger er ist – Israel.

Er gesteht in seinen »Lebenserinnerungen«, daß er, der nichts als Dramen schreiben wollte, überall woanders rettungslos verloren gewesen, ja verhungert wäre, und daß er deshalb von tiefem Dank und zärtlicher Zuneigung für die Heimat erfüllt sei. Sein Blick bleibt geschärft für die Schwächen, allen voran die jüdische Zwietracht, geschärft aber auch für die ungeheure Bedrohung, der das Land permanent ausgesetzt ist. Er, der erklärte Pazifist, mußte anerkennen, daß Krieg gegen Hitler »eine unabwendbare seelische und sittliche Notwendigkeit« war, und kommt zu dem Schluß, daß nur ein Dummkopf oder Übelwollender Israel zumuten könnte, seine Rüstung zu beschränken: Die arabischen Staaten mit ihren ungeheuren Ländermassen könnten auch zehn oder zwanzig Kriege verlieren, ohne daß ihr Bestand gefährdet wäre, »hingegen würde der erste verlorene Krieg das Ende der Existenz Israels und die Ausrottung der Israelis bedeuten«.

Als ich das gelesen hatte, wurde mir schwarz vor Augen, so sehr war und bin ich von der Wahrheit dieser Worte überzeugt.

Ich fand noch eine überwältigende Übereinstimmung mit den Gesinnungen und Empfindungen des Max Zweig – in seiner Haltung gegenüber dem Konflikt, den der große Sieg von 1967 heraufbeschworen hat, und in den Schlußfolgerungen, die er daraus zieht: »Daß die Juden, das seit zwei Jahrtausenden verfolgte Volk, zu Eroberern und daher auf unentrinnbare Weise nun selbst zu Verfolgern wurden, tut mir in der Seele weh. All diesem zum Trotz aber ist meine Liebe zu Israel unzerstörbar.«

Damit hat Max Zweig, der Jekke, das Innerste meiner Seele ausgedrückt.

Israel, mein Israel!

Auf den Straßen des Galil.

Von Westen über Carmel nach Kapernaum – sattestes Grün, wohltuende Feuchtigkeit, gelbe Blütenteppiche an den Hängen und Palmen mit lang herunterhängenden Bärten bei der Einfahrt nach Tiberias. Jenseits seiner touristischen Zerstörung und dem Jahrmarktscharakter entsprechender Anpreisungen – die alten Steine hinein in den See, dräuende Türme, die Reste der ehemaligen Stadtmauer, nicht besonders dick, aber patiniert. Auf ihr wunderschöne Vögel mit blauer Federdecke, hellbraunem Brustkleid und langen Schwänzen.

Glasklar ist das Wasser des Yam Kinneret bei Tiberias, ein kühler Ruch kommt von daher. Draußen, weit vor dem Ufer, ganz unmotiviert, Brandung, eine lange weiße Gischtkette, die langsam auf das Westufer zuläuft, ohne daß ihre Auslösung zu erkennen wäre – sie muß von unten kommen, aus dem heißen, dem vulkanischen Grund.

Am Nordufer sind die Schilffelder wasserfrei – der See ist weit zurückgetreten.

Dann bin ich auf der Brücke über den Jordan, zu beiden Seiten eisern eingefaßt, aber mit Bohlen aus Holz, die hohl scheppern und klappern, wenn der Wagen darüber fährt. Zu allem Überdruß ragen aus ihnen rostige Nägel hervor. Aber wenn der Motor abgestellt ist, herrscht hier jene vollkommene Stille, die durch helles Vogelgezwitscher erst ihre wahre Tiefe erhält. Da fließt er also hin, unter der kriminellen, Israels unwürdigen Brücke, der Heilige Fluß, der große Lebenspender, schmal, aber gluckernd und von sichtbarer Strömung.

An beiden Ufern meterhohes Schilfwerk, paradiesischer Hort der Gefiederten, wie schmetternd zu hören ist. Die Brücke muß repariert werden, aber sonst hat hier gefälligst alles so zu bleiben, wie es ist!

Die nördliche Straße um den See entfernt sich zunächst von ihm, führt schließlich aber in großem Bogen wieder nahe zum Wasser hin. Dann liegt der hohe Grat der Berge Galiläas rechts, auf der wie polierten nassen Fläche vor ihnen Schiffe, die Sonne hinter einer dünnen Dunstschicht, und hier, neben der Straße, die üppigsten Bananenstauden.

In Ein Gev am Ostufer – einmal wollte ich vor der Rückfahrt dort sein, einmal nicht von oben herunter auf den Kibbuz, sondern von unten heraufblicken auf die Höhen, von wo neunzehn Jahre lang, bis 1967, geschossen worden ist.

Dann um die Südspitze des Sees nach Afula. Auf der Straße dahin halte ich in den Bergen. Arabische Hirten mit ihren meckernden und blökenden Schafen und Ziegen neben stummen Rindern. Ich mag nicht wieder einsteigen. Alles ist grün hier, alles bebaut. Schatten gleiten an den Hängen hoch. Die Stadt dahinten auf einer Kuppe heißt Poriya. Hier eine Hütte haben!

Noch weit vor Jerusalem holt mich die rauhe Wirklichkeit ein. Am Rückfenster eines Taxis ein Schild: »Born free, taxed to death« – also: »Geboren als freier Mensch, aber umgebracht von den Steuern« Israels.

Aschkelon, du Schöne!

Hier soll der bärenstarke Samson unter Waldesrauschen und im Anblick des endlosen Meers Dalilas Faszination erlegen sein. Woraufhin die Philister dem Schlafenden das Haar schoren und ihn des Augenlichts beraubten, ehe Samson dann doch die Kraft zurückgewann und er die Säulen des heidnischen Tempels einriß, um unter ihren Trümmern den ersehnten Tod zu finden. Welch schlimmes Ende angesichts der ewig blauen See und der bunten Blumenfluren.

Die wurden allerdings immer wieder roh zertrampelt – durch Kanaaniter, denen die wilden Flüche der Propheten Jeremias, Amos und Zephanjas galten; durch Alexanders Siegeszug gen Ägypten; durch die Römer, die Aschkelon während des Jüdischen Kriegs zu Asche verbrannten; und durch die Kreuzritter, die die Stadt in Escalone umbenannten, bis die Seldschukken Saladins sie ihnen wieder abnahmen. Doch auch dies nur, um erst von Mongolen und dann von der vielhundertjährigen Mißwirtschaft der türkisch-osmanischen Despotie abgelöst zu werden.

Aus dieser Geschichte des Jammers, der Tränen und des Blutes erhebt sich die Zeugenschaft des Crusader City Wall, der gewaltigen Festungsmauer, deren zyklopische Reste ihren Bauherrn Richard Löwenherz nun schon um mehr als 800 Jahre überdauert haben. Sie werden umarmt für alle Zeiten von Aschkelons Nationalpark, dessen himmlischer Frieden mich jetzt umfängt.

Draußen weit auf See ein Schiff, näher Segelboote, leichte Brise, Myriaden von Schaumkronen, am Himmel keine Wolke, die Temperatur lind. Hier oben, auf dem Hang – Palmen, Ginster, Kakteen, Bäume mit samtenen Blütendolden, und die ganze Vegetation durch den ewigen Wind vom Meer sanft nach Osten gedrückt.

Ein wenig von der Uferkante landein: Roter Mohn, dazu eine wahre Weide violetter Blumen, hingeprangt und noch veredelt durch grüne Einsprengsel – van Gogh unter Israels Himmel!

Auf dem Weg hügelaufwärts, zum prächtigsten der Mauerrelikte, stocke ich: in einer Mulde gelegen, kreisrunde Bühne, Seehorizont – das antike Amphitheater, hellenistischer Kulturtupfer vor atemberaubender Naturkulisse.

Dann bin ich auf der alten Kreuzfahrermauer, die der wilde Mongolenkhan Baibur 1270 schleifen lassen wollte. Aber das türmt sich weiter über eine Strecke von drei Kilometern im Halbrund nach Norden, und der Fortifikationstrumm da vor mir, dessen Neigungswinkel den des Schiefen Turmes von Pisa spielend übertrifft, spottet nun schon fast ein Jahrtausend lang seinem Umsturz.

Ein zerfallenes Gebäude nahe am Abhang, Überreste einer Kreuzritterkirche, das Gemäuer offen – wer hat hier gebetet, gewohnt, gelebt?

Vom Strand her Musik, Singen, Lachen. Rauch steigt in die Lüfte. Frauen, Kinder, Männer im Sand, die schöne Frische des östlichen Mittelmeerufers – Elysium.

Wäre da nicht das wichtigtuerische Geknatter eines Mopeds, dessen minderjähriger Lenker ruhelos durch den Park kurvt, und der häßliche Anblick eines Ölindustrieungetüms mit hohen Schornsteinen und ungefügen Tanks in Richtung Aschdod.

In *the very heart* dieser Stadt, keine zwanzig Kilometer von Aschkelon entfernt, fahre ich nun hinein, auf die Hauptstraße, den Korso, der gespickt ist mit Restaurants, Cafés, Geschäften und – jungen Leuten. Welch ein Bild, diese Israelis und Israelinnen, wieviel Schönheit, wieviel Optimismus, wieviel Energie. Ich mische mich unter sie, lasse mich treiben im Strom des Flanierens, umflattern vom Wind, der von See kommt.

Da plötzlich kommt mir, hier auf diesen subtropischen Champs-Élysées, der Gedanke: Israel ist das einzige Land, in dem die Mehrheit aus Juden besteht, du bist hier also unter lauter deinesgleichen, und das kann dir nirgendwo sonst passieren – phantastisch!

Nach Ein Gedi – endlich.

Wenn man sich der »Quelle des Zickleins« von Süden nähert, liegt, zur Rechten, das Tote Meer da – nichts als Wasser bis zum Horizont.

Die Oase wird schon im Alten Testament erwähnt, und zwar mehrfach – in der »Genesis«, im »Lied der Lieder« und in »Samuel«. Von der nördlichen Terrasse Masadas aus sieht man sie wie einen grünen Klecks im fahlen Gelb der Wüste Judäas liegen. Näher gekommen, wächst sich Ein Gedi aus zu einem subtropischen Vegetationsprotz, sobald man das Wadi auf dem Weg zur Quelle hoch betreten hat, ein weiter Weg. Die Schlucht strotzt von Bambusbäumen, Akazien und exotischen Pflanzen, ihre ursprüngliche Flora. Ein Gedi ist das

Zentrum eines 450 Hektar großen Naturschutzgebiets, das dem Kibbuz gleichen Namens zu verdanken ist, ein Paradies für Steinböcke, Karakals, Greifvögel – und Leoparden.

Vorbei an den Warnungen vor diesem Raubtier geht es aufwärts über Treppen und neben steil aufstrebenden Felswänden, die in Klötze unterteilt sind, von denen ein jeder den Eindruck macht, als wollte er im nächsten Augenblick fallen und unter Donnergetöse zu Tal stürzen. Die Schlucht, ganz schmal jetzt, wird vollständig beherrscht von *giant reeds*, Riesenschilf, das alle Europäern bekannten Dimensionen sprengt.

Wie bei Ein Avdat, der Quelle in der Sinwüste, die ich mit Yochi G. besucht hatte, wird das Wasser hörbar, ehe es zu erblicken ist, nur daß es hier viel stärker rauscht – die ersten Anzeichen der großen Quelle. Ausgehauene Stufen, Eisengitter, Naß, das aus den Felsen heraustritt, herabrieselnd, glasklar – und im Rücken, schon tief drunten, das Panorama des Toten Meers.

Das Grün klettert die Wände hoch, so daß man sich vorstellen kann, welchen Pegel das herabschießende Wasser zur Regenzeit hier erreichen kann. Überhängende Felsmassen, am Boden Latten, die auf die andere Seite der Schlucht führen, weil es auf dieser nicht weitergeht, und dann – der Fall, die Quelle, Ein Gedi!

Sprühend, tosend kommt das Wasser herunter, fällt rauschend in eine Mulde, zersplittert dort in Millionen von kristallenen Funken und nimmt seinen gurgelnden Lauf hinab ins Tal, wo es zu dieser Jahreszeit, im Juni, nie ankommen, sondern vorher versickern wird.

Es ist ein wildromantisches Bild, das noch erhöht wird durch das Bewußtsein, mitten in einer Wüste zu sein, die zu den wasserärmsten der Welt zählt. Aber darauf, auf diesen Anblick, war ich vorbereitet. Nicht jedoch auf das, was sich mir da oben nun bietet.

In der Mulde tollen Kinder, israelische Schülerinnen und Schüler, aus Beer Scheva, wie ich erfahre, etwa dreißig an der Zahl. Sie stürzen sich in das kniehohe Wasser der Mulde, die einen zögernd, die anderen rascher, alle aber in ihren Kleidern, mit ihrem ganzen Zeug! Ich will meinen Augen nicht trauen.

Dergleichen hatte ich wohl in Ostafrika gesehen, wenn nach langer Trockenheit der Monsun vom Himmel schüttete und die Kenianer und Tansanier aus ihren Hütten kamen, sich mit emporgereckten Gesichtern überfluten und glücklich zu Boden fallen ließen, wo sie mit den Händen herumpatschten und die Münder geöffnet hielten, als wollten sie sich für den Rest ihres Lebens satt trinken.

Kaum anders nun hier, am Fuß des Falls von Ein Gedi, wo die überschäumende kindliche Freude an Wasser, die Besinnungslosigkeit seines Genusses, das frenetische Verhältnis zu ihm, mehr verrät als hundert Bücher über die hydrologischen Nöte des Landes und das besondere Verhältnis seiner Bewohner zu ihnen.

Ich stecke meine Hand ins Wasser – und finde es nicht so kalt wie vermutet. An der ewig überrieselten Felswand hängt lianenhaftes Gewächs; in einer kleinen Höhle nisten Tauben; in der Luft schweben schwarze Vögel. Außer mir bleiben nur die Lehrer trocken, es sind ihrer drei. Zwei davon tragen Maschinenpistolen.

Ich mache mich auf den Rückweg und höre die Schreie, die Rufe, all die Laute der Glückseligkeit von oben noch eine ganze Zeit lang – Wasser in Israel!

Drüben die Berge Moabs – sonnenbeschienen, spiegeln sie sich palettenhaft im Toten Meer, türkisfarben, zartrosa, bläulich. Darüber der Mond als halbe Scheibe. Hier, vor meinen Füßen, ein Warnschild »difficult trail« – in der Tat, wer nicht aufpaßt, der stolpert und fällt, ohne etwas zu finden, woran er sich halten könnte. Ich drehe mich auf dem abenteuerlichen Pfad noch einmal um, schaudere etwas, als ich zwei von mir bereits passierte Felsungetüme erblicke, die konisch getürmt, auf den Kopf gestellten Pyramiden gleich, auf schmalen Fundamenten ruhen – und befinde mich nach einer halben Stunde in meinem Wagen auf der Straße am Toten Meer entlang.

Die Berge Moabs werfen jetzt ihr Rosa fast bis an das westliche Ufer. Aber nur etwas später changiert die Farbe in ein Blau, so tief, wie ich zuvor keines je gesehen haben will. Und so bleibt die Wasserfläche, bis das Nordufer erreicht ist und die Route nach Jerusalem westwärts abbiegt.

Meine Freunde, die Kibbuzniks!

Allen voran Ilana L. vom Kibbuz »Tsora« bei Bet Schemesch. Seit 33 Jahren lebt sie dort, Mutter von vier Kindern, die ihrerseits wieder Kinder haben, Großmutter also, die erste Generation, vom Unabhängigkeitskrieg 1948 an gerechnet. Ilana L. hat nie etwas anderes als den Kibbuz kennengelernt, dieses unglaubliche Gemeinschaftssystem, in dem alle gleich entlohnt werden, von der Putzfrau bis zum Fabrikdirektor, der erste und bisher einzige Sozialismus, der auf Freiwilligkeit beruht und den jeder verlassen kann, wann immer er will.

»Das alles ist vollständig gegen die menschliche Natur«, gesteht Ilana L., »diese Gleichheit, die so viele Schwierigkeiten mit sich bringt, weil die Menschen nicht gleich sind. Aber ein Leben ohne den Kibbuz, jenseits davon, draußen?« Sie lacht, lacht wie jemand, der etwas Unausdenkbares gefragt hat, dessen Antwort das eigene Leben ist.

Der Kibbuz »Tsora« ist von der Haganah und der Palmach gegründet worden, eine Kampfschöpfung also, wie so viele Kibbuzim, diese Materialisierung des zionistischen Geistes, ohne die die Vorgeschichte und Geschichte Israels nicht vorstellbar wäre.

Die Kibbuzniks haben nie mehr als einen kleinen Teil der Bevölkerung ausgemacht, sowohl vor als auch nach 1948, heute drei bis vier, in den besten Zeiten fünf bis sieben Prozent. Und doch waren sie lange so etwas wie das Rückgrat des Landes und sind es, was die Agrarproduktion betrifft, immer noch. Dennoch hat sich das System, um zu überleben, längst industrialisiert, und wer die alten Fotos sieht, die kahlen Landschaften und die primitiven Unterkünfte, und sie vergleicht mit dem Bild, das die Kibbuzim heute bieten, der bekommt eine Ahnung von der ungeheuren ideellen und materiellen Leistung der Kibbuzniks.

Die Zeitungen aber sind voll von der gegenwärtigen und wohl noch lang andauernden Krise des Systems, von dem Schuldenberg, den Milliarden von Schekel, die es vor sich herschiebt, und von den mannigfachen inneren Schwierigkeiten, mit denen die auf äußerer Gleichheit beruhende Gemeinschaft in einer immer individualistischer gewordenen Gesellschaft wie der israelischen zu kämpfen hat.

Ilana L. jedoch, klein, energisch, klug, die zähe Personifizierung dieser bedrohten Lebensform, führt mich mit unverwüstlichem Optimismus in Tsora herum, zeigt mir die Möbelfabrik – »alles computergesteuert« –, die Textilproduktion, wo Kleider, Röcke, Taschen hergestellt werden, und schließlich das, was am exaktesten mit »Milchgewinnungszentrale« tituliert wäre: die mechanische Melkfabrik. Hier wird täglich 320 Kühen dreimal am Tag die Milch abgenommen, 9000 Liter – alles *highly sophisticated*. Jede Kuh hat einen Computer am Hinterlauf, der wieder verbunden ist mit einem Zentralcomputer, in dem alle Daten zusammenlaufen und der den Melkapparat so steuert, daß die beste Leistung erreicht wird. Das einzige, was hier noch von Menschenhand gemacht werden muß, ist, die Schläuche am Euter zu befestigen – wenn der leer ist, fallen sie von allein ab.

Ich verlasse die Stätte mit den Anzeichen des Entsetzens, pralle draußen vor dem ungeheuren Milchtank zurück und höre Ilana sagen: »Stimmt, scheußlich, aber unvermeidlich.«

Sie ist eine gelehrte Frau, *master of communications*, mit der Doktorwürde in Jüdischer Literatur und Linguistik, ihr Mann arbeitet in einem Tel Aviver Ministerium. Sein Gehalt geht, wie alle Einnahmen von außen und innen, in den großen Kibbuztopf, aus dem jeder Kibbuznik einen gleichen Anteil bekommt, ein Taschengeld, für Bücher, Kleidung, Schuhe, stets karg bemessen. Aber um Wohnung, Nahrung, Energie, Erziehung, Schule, Kultur, Gesundheit und manch andere elementare Ausgaben braucht sich der einzelne nicht zu sorgen, all das übernimmt der Kibbuz. Der Preis, den die Kibbuzniks dafür bezahlen, ist ein weitgehend zentral bestimmtes Leben, ohne privates Auto im Zeitalter der Motorisierung und ohne die Möglichkeiten, die die Reisefreiheit einer Gesellschaft wie der israelischen bietet – nur einmal wird den Kibbuzniks eine große, eine »Lebensreise« sozusagen gestattet.

Für Yakov V., ursprünglich Giacomo V., 1922 in der Nähe von Ancona geboren und seit 1949 im Kibbuz »Givat Brenner«, für Yakov V. ging diese große Reise nach Dubrovnik. Vor drei

Jahren war er dort und hat sich in die dalmatische Stadt an der Adria verliebt. Dahin möchte er noch einmal, aber das wird kaum möglich sein. Eigentlich soll die »große Reise« für die Kibbuzniks alle fünfzehn Jahre stattfinden, aber die Praxis hat längst ihre Einmaligkeit erwiesen.

»Da würde ich gern noch einmal hinfahren«, sagt Yakov V., auf italienisch, in der Sprache, mit der er groß geworden ist, »aber das wird am Geld scheitern, es geht nicht.« Und auf die Frage, ob er das als einen Mangel an Freiheit empfände, antwortet der schlanke, weißhaarige Mann: »Ja, aber es ist eben nicht möglich, und ich nehme das gern in Kauf für das, was ich hier habe.«

»Und was ist das?«

»Eine Wohnung, die ich draußen mieten oder kaufen müßte. Dort müßte ich auch einen Wagen haben, der größer und schneller wäre als der meines Nachbarn, und vieles mehr, was gegen alles verstößt, was mir lieb und teuer ist. Zum Beispiel das Gefühl, in einer Gemeinschaft zu leben und zu wissen: Das ist deine Heimat. Hier kann dir nichts passieren, hier bist du gut aufgehoben – bei allen Beschränkungen.« Und dann sagt Yakov V.: »Du bist nur hier, wenn du es willst – das ist das große Merkmal des Kibbuz. Wann immer du gehen möchtest, könntest du es. Können Sie mir einen anderen Sozialismus nennen, bei dem das möglich wäre?«

Das kann niemand.

Die wachsenden inneren Schwierigkeiten, mit denen das traditionelle Kibbuzsystem in der individualistischen Gesellschaft Israels zu kämpfen hat, sieht Yakov V. sehr wohl. »Die Gründergenerationen kamen ja von überall her, aus allen europäischen und überseeischen Ländern, die kannten ja einen Teil der Welt, aber ihre Kinder und Kindeskinder kennen sie nicht. Und in Israel ist das Reisebedürfnis besonders deshalb groß, weil es keine Landesgrenze gibt, die du problemlos überschreiten könntest. Das aber wollen die Jungen.«

Doch die neuen Kibbuznikgenerationen wollen noch manche andere Veränderung. Zum Beispiel Ophir B., 33, in Hasorea.

Dieser Kibbuz am Rand des Emek Israel, des Israeltals, kann als Paradebeispiel gelten für die Leistungen der Pioniere und ihrer Nachfolger, übrigens alle Jekkes. Wo früher nichts als Sumpf und kahle Berge waren, kein Baum, kein Strauch stand und die ersten Kibbuzniks in windschiefen Zelten hausten, sprießt heute das üppigste Grün, ziehen sich Waldungen die Hänge hoch, sind Gebäude festgemauert in der Erde wie für Ewigkeiten, dehnen sich die Familienbungalows in parkähnlichen Wohnanlagen, so weit das Auge reicht.

Der Stolz dieses Kibbuz ist die modernste Eich- und Prüfstelle Israels für Industrieerzeugnisse, ein Ort, an dem nur gesprochen wird, wenn es unbedingt nötig ist, und der mit so empfindlichen Apparaturen ausgestattet ist, daß nicht mehr als drei Personen in einem Raum sein dürfen – die Körperwärme schon könnte die Meßinstrumente beeinträchtigen. Ich habe andere Schuhe anziehen müssen und denke inmitten der Gerätschaften, die einen Millimeter in lauter Hundertstel aufteilen können: Welch ein ungeheurer Sprung von der Farmwirtschaft zu High-Tech.

Doch da sind die Probleme des Ophir B., und davon spricht der 33jährige nun im Gemeinschaftssaal des Kibbuz »Hasorea«. Etwas beklommen ist ihm dabei, weil das vor einem Halbrund älterer und alter Kibbuzniks geschieht, von denen er weiß, daß sie nicht nur anderer Meinung sind als er, sondern auch nicht gerade glücklich darüber, daß Kritik offen vor dem Besucher geäußert wird. Dennoch haben sie keinen Versuch unternommen, sie zu unterdrücken.

Ophir B. sagt, wenn ein junger Mensch zur Armee gehe, drei oder vier Jahre, und weg vom Kibbuz sei, so übe das einen großen Einfluß auf ihn aus. In ihm erwachse die Vorstellung: Geh weg und tu, was du willst, laß dir nicht länger von einer Zentrale, einem »Offizium« sagen, was du tun und was du lassen darfst. Für viele sei der Kibbuz dann zu klein geworden, ein Platz, an dem zu viele Personen zu sehr daran interessiert seien, was andere täten. Aber da sei auch noch anderes, sagt Ophir B., was das Leben hier für die Jungen und Jüngeren schwermache. Zum Beispiel die Sache, daß die Kinder nicht bei den Eltern schlafen dürften, sondern alle gemeinsam in einem Kinderhort, im *kids house*, und daß das heilige Kibbuztradition sei. Da regt sich Widerspruch, der schon zu Korrekturen geführt hat, wenngleich sie von der Leitung nur widerwillig akzeptiert werden. Auch daran zeigt sich, daß der Kibbuz alten Stils nicht überleben kann in einer Gesellschaft, die sich so gewandelt hat wie die israelische.

»Heißt das, daß das Kibbuzsystem zugrunde gehen wird?«

»Wenn es die Zeichen der Zeit nicht erkennt, wenn es sich nicht reformiert, wird es zugrunde gehen. Das wird nicht so geschehen, daß hier die Lichter ausgehen. Es wird dadurch geschehen, daß der Kibbuz mehr und mehr Leute von außen anwerben muß, wie heute schon, nicht weil die Kibbuzleitungen das möchten, sondern weil sie es müssen, weil nicht genug ›Nachschub‹ da ist aus den eigenen Reihen. Ich will das nicht, ich möchte, daß es sich reformiert, aber ich habe keine große Hoffnung, daß es geschieht. Zu den ökonomischen Schwierigkeiten, die das System hat, kommen die sozialen und menschlichen Probleme hinzu. Das alles ist vielleicht unangenehm zu hören für die Leute, die hier um den Tisch herumsitzen. Aber ganz abgesehen davon, daß ich ihre Leistung aufs höchste respektiere – wenn die Änderungen nicht erfolgen, hat der Kibbuz keine Chance zu überleben.«

Dem widerspricht eine junge Frau, Ela A., und dies energisch. Der Kibbuz, so sagt sie, habe sich in den letzten zehn Jahren gewandelt, und zwar ganz erheblich. Sie kenne nicht nur Hasorea, sondern viele andere Kibbuzim, und ihre Erfahrungen dort bestätigten das. Der Kibbuz habe seine Reformfähigkeit bereits unter Beweis gestellt. Insofern ist ihrer Meinung nach Ophirs Analyse falsch. Aber mit ihm ist Ela A. der Ansicht, daß dem einzelnen Kibbuznik von den zentral gewählten Gremien zuviel Selbstverantwortung abgenommen wird und daß sich das ändern muß.

»Offenbar ist es jedoch das System, das gerade das verhindert«, werfe ich ein.

»Ja, da gibt es elementare Probleme. Wir fragen häufiger als früher: Warum soll der Sekretär das tun? Tue es selbst! Aber es ist eben sehr bequem, daß jemand anderer verantwortlich ist, und das hat sich eingebürgert, eingefleischt – und ist sehr schwer aus dem Kibbuzkörper auszutreiben. Einer ist verantwortlich für meine Wohnung, ein anderer für die Erziehung, ein dritter für meine Reise nach draußen. Das muß sich ändern.«

Aber Ela A. ist dafür, daß die Kinder im Kinderhaus schlafen, gemeinsam. Ihre Kinder schlafen dort, und sie ist sehr froh darüber.

»Warum?«

»Weil es mir die Möglichkeit läßt, viele Dinge zu tun, die ich sonst nicht tun könnte, mich zu entwickeln, aktiv zu sein, draußen zu lernen – und nicht nur Hausfrau zu sein, was ich hasse.«

»Wann sehen Sie Ihre Kinder?«

»Morgens, bevor sie in den Kinderhort oder in die Schule gehen, und dann wieder von vier Uhr nachmittags bis acht, halb neun Uhr abends. Ich glaube nicht, daß das Verhältnis zwischen Eltern und Kindern darauf beruht, wie viele Stunden sie sich am Tag sehen, sondern darauf, was man miteinander tut.«

Aber Ela A. weiß, daß die Kinder in den Kibbuzim bald, in ein, zwei oder drei Jahren, zu Hause schlafen werden. »Die Minderheit dafür hier in Hasorea beträgt bereits über vierzig Prozent. Und sie wird nicht kleiner werden, sondern größer.«

Der Disput verläuft trotz der erheblichen Meinungsunterschiede in einer Atmosphäre gegenseitigen Respekts. Aber die Mienen der meisten alten und älteren Kibbuzniks im Raum hatten sich bewölkt, und es dauert eine Zeit, bis sich ihre Physiognomien wieder entspannen.

Schließlich sagt einer zu mir und zieht mich dabei etwas abseits: »Dieses System der Bemutterung, der Sorge für alles und jedes – das haben wir geschaffen, wir Alten, und das war unsere Sünde. Selbst wenn das damals richtig war, heute müssen wir sehen, wie wir damit fertig werden. Wir haben Utopia angehangen, und eine Weile ging das, war in Übereinstimmung mit den Gegebenheiten, aber es hat nicht gehalten. Es ist schwer, sich das einzugestehen.«

Hier in Hasorea lerne in Ruchama I. kennen, eine Jekke, in Hamburg geboren und 1931 nach Palästina eingewandert. Sie trägt eine Goldkette um den Hals, einen Hut auf dem Kopf und das Hemd über der Hose. Mich füttert sie seit unserer ersten Begrüßung mit Informationen, als würde mein Buch nur vom

Kibbuz »Hasorea« handeln, nicht zu stoppen, atemlos. Die ersten Hühnerställe, das Betonzelt, der Wachtturm mit dem großen Scheinwerfergehäuse – jeder Meter ist für Ruchama I. mit Erinnerungen gespickt.

Spät kommt sie auf ihr Verhältnis zu Deutschland, dem Land ihrer Geburt, zu sprechen. Die nächsten Verwandten konnten gerettet werden, aber Onkel und Tanten mit sieben Kindern sind ermordet worden. »Ich habe mich geweigert, mit Deutschen auch nur zu reden oder sie gar in mein Haus kommen zu lassen.« Bis sie eines Tages Bettina kennengelernt hat, eine junge Deutsche. »Die kam zu mir und sagte, sie habe gehört, daß ich so deutschfeindlich sei. Und deshalb wollte sie mit mir sprechen. Ich habe sie dann in mein Haus aufgenommen, und seither frage ich mich, ob es nicht doch ein anderes Deutschland gibt. Gibt es das wirklich?« fragt sie mich, direkt, aber mit deutlicher Überwindung – aus Angst vor einer bestimmten, einer befürchteten Antwort, will mir scheinen.

»Ich denke schon«, antworte ich, »nicht immer so stark, wie ich es mir wünschte, aber auch nicht zu überwinden von seinen Gegnern – ich fühle mich als ein Teil von ihm.«

»Sie als Jude nach allem, was Ihnen und Ihrer Familie geschehen ist? Ich habe doch ›Die Bertinis‹ gesehen.«

»Ja«, sage ich.

»Ach«, entfährt es Ruchama I., das Gesicht gleichzeitig Frage- und Ausrufungszeichen, aber mit offensichtlich erleichtertem Ausdruck.

Es tut mir wohl, daß sie, ein Zeichen des Vertrauens, eine Hand auf meinen Arm gelegt hat, und deshalb rühre ich mich nicht.

Während dieses Dialogs stehen wir beide auf der Plattform des alten Wachtturms des Kibbuz »Hasorea«. Um uns herum Blumenrabatten, gepflegte Anlagen, große Hecken von Rhododendren und Oleander, auch die Bungalows begrünt, und vor uns, weit gestreckt, die Herrlichkeit des Emek Israel, sanft ansteigend zu den Hügeln in Richtung Nazareth.

Daß die kleine, quirlige, informationsberstende, atemlos erzählende Frau, daß Ruchama I. beide Söhne verloren hat, einen im Krieg und den zweiten durch Unfall, erfahre ich am Ende dieses Tages durch andere.

Meine Freunde, die Kibbuzniks – Schlomit und Gaddy, Bruder und Schwägerin von Peggy Parnass im Kibbuz »Ein Hahoresh«, nahe bei Hadera.

Das Haus ebenerdig, Parterre, wie wir in Hamburg sagen, ohne Keller. Drinnen, in Wohn- und Schlafzimmer, keinerlei Luxus, aber alles, was benötigt wird, Elektrizität, Wasser, Dusche. Ich kenne die Pionierphotos aus der Gründerzeit, auch dieses Kibbuz'.

Hier, bei Gaddy und Schlomit, war es, wo ich während einer Übernachtung, von plötzlichem Heißhunger gepackt, den Kühlschrank förmlich leerfraß; hier war es, wo ich im Schatten des Baumes vor dem Haus lag, wie ich nie zuvor in einem Schatten gelegen habe, Vogelgezwitscher über mir und von irgendwoher, laut vernehmbar, ein kuckucksähnlicher Dauerruf – während ich gleichzeitig Peggy Parnass' vehementem Plädoyer für eine Lösung der Palästinenserfrage lauschte.

Keinerlei schlechtes Gewissen dann in mir, als Schlomit auf einem Trecker rumpelnd, hupend und winkend vorbeifährt – es ist einer der letzten Tage vor meiner Abreise aus Israel, und das erste Mal, daß ich mich auf einem Rasen ausgestreckt habe.

Peggys Bruder, knorrig, in kurzen Hosen, ist des Deutschen so wenig mehr mächtig, daß unsere Lingua franca Englisch ist. Zwar hat er kundgegeben, daß auch er gern mehr reisen möchte, als üblich ist, aber wenn ich nach einer Personifizierung des israelischen Kibbuz gefragt würde, so würde sie heißen: Gaddy Parnass. Ich habe mich selten in meinem Leben als Gast so wohl gefühlt wie bei ihm und seiner Frau. Die Eltern von Peggy und Gaddy Parnass sind im Gas von Auschwitz geblieben.

Noch einmal zum Kibbuz »Tsora« bei Bet Schemesch – Abschied von Ilana L.

Auf den Hügeln spätes Licht, die Sonne steht noch über dem Horizont, in der Luft der süßliche Geruch von Vieh, am östlichen Himmel nur noch ein milchiger Streifen. Es ist so ruhig, daß das Rauschen des Sorek zu hören ist, eines Bachs, an dessen Ufer einst Siedlungen von Philistern gestanden haben sollen. Hier war die Wiege von Samson – Schimschon –, und es geht ein Streit mit Aschkelon, daß das Rendezvous mit Dalila gar nicht dort, sondern zwischen diesen Hügeln stattgefunden habe – der köstliche Anfang vom bitteren Ende, wie so oft.

Ilana L. erscheint, pünktlich wie immer. Sabbatanfang in der Familie, ohne Rituale. Ich bin hier unter völlig säkularisierten Zionisten, alten Gewerkschaftern, Histadrutleuten. Dennoch wäre es völlig verfehlt, zu behaupten, dies sei ein Freitagabend wie irgendwo anders auf der Welt gewesen.

Der Kibbuz und seine Geschichte, so hatte Ilana L. gleich am ersten Tag lachend bekannt, seien gegen die menschliche Natur. Das geschah, habe ich nachgezählt, im 35. Jahr ihres Kibbuzdaseins.

Jetzt begleitet sie mich zum Wagen. Umarmung. Und dann sagt Ilana L.: »Du kannst dir das nicht vorstellen: Morgens, wenn ich aufwache und hinausschaue auf die Landschaft, und die Vögel singen, und ich denke: Mein Gott, ist das schön! – dann bin ich, ja, dann bin ich einfach glücklich.«

Tel Aviv, Tel Aviv!

Die Kette deiner Hotels längs der Promenade, aufragend wie steile Zähne in einem lückenhaften Gebiß – Hilton, Carlton, Sheraton, Astor. Du schreckliches Konglomerat von Großbanken und Gewerkschaften, von Presse und Ministerien, von Börsenmaklern und Diamantenhändlern – und du wunderbares Juwel der Musik, des Theaters, der Kunst.

Du Häßlichste aller Häßlichen, Tel Aviv, mit deinen aufgerissenen Straßen und Wegen, deinen Müllbergen und deinen Stadtstreichern, den überlauten Sirenentönen deiner hysterischen Polizeistreifen – und der himmlischen Brise vom Meer bei Nacht durch die Schneisen des Ben-Gurion-Boulevard, der Arlozorov und der Frishman Street.

Nicht zu vergessen: im Café des Hilton, nach Sabbat! – die schöne Serviererin, Aufbruch, Leben, Kinder. Teller klirren, Gebäck, Eis, Geschlürfe. Über dem Stimmengesumme, wie erhofft, betörende Songs, »Smoke gets in your eyes«, »Begin the begin«, »Strangers in the night«... Bis man heraus hat, was einen peinigt in diesem Blust von Harmonie und fröhlichen Menschen, dieser Atmosphäre taufrischer Neugeborenheit und zurücklehnungswürdiger Entspannung, was einen aus dem Sessel hochfahren und flüchten läßt: Es sind die unsauberen Töne des Pianisten, das Vernuscheln der Noten, das Massaker der Tasten, der dilettantische Anschlag auf die herrlichsten Kompositionen.

Ach, Tel Aviv, ich hatte während meiner vorangegangenen fünf Aufenthalte zu häufig in deinen Mauern gewohnt, um diesmal den Fehler zu wiederholen. Mir graute vor dir, zugegeben, vor der Hitzehölle deines Sommers, in die ich geraten würde; vor deinen verzackten Wolkenkratzern, dem schmuddeligen Weiß deiner Wohnkasernen, der ganzen langweiligen Rechteckarithmetik deiner Straßen. Vor allem aber graute mir vor deinem Lärm, dieser übermächtigen Geräuschkulisse, die nie abreißt, ohne die die Tel Avivniks aber offenbar nicht leben können. Davor, du Schlaflose, graute mir am meisten.

Und dennoch gibt es für mich einen Platz, den ich liebe und der nicht seinesgleichen hat für mich, und das nicht nur zwischen dem Jarkon im Norden und der wunderbaren Silhouette des alten Yaffo im Süden, sondern überhaupt – deinen Strand, Tel Aviv, deinen Strand von der Promenade aus!

Die Katamarane mit den bunten Segeln, die durch die Lücke zwischen dem Jachthafen und der gigantischen Mole schießen; die Surfer auf dem bis zum Horizont sonnenbeglitzerten Meer. Schnurrend, in 300 Meter Höhe, mal von dieser, mal von jener Seite herankurvend, der einmotorige Überflieger vom Dienst. Drachen steigen, gefährlich hoch für den schwachen Propeller, wie ich finde. Hier unten wird Ball gespielt, mit breiten, runden Schlägern, die Spieler in weitem Abstand voneinander und so verblüffend begabt, daß nichts als das Klack-Klack der gelungenen Schläge zu hören ist. Links macht ein Zwanzigjähriger Klimmzüge an einem Holzgerüst, er zieht sein Gewicht hoch, schafft es ein dutzendmal und mehr. Nach dem Bad in der See ziehen Männer unter Duschen an einem Strang und waschen sich mit dem Süßwasserstrahl das Salz vom Körper. Neben ihnen räkeln sich Göttinnen von Wuchs, liegen ausgestreckt da, scheinbar schlafend, aber, auch wenn die Augen geschlossen sind, hellwach und bei vollem Bewußtsein für die Begierde der bronzefarbenen Galane ringsum.

Direkt unter mir, im Sand, eine Familie, junge Eltern, Mitte Zwanzig, zwei Töchter, wohl acht, neun Jahre, eine von ihnen, ohne jede Not, mit Büstenhalter versehen. Sie klatschen in die Hände, hingerissen vom Vater, der sie hochnimmt, herumschwenkt und wieder absetzt, genau im Rhythmus, daß keine zu kurz kommt gegenüber der anderen.

Wie oft habe ich früher schon so gestanden, hier, auf der Promenade am Strand von Tel Aviv, und habe gedacht: Wird dieser Frieden bleiben? Oder wird eines Tages, eines Nachts, die akustische Hysterie der Stadt übertönt werden vom Geheul der Sirenen, die den Tod aus der Luft ankündigen, Flugzeuge mit Bomben in den Schächten oder, wahrscheinlicher noch, Raketen – mit welchen Sprengköpfen?

Hier habe ich gestanden und daran gedacht, wie ich zusammengezuckt war, als der Palästinenser Omar Otman nach der Besichtigung seines unfertigen Hauses in Bet Safafa am Rande Jerusalems gewarnt und prophezeit hatte: »Wir müssen einen neuen Krieg verhindern, denn der wird anders sein als die vorangegangenen. Der nächste Krieg wird ein Krieg der Raketen. Und die können auch Tel Aviv erreichen.«

Hier, auf der Promenade von Tel Aviv in der Nähe des Jachthafens, habe ich auch daran gedacht, was mir keine 24 Stunden zuvor Stefan Moses, Professor für vergleichende Literaturwissenschaften an der Hebräischen Universität zu Jerusalem, gesagt hatte. Es war am Abend eines Tages, an dessen Morgen Luftalarm für Schulkinder in ganz Israel gegeben worden war, genauer: Gasalarm, eine Übung, bei der Schülerinnen und Schüler diszipliniert in Keller oder Bunker zu gehen hatten. Professor Moses sagte: »Der nächste Krieg wird ein Krieg, der gegen die Zivilbevölkerung geführt wird – mit Raketen. Wir könnten dabei ein Zehntel unserer Bevölkerung verlieren.«

Mit diesen Gedanken, Tel Aviv, habe ich oft an deinem Meeressaum gestanden, aber nie so beunruhigt, so von innen zerwühlt, so zersorgt um dich wie bei meinem Israelaufenthalt für dieses Buch, während dessen Niederschrift in Deutschland die

Scud-Raketen Saddam Husseins dann tatsächlich auf dich herabschossen, und das nun an dieser Stelle, mit den unbeschreiblichsten Gefühlen seines Autors, vermelden kann, daß der Golfkrieg und seine Schrecken vorbei, die Sirenen verstummt und die Gasmasken weggesteckt worden sind – für immer?

Tel Aviv! Tel Aviv!

Letzter Abend in Jerusalem, bei Angelika Schrobsdorff, Abu Tor.

Die kühle Wohnung mit den weiten Fenstern, wie geöffnet in die Landschaft; die Katzen, von lautloser, aber haarsträubender Feindschaft untereinander; die Hausherrin, grazil und aristokratisch, eine ebenso glänzende Erzählerin wie gute Zuhörerin, kulinarisch von wohltuend zurückhaltender Gastfreundschaft, der Diamant in der Fassung ihres verwirklichten Lebenstraums – hier zu leben, hier.

Auf der Terrasse.

Um das Maß der Schwermut vollzumachen – über der Wüste Judäas ist der Mond aufgegangen. Prall und leuchtend, rollt er langsam, gegen alle Gesetze der Schwerkraft, den Nachthimmel hoch, bis die volle Scheibe sich rasch von der Erde zu entfernen scheint, um so greller, je kleiner sie schrumpft.

Südlich glimmen die Lichter der Haaspromenade, im Osten die Fenster der arabischen Vororte Jerusalems. »In den letzten Tagen, ja Wochen, war es ruhig«, sagt die Hausherrin, »aber so friedlich wird es nicht bleiben.«

Angelika Schrobsdorff sollte recht behalten.

Mischkenot Scha'ananim, kurz vor Mitternacht.

Ich sehe auf die angestrahlte Mauer der Altstadt. Vor mir das Institute of Holy Land Studies, grell beleuchtet; rechts, wie eine illuminierte Gralsburg, The Scottish Hospice; links der Davidturm über der ansteigenden Straße zum Jaffator, die Schlußlichter der Autos wie winzige Leuchtkäfer. Mit den Wipfeln nach Osten geneigt, wiegen sich die Zypressen im Garten vor mir, zum Anfassen nahe, nach einem glühendheißen Tag im streichelnden Wind. Die Mutter aller Katzen von Mischkenot, ungeachtet ihrer zahlreichen Brut schon wieder schwanger und Tag und Nacht auf der Suche nach Nahrung, hat mich samt ihrem Anhang greinend umzingelt. Es bietet einen schlimmen Anblick in seiner Verwahrlosung, dieses ewig bettelnde Geschwader aus lauter Fellknäueln, aber fehlen wird es mir doch.

Die Zeit ist um, es geht zurück nach Deutschland. Hier in Israel hat es seit meiner Ankunft keinen Tag der Ruhe und der Muße für mich gegeben, keinen Sabbat und keinen Sonntag, und das in Übereinstimmung mit mir selbst. Und dennoch hatte die Begegnung, auf die es mir vor allem ankam, nicht stattgefunden – mit Amos Oz! Mehr als jeden anderen zeitgenössischen Israeli wollte ich ihn befragen, den Schriftsteller, der vielen seiner Landsleute als das »Gewissen der Nation« gilt und in dessen Büchern, Reden, Vorträgen ich nichts gefunden hatte, was ich nicht hätte unterschreiben können. Bis in die letzten Tage hatte Amos Oz an einem neuen Buch gearbeitet, dann endlich verabredeten wir einen Besuch in Arad, seinem Wohnort. Aber dieser einzig verbleibenden Möglichkeit konnte ich nicht nachkommen, weil die ungeheure Sommerhitze Israels mich niedergeworfen hatte, ausgerechnet dieses eine Mal, sonst nie. Dort im Süden, am Rande der Wüste Judäas, war es noch einmal fünf Grad heißer. So hatte ich in der Nacht davor absagen müssen.

Ich bleibe auf der Terrasse von Mischkenot Scha'ananim sitzen bis zum Morgengrauen. Hier war ich gern die Monate über. Dank noch einmal an Teddy Kollek, vor allem aber an Jackie von der Rezeption und all die guten Geister dort.

Erste Station auf dem Wege zum Hafen von Haifa – das American Colony Hotel, Jerusalems schönste Herberge. Abschied von Hakam Fahoum, meinem palästinensischen Freund. Da sitzt er vor mir in dem idyllischen Patio, mit seinem guten, mir so vertrauten Gesicht, unruhig wie ich und wortkarg wie ich, die einzig angemessene Haltung der Stunde.

Ich bin mir plötzlich der Zerbrechlichkeit dieses Verhältnisses vollkommen bewußt – Hakam hat nie einen Hehl daraus gemacht, daß die PLO seine politische Heimat ist, und was wäre zwischen uns, wenn ich alles wüßte über seine Beziehungen zu ihr? Andererseits weiß er, daß ich Partei bin in diesem großen Kampf und Streit des Nahen Ostens, Israelpartei, ganz im Sinn von Max Zweig, und daß meine Bindung an dieses Land unlösbar ist und unabhängig von der Politik abwählbarer Regierungen. Wir haben die Gegensätze zwischen uns überbrückt durch die persönlichen Sympathien, die wir füreinander hegen. Werden sie den ungeheuren Belastungen standhalten, mit denen der Konflikt auf Juden und Araber einwirkt?

Jetzt haben wir beide das Bedürfnis, den Abschied schnell hinter uns zu bringen. Keiner von uns weiß, ob er den anderen je wiedersehen wird, denn dies ist ein Land, in dem jedermann jederzeit überall getötet werden kann. Wir wissen nur, daß wir einander nicht vergessen werden.

Dann endlich, nach zeitraubenden, strengen Sicherheitsmaßnahmen, an Deck derselben »Silver Paloma«, mit der ich von Patras über Rhodos und Zypern gekommen war.

Vor mir, von der Reling am Heck aus, die phantastische Topographie der Stadt, der Zauber seiner aufklimmenden und abschüssigen Häuserkaskaden, das Relief des Carmel, langsam verschwimmend in der Dämmerung, die sich von den Bergen herunter anschleicht.

Haifa zündet seine Lichter an.

Die Planken des Schiffes beginnen stärker zu beben. Dann legt sie ab, die »Silver Paloma«, der griechische Seelenverkäufer, mit einer Stunde Verspätung und deutlicher Schlagseite nach Steuerbord, wie schon auf der Herfahrt. Die Begleitboote der Polizei tuckern noch eine Zeitlang neben dem riesigen Schiffskörper dahin, bevor sie uferwärts abdrehen.

Immer breiter wird der Vordergrund zwischen dem Schiff und dem Leuchtdiadem des Carmel – ein betörendes Bild. Dann verkleinert sich das Gebirge mit zunehmender Entfernung zu einem Hügel, flacht in der wachsenden Distanz immer weiter ab. Bald sind nur noch die Lichter der Promenade zu erkennen. Und schließlich ist ringsum nichts als das Meer. Trotzdem starre ich noch lange nach Osten.

Israel, mein Israel.

Epilog

»Es wird kein Frieden sein in der Region, bis Israels Nachbarn aufhören, es zu bedrohen.«

Rita Süßmuth

I.

In diesem einen Satz, ausgesprochen von der Präsidentin des 11. und 12. Deutschen Bundestags im Juni 1990 während eines Besuches in Jerusalem, liegt der Schlüssel zur Lösung des Nahostkonflikts. Er faßt dessen Ursache und Charakter in die Nußschale weniger Worte, und indem er weit hinausgeht über die Palästinenserfrage, trifft er den Kern der Auseinandersetzung.

Denn es sind nicht die Palästinenser, es sind die arabischen Staaten, von denen Israel sich lebensgefährlich bedroht fühlt, und es war der Golfkrieg, der die Berechtigung des israelischen Sicherheitsdenkens nur noch einmal grell illustriert hat.

Man stelle sich vor, es hätte zur Zeit der irakischen Aggression auf die Unabhängigkeit der Region der geforderte Staat schon bestanden. Bei der Haltung, die die Palästinenser während des Golfkriegs gezeigt haben, hätte das für Israel bedeutet: Saddam Hussein ante portas! Also nicht nur vereinzelte Raketen, abgeschossen aus großer Entfernung, sondern auch Bodentruppen, riesige irakische Armeen, Hunderttausende von Infanteristen und Tausende von Panzern wenige Kilometer vor Tel Aviv!

Die jubelnden Einwohner von Nablus, Tulkarm und Jenin auf den Dächern ihrer Häuser, als die Scud-Raketen auf die Metropole und auf Haifa niederschmetterten – diese Lehre werden die Israelis so schnell nicht vergessen. Und wer da einwendet: Die Haltung der Palästinenser gegenüber Israel während des Golfkriegs lasse sich ja gerade aus der Verweigerung ihrer Selbstbestimmung erklären, hätten sie einen Staat gehabt, dann hätten sie auch anders reagiert, wer so argumentiert, der fordert von Israel eine Gutgläubigkeit, die es seine staatliche Existenz kosten könnte.

Ich habe aus meinen Erfahrungen den Schluß gezogen, daß im Nahen Osten keine Ruhe sein kann, bis es einen Palästinenserstaat gibt. Aber wer glaubt, daß es dann Ruhe geben wird, der verkennt die tieferen Ursachen des Nahostkonflikts. Hätten nur Israelis und Palästinenser miteinander zu tun, ginge es allein um sie, so wäre meiner Überzeugung nach die Frage längst gelöst. Aber sie ist es nicht, weil die ganze arabische Welt in den Nahostkonflikt einbezogen ist.

Das ist kein Argument gegen Verhandlungen und Gespräche zur Lösung der Palästinenserfrage, es ist lediglich die Aufforderung, sich durch sie nicht von dem viel größeren, dem eigentlichen, dem Dachproblem des Nahostkonflikts ablenken zu lassen: von der inneren Beschaffenheit der arabischen Staaten, diesen von Marokko bis zum Jemen instabilen, demokratiefremden, gegenaufklärerischen und sozial frustrierten Gewaltregimes, die dazu entstellt sind von den notorischen arabischen Erzübeln, der Korruption, der Streitwut und des Schlendrians. Es sind in sich tief friedlose Herrschaftsformen, die außer ihrer Antiisraelpolitik keinen gemeinsamen Nenner haben, und die sich schon aus ihrem Selbsterhaltungstrieb heraus nicht abfinden wollen mit einer liberalen, hochmodernen und vor allem effizienten Demokratie, der einzigen in einer Region, die von außerordentlich statischen Feudalstrukturen geprägt ist. Dahinein hat Israel nun in der Tat mit der Wucht eines Naturereignisses eingeschlagen. Aber darin lag auch eine Herausforderung. Nicht auszudenken, was der Judenstaat sich ihre Akzeptanz hätte kosten lassen, ideell und materiell! Aber die Antwort war der Einmarsch von sechs arabischen Armeen im Jahr 1948, ohne daß die Palästinenser auch nur gefragt worden wären, ob sie dem Teilungsplan der UNO zustimmen oder nicht.

Entgegen ihren bisherigen Lippenbekenntnissen sind die arabischen Herrscher aller Couleur allein schon deshalb nicht an der Errichtung eines Palästinenserstaats interessiert, weil dieser wahrscheinlich dem parlamentarischen Muster folgen würde – jeder Gedanke an eine zweite, selbst nur formale Demokratie in der Region aber ist den Despoten ein Greuel.

Für keine arabische Regierung hatten die Palästinenser je einen anderen Wert, als Manövriermasse zur Verfolgung ihrer eigensüchtigen politischen Ziele zu sein. Der Versuch Saddam Husseins, seine Aggression gegen Kuwait und die Golfregion insgesamt mit der Palästinenserfrage zu verknüpfen, hat den Lügenkatalog nur um eine weitere Variante bereichert.

Gegen den Schein der Geschichte ist es nicht der Sieger Israel, sondern sind es die arabischen Verlierer, von denen die Bedrohung und damit die bisherige Unlösbarkeit des Nahostkonflikts ausgeht.

Die Suche nach Lösungen darf davor nicht kapitulieren.

2.

Dazu sollte künftig die Weigerung der westlichen Welt gehören, sich von den arabisch-islamischen Ländern für ihre kaum noch auslotbare soziale und politische Misere alleinverantwortlich machen zu lassen; sollte auch gehören, nicht gleich in die Knie zu gehen, wenn notwendige Kritik daran auf den mit Sicherheit zu erwartenden Vorwurf des »Rassismus« stößt.

Dahinter steckt ein kollektives Phänomen, an dem Europa, Amerika, die »Weißen«, der Kolonialismus und seine Erbschaft zwar kräftig mitgestrickt haben, das sich aber keineswegs nur daraus erklären läßt. Ich spreche von dem eingewurzelten, in Ausmaß und Wirkung kaum zu überschätzenden Minderwertigkeitskomplex der arabischen Völker gegenüber dem »Westen«. Seine Kehrseite ist eine verinnerlichte Aggression, auf die man überall in der Dritten Welt stößt, die aber nirgends so ausgeprägt ist wie in jenen Ländern.

Natürlich ist das Inferioritätsgefühl begründet in dem ungeheuren Entwicklungsgefälle, das sich da auftut. Aber so viele Sünden und Verbrechen die Geschichte der weißen Vorherrschaft über die Menschheit auch säumen, so sehr eine nach wie vor ungerechte Weltwirtschaftsordnung die armen Nationen stranguliert und die reichen begünstigt – für den Zustand, in dem sich die arabisch-islamische Welt befindet, ist vor allem sie selbst verantwortlich.

Eine wesentliche Ursache ihrer Misere liegt darin, daß sie den Anschluß an die Moderne und die Demokratie verpaßt hat, und daß Religion und Aufklärung nicht miteinander vereinbart werden konnten. Überall erweist sich der Islam als der große Blockierer sozialer und politischer Reformen, und seine Schaumkrone, der anwachsende Fundamentalismus, ist dabei, aus einem Weltärgernis zu einer Weltbedrohung zu werden. Schon wenn westliche Politiker Gott anrufen, dreht sich mir der Magen um. Die Beschwörung Allahs jedoch und die Trommelei zum »Heiligen Krieg« in den islamischen Gesellschaften verursacht in mir eisiges Entsetzen. Die Aufforderung der schiitisch-iranischen Ayatollahs, den Schriftsteller Salman Rushdie eines Buches wegen zu töten, und die weite Zustimmung, die sie auch unter den Sunniten gefunden hat, werfen ein Schlaglicht auf eine Vorstellungswelt, die sich beliebig zum Herrn über Leben und Tod aufwerfen zu können glaubt und eine Kluft zur Weltgesittung aufreißt, die unschließbar scheint.

Die Ursachen von Ohnmacht und Rückständigkeit werden immer woanders gesucht, nur nicht in eigenem Versagen, Selbstkritik ist unbekannt. Es sind immer der Kolonialismus und seine Folgeprobleme, es sind, noch einmal, stets die anderen, die »Weißen«, die Europäer, die Amerikaner, die verantwortlich gemacht werden – alle Übel kommen von außen.

Ein weiteres Charakteristikum das Nahostkonflikts besteht darin, daß er nicht zwischen Demokratien ausgetragen wird, sondern die Feinde Israels Staatsformen und Geschichtsüberlieferungen repräsentieren, in denen Begriffe wie Menschenrechte, Wert des Individuums, gar der Frauen, Gleichberechtigung, Gedankenfreiheit, Säkularisierung Fremdwörter geblieben sind. Einheimische Einparteiendespotien, auf dem Reißbrett nach 1918 künstlich konstruierte Königreiche, mittelalterlichen Traditionen verhaftete Monarchien oder innenpolitisch dauergefährdete Ölscheichtümer, sie haben jede freie Entwicklung unterdrückt, ungeheure Mittel für Prestigebauten und gewaltige Armeen verschwendet und zu phantastischer persönlicher Bereicherung geführt. Daß sich dadurch die schweren sozialen Spannungen noch verschärften, bedarf keiner Erwähnung. Ohne den zionistischen Gegner wäre dieses Pulverfaß wahrscheinlich längst in die Luft geflogen. So erkennbar die innenpolitische Funktion des sogenannten Antizionismus ist, von den arabischen Völkern dürfte sie bisher kaum erkannt sein.

Deshalb können politische, soziale, militärische Katastrophen in ihren Augen nur die Folge ausländischer Verschwörungen sein, werden also Mißstände und Schlimmeres ganz selbstverständlich in die Verantwortung fremder Mächte delegiert. Ich sehe keine Möglichkeit, die dortigen Verhältnisse zu verändern, ohne diese Weltsicht zu beseitigen, mag die Hilfe von außen noch so groß sein. Leider hindert ein tiefsitzendes schlechtes Gewissen die meisten Europäer daran, der arabischen Welt diese und andere traurige Wahrheiten vorzuhalten.

Zu ihnen gehört eine weitverbreitete Abneigung, die Wirklichkeit unvoreingenommen wahrzunehmen und belastende Realitäten, die mit den eigenen Wünschen und Vorstellungen nicht übereinstimmen, anzuerkennen. Die Palästinenser haben dafür während des Golfkriegs und danach erschütternde Beispiele geliefert. Und es war dann Saddam Hussein selbst, der mit seiner durch nichts gedeckten Großmäuligkeit von der »Mutter aller Schlachten« das geradezu klassische Beispiel arabischer Realitätsverweigerung geliefert hat.

Diese Unfähigkeit trägt das ihre dazu bei, notwendige Wandlungen und Reformen zu behindern. Sie ist ein Bestandteil des Nahostkonflikts.

3.

Mehr und mehr entpuppt sich dabei als treibende Negativkraft ein bereits erwähnter religiöser Fundamentalismus, der sich als Renaissance des Islams ausgibt, realistisch gesehen aber nichts anderes ist als die wütende und fruchtlose Antwort auf eine schwere historische Enttäuschung – auf die fehlgeschlagene »Revolution der Erwartung«.

Sie war der Ausdruck eines kollektiven Aufbruchs in Asien, Afrika und Lateinamerika schon während des Zweiten Weltkriegs, der dann aber noch verstärkt wurde durch die Sehnsucht ehemals kolonial unterdrückter Völker, das weiße Joch abzuwerfen, sozial, kulturell, national wie Phönix aus der Asche zu steigen, nach dem siegreichen Kampf gegen die weißen Drohnen in Licht, Glück und Wohlstand einzutauchen und alles zu überwinden, was sich dabei in den Weg stellte.

Es wurde nichts überwunden, wie schon ein erster Blick auf die zeitgenössischen Hunger-, Not- und Elendsszenarien der Dritten Welt erkennen läßt, und ich war in den vergangenen dreißig Jahren in meiner Eigenschaft als Fernsehmann oft genug Zeuge der ebenso weltweiten wie herzzerreißenden Desillusionierung dort.

Nahezu überall ist sie gescheitert, die »Revolution der Erwartung«, sind ihre wilden Hoffnungen und ihre verzückten Phantasien zerstört worden – auch in der arabischen Welt.

Die Enttäuschung darüber ist der Humus für Israels gefährlichsten Gegner, den islamischen Fundamentalismus. Er entspringt nicht historischer Stärke, wie damals, Mitte des 7. Jahrhunderts, als die Reiterscharen unter der grünen Fahne des gerade verstorbenen Propheten Mohammed aus der arabischen Halbinsel hervorbrachen und in einem unaufhaltsamen Siegeszug ganze Kontinente vom Indus bis zu den Pyrenäen eroberten. Was sich dagegen heute unter ständiger Berufung auf die einstige Größe als Wiedergeburt des Islams gebärdet, ist nichts als der Reflex auf die historische Schwäche der arabischen Welt, ist Schein und Vorspiegelung, ungedeckt durch reale Energien und die Gunst der geschichtlichen Stunde. Die Aufforderung des islamischen Fundamentalismus, zur Strenge der Frühzeit zurückzukehren, dient der Flucht aus diesseitiger Enttäuschung in die Verheißung jenseitigen Glücks. Und die buchstäbliche Zertrümmerung der irakischen Armeen durch die alliierte Koalition am Golf läßt nichts Gutes ahnen, weil sie das Gefühl arabischer Unterlegenheit nur noch vertiefen kann.

Das Symbol für die verhaßte Überlegenheit aber, die tatsächlichen und die eingebildeten Knechtungen und Demütigungen, die fremd- und selbstverschuldeten Untergänge, die schlimme Gegenwart und deprimierende Perspektive, das Symbol also für den »Westen« und seine Hauptmacht USA, den »Großen Satan« – ist Israel!

Dies sind die größeren Zusammenhänge seiner Bedrohung durch die Araber.

Entgegen anderslautenden Zweckbeteuerungen, die sich während des Golfkriegs nur noch einmal als platonisch entpuppten, ist dem Judenstaat, mit der zerbrechlichen ägyptischen Einschränkung, von seinen Gegnern nie etwas anderes entgegengebracht worden als der gemeinsame arabische Wille zu seiner Vernichtung.

Er ist die Ursache der israelischen Unnachgiebigkeit, der israelischen Angst. Ohne ihre Aufhebung wird es keine Lösung geben.

4.

Heute sieht es so aus, daß Israel sich mit den territorialen Eroberungen des Sechstagekriegs ein Fatum eingehandelt hat, für das die Dramaturgie der antiken Tragödie gilt – nämlich ein befürchtetes Schicksal gerade durch *die* Maßnahmen, mit denen es abgewendet werden soll, nur um so rascher herbeizuführen.

Aber ich weigere mich, die Besetzung als bloße Hybris, als nackten Expansionsdrang, als reinen Eroberungswillen zu denunzieren.

Glaubt der einseitig auf Israel eingeschossene Teil der Weltpresse, die deutsche Fraktion eingeschlossen, glaubt die im Nahostkonflikt geradezu unanständig parteiische EG-Führung oder eine notorisch propalästinensische UNO-Mehrheit denn wirklich, daß Israel die Militär- und Zivilgewalt über die Westbank und Gaza ausübt, weil es ihm Spaß macht, über Millionen von Menschen zu herrschen, die ganz offensichtlich von ihm nicht beherrscht werden wollen? Da muß es doch noch eine andere als die von Israels Feinden vorgegebene Motivation geben, einen unerträglichen Zustand fortzusetzen – nämlich daß sich Israel ohne die Herrschaft über diese Gebiete bedrohter fühlte als mit ihr! Sie wird sicher nicht zu verewigen sein, aber das schmälert die Berechtigung der historischen Erklärung für sie in keiner Weise.

Im freien Spiel der demokratischen Kräfte stand immer ein beträchtlicher Bevölkerungsteil hinter dieser Politik, ein anderer dagegen. Kein Zweifel, daß die Befürworter des Status quo durch die Erfahrungen des Golfkriegs enorm gestärkt worden sind. Ich prophezeie der israelischen Friedensbewegung – Peace now, Os ve schalom, Women in black und anderen – schwere Zeiten. Jene, für die sie sich verwendet hat, machen sie ratlos, durch ein Stück durchgeschimmerter, grausamer Wirklichkeit: die Selbstentblößung eines bodenlosen Hasses, der mit Freuden den Untergang des Judenstaats in Blut, Tränen und Gas begrüßt hätte.

Dennoch halte ich alle Versuche, den Status quo zu erhalten, für hoffnungslos – aber keineswegs schon jede Veränderung für das Heil. Ein Palästinenserstaat »Westbank-Gazastreifen« wäre von vornherein eine politische, geopolitische, wirtschaftliche und geographische Totgeburt, eine Krebszelle bleibender arabisch-israelischer Friedlosigkeit. Der Gedanke, daß das ohnehin demographisch mehrheitlich von Palästinensern bevölkerte Jordanien das einzige Territorium eines solchen Staats sein könnte, wird deshalb international immer mehr an Raum gewinnen, auch wenn es nicht offen ausgesprochen wird. Die Frage jedoch, ob in einen solchen Staat auch das ehemalige Westjordanien einbegriffen sein wird oder nicht, würde nicht nur erschwert werden durch das Hindernis einer für »Samaria und Judäa« kampfbereiten Siedlerschaft, und dadurch, daß der größere Teil der für Israel lebenswichtigen Wasservorräte unter den Gebirgszügen der Westbank liegt, sondern vor allem auch, weil die Jordangrenze selbst im Zeitalter der Raketen für lange Zeit Israels strategische Conditio sine qua non sein wird.

Dazu kämen die kaum geringeren Schwierigkeiten mit dem Status Jerusalems.

Noch einmal: Ich möchte nicht in der Haut eines israelischen Staatsmanns und seiner Regierung stecken, die den Schritt zur Errichtung eines Palästinenserstaats täten – er müßte nicht, er könnte sich aber als irreparables Risiko herausstellen, als der Anfang vom Ende.

Dennoch wird Israels Zukunft unweigerlich mit diesem Risiko verbunden sein. Ich sehe keine Alternative.

Denn das Elend der Palästinenser, in das ich tiefen Einblick nehmen konnte, muß gewendet, ihre Not muß beseitigt werden. Ich habe nichts davon vergessen, kein Wort und kein Bild ihres Leids. Gaza zumal verfolgt mich bis in die Träume. Die

Parole palästinensischer Selbstbestimmung steht auf der Welttagesordnung, und von da kommt sie nicht eher herunter, bis sie durchgesetzt sein wird. Das Verhalten vieler Palästinenser während des Golfkriegs und vor allem während des Raketenbeschusses, so abstoßend es war, wird auf die Dauer kein glaubwürdiges Argument sein, um solche Verhandlungen zu verweigern. Das wird auch für die PLO gelten, so beschwerlich es Israel ankommen mag.

Ich mache hier aus meinem Herzen keine Mördergrube, sondern erkläre meine tiefe Skepsis gegenüber der Friedensfähigkeit einer Organisation, deren Antlitz weit mehr geprägt ist von den Fraktionen der Terroristen als von allen anderen. Natürlich gibt es Differenzierungen, ich selbst habe gemäßigte Palästinenser kennengelernt, ja, Freunde unter ihnen gewonnen, wie dieses Buch ausweist. Aber nicht sie haben bisher das Feld beherrscht. Dennoch ist die PLO *die* Vertretung der Palästinenser, und wie ich diese kennengelernt habe, werden sie an ihr festhalten.

Doch Fragen dürfen die Israelis hinsichtlich ihrer potentiellen Nachbarn wohl stellen.

Was sind das für Leute, die Flugzeuge vom Himmel herunterholen mit Menschen, die am israelisch-palästinensisch-arabischen Konflikt völlig unbeteiligt und also gänzlich unschuldig sind – wie jene Passagiere des Pan Am-Flugs 103 am 21. Dezember 1988, die über Lockerbie abstürzten? Was ist das für eine Mentalität, die sich da zum Scharfrichter über 271 Menschen machte und den Massenmord mit eigenen Problemen rechtfertigte? Was sind das für Leute, die während einer Flugzeugentführung den Leichnam des erschossenen Piloten aus der Maschine auf das Rollfeld klatschen ließen wie damals in Mogadischu? Oder die auf dem italienischen Kreuzfahrtschiff »Achille Lauro« einen jüdischen Amerikaner, Leon Klinghoffer, erst töteten und ihn dann mit seinem Rollstuhl ins Meer stießen? Was sind das für Leute, die tatsächliche oder angebliche Kollaborateure auf der Westbank und im Gazastreifen auf so grausame Weise langsam Glied um Glied sterben lassen, Kinder, Hausfrauen, alte Männer, daß ich die Wiedergabe solcher Abschlachtungen meinen Lesern nicht zumuten mochte?

Was sind das für Leute, die hoffen, daß die Intifada – ich weiß, wovon ich spreche – möglichst viele »Märtyrer« hervorbringen wird? Was sind das für Leute, die in Tel Aviv und seinen Hotels nur deshalb nicht das von ihnen geplante Blutbad anrichten konnten, weil die Motoren ihrer Schnellboote beim Angriff auf die Küste versagten? Was sind das für Leute, die aus der Tatsache, daß ihnen das eigene Leben gleichgültig ist, den Schluß ziehen, es anderen einfach nehmen zu dürfen? Und welchen Einfluß würden sie in einem Palästinenserstaat ausüben? Welche Sicherheiten gäbe es vor ihrem Ungeist, ihrer Menschenverachtung, den Denk- und Gefühlstraditionen dieser Ewigbewaffneten? Wird der gemäßigte Teil der Palästinenser ihrer Herr werden?

Und schließlich: Wie kann Israel der Forderung nachkommen, seine Politik gegenüber den Palästinensern radikal zu ändern, solange der Vernichtungspassus in der PLO-Charta nicht offiziell gestrichen wurde? Daß dessen angebliche Aufhebung durch Jassir Arafat reine Makulatur war, brauchte nicht erst durch seine Umarmung Saddam Husseins bekräftigt zu werden. Wie könnte Israel die besetzten Gebiete freigeben, solange die arabischen Staaten auf seiner Auslöschung bestehen?

Keine Menschenrechtsverletzung, keine Gewalttat durch Israelis, kein Rechtsbruch werden mit diesen Fragen verteidigt oder entschuldigt. Mein Buch steht dafür als Zeuge. Mit der Bilanz an seinem Ende soll vielmehr auf das eigentlich Fürchterliche des Nahostkonflikts hingewiesen werden, auf seinen tragischen Kern: daß nämlich alles, was Israel tut, Unrecht eingeschlossen, seiner Position des Bedrohtseins und der Notwehr entspringt. Und das Entsetzliche innerhalb dieser Fürchterlichkeit wiederum besteht darin, daß sich auch die Scharons, die Schlomo B.s, die israelischen »Falken« und die jüdischen Ultras auf diese Position berufen können. Nur ändert sich dadurch an deren objektiver Wahrheit nichts.

»Es wird kein Frieden sein in der Region, bis Israels Nachbarn aufhören, es zu bedrohen.«

Ja!

5.

Es gibt Chancen dafür, aber sie sind gering genug.

Der Sieg der multinationalen Streitkräfte über den Irak hat Israels Hauptgegner als militärische Gefahr ausgeschaltet, jedenfalls vorerst, wahrscheinlich aber für lange Zeit. Welches Problem ein unversöhnlicher Iran für Israel auch immer sein mag, eine nahöstliche Macht mit ähnlichen Ambitionen wie der Irak vor dem 17. Januar 1991, dem Tag des Kriegsausbruchs, samt den militärischen Mitteln, sie durchzusetzen, ist nicht in Sicht. Das gilt auch für Israels zweiten Hauptgegner, Syrien – eine solche Konfrontation könnte es sich nicht erlauben, ohne Gefahr zu laufen, blutig unterzugehen. Ein Frieden zwischen ihm und Israel ohne Herausgabe des Golan bleibt jedoch schwer vorstellbar.

Um den Preis furchtbarster Opfer für die Völker Kuwaits und des Irak, mit dem schrecklichen Sonderkapitel der kurdischen Tragödie, hat der Ausgang des Golfkriegs Bewegung in die nahöstliche Szene und seine Friedensdiplomatie gebracht. Aber die quasi als Belohnung für erwiesene Bundesgenossenschaft vorgenommenen Waffenlieferungen aus dem Westen an arabische Staaten der alliierten Koalition sind nicht nur mehr als beunruhigend, sie können einen auch verzweifeln lassen an der Bereitschaft von Regierungen, ja Politikern überhaupt, selbst aus den mörderischsten Erfahrungen Lehren zu ziehen.

Erfolgt hier nicht der rüstungstechnische Ausgleich dafür, daß eine hauptsächlich mit ihrer fragilen Innenpolitik beschäftigte Sowjetunion als Waffenlieferant alten Stils künftig ausfallen dürfte? Allerdings, wo auch immer sich eine Bedarfslücke auftäte – die zu jedem legalen und illegalen Verbrechen bereiten »Händler des Todes«, die Rüstungs- und Waffenschiebermafia so vieler westlicher Herren Länder, an ihrer Spitze deutsche Firmen, würden ohnehin in des Wortes buchstäblicher und übertragener Bedeutung nur zu gern lieferbereit »Gewehr bei Fuß« stehen – wenn man sie und ihre staatlichen Genehmigungskomplizen, die deutschen eingeschlossen, ließe. Erst der Frieden machte ihnen wirklich den Garaus.

Aber keine Entspannung des Nahostkonflikts ohne Beseitigung wenigstens der gröbsten sozialen Ungerechtigkeiten in den arabischen Ländern. Sie könnte einen innenpolitischen Druck mindern, der immer wieder außenpolitische Ablenkung provoziert. Keine Entspannung auch ohne einen Ausgleich zwischen den reichen und den armen arabischen Ländern, jenen, denen der geologische Zufall Öl, und den anderen, denen er nur Sand beschert hat. Innerhalb der reichen Staaten wird es zwischen der Mehrheit der Besitzlosen und den Ölmilliardären zu einer Umverteilung kommen müssen. Solange sich das Prokopfeinkommen jährlich auf 15 000 Dollar in den Golfstaaten und 500 Dollar im arabischen Armutsgürtel beläuft, wird es keinen Konsens geben, sondern bleibende soziale Unruhe, bis hin zum Ausbruch von Kriegen und Bürgerkriegen.

Keine Entspannung natürlich auch ohne Übereinkunft über die Verteilung der knappen Wasserressourcen im Nahen Osten, unter Einschluß der Türkei, auf deren Staatsgebiet die Quellen des Euphrat und des Tigris sprudeln.

Keine Entspannung in der Region ohne Klärung territorialer Ansprüche und den Verzicht auf Gebietsforderungen nach deren Anerkennung; keine Entspannung ohne Rüstungskontrolle und Abrüstung. Auf sein Atomarsenal würde Israel – kühne Behauptung - nur verzichten, wenn bei der Rüstungsfestsetzung die quantitative Überlegenheit der Araber bei den konventionellen Waffen berücksichtigt würde und internationale Garantien gegen jede Aggression in der Region gegeben wären.

Und kein wirklicher innerislamischer Friede in Nahost und im Mittleren Orient ohne Lösung der Kurdenfrage – ihr prophezeie ich eine weit längere Dauer als dem Palästinenserproblem. Dieser Katalog von Entspannungs- und Friedensvoraussetzungen im Vorderen Orient ist unvollständig, aber schon an ihm zeigen sich die nahezu unüberwindbaren Schwierigkeiten, zu einer nahöstlichen »Konferenz für Sicherheit und Zusammenarbeit« zu gelangen. Aus manchen Gesprächen mit gebildeten Palästinensern habe ich jedoch die Hoffnung herausgehört, daß das abrupte Ende des Stalinismus in Osteuropa gelehrt hat, wie schnell sich selbst aussichtslos erscheinende Geschichtskonstellationen wandeln können.

Israel könnte an jeder Friedensordnung im Nahen Osten aktiv und konstruktiv teilnehmen und würde es samt Kompromissen auch tun, wenn es sich damit das einhandeln könnte, was seine Bürger sich am sehnlichsten und dringlichsten wünschen – als ganz normales Volk in sicheren Grenzen zu leben. Das jedoch wird nicht möglich sein ohne den Sturz von israelischen Regierungen und der Umwälzung der parlamentarischen Kräfteverhältnisse, die Israels derzeitigen Status quo schlußgeschichtlich zementieren zu können glauben.

Wir sehen – es ist die Ferne des Friedens, die die Aufzählung seiner Vorbedingungen so melancholisch macht.

6.

Universale Kulisse all der regional ungelösten Fragen des Nahen Ostens jedoch ist die Tragödie eines Volkes, das offenbar nicht heimisch werden kann auf Erden, und dabei nun seinerseits in Notwehr einem anderen Volk den Weg zur Heimat verstellt. Es ist wie ein Bann, wie ein Fluch, der auch vor dem neuen Staat auf altem Boden nicht haltgemacht hat, sondern im Gegenteil Juden am stärksten dort gefährdet, wo sie sich sicher glaubten, nachdem ihre jahrtausendealte inbrünstige Hoffnung »Nächstes Jahr in Jerusalem!« verwirklicht worden ist.

Noch einmal Ahasver? Noch einmal der Golem? Ein einziger verlorener Krieg, ein arabischer Sieg nur genügte dazu.

Mit diesem hochgefährdeten Land fühle ich mich unlösbar verbunden, eine Ankettung, die unabhängig ist von den Maßnahmen, der Politik und den Gesetzen abwählbarer Regierungen. Die Liebe zu ihm ist die Hülle meiner Kritik an ihm, ihm gehört all meine Bewunderung und so manches noch, was mir im Halse steckenbleibt, wenn ich es sagen möchte und nicht kann, weil es mir die Sprache verschlägt. Ich bin überzeugt von der Kraft dieses Landes und seiner Zukunft, ich baue auf seine Phantasie, seine Kreativität, seine gewaltige Vitalität und seine Überlebensfähigkeit. Daneben aber hockt in mir, unverbannbar, mit bleibender Unruhe und unausrottbarer Sorge, jene jüdische Angst, die mich, fürchte ich, bis an mein Ende begleiten wird, und die diesem Buch den Titel verliehen hat:

Israel, um Himmels willen, Israel!

Ralph Giordano. Erinnerungen eines Davongekommenen.
KiWi 1047

Dass er als Sohn einer jüdischen Mutter davonkommen würde, war unwahrscheinlich. Wie er dennoch davonkam, und das immer wieder, darüber legt der Journalist, Fernsehautor und Schriftsteller Ralph Giordano in der Mitte seines neunten Lebensjahrzehnts nun Zeugnis ab – engagiert und kämpferisch wie eh und je.

»Spannende Lebenserinnerungen eines großen Mahners.«
Arno Lustiger, FAZ

www.kiwi-verlag.de KiWi PAPERBACK